英国教育史研究丛书
易红郡　主编

维多利亚时期
英国中产阶级家庭教育研究

陈　瑶　著

RESEARCH ON THE FAMILY EDUCATION OF BRITISH MIDDLE CLASS IN THE VICTORIAN ERA

河北大学出版社
·保定·

出 版 人：朱文富
选题策划：何　东
责任编辑：李　达
装帧设计：赵　谦
责任校对：陈浩苏
责任印制：常　凯

图书在版编目（CIP）数据

维多利亚时期英国中产阶级家庭教育研究 / 陈瑶著
. -- 保定 ：河北大学出版社，2023.12
（英国教育史研究丛书 / 易红郡主编）
ISBN 978-7-5666-2250-1

Ⅰ. ①维… Ⅱ. ①陈… Ⅲ. ①中等资产阶级－家庭教育－研究－英国－近代 Ⅳ. ① G789.561

中国国家版本馆 CIP 数据核字 (2023) 第 231626 号

维多利亚时期英国中产阶级家庭教育研究
WEIDUOLIYA SHIQI YINGGUO ZHONGCHAN JIEJI
JIATING JIAOYU YANJIU

出版发行：河北大学出版社
地址：河北省保定市七一东路2666号　邮编：071000
电话：0312-5073003　0312-5073029
网址：www.hbdxcbs.com
邮箱：hbdxcbs818@163.com
印　　刷：保定市正大印刷有限公司
幅面尺寸：170 mm × 240 mm
字　　数：390 千字
印　　张：29
版　　次：2023年12月第1版
印　　次：2023年12月第1次印刷
书　　号：ISBN 978-7-5666-2250-1
定　　价：109.00 元

如发现印装质量问题，影响阅读，请与本社联系。
电话：0312-5073023

总　序

本人在北京师范大学攻读博士学位期间（2000—2003），就选择了英国教育史作为自己的研究领域，后来陆续出版了几部关于英国教育史方面的著作。我从 2013 年起开始招收博士生，由于多年来是在教育原理方向招生，故首届招收的两名博士生没有从事英国教育史研究。后来，根据张斌贤教授、刘铁芳教授的建议，我开始有意识地要求学生选择英国教育史专题作为博士论文的选题，以便形成较为稳定的团队研究方向。在迄今毕业的博士生中，已有多位从事英国教育史研究，他们根据自己的专业兴趣选题，并已通过博士学位论文的答辩。这套丛书就是他们的研究成果汇集，研究领域涉及现代英语教育的变迁、英国幼儿学校的发展、英国大学开放教育、英国职前教师教育、英国学校音乐教育、英国中产阶级家庭教育、英国贵族教育、英国新大学等。此外，我的博士学位论文也纳入了这套《英国教育史研究丛书》。虽然 2005 年 1 月我的博士论文已由湖南教育出版社正式出版，但当时的发行量相当少，面世的仅有二三百册；2013 年 12 月至 2014 年 12 月我在伦敦大学教育学院访学时，又找到了不少新的英文文献。因此，该书纳入这套丛书重新出版时进行了适当的扩充和完善。

目前国内教育史学界关于美国教育史的研究居多，研究成果也较为丰富，并且形成了以北京师范大学和河北大学为主的美国教育史研究基地。英国是位于西欧一隅的小岛国，它在人类文明史上具有重要地位。英国最早实现了工业化，成为近代大工业的先行者；英国最早实行政治变革，为西方民主制度树立了榜样。英国的教育同样引人注目，它既是当今世界教育强国之一，也是全球范围内最具吸引力的留学目的地之一。据统计，过去二十年我国赴英留学生的数量大幅增加，我国赴英留学生已成为非欧盟学生中的主力军，优质的教育质量是中国学生选择赴英留学的重要动机。当今英国教育发展，与其教育传统及变革密不可分，研究英国教育的历史和传统，有助于我们更深刻地认识英国教育的特质以及英国教育走向现代化的机制。然而，目前国内关于英国教育史的研究略显不足，相关成果并不多见，类似的研究丛书似乎没有。《英国教育史研究丛书》的出版，不仅弥补了这方面的不足，为外国教育史学科建设贡献微薄之力，而且能为我国教育改革和发展提供一些历史参照。由此可见，无论从出版价值、社会效益还是理论意义而言，《英国教育史研究丛书》的出版都是一种有益的探索。

这套丛书首次出版时包括以下八册。

易红郡著的《从冲突到融合：20 世纪英国中等教育政策研究》。该书将教育史研究和政策分析相结合，将 20 世纪英国中等教育政策发展划分为三个不同的时期，从教育政策的角度详尽、系统地研究了不同时期英国中等教育的历史变迁，并从政治学、社会学、经济学、历史学、文化学等方面，着重分析了 20 世纪以来不同时期英国中等教育政策的变动与得失，总结英国中等教育发展的经验，探讨影响英国中等教育政策形成的内外因素及其内在机制。

稂建中著的《从民族性到全球化：英国“现代英语”教育的变迁研究》。该书主要从英格兰民族国家的建立、民族文学的发展和民族语言的形成等方面分析英国“现代英语”教育变迁的背景，重点探讨 16 世纪之后英国“现代英语”教育的民族特性以及 17 世纪之后英国“现代英语”教育的文化殖民特性；进而分析 18 世纪末和 19 世纪英国“现代英语”教育的全球化视野及其影响因素；最后从语言文化教育、民族身份教育和国家发展战略等维度，反思英国“现代英语”教育的价值及其局限性。

唐超著的《从个人实验到国家主导：19 世纪英国幼儿学校的发展研究》。该书将 19 世纪英国幼儿学校的发展历程分为四个阶段，分别是新拉纳克幼儿学校的实验（1800—1823）、民间幼儿学校运动的兴起（1824—1838）、民办公助下幼儿学校的推进（1839—1869）及国家主导下幼儿学校的普及（1870—1900），主要考察了不同阶段幼儿学校的教育实践及其发展特点。研究表明，19 世纪英国幼儿学校的性质是从民间慈善转变为国家福利，教育场所则经历了从家庭、教会到社会的转移，同时教育的内容也逐渐走向世俗化。

李慧迎著的《战后英国大学开放教育资源研究：基于质量文化的视角》。该书将战后英国大学开放教育资源的发展置于特定的历史背景之下，并以质量文化为分析视角，考察五种不同形式的开放教育及其开放教育资源，即海外办学中的开放教育资源、开放大学的开放教育资源、产业大学的开放教育资源、开放学习项目中的开放教育资源、慕课中的开放教育资源；进而分析其内部质量保障机制和内外部的质量评估过程；最后总结战后英国大学开放教育资源的特点及动因，从中得出对我国开放教育资源发展的启示。

周亦斌著的《传承与嬗变：英国都铎时期学校音乐教育的演进研究》。该书以英国都铎王朝时期（1485—1603）的主要学校为研究对象，首先考察了英国学校音乐教育的缘起（古希腊时期）、英国学校音乐教育的肇始（中世纪早期）以及英国学校音乐教育的变迁（中世纪晚期）；其次将英国都铎时期学校音乐教育的演进划分为恢复（1485—1547）、重构（1547—1558）及渐变（1558—1603）三个阶段，阐述了每一阶段学校音乐教育的形态及其成因；最后分析了英国都铎时期学校音乐教育演进的趋势，并总结其演进的特征。

赵森著的《延续与新变：英国斯图亚特时期贵族教育研究》。该书以英国斯图亚特王朝时期（1603—1714）的英国贵族为考察对象，首先追溯了斯图亚特时期之前英国贵族教育发展的历史源流与文化基础；其次在分析该时期英国贵族所处的政治、经济与文化背景基础上，进一步从历时性与共时性角度阐释了英国贵族的教育思想、教育场所与教育内容；最后揭示了该时期英国贵族教育的价值取向与性别差异，并且在强调其发展的继承性和创新性特征的基础上，分析了斯图亚特时期英国贵族教育发展所产生的历史影响。研究表明，随着教育现代化的发展，英国贵族教育的“装饰性”逐步让位于“实用性”，英国贵族孕育出的贵族精神、精英教育、道德教育仍是英国社会价值取向的风向标。

王宇遥著的《何以为“新”：英国新大学研究》。该书将英国新大学置于特定的历史背景之下，首先考察了新大学诞生的背景、原因及过程；其次通过探讨建筑设计的理念、实施及功能揭示了新大学建筑层面之“新”，并从经费、组织、教师与学生等角度阐述了新大学管理层面之“新”；最后重点探讨了新大学人才培养、科学研究与社会服务等职能之“新”。研究发现，新大学不仅在一定程度上解决了英国大学教育的过度专门化问题，加强了英国大学文理科之间的交流，而且促进了英国高等教育的大众化；但是，新大学也损害了其管理人员的研究权利，并迫使传统大学出现“职业漂移”。

陈瑶著的《维多利亚时期英国中产阶级家庭教育研究》。该书以维多利亚时期（1837—1901）英国中产阶级家庭教育作为研究对象，首先从家庭观、女性观、儿童观三方面分析了维多利亚时期英国中产阶级的价值观；其次从儿童的身体养育、精神陶冶、生活教育三方面再现了维多利亚时期英国中产阶级家庭教育的场景；最后从作为学校的家庭、作为社会组织的家庭两方面揭示了维多利亚时期英国中产阶级家庭的社会属性，并在此基础上进行了一些反思。研究表明，维多利亚时期英国中产阶级十分重视家庭教育，家庭承担着学校教育的职责，母亲和家庭女教师是重要的教育者，同时家庭也是社会阶层再生产的重要场所。

《英国教育史研究丛书》只是一个剪影，我们力图从不同的视角勾勒英国教育发展的历史轨迹；出版《英国教育史研究丛书》也是我们的一种尝试，后续有关英国教育史的研究成果也会纳入其中。我们希望能继续深化和推进这一领域的研究，期待得到外国教育史学界同人的指导，同时形成自己团队的研究特色。但由于我们的研究水平和能力有限，尤其是语言表达风格各异，丛书中还存在不少瑕疵，敬请各位学者和读者批评指正！

最后，感谢吴式颖先生、史静寰教授、张斌贤教授、杨汉麟教授、贺国庆教授、朱文富教授、肖朗教授、刘宝存教授、刘铁芳教授等在上述作者博士论文答辩过程中给予的悉心指导。感谢朱文富教授在这套《英国教育史研究丛书》出版过程中给予的大力支持。感谢河北大学出版社马力老师、何东老师的精心策划！

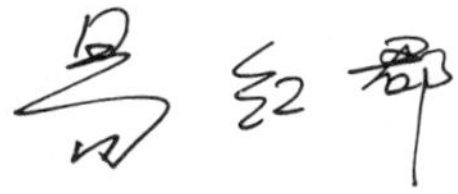

2023 年 9 月 1 日

目　　录

绪　论 ……………………………………………………………………………… (1)

第一章　维多利亚时期英国中产阶级的价值观 …………………… (49)
　第一节　维多利亚时期英国中产阶级的家庭观 ………………… (49)
　第二节　维多利亚时期英国中产阶级的女性观 ………………… (77)
　第三节　维多利亚时期英国中产阶级的儿童观 ………………… (106)

第二章　维多利亚时期英国中产阶级家庭的身体养育 ………… (124)
　第一节　注重清洁卫生 ………………………………………………… (125)
　第二节　衣着舒适保暖 ………………………………………………… (131)
　第三节　加强体育锻炼 ………………………………………………… (139)
　第四节　注重饮食营养 ………………………………………………… (153)
　第五节　保证睡眠质量 ………………………………………………… (173)
　第六节　科学防控疾病 ………………………………………………… (183)

第三章　维多利亚时期英国中产阶级家庭的精神陶冶 ………… (198)
　第一节　家庭道德教育 ………………………………………………… (198)
　第二节　家庭宗教教育 ………………………………………………… (247)
　第三节　家庭审美教育 ………………………………………………… (273)

第四章　维多利亚时期英国中产阶级家庭的生活教育 …………（284）
第一节　家庭休闲活动中的生活教育 …………（284）
第二节　家庭仪式活动中的生活教育 …………（315）
第三节　家庭劳动活动中的生活教育 …………（323）
第四节　家庭成员交往中的生活教育 …………（336）

第五章　维多利亚时期英国中产阶级家庭的社会属性 …………（355）
第一节　作为学校的家庭 …………（356）
第二节　作为社会组织的家庭 …………（392）
第三节　作为宗教机构的家庭 …………（397）

第六章　维多利亚时期英国中产阶级家庭教育的审思 …………（406）
第一节　家庭是理想人格塑造的重要场所 …………（406）
第二节　卢梭自然教育思想的影响 …………（410）
第三节　中产阶级对子女教育的重视 …………（416）
第四节　男女有别的中产阶级家庭教育 …………（422）
第五节　家校关系是儿童成长的教育合力 …………（428）

结　语 …………（433）

参考文献 …………（436）

后　记 …………（449）

绪　论

一、研究缘起

（一）个人的学习与研究兴趣使然

诚如涂尔干（Durkheim）所言："究竟什么事情会比了解现代家庭生活更有意思呢？"① 笔者对维多利亚时期英国红产阶级家庭教育的研究兴趣源于对这一时期文学作品的了解，在本科时期学习的"英美文学作品选读"课上，笔者第一次接触维多利亚时期的英国文学，心灵备受震撼。之所以会对维多利亚时期英国中产阶级家庭教育产生研究兴趣，缘于在《英国19世纪文学史》上读到的一段话："在当时没有影视设备的中产阶级维多利亚家庭中，全家成员晚上经常居家在一间屋内，听着家里人轮流朗读小说。因为小说比较贵，多数家庭从图书馆借阅书籍或购买连载长篇小说的周刊和月刊。这些便民阅读设施的成立是一个重要的创举，推广了当时小说的阅读，提供了大量的读者。"② 这段话给我留下了深刻的印象，也让我对维多利亚时期的英国家庭产生了无限遐想。后来又在《维多利亚小说中的女士们与先生们》中读到这样的场景："夜幕降临时，父亲在大声朗读，母亲在织布，男孩女

---

① 涂尔干．乱伦禁忌及其起源［M］．汲喆，付德根，渠东，译．上海：上海人民出版社，2003：367-373.

② 钱青．英国19世纪文学史［M］．北京：外语教学与研究出版社，2006：263.

孩们围坐在圆桌前，桌子中间有一个灯亮着，他们在仔细聆听父亲的朗读。……厨房里炉火在熊熊燃烧，年老的仆人忙来忙去，准备迎接主人家的十年好友。……梧桐树下孩子们在游戏，人们乘坐敞篷马车兜风，或者在寂静的乡村小路上散步。……那时候经常会举行音乐晚会，从伦敦远道而来的女客人会演唱《磨坊女》(*The Maid of the Mill*)，神父的女儿们坐在钢琴前四手联弹，为女客人伴奏。"① 这些温馨的场景也被称为美好的旧日时光，让怀旧者无限向往。

会桃李之芳园，序天伦之乐事。一天的忙碌结束后，全家人围坐在一起，轮流朗读一本小说，与小说的主人公共欢喜、同悲伤，这是多么温馨、多么令人向往的天伦之乐。反观当今社会，生活节奏加快，一家人能够围坐在一起已是奢侈之事，即便能够在同一时间身处同一空间，每个家庭成员也都是被各自的电子产品所"裹挟"，无暇顾及他人的精神世界。全家人一起共读一本小说，这件充满了仪式感的"围炉夜话"场景，本身就承载着丰富的教育意蕴，更是高质量家庭教育的一个缩影。正如《维多利亚小说中的女士们与先生们》一书的作者所言，人们对维多利亚时期家庭传统的喜爱往往是天生的，对这一时期家庭传统感兴趣者绝非仅有维多利亚女王统治时期出生的人。② 可见，维多利亚时期的家庭传统有许多可研究之处。

此外，笔者在《维多利亚时代的道德建设》一书上读到维多利亚女王夫妇重视家庭和家庭教育的内容，也颇为感动。维多利亚时期的人们十分重视家庭和孩子的道德教育，中产阶级的生活方式和家庭理念向上蔓延至王室，维多利亚女王本人就是健康向上的家庭风气的崇尚者、倡导者和践行者。在维多利亚女王登基之前，汉诺威王室在英

---

① DELAFIELD E M. Ladies and gentlemen in Victorian fiction[M]. London: The Hogarth Press, 1937: 16.

② DELAFIELD E M. Ladies and gentlemen in Victorian fiction[M]. London: The Hogarth Press, 1937: 9.

国民众心目中的道德形象是极为不堪的，维多利亚女王即位之后，身体力行地扭转王室的道德形象。维多利亚女王与阿尔伯特亲王共养育了九个子女，他们对子女的教育问题高度重视，不希望自己的孩子像他们的先辈那样成为受人诟病的对象，而是希望他们成为道德高尚、有责任心、信仰虔诚、优雅睿智的绅士和淑女。维多利亚女王和阿尔伯特亲王以身作则，为孩子们树立了良好的父母形象，在道德上给子女提供了追求与努力的目标。他们还非常重视给子女营造温馨和谐的家庭氛围，为子女的健康成长提供良好的家庭环境。他们一起为孩子制订详细的学习计划（包括课程安排、学习时间以及相关预案），精心挑选家庭教师和侍仆，一起关注孩子们的体育、智育和德育上的每一个细节，希望孩子们尤其是男孩们长大后能成为他们父亲那样的绅士。[①] 维多利亚女王夫妇对子女的道德教育给英国上流社会及民众树立了良好的典范，重视家庭、重视家庭道德教育、重视父母对子女的道德引领成为维多利亚时代道德建设的重要内容。[②]

阿尔伯特亲王用自己的道德感召力和智慧改造了王室家族，他的家庭生活理念以及他作为家中的角色，如同宗教感召力一般提升了家庭的价值。无论一个贵族继续制定何种自己的规则，不断扩大的中产阶级都在努力效仿，其所宣扬的自律和自力更生的精神，使中产阶级成为这个国家的真正力量，尤其是中产阶级充满抱负的天性使这个阶级的成员数量更多、更富有、更具影响力。[③] 究竟是王室家族的家庭生活理念影响了中产阶级，还是中产阶级的家庭生活理念影响了王室家族，再或者是二者相互影响，我们难以定论，但不管怎样，中产阶级

---

① 姜德福．维多利亚时代的道德建设［M］．南京：南京师范大学出版社，2020：32-34．

② 姜德福．维多利亚时代的道德建设［M］．南京：南京师范大学出版社，2020：35．

③ 赫弗．高远之见：维多利亚时代与现代英国的诞生［M］．徐萍，汪亦男，译．北京：社会科学文献出版社，2020：322．

的生活方式和家庭理念在当时已经独树一帜，在全社会具有相当大的影响力。

维多利亚时期英国中产阶级的生活方式和家庭理念不仅向上蔓延至王室，也向下影响到下层阶级。英国的中产阶级并非一个固化的阶层，而是一个处在流动和变化中的阶级，因此已跻身中产阶级行列的父母为确保孩子能继续保持在中产阶层，往往会比其他阶层的父母更加重视孩子的教育问题。诚如三浦展在《阶层是会遗传的》中所提到的，父母的“礼貌”程度将对孩子的学业成绩产生直接影响。三浦展的调查报告显示，成绩好的孩子，母亲既有条理又有趣……有条理且有趣的母亲，比较能养育出成绩好的孩子来。成绩好的孩子，母亲通常是有计划且动作利落的人……父亲越认真、越有条理、越有礼貌，孩子成绩就越好……成绩不理想的孩子，饮食状况也比较混乱。……成绩越差的孩子，越依赖便利店的食物。① 三浦展建议，父母能做的就是改善孩子的生活习惯。如果孩子在家庭生活中不是“三好孩子”（身体好、性格好、生活习惯好），那么这个孩子就很可能成为学校的“差生”。成绩越好的孩子，个性越主动，同时也比较擅长运动，朋友也比较多，而成绩差的孩子，不仅个性比较被动，也不擅长运动，同时朋友也比较少，基本上很爱玩电子游戏。② 正是因为阶层的流动性较强，中产阶级父母的孩子很可能会因为学业表现不佳而导致阶层向下流动的现象，因此中产阶级父母往往比其他阶层的人士有更强的身份焦虑感，对子女的教育有更强的焦虑心理，对子女的教育问题也更加重视，这也引发了笔者对维多利亚时期英国中产阶级家庭教育问题的兴趣。基于上述缘由，笔者产生了对维多利亚时期英国中产阶级家庭教育一

---

① 三浦展. 阶级是会遗传的：不要让你的孩子跌入“下流社会”[M]. 箫云菁，译. 北京：现代出版社，2008：35-49.

② 三浦展. 阶级是会遗传的：不要让你的孩子跌入“下流社会”[M]. 箫云菁，译. 北京：现代出版社，2008：68-71.

探究竟的想法。

（二）我国政策对开展家庭教育理论研究提出的要求

1. 习总书记对家庭、家风建设的重要论述

党的十八大以来，习近平总书记对家庭、家风建设有许多立意高远、内涵丰富的重要论述。习总书记首先肯定了家庭在人成长中的重要性："家庭是人生的第一个课堂，父母是孩子的第一任老师。"在家庭与社会的关系方面，习总书记指出："家庭是社会的基本细胞，是人生的第一所学校。不论时代发生多大变化，不论生活格局发生多大变化，我们都要重视家庭建设，注重家庭、注重家教、注重家风，紧密结合培育和弘扬社会主义核心价值观，发扬光大中华民族传统家庭美德，促进家庭和睦，促进亲人相亲相爱，促进下一代健康成长，促进老年人老有所养，使千千万万个家庭成为国家发展、民族进步、社会和谐的重要基点。"

习总书记非常重视家庭对人的品德教育，他指出："家庭是人生的第一个课堂，父母是孩子的第一任老师。孩子们从牙牙学语起就开始接受家教，有什么样的家教，就有什么样的人。家庭教育涉及很多方面，但最重要的是品德教育，是如何做人的教育。"在家庭教育方式方面，习总书记提出，广大家庭都要重言传、重身教，教知识、育品德，身体力行、耳濡目染，帮助孩子扣好人生的第一粒扣子，迈好人生的第一个台阶。家长要时时处处给孩子做榜样，用正确行动、正确思想、正确方法教育引导孩子。要善于从点滴小事中教会孩子欣赏真善美、远离假丑恶。要注意观察孩子的思想动态和行为变化，随时做好教育引导工作。

对于家风，习总书记认为好的家风引领人向上向善，不良的家风却会败坏社会风气，贻害无穷。要引导妇女带动家庭成员，发扬尊老爱幼、男女平等、夫妻和睦、勤俭持家、邻里团结等中华民族传统美德，抵制歪风邪气，弘扬清风正气，以好的家风支撑起好的社会风气。

“正家，而天下定矣。”古时，那些子孙多贤达、功业多卓著的名门，无不与其良好家风的传承息息相关。北宋杨家兴隆三代，将帅满门，人人忠肝义胆、战功卓著。究其缘由，不由让人感叹“杨家儿孙，无论将宦，必以精血肝胆报国”之家风的分量。家风是社会风气的重要组成部分。家庭不只是人们身体的住处，更是人们心灵的归宿。家风好，就能家道兴盛、和顺美满；家风差，难免殃及子孙、贻害社会。正所谓：“积善之家，必有余庆；积不善之家，必有余殃。”

家庭组织源远流长，在人类社会发展的历史长河中，它一直是人类社会的基本群体，是人类社会生活最为普遍的组织形式。家庭和每一个人息息相关，它满足了个人的基本需求，是人的本来归宿。而对整个社会来说，家庭又是人的再生产、人的社会化的基本单位，是对人的各种行为进行社会控制的一个机构。在任何社会中，家庭的重要性都是不言而喻的。它既是一个社会细胞，又是个人活动的一个舞台；既是涉及人们生活、经济和文化的重要组织，又是衡量社会发展的重要标志。因此，对家庭进行研究具有重要意义。

2. 有关家庭教育的文件和立法

2021 年 7 月，中共中央宣传部、中央文明办、中共中央纪委机关、中共中央组织部、国家监察委员会、教育部、全国妇联联合印发了《关于进一步加强家庭家教家风建设的实施意见》，提出要落实立德树人根本任务开展家庭教育。该文件从科学理念、指导服务、家长职责、教育内容、家庭文化、教育方法、读物建设、教育资源、家庭学校社会协同育人机制等多个方面，对如何科学开展家庭教育提出了要求。同年 10 月 23 日，中华人民共和国主席习近平签署中华人民共和国主席令第九十八号，公布了《中华人民共和国家庭教育促进法》。

家庭是人成长生存、家风延续的首要场所，学校是培养人才、传承文化的主要平台，社会是人谋生进步、发展交往的基本环境，只有将三者协同、融合，形成稳定和谐的家庭学校社会关系，才能将立德树人这一教育的根本任务落实到基层，推动实现教育事业“三全育人”的重要目标。党的十九届五中全会提出，要将“健全学校家庭社会协同育人机制”，作为建设高质量教育体系的重要要求。2022 年 1 月 1 日，《中华人民共和国家庭教育促进法》正式实施，标志着在法律层面“家事”已上升为“国事”，实现人民对美好生活的向往与党和国家前途命运的大局已紧密结合在一起。然而，在欢呼“家庭教育的春天”到来的同时，也有学者敏锐地指出了“家庭教育研究理论缺失”的问题。① 基于此背景，开展古今中外家庭教育研究，对于丰富家庭教育理论体系有非常重要的意义。

家庭虽然在学术研究中常常处在边缘地带，但在文化和日常生活中却始终占据着主流位置。“每个时代的社会变迁，以及每个世代的生活变迁，都首先可以从家庭的点滴变化中找到依据。从这个意义上说，家庭可视为社会文化变迁的感应器。”② 研究某一时空条件下的家庭，特别是其家庭教育，有助于我们更立体地理解特定时空。

此外，有学者指出，今日的家庭教育已不再是家庭这一私人领域中的事情，法律的出台意味着家庭教育上升为公共政治领域关注的问题；新时代的家庭教育研究者被置于过去和未来的裂隙中，一方面要传承传统家庭教育思想给我们的宝贵遗产，一方面要开创新的家庭教育理论为儿童的未来负责。③ 由此可见，家庭教育从私领域走向了公领域，从人们私下谈论的话题，变为开诚布公正式研讨的主题。私人领域是为个人生命的维持和避开公众注意的隐私需要而提供的一个可靠的隐蔽场所，以个体的情意、信念、取向、价值关怀、品格、德行等

---

① 高书国. 中国家庭教育研究的理论缺失与自信重构［J］. 教育发展研究，2020（2）：9-17.

② 吴小英. 流动性：一个理解家庭的新框架［J］. 探索与争鸣，2017（7）：88-96.

③ 杨恩泽. 儿童的家庭处境与家庭教育的危机［J］. 教育发展研究，2022（10）：51-57.

为内容。公共领域是向所有公民开放，可以自由表述和公开他们意见的场所，是一种“关于内容、观点也就是意见的交往网络”，主要展现相互交流、共同生活、公开参与等社会交往和社会实践过程。[①] 开展家庭教育理论研究，正是对这一发展趋势的积极回应。

（三）现实中家庭教育职责的缺位与错位现象

家庭和学校是对个体发展影响最大、最深远的两大教育系统。家庭和每一个人息息相关，它满足了个人的基本需求，是人的本来归宿。而对整个社会来说，家庭又是人的再生产、人的社会化的基本单位，是对人的各种行为进行社会控制的一个机构。家庭既是社会细胞，又是个人活动的舞台；既是涉及人们生活、经济和文化的重要组织，又是衡量社会发展的重要标志。[②] 家庭对于个体社会化的重要价值已毋庸置疑，然而在现实中，家庭中父母教育职责的缺位现象以及违反教育规律的家庭教育仍普遍存在。

家庭中父母教育职责的缺位现象令人担忧。2016 年，全国妇联发布的《实施全面两孩政策对家庭教育的影响》调查报告显示，有 53.3％的一孩家庭没有生育二孩的意愿，不想和不确定生育二孩的家庭合计为 79.5％，这表明我国正处在少子化时代。我国的人口少子化预备时间虽不如发达国家长，但发展速度快。少子化带来了诸多教育问题，少子化教育问题与改革开放造成的文化冲突与融合问题、经济社会转型时期衍生的教育问题与社会转型时期的社会问题等交织、叠加在一起，以比较复杂的形式表现出来。在家庭教育方面，主要表现有：学校教育和家庭教育的界限变得模糊不清，功能时有错位。有些学校不断给家长增加任务，使家庭教育的内容、教育方式与学校趋同，家庭教育的重点变成学科知识学习，家庭成为第二学校，家长成为教

---

① 王乐．家庭教育私人性与公共性的错位风险及其调适［J］．湖南师范大学教育科学学报，2022（6）：75-82.

② 傅新球．近代英国人口、婚姻与家庭［M］．南京：南京师范大学出版社，2020：7.

师的助手。有的家长把孩子送到学校后就认为孩子学习好坏都是学校的事情，和家庭没什么关系，家长未承担起引导未成年子女成长的重要职责。①

父母的高质量陪伴是给孩子最好的家庭教育，但在现实生活中，有些家庭忽视了父母的教育责任，部分是为生计所迫，部分是父母过度崇拜资本所致。② 迫于生计的父母，不得不将孩子留给老人、亲戚照顾，或让孩子独自生活。而对资本过度崇拜的父母，往往通过购买的方式将教育责任转嫁给他人，如购买学区房为孩子争取更好的教育资源，出资送孩子参加各种学科培训或特长培训，送孩子出国留学等。父母教育责任的缺位是当今家庭教育存在的重要问题之一。

父母在对子女进行教育时经常存在一些违背教育规律的做法，其中有一种认识误区——人们近乎偏执地认为“只有最好的才是适合的”，而忽视了“只有适合的才是最好的”。在这种偏执且错误的观念主导下，父母往往通过购买学区房、择校等方式，为自己的孩子争取更多的优质教育资源，却在很大程度上忽略了家庭教育本身的意义和价值。

（四）维多利亚时期英国中产阶级家庭教育的独特性

16—19世纪，英国在政治、经济、宗教、思想文化等各个领域都发生了深刻变革，从一个传统的农业社会逐渐转型成为一个现代的工业社会。1832年《改革法案》（*Reform Bill*）的颁布，标志着中产阶级作为主角登上历史舞台。作为新的权力拥有者，中产阶级在财富方面的增长速度惊人，但他们并没有腐败，而是制定并坚守着非常高的公共生活标准。③ 在这种大背景之下，英国的家庭结构也发生了相应的

① 单志艳. 少子化时代家校共育的制度设计［J］. 教育研究，2021（1）：22-26.

② 傅维利. 家庭教育资本的本质属性及投资风险管控［J］. 教育学报，2021（6）：134-145.

③ ELLIOT-BINNS L E. Religion in the Victorian Era[M]. Greenwich: The Teabury Press, 1936: 60.

变化。从19世纪中叶开始，关于家庭发展的社会学理论就形成了一种共识，即存在一种从大家庭到小家庭的变化趋势，工业化过程普遍被认为是带来这种变化的决定性因素。① 根据1871年英格兰和威尔士的人口普查数据，1871年，英格兰和威尔士共有5 049 016个家庭，每个家庭的平均人口数为4.50人，而在此前的两次人口普查中，1801年的家庭平均人口数为4.69人，1851年为4.83人。② 由此可见，19世纪英国家庭人口规模基本维持平衡。但也不排除维多利亚时期仍存在一些规模比较大的家庭，在一位出生于1841年3月20日的英国人的回忆录中有记载："我是家中最小的孩子，我有6个姐姐和2个哥哥。"③ 多子女家庭在维多利亚时期仍然存在。

中产阶级在19世纪的政治、经济和社会方面扮演着各种领导性的角色。中产阶级对孩子的教育影响非常之大。父母的收入决定了孩子的生活水平，决定了父母能够为孩子提供一定的条件，即孩子们不得不放弃任何超出了家庭经济所允许的事物。此外，一个人必须要做好准备成为对社会有用的一员，而家庭是帮助他们做好这类准备的最好场所，中产阶级所具有的节俭、勤劳和常识等美德则能够为孩子提供高质量的教育。④

18世纪以来，油灯、燃气等和电灯逐渐替代了蜡烛，棉布、尼龙布、羊毛的生产逐渐工业化，女性从繁重的家庭生产劳动中逐渐解放出来。中产阶级家庭的女性有了许多的闲暇，这也给了她们接受自由

---

① 傅新球. 近代英国人口、婚姻与家庭［M］. 南京：南京师范大学出版社，2020：13.

② Census Office. Census of England and Wales for the year 1871, General Report[R]. Vol. Ⅳ. London: George Edward Eyre and William Spottiswoode, 1873: xxi.

③ SHEARME J. Lively recollections[M]. London: John Lane The Boldley Head, 1917: 1.

④ STOCKER R D. What's wrong with the middle classes? [M]. London: Cecil Palmer & Hayward, 1919: 17-18.

教育的机会。[①] 中产阶级女性受教育程度的提高，意味着她们具备了自己教育子女的可能性。维多利亚时期英国人十分重视教育对个人成长的影响，当时流行的一首诗歌描绘了父母、监护人、学校对个人社会化的重要影响。

> 我们打磨顽石那粗糙的外表，
> 只为了探寻它宝石般的内核。
> 优雅的风度，从容的举止，
> 高雅的语言，优美的体态。
> 从这些品质中我们仿佛看到，
> 父母、监护人和学校的辛勤付出。[②]

每个人生来都是一块顽石，通过家庭和学校教育，人们粗糙的外表被磨平，优雅的风度、从容的举止、高雅的语言、优美的体态得以养成，宝石般的内核得以呈现。从出生到成人这段漫长的时间，是专门被设计来接受教育的过程。一个人所受的教育，既取决于个人本身，也有赖于其所在的国家。在文明国家中，公众和政府都非常关注教育。一个人所受的教育和其生活的幸福感紧密相关。

有研究表明，19 世纪以前，受清教主义的影响，中产阶级奉行简朴甚至是苦行的生活方式，家具有明显的开放性和非正式性，家庭作为一个生产单位，导致工作空间和家庭空间几乎没有区分。[③] 维多利亚

---

① GOODSELL W. Problems of the family[M]. London：D. Appleton-Century Company，1936：103.

② AIME M M，LEE E. The education of mothers of families[M]. London：Whittaker & Co.，1842：X.

③ 李宝芳. 19 世纪英国中产阶级家庭生活仪式化研究 [J]. 历史教学问题，2009(1)：62-64，93.

时期是英国的转型发展时期，也有研究者将19世纪称为英国的光辉岁月。家庭在19世纪的英国中产阶级中获得了新的重要意义，家庭文化是其阶级认同的重要维度。家庭观念、家庭角色分工、物质生活方式以及娱乐方式等方面共同构成了中产阶级独具特色的家庭文化，这种家庭文化是其阶级文化的重要内容。① 这一时期英国中产阶级家庭生活发生了重要变化，变得日益神圣化和仪式化。

有许多研究都表明，家庭教育存在阶层差异。安妮特·拉鲁（Annette Lareau）认为，具有社会优势地位的家长在参与中往往也带有阶层优势，而处于低社会阶层的家庭由于缺少教育传统，父母不注重教育，加上没有足够动机追求长远的教育成就，因此较少参与子女教育。② 还有研究指出，父母职业与工作的关联程度越高，父母的受教育水平越高以及家庭的社会关系越丰裕，父母参与子女教育的程度就越高。处于一定社会阶层地位的父母，在参与子女教育时会呈现阶层差异，有阶层优势的父母在参与中具有优势，而弱势地位的父母则处于“雪上加霜”的不利地位。家庭社会经济地位与父母参与子女教育的关系，集中体现在父母职业与工作的关联程度、父母的受教育水平和家庭社会关系三个因素上。③

英国王室的孩子都是在家接受教育，因为王子和公主不能被送去学校。虽然他们在家里和父母一起生活，但他们所受的家庭影响与中下层阶级所理解的完全不一样。王室的孩子出生后不能接受母亲的授乳，长大之后所摄入的食物也并非出自母亲之手，他们享受不到普通

---

① 李宝芳，马世力. 19世纪英国中产阶级家庭文化探析［J］. 深圳大学学报（人文社会科学版），2008（3）：8-13.

② 拉鲁. 不平等的童年：阶级、种族与家庭生活［M］. 宋爽，张旭，译. 北京：北京大学出版社，2018：343-346.

③ 吴重涵. 是什么阻碍了家长对子女教育的参与：阶层差异、学校选择性抑制与家长参与［J］. 教育研究，2017（1）：85-94.

家庭中父母和子女之间的天伦之乐。王室家族的孩子很少和母亲亲密接触，母亲也很少拥抱孩子。相比之下，普通家庭的孩子日日夜夜都和母亲待在一起，晚上枕着母亲的胳膊入睡，随时都在母亲的视线之内。受过最佳训练的王室孩子被要求严格控制自己的脾气和行为，他们几乎不为周围的人服务，但被要求保持谦逊和温顺。孩子受周围环境的影响要远远大于受言传的影响。当他看到周围的许多成年人几乎都在全神贯注于他，而那些人的职责就是引导他控制自己的脾气和举止时，他就会感到自己被要求所做的一切都没有意义。没有孩子会一天到晚只喜欢读书，最好的家庭教师、最好的书本、最安静的书房，都不能阻挡孩子对书本知识之外世界的向往，孩子不可能每天只跟语法、算数、地图等打交道。王室家族的孩子是孤单的，尽管他们会有许多哥哥姐姐和弟弟妹妹，但他们要么比自己大，要么比自己小。尽管有专属的仆人、专属的家庭教师、专属的空间，但这一切都不能替代和同龄人一起玩耍所带来的乐趣。只有和同龄人在一起嬉戏，那才是真正的童年。在王室孩子接下来的人生和学习中，情况不会发生变化，他们没有机会在同龄人中生活。尽管拥有权力，生活起居有人伺候，但他们没有职业，也没有真正的目标和任务，除非掌握统治权，否则他们的生活非常空虚。最后，他们将会在这种习惯性的孤单中结束一生，永远体会不到“富人和穷人成为朋友”的感觉。① 在这种环境下成长起来的人，习惯可能是正派的，脾气和举止可能是温和的，追求可能是单纯的，感情可能是虔诚的，但他永远无法接近我们所认为的智力得到充分锻炼、情感得到彻底训练的完美的人，这些能力只能在与普通人平等交往中才能得以发展。

穷苦家庭孩子的教育在一定程度上是比较糟糕的。从某种程度上

---

① MARTINEAU H. Household education[M]. London: Smith, Elder & Co., 1876: 39-40.

可以说，贫穷的孩子往往拥有不幸的父母。他们的父母可能体弱、愚昧、懒惰或放纵，若非如此，他们就不会一直处于贫困状态。贫困家庭的儿童要么被送往济贫院，要么在卫生条件非常差的房间或地窖里生活，他们生活在潮湿和污垢之中，生活在邪恶或愚昧的噪声或景象中。他们被照顾和喂养得很糟糕，成长过程中身体虚弱，总是处于一种不安的状态，这会使他们的脾气败坏，并使他们的情绪容易激动。他们往往没有甘于奉献自己并让他们感受到幸福和美好的母亲，也没有感受过来自母亲的温柔抚慰。他们在路上的尘土或排水沟的泥泞中翻滚，在任何他们能看到的地方抢走食物，如果他们胆子够大，就会与任何阻挠他们的人争吵，如果他们天生就胆小，则会偷窃和说谎。他们会放纵自己的每种欲望，并不知道如何控制它们。他们讨厌每个阻止他们放纵的人，喜欢那些和自己一样放纵自我的人。他们见识狭窄，除了自己眼睛看到的世界，他们一无所知。他们不知道社会、法律和职责是什么。因此，当他们做出伤害社会的事情时，需要依法接受惩罚时，他们对自己要履行的职责和义务一无所知。如没有违反法律规定，他们可能会纵情于打斗、喝酒，或头脑昏昏欲睡、身体迟钝或生病，直到最后像野兽一样死去。①

上述是家庭教育的两个极端情形，一种是因过度保护而导致人生毫无目的，另一种是因无人管教而导致愚昧无知。总的来说，如能对上述两种情形进行中和，则最有利于充分发挥人的作用，最能实现人的人生目标。有学者认为，至少在维多利亚时期的英国，条件良好的工匠家庭是特别有利于孩子教育的。为了证明自己的观点，该学者指出，通过书本学习知识的好处非常之多，这能让孩子们接受一些通识教育。但如果把书本教育和手工劳动结合起来，则可以培养出更高贵

---

① MARTINEAU H. Household education[M]. London：Smith，Elder & Co.，1876：40-41.

的人。通过书本知识能够锻炼人的大脑，辅之以体力劳动则更能增进智慧。从书本上所收获的益处只局限于个体，这也是为什么聪明的政治家、医生或律师的孩子只能偶尔从父辈那里获益；相比之下，手工艺者的孩子反而能更好地继承父母的手艺。手工艺劳动者拥有清醒的头脑，在就业、婚姻和住所方面做出明智的选择，他们从大自然和《圣经》中学习伟大而有趣的东西，在家里有舒适的环境，有闲暇时间训练孩子从事自己的工作和做其他任何事情，使孩子们变得更聪明、更负责、更重感情，并且能不断提升自己。①

比手工匠人更体面的职业如外科医生、制造商和店主以及稍微不那么体面的一些职业如街头搬运工、特工和工人，他们也都在寻找生活的真正目的。但在该学者看来，在针对孩子的家庭教育方面，手工匠人有着最好的条件。这种条件提供了书本知识和个人经验的交汇点。白天，渴求知识的孩子们通过观察燃烧的火、奔流的水、看不见的风、塑料、金属或黏土、杂色的木头或大理石、精致的棉花、丝绸或羊毛学习大自然的知识；到了晚上，他们了解到那些聪明的人把自己最好的思想写进了书中，并把书做成了知识的载体，人们可以通过阅读随时与他们交流思想。在这类家庭，孩子能够感受到两种教育所带来的益处，他们既可以从父亲那样辛勤的劳动中获益，又有机会表达对书本知识的尊重。另外，工匠家庭的孩子从出生开始就接受母亲的照顾，享用母亲为他们提供的食物和衣服，听母亲为他们唱摇篮曲，和母亲一起游戏。白天他们在母亲的视线中成长，晚上他们坐在父亲的膝盖上，从父亲那里学习知识或和父亲一起玩耍。工匠家庭工作非常繁忙，每个人都要为之贡献自己的力量，因此工匠家庭的孩子很早就开始参

① MARTINEAU H. Household education[M]. London: Smith, Elder & Co., 1876: 42.

与家庭的生计，这是最自然的教育，也是最好的教育。[①] 孩子从小就知道劳动是光荣的，要成为一个有用的人，成为温和、整洁、勤奋的人。在劳动和学习之间，孩子们往往会自然而然地把更多的精力投入那些必须要做的事情上，而不是那些对于自己更有教育意义的事情上。对于女孩们来说，相比裁剪布料、为布娃娃缝制衣服等学习裁缝手艺的事情，照看婴儿、帮助奶奶、为父亲缝制衬衫、学会做饭等工作更加紧迫，她们自然而然地会在后者上投入更多精力。对于男孩们来说，为母亲搬运煤块、在车间里给父亲打下手等事情更紧迫，这些经历也让他们更早地比上层社会男孩有男子气概。对于这类要经常帮助父母做家务的孩子们来说，他们更能够体会到读书的机会是多么的宝贵。孩子们看到阅读对他们的父亲来说是一种特权和娱乐，他们在对这一巨大资源的崇敬和热爱中成长，这种热爱和期待能够引领他们努力克服学习字母和书写的困难。待他们长大一些，就被允许在炉火边阅读圣弥尔顿（Milton）、莎士比亚（Shakespeare）等人的伟大的作品。在这些作品中，他们能够感受到圣人的伟大思想，并用之来武装自己的大脑。由此一来，所有的劳动和知识学习都变得具有教育意义。这种学习能力一旦被唤醒，生活中的所有事情就都有了意义，如日常手工艺劳动、与邻居的交往、来自世界各地的各种传闻和趣谈、家庭责任、书籍阅读、祈祷等。[②]

综上所述，与上层社会和下层社会相比，中产阶级家庭的孩子与父母之间的亲子关系更加紧密，能从父母那里获得比其他社会阶层的孩子更多的爱和陪伴。生命早期的父母陪伴，能够尽可能地确保孩子的人身安全，并有助于培养孩子健全的人格。在 20 世纪上半叶的西方

---

① MARTINEAU H. Household education[M]. London：Smith，Elder & Co.，1876：42-45.

② MARTINEAU H. Household education[M]. London：Smith，Elder & Co.，1876：42-45.

社会学家眼里，现代核心家庭以及与之相应的中产阶级家庭意识形态，正是与西方工业化、现代化相匹配的最好的私人生活配置。① 此外，中产阶级家庭的居住环境虽谈不上奢华，但与下层社会家庭相比，更加温馨、稳定和卫生，更有利于孩子的身心健康。再者，中产阶级家庭的孩子不但要帮助父母做一些家务和生意方面的工作，也有机会学习书本知识，这种体力和脑力结合的方式更有利于个体的发展。一方面，在繁忙的劳动之余，孩子更能够体会到学习书本知识的机会是多么的宝贵；另一方面，在书本知识的学习中，孩子通过与先贤圣人在思想上的对话，用哲人的理念武装大脑，能够重新审视日常生活，这一经历反过来又可以赋予日常生活以更大的教育意义。综上所述，相比上层社会和下层社会，中产阶级特有的生活环境使他们的孩子在智慧方面能够发展得更好。

教育是个人实现社会流动、促进社会公平的重要途径，但家庭的阶层优势在子女的教育获得中扮演了重要角色，这些与家庭经济、文化、父母职业地位相关的优势会传递给子女，为子女提供更好的教育机会，获得更优质的教育过程，取得更高水平的教育成就，进而以一种隐秘的方式实现父母社会地位的复制或再生产。②

维多利亚时期英国中产阶级对家庭教育的重视，还体现在这一时期的人们对于家庭教育的思考和总结上。这一时期涌现出以夏洛特·梅森（Charlotte Mason）为代表的家庭教育学者，其在家庭教育方面著述丰富，为我们了解这一时期人们的家庭教育思想提供了重要依据。此外，19 世纪 90 年代，梅森还主编了《家长评论》（*The Parents' Review*）杂志，这本按月发行的杂志设置了儿童时间、图书推介、读者来信等多个栏目，连载了许多儿童文学作品，为儿童提供了一定的

---

① 吴小英. 流动性：一个理解家庭的新框架 [J]. 探索与争鸣，2017 (7)：88-96.

② 吴重涵. 是什么阻碍了家长对子女教育的参与：阶层差异、学校选择性抑制与家长参与 [J]. 教育研究，2017 (1)：85-94.

阅读素材，也为家长提供了许多养育和教育孩子的经验。再者，这一时期英国还成立了全国家长教育学会（Parents' National Education Society），该学会下又设立了诸如阅读等分支，不定期召开会议，研讨有关家庭教育的内容，在促进这一时期家庭教育理论提升和推广家庭教育经验方面发挥了一定的作用。

基于上述背景，本研究旨在从历史中去探寻维多利亚时期英国中产阶级家庭教育规律，能够为改进我们当下的家庭教育提供借鉴。

二、研究意义

“家庭是人生的第一个课堂，父母是孩子的第一任老师。”从中西方的时空观看，尽管其关于家庭教育的价值取向存在文化差异，但对于家庭教育的重视一直是各国社会的共识。维多利亚时期是英国历史上的黄金时期，国家强大离不开人才，人才的培养与高质量的家庭教育密不可分。

家庭教育具有多样性、复杂性和难以测量性等特点，必须创新理念、创新思想、创新工具，才有可能取得创新结果。[①] 2022 年正式实施的《中华人民共和国家庭教育促进法》明确提出：“国家鼓励开展家庭教育研究。”本课题对维多利亚时期英国家庭教育的有关理论和思想的来龙去脉进行考察和梳理，通过了解维多利亚时期英国的文化背景中具有特色的家庭教育思想的产生机制，检视其文化中的价值观和惯习，以人类共同追求的价值作为矫正的参照，扩展家庭教育理论的内涵和外延，推进我国家庭教育理论研究向理性、科学的方向迈进。

自古代城市国家产生以来，与家庭和政治领域相应的私人空间和

---

① 高书国. 中国家庭教育研究的理论缺失与自信重构［J］. 教育发展研究，2020（2）：9-17.

公共社会空间始终是两个截然有别、独立存在的实体。① 在古典时期，人们将私人领域与公共空间截然区分开来，妇女和儿童居于家庭之中，成年男性则不停地往返于私人领域和公共空间这两个世界，家是成年男性的私人领域，是他们离开公共领域后远离外部世界的可靠藏身之处。成年男性是连接私人领域和公共空间的桥梁，有学者用“隐秘的隧道”来形容这一通路。② 这种两分法在维多利亚时代早期的英国家庭得到了很好的体现。但随着社会的发展，私人领域和公共空间的界限不再那么分明，家庭逐渐走向公共领域，而公共空间的许多资源和信息也开始源源不断地注入家庭，阿伦特（Arendt）将这种现象称作社会领域的兴起。在阿伦特看来，社会领域的本质是家庭和家务活动进入公共领域，古老的政治和私人领域以及更晚建立的私密空间不可抗拒地被吞噬。家庭私人领域、政治公共领域和社会领域这种三分法的解释力逐渐得以凸显。有学者指出，在三分法模型下，家庭不再是相对于传统公共领域的存在，而是现代社会领域的有机组成部分，由此一来，“家庭是社会的细胞”这一比喻背后的经济学意义也更容易被人们理解。③

近年来，我国涌现了许多家庭教育研究成果，体现了学术界对这一研究领域越来越关注，但总的来看，高水平的研究成果还不多，质量也亟待提升。有学者认为，中国家庭教育理论既缺少系统设计，更缺少具有学术共识的“预制板”和“标准件”，并提出疑问，即没有系统设计，没有标准件，只有砖头甚至沙子，中国家庭教育的理论大厦

---

① 阿伦特. 人的境况［M］. 王寅丽，译. 上海：上海人民出版社，2009：18.

② 杨恩泽. 儿童的家庭处境与家庭教育的危机［J］. 教育发展研究，2022（10）：51-57.

③ 杨恩泽. 儿童的家庭处境与家庭教育的危机［J］. 教育发展研究，2022（10）：51-57.

该如何构建?[①] 由此可见，我国家庭教育理论研究还有非常大的发展空间。

维多利亚时期的英国人十分注重家庭观念和家庭教育，这一时期涌现出以夏洛特·梅森为代表的家庭教育理论与实践者，还有大量的家庭教育读物问世，包括各类杂志、育儿指导书等，这些史料中所呈现的家庭教育理念、内容、手段与方法可在一定程度上为推进我国家庭教育实践提供借鉴与参考。2021 年 7 月，中共中央宣传部等七部委联合印发了《关于进一步加强家庭家教家风建设的实施意见》，提出要落实立德树人根本任务开展家庭教育。本研究以历史研究为基础，以海纳百川的姿态，对维多利亚时期英国有关家庭教育的成果进行整理、总结，“去其糟粕，取其精华”，以从中获得可以滋养当代家庭教育的资源。本研究通过系统研究英国特定历史时期特定社会阶层的家庭教育问题，通过挖掘这一时期人们的传记、书信、回忆录、育儿书、宗教读物、杂志等一手资料，从理论层面分析与审思这一时期的家庭教育，以期丰富我国家庭教育理论研究，为学科建设做贡献。

家庭教育的实践证明，有什么样的家庭就有什么样的家庭教育，有一千个家庭就有一千种家庭教育。[②] 不同历史时期、不同国度、不同社会阶层、不同家庭的家庭教育都有自己的特点，家庭教育的复杂性和多样性大大提升了家庭教育研究的难度。尽管存在诸多困难，但不同历史时期、不同国度、不同社会阶层、不同家庭的家庭教育又有相通之处，这又为开展特定历史时期、特定国度、特定社会阶层的家庭教育研究赋予了现实意义。维多利亚时期英国中产阶级十分重视家庭教育，崇尚自然教育理念，注重儿童的身体养育和精神陶冶，有条件

① 高书国. 中国家庭教育研究的理论缺失与自信重构［J］. 教育发展研究，2020（2）：9-17.

② 高书国. 中国家庭教育研究的理论缺失与自信重构［J］. 教育发展研究，2020（2）：9-17.

的家庭会给孩子安排许多有意义的休闲活动，增长儿童的见识，丰富其精神生活。维多利亚时期英国中产阶级父母教育孩子的方式方法、形式内容等有许多尚未过时，值得学习借鉴。

三、概念界定

（一）维多利亚时期

维多利亚时期被誉为英国的光辉岁月，在这一时期，英国成为世界政治、经济、文化强国。在人口方面，1348—1349 年爆发的黑死病夺去了英国三分之一到二分之一的人口；1753 年，英国通过了《人口普查法》（*Census Bill*）；1800 年，英国开始启动第一轮人口普查工作，自此英国人口数量开始有据可查。根据 1836 年的议会法案，注册办公室（General Register Office）成立，并配备了专职的注册官员。新的注册系统确保了英国人口出生、婚姻和死亡得以有效地被统计。1841 年，各地投入使用人口注册机器，使得数据的统计更加准确。根据人口普查数据，1801 年英国人口为 8 750 000 人，1951 年为 43 750 000 人，为 1801 年人口数量的 5 倍；1841 年，英国人口中 15 岁以下的儿童占总人口的 36.1%，15—64 岁的人占 59.5%，65 岁及以上的人口占 4.4%；1901 年，15 岁以下儿童占总人口的 32.4%，15—64 岁的人占 62.9%，65 岁及以上的人口占 4.7%。[①] 由此可见，整个 19 世纪的英国人口比例大致保持平衡。

关于维多利亚时期，学术界有不同的界定方式。狭义的维多利亚时期是指维多利亚女王执政时期，即 1837—1901 年。这是一个经历了巨大变革的时期，也伴随着许多改革。这个时期大致可被划分为三个

---

① General Register Office. Matters of life and death［R］. London: Her Majesty's Stationery Office, 1958: 9.

阶段：早期（1830—1848 或 1832—1850）、中期（1848—1870 或 1850—1870）、晚期（1870—1900 或 1870—1901）。每个时期社会发展状况差别很大。

有学者把维多利亚时代早期定义为 1840—1865 年这段时间，这一时期的显著特征是中产阶级成为重要的政治力量，他们受教育程度高，成为社会的精英分子。① 早期维多利亚时期是推行改革的重要年代，因此有不少人把维多利亚时期从 1832 年《改革法案》（即通过第一个选举制度的《改革法案》）的颁布算起。这时英国社会的特征是工业革命迅速发展，大批农民进入城市就业，城市面积和人口迅速增长，英国成为世界上最强大的工业国。同时，1832 年《改革法案》通过后，中产阶级作为一支强劲的力量登上了历史舞台。②

在维多利亚时代早期，有一位政治人物发挥了非常重要的作用。当时的英国首相罗伯特·皮尔（Sir Robert Peel）被称为现代政治家之首，也是从工业巨头那里招募的新贵族的先驱。无论在国内还是海外，他对英国都做出了卓绝的贡献。在国内，他促成了从旧政治世界到新政治世界的和平过渡，避免了革命和混乱的发生。正如莫理勋爵（Lord Morley）所言，1842—1844 年的政府"奠定了我们坚实的商业政策的基础，建立了我们的铁路系统，结算了货币"；在国外，它"赋予了我们在欧洲热爱温和、公平与和平的良好民族性格"③。

维多利亚时代早期，资本家对工人的残酷剥削、工人恶劣的劳动和生活条件、国内经济萧条、大批工人怠工、农业歉收造成穷人的饥

---

① HAYNES E S P. Early Victorian and other papers[M]. London: Elkin Mathews, 1908:1.

② HAYNES E S P. Early Victorian and other papers[M]. London: Elkin Mathews, 1908:60.

③ HAYNES E S P. Early Victorian and other papers[M]. London: Elkin Mathews, 1908:61.

饿以及贫富两极分化，导致社会动荡不安，工人采取多种形式反抗，劳资冲突激烈。1815 年，议会为保护英国农场主利益，通过谷物法，提高了进口粮食的关税。由于缺乏竞争，英国面粉价格高昂、许多穷人吃不起面包。1838—1848 年工人在全国范围内掀起大规模的宪章运动，提出六项扩大工人政治权力的要求。虽然 1832 年的选举制度《改革法案》没有答应一条宪章中提出的要求，但宪章运动留下的影响使得议会在整个早期阶段通过了许多改善工人劳动与生活条件的法案，例如废除谷物法、缩短童工劳动时间等。第一个选举制度《改革法案》削弱了贵族阶层的势力，增强了新兴中产阶级的政治权力。后来，1867 年与 1884 年分别通过了第二和第三个《改革法案》，把选举权扩大到城镇工人和乡村农工，但妇女直到 1918 年才取得选举权和被选举权。①

1851 年，在阿尔伯特亲王的主持下，英国举办了第一届世界博览会，目标是通过战争以外的方式为英国获得更大的国际影响力，给一个被冲突和内乱撕裂的国家带来可以感到自豪的东西。这次伟大的展览展示了英国的创新、工程和设计，是维多利亚时期的转折点之一，也是确认英国世界第一强国地位的事件之一。② 这场博览会影响十分巨大，在三个月的展览期中，共有 6 039 195 人被允许入场，仅在最后一周，就有 518 277 人。③ 这场博览会也促进了旅游业的繁荣，温莎城堡的游客人数从 1850 年的 31 228 人增加到 1851 年的 129 400 人，大英博物馆的参观人数从 720 643 人增加到 2 230 242 人。④ 举办一次规模如此

---

① 钱青. 英国 19 世纪文学史［M］. 北京：外语教学与研究出版社，2006：139-140.

② 赫弗. 高远之见：维多利亚时代与现代英国的诞生［M］. 徐萍，汪亦男，译. 北京：社会科学文献出版社，2020：318.

③ 赫弗. 高远之见：维多利亚时代与现代英国的诞生［M］. 徐萍，汪亦男，译. 北京：社会科学文献出版社，2020：348.

④ 赫弗. 高远之见：维多利亚时代与现代英国的诞生［M］. 徐萍，汪亦男，译. 北京：社会科学文献出版社，2020：348.

巨大的博览会本身充满了许多不确定性，正如阿尔伯特亲王以他英国式的幽默对普鲁士国王所说的那样："数学家们计算出水晶宫将在第一次强风中爆炸；工程师们认为画廊会把游客压死；政治经济学家预言，由于人口众多，伦敦将会粮食短缺；医生们认为，由于如此多的种族相互接触，中世纪的黑死病就像十字军东征之后那样很快出现；道德主义者认为，英国将受到文明和不文明世界所有冲击的影响；神学家们认为这个第二巴别塔会冒犯上帝。对于这些危险，我不能保证，我也不能为你的皇室亲属可能受到威胁的生命负责。"① 尽管如此，阿尔伯特亲王及其策划者还是顶住了压力，精心策划与准备，让这次世界博览会取得了巨大成功，在世界范围以及英国本土产生了巨大反响。

由于进行了许多政治与经济改革，到了维多利亚时代中期，一方面在拿破仑战争后一百年，英国没有介入欧洲大规模战争，因此赢得一段较长的和平建设时期；另一方面英国工业生产和外贸发展迅速，英国社会进入了一个物质繁荣的新时代，人们情绪乐观，甚至自满，对国家所取得的成就感到骄傲。随着英国的第一流海军舰队到世界各地掠夺殖民地财富、剥削当地人们的劳动力、推销英国的剩余商品，英国可以吹嘘自己已成为"日不落帝国"。英国人生活水平的提高与殖民地财富不断流进英国分不开。这时期虽然物质繁荣，科学技术发展，尤其是地质学、天文学与达尔文进化论研究的成果丰富，但与《圣经》的教导是背道而驰的。到底继续信任《圣经》还是放弃信仰?② 有史料表明，19 世纪中期，信仰危机已经成为一种普遍的社会现象和文化现象。③ 当时的许多诗歌，如丁尼生（Tennyson）的《悼念集》（*In*

---

① 赫弗．高远之见：维多利亚时代与现代英国的诞生［M］．徐萍，汪亦男，译．北京：社会科学文献出版社，2020：341.

② 钱青．英国 19 世纪文学史［M］．北京：外语教学与研究出版社，2006：139-140.

③ 赫弗．高远之见：维多利亚时代与现代英国的诞生［M］．徐萍，汪亦男，译．北京：社会科学文献出版社，2020：168.

Memoriam A. H. H.）中的诗歌、阿诺德（Arnold）的《多佛海滩》（“Dover Beach”）等，都涉及了灵魂对信仰的挣扎。

维多利亚时代晚期英国的经济衰退了，1873 年和 1874 年连续发生经济危机。另外，1876 年通过第二个选举制度《改革法案》，工人的政治权力加强了，各行业工会的力量也加强了。民众为减轻对工人的剥削、增加他们的收入，在全国范围举行大规模罢工，使生产瘫痪。到了 19 世纪末，无论是在工业总产量还是科学技术的发展，或是人才培养方面，英国都落后于德国与美国，丧失了领先地位。此外，殖民地国家纷纷起来反抗英国的统治，在本国掀起反对殖民主义的斗争，如印度的反英起义（1857—1858）、阿西比尼亚战争（1867—1868）、祖鲁战争（1878—1879）、两次布尔战争（1880—1881，1899—1902）等。①

除狭义界定外，还有对维多利亚时期的广义界定。“Victorian”这个词常被译为“维多利亚时代的”或“维多利亚时代人”。在《施尼兹勒的世纪：中产阶级文化的形成，1815—1914》一书中，作者指出，在习惯上“Victorian”是指英国人——甚至更狭义地指英格兰人——及其素质、道德观与礼仪，但它的意义从未完全局限在维多利亚女王主政的时代，因为不管是在维多利亚女王 1837 年登基前还是 1901 年驾崩后，都有所谓的维多利亚时代人。简言之，她的名字是被宽泛地用作 19 世纪的同义词，也就是自拿破仑（Napoléon）最终败北至第一次世界大战爆发（1815—1914）之间的时间。②

本研究所收集的史料紧紧围绕维多利亚女王执政时期展开，故本研究采用狭义的“维多利亚时期”，指的是维多利亚女王在位的 1837—1901 年这段时间。

---

① 钱青．英国 19 世纪文学史［M］．北京：外语教学与研究出版社，2006：139-140.

② 盖伊．施尼兹勒的世纪：中产阶级文化的形成，1815-1914［M］．梁永安，译．北京：北京大学出版社，2006：ix.

（二）中产阶级

“中产阶级”在学术界是一个存在争议的概念。在西方学者的著作中，中等阶层（middling sort）、中产阶级（middle class）、贸易阶级（trade class）和商业阶级（commercial class）等词都被用来表示中产阶级。[①] 在《施尼兹勒的世纪：中产阶级文化的形成，1815—1914》一书中，作者彼得·盖伊（Peter Gay）在序言中提出，在该书中会交替使用中产阶级、布尔乔亚、中间阶层等来表达同一个含义。[②] 由于中产阶级本身具有复杂性，因而关于中产阶级的称谓非常多，包括中等阶层、中间等级、中间阶级、中产阶级、中等阶级等。[③] 有学者认为，要界定中产阶级，就必须对“等级”和“阶级”进行回应，并认为阶级产生于社会成员对社会资源占有的不平等，而中产阶级即是在一个社会资源占有尚处于社会结构中间层的阶级。[④] 对于西方的历史学家和社会学家来说，“中产阶级”是一个极富研究力的课题，但其术语的准确运用、范围的界定、与工业革命之间的辩证关系、特有的价值观等问题依然没有得到很好的回应。[⑤]

1. 学术界的界定标准不一

正是因为中产阶级的概念非常难界定，因此有学者称之为“中产阶级的混乱”（The Mess of the Middle Class）。[⑥] 之所以会出现这种混乱，是因为界定标准不一，不同的界定标准必然会导致概念之间存在

---

① 潘迎华. 19世纪英国中产阶级女性研究［M］. 北京：社会科学文献出版社，2021：24.

② 盖伊. 施尼兹勒的世纪：中产阶级文化的形成，1815-1914［M］. 梁永安，译. 北京：北京大学出版社，2006：1.

③ 胡玲. 近代英国中产阶级的形成［M］. 上海：上海三联书店，2017：30.

④ 胡玲. 近代英国中产阶级的形成［M］. 上海：上海三联书店，2017：50.

⑤ 胡玲. 近代英国中产阶级的形成［M］. 上海：上海三联书店，2017：6.

⑥ DAVIES K G. Review：The mess of the middle class［J］. Past and present，1962，22(7)：77-83.

差异。李宝芳、马世力认为，19世纪英国中产阶级是指处于贵族阶级和无产阶级之间的第三等级。[①] 综合已有学者的定义，主要可以分为如下几种。

第一，从职业分工和经济地位的角度进行界定。有学者认为，维多利亚时期的英国社会可以笼统地分为三个阶级，即上层阶级、中产阶级和下层阶级或劳工阶级。这种划分方式不依赖于人们拥有钱财的数量，而是部分依赖于收入来源、出身和家庭关系。中产阶级男人做体面的工作，经常是脑力劳动而不是体力劳动，他们获得月工资或年工资。收入不是中产阶级的定义标准，中产阶级既包括成功的工业家和极其富裕的银行家，又包括像印刷工或者铁路机车司机这样的懂技术但工资一般的贫穷职员。[②] 有学者指出，中产阶级既是一个模糊的概念，也是一个非常难以界定的概念。中产阶级既是一个处于两个阶级之间的概念，首先，中产阶级不包括地主和农民；其次，中产阶级也不包括店主和工匠；最后，中产阶级包括商人、资本主义制造商、律师和医生等专业人士、公务员、军官。[③]

第二，从文化认同的角度进行界定。从前，大礼帽和长大衣是中产阶级身份的标志和象征，但随着时代的变化，他们不希望自己因为服饰而变得引人注目或与众不同。基于此有学者认为中产阶级是保守派，有着自由主义的抱负。也有人将抛弃象征身份的服饰的做法视作中产阶级自身衰败的征兆，但实际上并非如此。他们之所以会改变自己的外在形象，是因为内心强大的理智在支持他们选择最大程度的舒

---

① 李宝芳，马世力. 19世纪英国中产阶级家庭文化探析［J］. 深圳大学学报（人文社会科学版），2008（3）：8-13.

② 李宝芳. 维多利亚时期英国中产阶级婚姻家庭生活研究［M］. 北京：社会科学文献出版社，2015：5.

③ GRETTON R H. The English middle class[M]. London：G. Bell and Sons，Ltd.，1917：8-10.

适感。因此绝不能通过服饰的改变来断定中产阶级是否令人失望。中产阶级一直在坚持着自己的理想主义，这一点在每一个中产阶级家庭、教堂或公立学校里都能得到证明。“作为一名中产阶级，我记得从小人们就在强调行为举止要有礼貌，要有绅士风度。中产阶级有很多美德，其中占主导地位的美德包括节俭、勤劳和诚实。”①

中产阶级并非一个同质的群体，内部成员众多繁杂，差异极大。尽管收入和地位不同，但他们仍然享有共同的标准和理想，通过相似的职业、生活方式和道德原则等松散地联合在一起，并通过阶级认同与其他阶级尤其是下层的工人阶级区别开来。他们的谈吐、衣着、读物、闲暇、对工作与爱的态度、对隐私的高度重视，都使他们自成一个阶级，而他们也完全自觉到这一点。他们都信奉竞争、节俭、谨慎、自立、个人成就以及家庭道德。有学者认为，英国是一个崇拜成功的国家。几乎所有的人，不管处于何种社会阶层，都会追求成功、崇尚成功。同样，他们也蔑视一切的罪恶和不足。英国人不仅为各种头衔感到荣耀，同样也为社会和公众带来福利的富人感到荣耀。② 这些价值观调和了中产阶级的多样性，因为把他们视为一个阶级仍然是说得通的。③

有学者认为，中产阶级的产生是非体力劳动者在社会经济地位、生活方式、工作文化、社会观念和自我认知方面渐趋一致的结果。④ 首先，中产阶级有自身特有的文化、价值观和人生观，享有共同的政治意识和社会意识，在政治意识方面，他们积极参与社会运动；在社会

---

① STOCKER R D. What's wrong with the middle classes? [M]. London:Cecil Palmer & Hayward,1919:17.

② COLLIER R L. English home life[M]. Boston:Ticknor and Company,1886:93-94.

③ 李宝芳. 维多利亚时期英国中产阶级婚姻家庭生活研究 [M]. 北京：社会科学文献出版社，2015：7-8.

④ 洪君. 从“维多利亚女性”到“新女性”：美国社会转型过程中的中产阶级女性：1870-1920 [M]. 上海：上海辞书出版社，2021：30.

意识方面，中产阶级广泛建立各种形式的社团、俱乐部，通过这类排他性的组织形成公共领域，借以发表自己的言论，展示自己的价值观和社会观。其次，中产阶级对英国实行了近200年的济贫法进行改革，集中体现了中产阶级的社会关怀。最后，他们既不仰视追随贵族，也不再与工人阶级运动合流，以实现自我阶级认同。①

维多利亚时期的英国中产阶级具有相近的自我评价、生活方式、价值取向、心理特征。他们拥有一定的财产，但并非指马克思主义所有制关系意义上的阶级。具体来说有以下几个标准：以靠非体力劳动的职业谋生；生活方式追求体面；尊崇家庭道德、自主奋斗、隐私节制等价值观；认同自己属于中产阶级，且拥有较高的社会地位。这一阶级主要包含这样一些成员：英国国教牧师、律师、医生、军官等专职人员；商人、工厂主等工商业人员；小店主、小职员等较下层的非体力劳动者；农场主和小食利者。19世纪后期由于新职业的出现，一些新的职业群体如新闻工作者、保险代理人也融入这个阶级。此外，中产阶级还包括上述人员的家庭成员，因为当时的家庭地位由男主人的职业确定。中产阶级既不包含贵族，也不包含农民、手工业劳动者和其他下层劳动人民。② 这一说法也得到部分学者的肯定，如潘迎华就把英国工业社会中贵族和劳工之外的社会群体定义为中产阶级。③

第三，从是否占有资本的角度进行界定。有关中产阶级的类型学分析一直是中产阶级的一个重要议题。除上述按照收入划分的方式外，还有其他的划分方式。有学者将中产阶级分为老中产阶级和新中产阶级两大类型。老中产阶级最基本的特征是对小额资本或财产进行占有，

---

① 胡玲. 近代英国中产阶级的形成［M］. 上海：上海三联书店，2017：247.

② 李宝芳. 维多利亚时期英国中产阶级婚姻家庭生活研究［M］. 北京：社会科学文献出版社，2015：7-8.

③ 潘迎华. 19世纪英国中产阶级女性研究［M］. 北京：社会科学文献出版社，2021：25.

主要是独立经营的商人和小土地所有者，此外还有教师、牧师、医生等专职人员；新中产阶级则主要是从事脑力劳动的白领，包括经理阶层、专职人员、销售人员和行政人员等。[①] 有研究指出，维多利亚时代中期的人口中有15%—20%的人属于中产阶级。1841—1881年，除了原有的专业人员外，商店职员、会计师和银行家增加了50%，批发商和零售商几乎增加了一倍，商业机关和行政机关的白领占就业人员的总数从6.3%增长到10.3%。[②]

2. 中产阶级的产生

"阶级"是一个地位问题，一个人生来就属于某一阶级。社会等级曾经包含着丰富的含义，如拥有很高的社会地位并享有盛誉和土地的领主，艺术家、专业人士等非土地所有者，都属于特定的社会阶层。在封建社会时期，是否拥有土地是人们评判一个人的社会等级的主要依据。封建社会时期的律师所提供的服务都不是必不可少的，因此其社会地位也远不如其领主，而只是其领主的附庸者。这一时期的神职人员，就像R. H. 格里敦（R. H. Gretton）在《英国的中产阶级》一书中所提到的那样，牧师和僧侣既有来自贵族阶层，也有来自农民阶层的，他们通过接受一定的教育后都获得了自身的独特性，尽管他们还不足以形成一个独立的阶层，但仍被视作领主阶层的一分子。[③]

相对于贵族阶级和农民阶级，中产阶级的历史要短很多。在14世纪以前，历史舞台上都没有中产阶级的角色。中产阶级也被称作第三阶级，他们腹背受敌，生活在贵族阶层和农民阶层的夹缝之中。有人

---

① 周晓虹. 再论中产阶级：理论、历史与类型学：兼及一种全球化的视野［J］. 社会，2015（4）：1-24.

② 袁弋胭. 19世纪英国中产阶级自愿社团研究［M］. 北京：中国社会科学出版社，2017：75.

③ STOCKER R D. What's wrong with the middle classes?［M］. London：Cecil Palmer & Hayward，1919：25.

认为，中产阶级出现的时间晚主要是受文化的影响。但也有人认为，封建社会制度才是阻碍中产阶级发展的重要原因。在封建社会制度下，地主阶层拥有土地，农民阶层贡献自己的劳动力，以换取必需的生活资源，这一时期人们对于生活品质的追求很少，对于技术与服务的重视和需求程度不高，中产阶级也就没有发展的空间。[①]

随着封建社会逐渐出现崩塌的迹象，在某种因素的影响下，英国人的经济生活同时也发生了前所未有的变化。这其中的一个重要影响因素就是中产阶级，但那时候他们还没拥有中产阶级的名号。这一时期财富以一种神秘的方式流向那些从前并未引起人们注意的人手中，没人知道这些人是如何发财致富的。事实上，他们并没有生产财富，而是财富造就了他们。[②] 第一批中产阶级来自资本家。在中产阶级出现之前，资本家已经存在了。有研究指出，中产阶级就是资本家阶层中的特殊一支。在中产阶级出现之前，资本主要是土地、商品和服务。但当中产阶级出现后，一场神秘的变革随之而来，这一转变主要是通过货币手段实现的。然而这一时期，大多数人都还没有意识到货币的重要性。富人不需要它，穷人则对其知之甚少，也没有过多的追求欲望，然而这种幸福状态很快就要结束。明智的中产阶级很快就发现了货币的重要性，因为金钱几乎可以成就任何事情，如果以“商业化”的方式运用它，它将很快取代货物交换的旧做法，到时候最重要的事情就是尽可能多地赚取货币。[③] 综上可看出，社会的进步和经济形式的发展，让财富流向了中间阶层，这一群体日益壮大，就形成了中产阶级。

---

① STOCKER R D. What's wrong with the middle classes? [M]. London：Cecil Palmer & Hayward，1919：26.

② STOCKER R D. What's wrong with the middle classes? [M]. London：Cecil Palmer & Hayward，1919：27.

③ STOCKER R D. What's wrong with the middle classes? [M]. London：Cecil Palmer & Hayward，1919：28.

3. 中产阶级的特点

总的来看，中产阶级主要有如下几个方面的特点。

（1）包容性强

中产阶级是一个包容性非常大的阶层，在一定条件下，他们敞开怀抱接受任何值得的人加入。一个来自社会底层的人士，通过自己的努力“崛起”，中产阶级会乐于接受他，因为中产阶级十分看重人的优点和野心。另外，来自社会上层的人士如果不幸“落魄”，他们也会安慰自己，绝对不要堕落到中产阶级之下。对于他们来说，中产阶级就像一张铺设在钢丝绳下面的安全网，随时接受走钢丝的人坠落。[①] 可见，中产阶级置于上层社会和下层社会之间，其包容性强，流动性亦非常强。

有学者指出，尽管中产阶级的包容性很强，但他们从不管那些真正白手起家的人，他们不接受那些靠劳力去赚取收入的人。他们否认劳动和财富之间的必然联系。但仅从这一点来看，还不能得出中产阶级是一个无所事事的阶层的结论。中产阶级和农夫、矿工、铁路工人划清了界限，却接纳了士兵、水手、作家、医生、牧师、银行家、大律师、股票经纪人、演员、内阁部长和批发零售商等。这些绅士们之所以能被中产阶级接受，并不是因为他们的职业本身，而是因为他们的收入确保了他们有必要的闲暇时间来从事各自的职业。例如没有一个想要一夜暴富的人会梦想成为一名作家或律师。从这一点看，中产阶级看重的并不是职业，而是一定的收入所带来的闲暇。当然，这一点会让很多人不解，甚至连中产阶级内部很多人士都会感到迷惑。当看到其他中产阶级人士收入颇丰时，他们就会得出结论，中产阶级所

---

① STOCKER R D. What's wrong with the middle classes? [M]. London: Cecil Palmer & Hayward, 1919: 45.

从事的职业报酬丰厚。[①] 由此可见，有较高的经济收入，且有一定的闲暇时间，是成为中产阶级的重要条件。

（2）注重生活品质

有钱有闲，中产阶级自然就会十分重视生活品质。中产阶级固然有其不足之处，但不能否认的是中产阶级的生活品质值得肯定。他们所从事的职业和所获取的报酬赋予了他们一定的闲暇，让他们能够尽情地享受生活品质。如果一个人被谋生所累，每天因为担心饿肚子而努力工作，就会失去很多享受生活的机会。谋生会让人们深知金钱的价值，却让人们对生活的价值一无所知。[②] 作为中产阶级的文化符号，休闲生活的研究必不可少，后文笔者将会对中产阶级家庭的休闲生活一探究竟。

虽然中产阶级摆脱了艰难的谋生所带来的不利因素，但不可否认的是他们仍然面临着种种危险，其中最大的危险也是所有特权阶级所隐含的根本谬误。一个收入颇丰的人，不管他是通过何种方式获得金钱，他都会知道金钱的价值：他很可能在品位、舒适、运动甚至文化方面都有较高的格调。因此，他在很大程度上不会去低估或无视许多其他重要事物的价值。他十分清楚，要过上舒适的生活，金钱必不可少，因为只有付费，便捷服务、食物、衣物、住所等才能归他所有。如果一个人能够负担自己所追求的一切，那么他的生活自然是体面和舒适的。但是有一点他可能忘记了，在他所享有的一切的背后，有一群人正在被迫劳动，以确保他能过上舒适的生活，而这绝不是他想象中的必然结果。中产阶级的谬误就在于此：他们一直认为有些事实是理所当然的。只要大规模生产在继续，贸易在进行，用于买卖的商品

---

① STOCKER R D. What's wrong with the middle classes? [M]. London: Cecil Palmer & Hayward, 1919: 45-46.

② STOCKER R D. What's wrong with the middle classes? [M]. London: Cecil Palmer & Hayward, 1919: 46.

到位，金钱可以支配，那么一切就很好。[①]

（3）流动性强

中产阶级并非一个固化的基层，而是处在不断的变化中。维多利亚时期的英国中产阶级群体来源广泛，人数增长迅速，经济收入差距大，社会地位最不稳定。中产阶级上层由大商人、企业家、银行家等组成，这些人富可敌国；而中产阶级下层由小职员、小业主等组成，这些人收入微薄，只能维持温饱，通过自己的努力，他们能够积聚一些财富，保持中产阶级地位，但也有可能在社会危机面前，因为经营不善等原因，下降到劳工阶层。[②]

经济状况决定了中产阶级地位的稳固与否。穆雷（Murray）在回忆录中提到在自己的学生时代因家庭经济状况发生变化而不得不转学的故事："九、十岁时，我在父亲的印刷厂里工作。后来，家里的经济状况急转直下，之前我在一所声名显赫的小型私立神学院就读，一年前从那里退学后转到了一所条件最艰苦的学校，那里的学费是每周三便士。学校附近有一所夜校，附属于当地的一个艺术学院，有老师每周从伯明翰过来给我们上课，我在那里学习了一些素描。那段时间我过得非常不开心，因为周围到处都是粗鲁的孩子。"[③] "大约六个月后，家庭经济情况有所好转，我再次回到之前的学校，回归到之前的社会阶层。"[④] 从穆雷反复转学的经历可以看出，中产阶级的流动性非常强。

（4）价值认同

中产阶级接受别人可能比自己更富有，也认为那些比自己更穷的

---

① STOCKER R D. What's wrong with the middle classes? [M]. London: Cecil Palmer & Hayward, 1919: 47.

② 潘迎华. 19世纪英国中产阶级女性研究 [M]. 北京：社会科学文献出版社，2021：25.

③ MURRAY D C. Recollections[M]. London: John Long, 1908: 28.

④ MURRAY D C. Recollections[M]. London: John Long, 1908: 37-38.

人不应抱怨：如果他们能接受别人比自己更富有，那么那些比他们更穷的人就应忍受自己的不足。在他们看来，这是一个不可避免的问题。贫穷对人们来说是坏事，但无所事事是更糟糕的情况。在某种程度上，唯一的解决办法就是努力工作：如果中产阶级和其他阶层都能以一种合理的方式运作，那么一切都会变得更好。诚然，到处都会有一些比较奢侈的中产阶级，但这只是部分人，并不能代表中产阶级总体。总的来看，中产阶级是世界上最有价值、最节俭、最明智的阶层。①

19 世纪的英国中产阶级来自不同的社会阶层，有着特殊的社会地位。他们努力“向上看齐”，学习贵族的生活方式；他们追求财富，提倡公、私“两分领域”的生活理想；他们逐渐造就了以自助、勤奋、自由、平等、民主为核心价值观的中产阶级文化模式。这种文化模式促使中产阶级从社会边缘走向经济、政治和文化舞台的中心，从“小人物”转变成“权贵”。同时，他们引领 19 世纪英国社会的进步与发展，推动国家经济、政治、文化从传统向现代转型，影响英国家庭生活和社会生活方式的变革。② 有学者认为，就英国的历史情境而论，中产阶级缔造了现代英国，这个坚韧且拥有独创性、进取心的阶级，不仅使英国能成为 18 世纪的贸易帝国以及进行之后的工业革命，而且把英国的伦理道德观镌刻在了这个首个实现工业化国家的人民心中：由其伦理道德决定国家应以何种形式、依照哪些原则来统治自己，从而为这个国家提供秩序、方向和动力。③

---

① STOCKER R D. What's wrong with the middle classes? [M]. London: Cecil Palmer & Hayward, 1919: 48.

② 潘迎华. 19 世纪英国中产阶级女性研究 [M]. 北京：社会科学文献出版社，2021：28.

③ 袁弋胭. 19 世纪英国中产阶级自愿社团研究 [M]. 北京：中国社会科学出版社，2017：2.

（5）阶层内部的细分

按照上述划分方式，中产阶级是一个非常庞大的群体，其成员构成非常复杂，也会因经济发展而处于动态的变化之中。因此学者们对这个群体进行了进一步细分。有学者指出，按照收入水平和生活水平，中产阶级可以分为中上层中产阶级（upper middle class）、中下层中产阶级（lower middle class），或者分为三个部分，即中产阶级上层、中层和下层。最顶层的中产阶级上层由外交人员、政府官员、高级公务员、海军陆军司令官、高层专职人员、成功的商人、工厂主和高级牧师等组成，这一阶层人士的收入非常高，他们形成了一个新的上等阶层，试图融入古老的贵族阶层。在富裕的中产阶级上层下面，是人数较多、财产较少，也更日益分化的中产阶级中层集团，主要由专职人员、富裕的牧师、小乡绅、高等商人和工业管理人员组成，其中也包括一些比较成功的工业家和商人，还包括在法律和医药方面的自由职业者。在他们下面，是由独立的店主、小商人、小制造商、小职员、初等学校教师和下层公务员等组成的中产阶级下层。①

崔树义认为“中产阶级”有广义和狭义之分。广义的中产阶级是指除资本家阶级（上层阶级）和传统产业工人阶级之外所有的非体力工作者，目前在西方各个国家都已经占到人口的70%甚至80%以上。狭义的中产阶级即广义资产阶级的“核心层”，也即以中高级经理和行政管理人员以及各种专业人员为代表的“新中产阶级”，目前占西方发达社会就业人口的30%—40%。②

从已有学者的研究来看，关于中产阶级的划分标准，主要有如下几种：第一，从职业的角度进行界定，以德克鲁兹（Dcruz）为代表，这也是学术界最常用的做法；第二，从文化认同的角度进行界定，以

① 李宝芳. 维多利亚时期英国中产阶级婚姻家庭生活研究［M］. 北京：社会科学文献出版社，2015：6.

② 崔树义. 当代英国阶级状况［M］. 杭州：浙江大学出版社，2006：106.

斯梅尔（Smale）的《中产阶级文化的起源》为代表，这种界定方式从生活方式、价值观、宗教信仰、政治倾向等文化特征的角度进行考虑；第三，从职业和文化的角度进行界定，以彼得·厄尔（Peter Earle）为代表，这种划分方式兼顾了职业和文化两方面的因素。[①] 彼得·厄尔认为，确定中产阶级形成的一个重要标志是中产阶级的自我认同和社会认同。[②] 笔者比较认同第三种划分方式，即从职业和文化两方面出发进行划分。

（三）家庭教育

要界定家庭教育，首先要对家庭或家进行界定。关于家庭的界定，学界的种种观点表明，这个看起来最普通不过的概念，在阐述其含义、界定其范围时却有意想不到的困难。“家庭”（family）、“户”（household）和“家”（home）都可以用来表示家庭，却有不同的含义。学界普遍认同有关“家”的定义，家是家庭生活的中心，它既是一个地方也是一种精神状态，它意味着身体与情感上的温暖、安逸、舒适与爱。[③]

《1871年英格兰、威尔士人口普查》报告指出，自然家庭建立在婚姻的基础上，通常包括丈夫、妻子和孩子。在英格兰，家庭同样也被视为户的同义词，因为一座房子往往住着一户人家。但这一定义后来渐渐受到质疑，因为1801年以来的每次人口普查的数据都显示，家庭的数量要超过户的数量，其比例为5∶1到6∶1。考虑到上述因素，1871年人口普查对家庭重新定义。一个家庭通常包括一名当家人（head）和多名被扶养人（dependent），他们通常居住在一起。[④] 1851

① 胡玲. 近代英国中产阶级的形成［M］. 上海：上海三联书店，2017：16-18.

② EARLE P. The making of the English middle class: business, society and family life in London, 1660-1730[M]. Berkeley: University of California Press, 1989: 334.

③ 傅新球. 近代英国人口、婚姻与家庭［M］. 南京：南京师范大学出版社，2020：138.

④ Census Office. Census of England and Wales for the year 1871, General Report[R]. Vol. Ⅳ. London: George Edward Eyre and William Spottiswoode, 1873: ⅩⅩ.

年的人口普查数据显示，在 68 个家庭中，有 42 个家庭的当家人是丈夫，11 个家庭的当家人是寡妇，14 个家庭的当家人是未婚男士（bachelor）或未婚女士（spinster），还有极少数家庭没有当家人，这个数据是在调查了 67 609 个家庭的基础上得出的。另外，除居住在家中的孩子和仆人外，家庭成员还包括在国内或海外进行贸易的家庭成员，也包括家中的长住宾客。①

吴小英从制度、观念和实践三个层面对家庭进行了界定。所谓制度形态的家庭，尽管有正式和非正式之分，但其背后都是某一社会或族群共同体关于“家庭应该怎么样”和“不能怎么样”的官方预设和规范，包含主流社会特别是统治阶级关于家庭的观念教化及其伦理制约。所谓观念形态的家庭，即关于家庭的价值观和理念，是社会大众或个体关于“想要”或“能要”什么样的家庭判断和想象，可以视为关于家庭的理想类型和现实可得类型的描绘，由于深受流行文化和传统文化的交叉影响而呈现出差异性。所谓实践形态的家庭，是指现实情境中运行着的家庭形态、模式及其逻辑，它们在制度、观念与生计之间拉扯调试，带有很强的灵活性、策略性和流动性。这三个不同层面的家庭含义各有侧重，但并非界限清晰，而是彼此交叠、相互影响甚至纠缠不清。吴小英还指出，当我们谈论家庭时，需要厘清究竟在谈论什么意义上的家庭，以免引起概念上的混淆、歧义或误解。②

关于家庭教育，学界也有许多不同的界定。《中华人民共和国家庭教育促进法》第二条将“家庭教育”界定为父母或者其他监护人为促进未成年人全面健康成长，对其实施的道德品质、身体素质、生活技能、文化修养、行为习惯等方面的培育、引导和影响。

刘永林等人从广义和狭义的角度界定了家庭教育。广义的家庭教

---

① Census Office. Census of England and Wales for the year 1871, General Report[R]. Vol. Ⅳ. London: George Edward Eyre and William Spottiswoode, 1873: xxi.

② 吴小英. 重返传统：家庭研究的方法论转向［J］. 理论月刊，2022（8）：91-104.

育就是家庭教养或家教，是发生在家庭成员的生活环境与关系中的一种影响性活动，它会影响个体身心特点和行为习惯的形成。狭义的家庭教育是指由于家庭结构中的特定成员关系，父母对子女特别是儿童少年的教育。① 高书国把家庭教育界定为家庭成员之间相互的知识传授、情感交流和文化影响活动。② 吴重涵认为家庭教育应该更广义地包含教养、养育和儿童的自我教育这样一些并非完全通过家长有目的、有意识的教育活动而获得的儿童发展。③ 清伯把家庭教育拆分为以语言讲解为标志、以典型的一方“施教”一方“受教”为基本形态的狭义“教育”和以语言交流为标志、以典型的以身示范、以表露“三观”的日常言行为基本形态的狭义“影响”两部分，并指出家庭教育的根本方式是“影响”，是家庭成员在血亲关系基础上所构成的温暖和谐的生活氛围所形成的“影响”，由家庭成员构成的日常生活方式，才是家庭教育的本质所在。④

家庭教育的本质是复杂和多维的。有学者通过分析家庭教育原型及社会变迁的基础指出，现代家庭教育是建立在现代亲子关系和利他主义基础之上且建立在现代家庭生活结构和特点基础上的现代生活教育，其是在教育私事化趋势中家庭对于儿童发展的战略规划和代理。现代家庭教育是家庭作为社会中介制度影响儿童发展的一切现代社会交往活动，主要是一种非形式化的现代生活教育。此外，现代家庭教育还是教育作为特殊社会组织的影响、家庭生活和父母养育组成的嵌

---

① 刘永林，胡爽，杨小敏．家庭教育国家立法：基于回应型法的理论解释、实践检视与路向探索 [J]．教育发展研究，2022（10）：41-50．

② 高书国．中国家庭教育研究的理论缺失与自信重构 [J]．教育发展研究，2020（2）：9-17．

③ 吴重涵．是什么阻碍了家长对子女教育的参与：阶层差异、学校选择性抑制与家长参与 [J]．教育研究，2017（1）：85-94．

④ 清伯．家庭教育的本质是家庭生活 [J]．教育科学研究，2021（6）：1．

套结构。[①] 正如有学者所言，在家庭教育中，家庭既是主角，又决定了教育的内容、模式与方法，确定了其教育对象、教育空间、教育内容与教育方法质的规定性。[②]

有学者指出，从家庭教育的性质看，家庭教育形式随意、灵活，与生活联系非常紧密。它既无时间、地域、场合和条件限制，也无固定模式。家庭教育强调家人之间彼此的互动关系，家长与孩子互相影响、互相学习。家庭教育的承担者是家长，他们没有接受过系统的家庭教育专业训练，主要是通过自己的言传身教对孩子的成长产生潜移默化的影响，这种影响往往是终身的。从家庭教育的职能看，家长是家庭教育的责任主体。家长要在家庭教育中承担主体责任，家庭教育主要权力属于家长，主要责任也属于家长。家庭教育是在日常生活中自然而然进行的。与其说它是教育，毋宁说是一种社会化。从家庭教育的内容看，家庭教育多侧重思想品德和社会规范，注重培养孩子的社会适应能力和自立能力。家庭教育的内容多无计划性，也无系统、固定的内容。[③]

本研究以维多利亚时期的英国为背景，研究在家庭场域之中父母和家庭成员与孩子的互动及其对孩子的影响，既包括父母对孩子在精神和身体方面的养育，也包括无明确教育目的的生活教育，还包括家庭作为一个社会化组织对孩子产生的教育影响。

---

① 吴重涵，张俊，刘莎莎. 现代家庭教育：原型与变迁［J］. 教育研究，2022（8）：54-66.

② 高书国. 中国家庭教育研究的理论缺失与自信重构［J］. 教育发展研究，2020（2）：9-17.

③ 单志艳. 少子化时代家校共育的制度设计［J］. 教育研究，2021（1）：22-26.

四、文献综述

国内学者关于英国家庭教育的学术研究并不多，且主要集中在三个方面：一是关于英国家庭教育形式的研究。近代英国社会由许多阶级构成，不同阶层有不同的观念和风格，在家庭教育形式方面也是如此。侯建新、张晓晗认为英国家庭教育包括三种：贵族及上层社会子女专享的“聘请家庭教师在家中接受教育”的方式，父母（特别是母亲）对孩子进行基本的读写算教育，没有学习条件的儿童到他人家中获得阅读技能。二是关于英国家庭教育内容的研究。柴聪聪认为17—18世纪英国家庭教育主要包括宗教生活教育、世俗社会交往教育、家庭生活方式教育三个方面。王瑞红认为15—18世纪英国商人的家庭教育呈现出“德业并举、以德为重”的特征，以培养孩子对金融脆弱性的感知教育为宗旨，这对造就重信守诺、勤勉节俭、理智谨慎的高素质商人起积极的作用。三是关于英国家庭教师的研究。总的来说，我国关于英国家庭教师历史的研究不多，比较有代表性的是张斌贤、钱晓菲、何灿时等人的研究，几位学者研究了欧洲家庭教师史，其中就涵盖了英国家庭教师史的有关研究。家庭教师的存在既是一种古老的教育现象，也是一种较为重要的社会文化现象。研究指出，英国家庭教师史研究主要体现在维多利亚时期。1851年，全英格兰有25 000名家庭女教师。19世纪是英国家庭女教师规模最大、发展最为繁盛的阶段。到了19世纪末20世纪初，家庭女教师作为一个知识群体，几乎是“一夜之间”便在欧美国家的社会生活中消失了。①

国内外学术界对于维多利亚时期英国家庭教育的研究较少，且主

① 张斌贤，钱晓菲，何灿时．欧美家庭教师史论：源流、际遇与意义［J］．外国教育研究，2022（10）：3-30.

要散见于这一时期的家庭或女性研究成果中，主要包括如下几个方面。

一是关于父母对子女教育重视程度的研究。已有研究纷纷表明，维多利亚时期英国家庭的情感关系更加紧密，父母对子女教育非常重视。劳伦斯·斯通（Lawrence Stone）认为，16—19 世纪，英国家庭从父权制传统家庭向情感个人主义的核心家庭过渡，儿童在家庭中的地位从边缘走向中心。父母对孩子的感情愈发强烈，对孩子的教育也愈发重视。与斯通的观点不同，傅新球认为 16—19 世纪的英国家庭呈现出“延续性”的特征，几个世纪以来，英国家庭类型并没有发生根本改变，父母对子女也一直持重视态度。不管怎样，学者们对于维多利亚时期家庭重视孩子教育问题的观点是一致的。李宝芳在《维多利亚时期英国中产阶级婚姻家庭生活研究》一书中探讨了亲子关系和日常生活，其中亲子关系部分包括了童年意识、父母身份、亲子情感等几个方面的内容，日常生活则包括了物质生活、闲暇生活、家庭生活仪式化等内容。李宝芳指出，维多利亚时期英国中产阶级家庭的“儿童意识”十分明显，这一时期英国的中产阶级家庭十分崇尚家庭观念，父母重视儿童的教育。关于维多利亚时期英国中产阶级的家庭教育研究还散见于一些有关这一时期的家庭、女性等研究中，其中就蕴含了家庭教育的因素，如在探讨父母身份与职责时，作者论述了父亲和母亲在日常照料孩子和教育孩子方面的不同分工，还谈及了孩子社会化是家庭的重要功能等问题。在对孩子的社会化教育内容方面，李宝芳研究指出，主要包括三个方面：规训与约束教育、道德品行和礼仪教育、性别差异的社会化教育。[①] 该研究为本研究的开展提供了重要的参考依据。

此外，傅新球在《近代英国人口、婚姻与家庭》一书中也探讨了

---

① 李宝芳. 维多利亚时期英国中产阶级婚姻家庭生活研究［M］. 北京：社会科学文献出版社，2015：153.

亲子关系问题，包括童年观念、父母之爱等问题。作者通过梳理16—19世纪英国的人口、婚姻与家庭问题指出，16—19世纪下半叶，英国的总人口稳定增长，在18—19世纪早期人口增长速度尤为迅速。自16世纪起，小规模的核心家庭就一直是英国社会的基本细胞。16—19世纪中叶，英国的婚姻都是建立在爱情和物质因素共同基础之上的。在夫妻关系上，夫妻之间遵循传统的男主外、女主内的角色分配模式，每一社会阶层的妻子都为家庭经济做出了贡献。16世纪以来，父母一直为自己的孩子无怨无悔地付出，他们尽力按照他们那个时代的标准来抚育和教导孩子，为孩子的安危、健康、幸福而殚精竭虑，父母与子女之间感情融洽。① 这一研究为我们了解16—19世纪初期英国家庭的基本情况提供了重要依据，也为笔者研究维多利亚时期英国中产阶级家庭教育奠定了基础。

二是关于母亲在儿童教育中的角色研究。维多利亚时期的英国人把家庭视作"私人领域"，而女性是这一领域的主人。李宝芳的研究表明，在男主外、女主内的两分领域思想影响下，女性在中产阶级家庭教育中的独特地位得到凸显。潘迎华在研究19世纪英国已婚女性的家庭生活时也指出，母亲在养育孩子方面起支配作用，是家庭道德的核心维护者，同时承担着家庭教师的角色。因此家庭教育研究往往和女性研究分不开。潘迎华在《19世纪英国中产阶级女性研究》中，就谈论了已婚女性对孩子的教育义务。其中指出，在孩子童年时期，母亲要教会孩子礼仪，为他们安排晚餐、聚会、家庭娱乐，带他们去参观动物园、博览会、集市等，带孩子们去购物。等孩子们到了青春期，随着他们社会化需求的增长，则要为他们安排野餐、骑自行车、在家

① 傅新球. 近代英国人口、婚姻与家庭［M］. 南京：南京师范大学出版社，2020：316-318.

欣赏音乐、开娱乐晚会等。此外，母亲还要组织家庭旅游活动。[①] 潘迎华还研究了中产阶级女性的教育发展问题，包括中产阶级女性接受初等、中等教育问题。

三是关于维多利亚时期英国家庭教育思想的研究。被誉为“家庭教育之母”的维多利亚时期的教育家夏洛特·梅森（Charlotte Mason）的家庭教育研究丛书为我们了解这一时期的家庭教育理念提供了重要依据。关于梅森的家庭教育思想，国内学者的研究主要可以分为两类，一类是关于梅森著作的评价和读后感。徐勤玲在阅读梅森的《父母与孩子》之后写下《我们应该怎样教育孩子：读夏洛特·梅森〈父母与孩子〉》一文，[②] 并针对梅森的《如何培养孩子的性格》撰写了书评。[③] 另一类是关于梅森家庭教育思想的研究成果。许向凯对梅森的生平和儿童教育思想的形成背景进行了分析，通过分析梅森的系列丛书，提炼了她的儿童观，如“儿童生来就是具有发展潜能的人”“儿童是社会的财富”等。在此基础上许向凯分析了梅森的儿童教育目的观，如“儿童教育为了建立联系”“儿童教育为了塑造性格”“儿童教育为了培养有用公民”等兼顾个人和社会价值取向的教育目的观。[④] 李龙总结了梅森的家庭教育主张，如儿童应自由地学习，教师和父母是孩子的布道者，家庭和学校是培养孩子兴趣、创造力的场所，各种自然和人为要素在儿童成长过程中相互作用，目的是引导儿童产生良好的思维习惯与生活习惯，使儿童成为一个具备所有发展潜能的“人”。[⑤] 总的来

---

① 潘迎华. 19世纪英国中产阶级女性研究［M］. 北京：社会科学文献出版社，2021：77-78.

② 徐勤玲. 我们应该怎样教育孩子：读夏洛特·梅森《父母与孩子》［J］. 大众心理学，2015（2）：47-48.

③ 徐勤玲. 家庭性格教育的经典之作：评夏洛特·梅森《如何培养孩子的性格》［J］. 大众心理学，2011（8）：27-28.

④ 许向凯. 夏洛特·梅森儿童教育思想研究［D］. 宁波：宁波大学，2019.

⑤ 李龙. 夏洛特·梅森家庭教育思想研究［D］. 济南：山东师范大学，2015.

看，国内学者对梅森家庭教育思想的研究非常少，在质量和数量方面都有提升的空间。

总的来说，国内学术界对于维多利亚时期英国家庭教育的研究不够充分，且主要是在家庭社会学的理论框架下进行分析，只有在探讨亲子关系时，才会零星涉及家庭教育内容。此外，关于维多利亚时期英国家庭教育研究的史料挖掘尚不充分，大部分研究资料都来源于二次文献，对能够全面反映当时家庭教育理念与实践的一次文献挖掘不够充分。

综上所述，本研究打算从两个方面予以突破：一是研究视野的拓宽。已有研究主要集中在家庭社会学的理论框架下研究家庭，家庭教育是作为配角登场，本研究将以家庭教育为主角，从多视角透视维多利亚时期英国家庭教育。二是研究资料的拓展。考虑到已有研究在研究资料方面的局限性，本研究打算充分挖掘维多利亚时期英国有关的育儿书、回忆录、书信、传记等资料，从这些真实的历史证据中去还原当时的家庭教育面貌。

五、研究思路与方法

（一）研究思路

有学者认为，要贯彻落实《中华人民共和国家庭教育促进法》，当前的家庭教育理论还没有做好担当此任的准备。目前的家庭教育研究，仍然以学校教育“目的—规范”理论为“原型”，以目的（任务）—内容—方法—社会服务与保障为框架，忽视了家庭教育的生活本质属性的模糊性特征。基于对教育的原型与家庭教育关系的探究、从家校关系的历史演进中进行透视，通过分析现代家庭与家庭教育之间的关系，有学者提出，家庭教育是从父母养育、生活教育、作为社会组织的家庭这三个由小到大的套嵌结构上展开（见图 1）。在父母养育层次，就

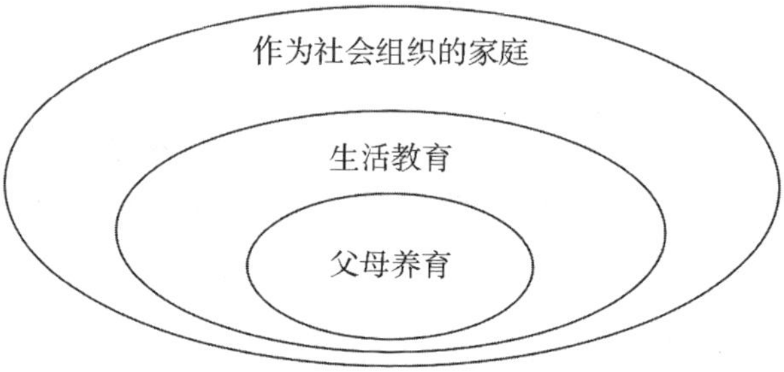

图 1 嵌套的家庭教育模型

是为人父母如何教育孩子，表现为父母（监护人）与孩子之间的互动及父母的教育影响，包括有教育目的的教养活动和无明确教育目的的亲子家庭活动。在生活教育的层次，包括除与父母互动之外的、在家庭场域中并非父母陪伴的影响，如家庭常规、儿童同辈生活、游戏生活等。第三个层次是家庭作为社会组织对孩子的影响，除了包含前面两个层次外，还包括家庭作为家庭教育的独立部分，如家庭的结构、社会经济地位、代际传统、角色分配、文化氛围以及家庭对儿童在家庭生活以外经历的选择和支持（如家校合作、选择兴趣和特长培训等）。[①] 这一理论框架在英国家庭教育研究者夏洛特·梅森的研究中也得到了呼应。梅森以自己从事家庭教育研究 18 年的经历指出，家庭教育的目的十分之多，但其实很多对我们的影响是无意识的。[②] 从这一席话可看出，家庭教育包含了许多无意识的生活活动，对人的影响是隐性的，是潜移默化的。

上述理论为本研究提供了理论分析框架，即从父母养育、生活教育、家庭作为社会组织三方面去分析维多利亚时期英国中产阶级的家

① 吴重涵，张俊，刘莎莎. 现代家庭教育：原型与变迁 [J]. 教育研究，2022 (8)：54-66.

② MASON C. Child nature[J]. The parents' review, 1892, 3(6): 407-422.

庭教育问题。

首先，本研究采用文献研究法，对家庭教育有关理论和维多利亚时期英国家庭教育有关资料进行整理与分析。其次，在社会性别视角和社会分层视角下对当时不同社会阶层针对不同社会性别群体开展的家庭教育进行理论与实践的比较研究。由于家庭教育对社会制约具有自我选择性和反制约性，因此要着力挖掘典型家庭教育案例，通过叙事性说明，为论点提供支撑。再次，在此基础上，将家庭教育纳入当时的历史、文化、社会背景来进行考量，分析其影响因素。最后，对维多利亚时期英国家庭教育进行审思，以期得出可供我国当代家庭教育发展的可借鉴经验。

（二）研究方法

第一，文献研究法。本研究通过英国档案馆、教育协会及官方网站、多种外文搜索引擎、电子数据库等多渠道，收集能反映维多利亚时期英国家庭教育有关的社会事业统计报告、法案、育儿书、杂志、书信、传记、回忆录等史料，对这些文献进行系统地梳理、分析、整合、归纳和考证，结合前人已有研究，尽可能多地掌握维多利亚时期英国中产阶级家庭教育的历史。

维多利亚时期英国的文明程度已非常高，中产阶级的受教育程度较好，这一时期中产阶级的家庭经验的传递已经超越了“孩子入睡后，父母坐在椅子上谈论孩子的品质和行为方式”和“孩子入睡之后，父母和祖父母坐在炉火前，祖父母将育儿和教育经验通过口耳相传的方式传递给已熟睡的孩子的父母”的形式。这一时期出版了许多育儿书，对于没有育儿和教育经验的新手父母来说，育儿书是一种非常好的家庭教育资源，其为年轻的新手父母们提供了方方面面的建议，包括儿童卫生保健、习惯培养、学校选择等内容。育儿书在受过良好教育的中产阶级家庭中传播开来，也将一定的家庭教育理念传播开去。因此，研究维多利亚时期英国出版的育儿书，可以为我们了解这一时期的家庭教育打开一扇窗户。

第二，比较研究法。本研究对维多利亚时期英国不同社会阶层、不同社会性别的家庭教育实践进行对比分析，归纳各阶层针对不同社会性别群体家庭教育的共性与个性，以期更为全面地认识维多利亚时期英国中产阶级的家庭教育。中产阶级的包容性和流动性决定了其与其他阶层在社会心理层面有很大的不同，相比之下，中产阶级比上层阶级和下层阶级更注重亲子关系，父母和孩子之间的心理距离更近，亲子间的感情更深刻，中产阶级父母也更注重孩子的教育问题。这些特性都为我们认识和理解维多利亚时期英国中产阶级家庭教育奠定了基础。

第三，案例分析法。本研究根据维多利亚时期英国不同的社会阶层针对不同的社会性别的家庭教育，分别选取有代表性的案例进行分析，以案例分析为论据，增强论点的说服力。在笔者收集的史料中，有许多回忆录和传记，不同于育儿书和书信中的经验总结与道德说教，这些散落的史料为我们呈现了活生生的人生故事，一些作者在回忆自己儿时的经历时，用非常生动的笔墨为我们重现了当时的情景，这些生动的案例承载着丰富的人生意义，具有较大的研究价值。人是历史的创造者，生活在历史长河中的个体有着自己独特的际遇，这些生动的案例为我们了解维多利亚时期英国中产阶级家庭教育提供了窗口。

第四，历史研究法。本研究始终在当时的历史背景中讨论维多利亚时期英国家庭教育的发展，以时间为节点，把握不同时期的历史发展脉络，将动态与静态相结合，以求全面反映维多利亚时期英国家庭教育的发展。维多利亚时期是英国的光辉岁月时期，研究这一时期中产阶级的家庭教育问题离不开对其经济、文化、社会的分析，从历史的角度审视这一时期的家庭教育问题，可以开阔研究视野，更好地理解问题背后的影响因素。

第一章　维多利亚时期英国中产阶级的价值观

观念影响着实践，维多利亚时期英国中产阶级有关家庭、女性和儿童的观点深刻地影响着其家庭教育的开展。这一时期人们对家庭的重视、对女性“家庭天使”的角色期待以及日益彰显的童年意识都在形塑着人们的家庭教育实践。

第一节　维多利亚时期英国中产阶级的家庭观

维多利亚时期是英国的转型过渡时期，这一时期社会生活和家庭生活已经呈现出现代化的特点，但在文化与观念方面，仍保有旧时传统。家庭生活在维多利亚时期的英国得到了前所未有的重视，而在此前，“独身主义被认为是一种神圣的美德，家庭生活是一件可以被容忍但不被认可的事情”[①]。与 20 世纪相比，在结婚时间和家庭规模方面，维多利亚时期的英国人结婚普遍较早，家庭规模相对较大；在生育方面，维多利亚时期四十五岁以下的已婚妇女中每年有三分之一的人会生育孩子，而到 1930 年，每年只有八分之一的适龄女性会生孩子。[②]

① HILL G. Women in English life from mediaval to modern times[M]. Vol. 1. London: Richard Bentley & Son, 1896: 8-9.

② MESS H A. Social groups in modern England [M]. London, Edinburge, Pari, Melbourne, Toronto and New York: Thomas Nelson and Sons Ltd., 1940: 27.

这一趋势也体现在《三代英国女人：回忆录及书信》中，书中的主角之一——第一代英国女人苏珊娜·泰勒（Susannah Taylor）曾育有七个孩子，第二代女人即泰勒的女儿莎拉·奥斯汀（Sarah Austin）就只生育了一个孩子，也就是这本书的第三位主角达夫·戈登（Duff Gordon）。① 这三代英国女人在生育方面的选择在很大程度上也折射了不同年代英国妇女在生育方面的不同选择。

一、家庭：儿童社会化的第一场所

维多利亚时期英国著名教育学者夏洛特·梅森曾经说过："教育从家庭中开始。"② 可见，"一个人的成长受家庭影响很大。一个人的性格和世界观往往是在家里形成的，而且自己受到的家庭影响往往会传给下一代，人们往往会继承和发扬父母对自己的教育模式"③。家庭对一个人的影响深刻且持久，家庭教育和家风往往会代代相传，延续下去。梅森绝非就家庭谈家庭教育，而是将家庭教育置于国家和社会的大背景下进行考虑。

（一）家庭是国家的细胞

《英国人的家庭生活》一书的作者认为，英国人十分崇尚家庭观念，同样也非常爱国，他们常常把家庭和国家与社会相提并论，对他们来说，家庭的荣誉就是国家的荣誉，同样也是世界的荣誉。对英国人来说，最让他们感到荣耀的莫过于自己、家人和家庭。④

---

① ROSS J. Three generations of English women: memoirs and correspondence of Susannah Taylor, Sarah Austin, and Lady Duff Gordon[M]. London: T. Fisher Unwin, 1893: 4.

② 梅森. 性格的培养：让孩子具有良好的个性［M］. 刘扬，等译. 北京：中国发展出版社，2013：80.

③ 梅森. 父母与孩子：父母在孩子教育中的角色［M］. 赵昌荣，等译. 北京：中国发展出版社，2013：9.

④ COLLIER R L. English home life[M]. Boston: Ticknor and Company, 1886: 16.

梅森对家庭与社会、家庭与国家的关系进行了深刻论述，并提出了一些振聋发聩的主张，如“家庭是公社”“家庭是国家的基本单位”“家庭要与外界交往”“家庭必须为社区服务”“家庭必须为国家服务”“家庭应遵循国家的神圣秩序”等。① 在国家与家庭的关系方面，梅森认为：“国家是一个有机整体，一个活的肌体，就像自然人的身体一样是由无数个活的生物体组成的，只有当家庭为国家生活做出应有的贡献时，家庭生活才是完美的。公共利益必须均分，公共事业必须分担，公共福利必须共享。家庭和国家的一体性必须得到保护，否则，家庭就不再是一个活的整体的组成部分，而是像动物体内的坏死组织一样变成有害成分。”② 从这段话可见，梅森认为家庭和国家的利益是一致的，家庭是国家的有机组成部分。家长教育子女，其目的是为国家培养未来的栋梁之材。

此外，梅森还用“国家”的隐喻来描述家庭。梅森认为，家庭是国家的缩影。在家庭这个“国家”里，家长是“政府”，子女是“公民”。③ “政府”既要行使权利，也要履行义务，还要设法约束“公民”。同理，“公民”要履行义务，服从“政府”。梅森的论断在很大程度上反映了维多利亚时期英国中产阶级的观点，即父母在孩子面前要保持尊严和权威，而孩子要尊敬和服从父母。

（二）儿童是国家的财产

梅森认为，儿童是国家的财产、社会的财富，家长是为国家培养

---

① MASON C M. Parents and children[M]. London: Kegan Paul, Trench, Trubner & Co., Ltd., 1904: 4-6.

② 梅森. 父母与孩子：父母在孩子教育中的角色［M］. 赵昌荣，等译. 北京：中国发展出版社，2013：3-4.

③ 梅森. 父母与孩子：父母在孩子教育中的角色［M］. 赵昌荣，等译. 北京：中国发展出版社，2013：7.

人才，为社会培养合格的公民，因此教育孩子是一种社会义务。[①] 在梅森看来，孩子不是父母的私有财产，所谓“自己的孩子”只在非常有限的范围内是正确的。从这个角度看，家庭是孩子社会化的第一场所，父母是帮助孩子社会化的第一责任人。梅森认为，虽然父母有教育孩子的自由，但必须记住，孩子是国家的财产。

此外，父母也应让孩子知道，家长的权威是社会赋予的，父母教育子女是在行使自己神圣的职责。正是因为儿童是国家的财产、社会的财富，并非父母的私有财产，因此父母不能仅仅按照个人的意愿来教育孩子。抚养孩子是所有人的职责，甚至包括那些未婚和没有孩子的人。[②] 孩子只有意识到自己不是父母的私有财产，父母教育孩子是在履行神圣的社会义务时，才会更加通情达理。

（三）父母应在孩子心目中树立权威

结合梅森所持的“家长是家庭的‘政府’，子女是家庭的‘公民’”的观点，家长树立权威的目的在于更好地履行教育子女的基本职责。那么家长应如何树立并维护自己的权威？

首先，梅森认为父母树立权威的前提是履行家长职责。“家长职责”在这里特指父母要履行抚养和教育孩子的义务。身边有许多事例告诉我们，未经自己抚养的孩子，父母很难在他们心中树立家长的权威。

其次，父母应品行端正。品行端正的父母会让孩子从心底佩服他们、尊敬他们，相信他们所说的话，遵守父母提出的规则。因此，父母自身的品行对于其树立家庭教育权威非常重要。不仅如此，父母的优秀品质如谦逊有礼、尊敬他人等行为习惯对孩子们来说本身就是一

---

① 梅森. 父母与孩子：父母在孩子教育中的角色［M］. 赵昌荣，等译. 北京：中国发展出版社，2013：9.

② 梅森. 家庭教育：0-9 岁儿童训练与培养方案［M］. 程红艳，李春玲，译. 北京：中国发展出版社，2013：3.

种隐性教育。

最后，幸福、和谐的家庭氛围也有助于父母树立权威。父母二人以及父母和子女之间的相亲相爱、相互尊敬、互相帮助，都会让孩子们懂得尊重别人，同时这样也容易赢得他人的尊敬。在这种和谐、幸福的家庭氛围中长大的孩子会更加尊敬父母。

此外，梅森还论述了父母丧失权威的几种情况。第一种情况是溺爱子女。对子女的要求有求必应会养成孩子骄纵的习气，他们会认为自己所得到的一切都是理所当然的，并不能理解父母的辛勤付出，因而也不会尊重父母。第二种情况是因贪图安逸、追求名望或忙于工作而忽略了对孩子的陪伴。缺少陪伴会让父母和孩子的沟通不畅，也会让孩子和父母之间的隔阂加深，使家长在孩子心目中的权威地位丧失。

针对许多父母在孩子年龄很小的时候就放弃对他们管教的现象，梅森认为，父母对孩子应严加管教。放弃对孩子们的严格要求所导致的直接后果是松散的纪律、虚妄的自信、自由散漫的举止。孩子们一旦养成了散漫的习惯，就很难改正，久而久之自己的发展会受到限制，对社会利益也会造成不利影响。因此，父母应严加管教孩子，尽到对孩子的道德教育义务。① 在对孩子进行道德教育时，父母的权威非常重要，尽管如此，父母还应把握一定的度，既要保持适当的尊严，同时也要和孩子保持情感上的亲密，和孩子彼此信赖、和谐共处。

二、甜蜜的家：文学作品中的家庭描写

维多利亚时期是英国文学发展的黄金时期，“文学不仅能告诉我们过去时代的社会是什么样的，而且能说出个体对这一社会的感受、希

---

① 梅森. 性格的培养：让孩子具有良好的个性［M］. 刘扬，等译. 北京：中国发展出版社，2013：108.

望、思考，以及这些个体是如何试图改造社会或者逃避社会的”[①]。文学作品虽有虚构的特性，却能在一定程度上折射出当时社会环境中人们的希望和期盼。研究维多利亚时期一些关于家庭的文学作品，可以从一定程度上了解当时人们的家庭观念。

（一）家是中产阶级温暖的庇护所

维多利亚时期的英国中产阶级十分注重家庭，这一点在当时的自传、小说等文学作品中得到了充分体现。19 世纪，英国中产阶级把家的地位提到了史无前例的程度。他们把家定义为避难所，是逃避工业世界的压力和混乱的地方，是远离肮脏的商业生活的地方，是冷漠的城市世界中一个温暖的庇护所。[②]

有学者指出，个体的感受、情绪和情感具有丰富的社会意涵，展露了个人生活与社会世界之间的复杂关联。……自传文本不仅是个人性的，也是社会性的。[③] 一位名叫罗伯特（Robert）的美国人曾经在英国伦敦及周边生活过七年，其间他多次借住在当地家庭中，英国家庭的温馨氛围给他留下了深刻印象，他将这一切写在了游记中。在游记的开篇，罗伯特写了这样一句话：“地球上再也找不到比英国人居住的房子更像家的地方。英国人非常恋家，也常常待在家里。不管在外部世界表现如何之坏，在家中他们总是尽量展现出自己最好的一面。”[④]这句话是一名在维多利亚时期旅居英国的游子对自己所见所闻的精辟总结。

① 文塔尔．文学、通俗文化和社会［M］．甘锋，译．北京：中国人民大学出版社，2012：6.

② 李宝芳，马世力．19 世纪英国中产阶级家庭文化探析［J］．深圳大学学报（人文社会科学版），2008（3）：8-13.

③ 程猛，赵新生．动荡不安的位置：“违逆者”自传体小说的教育文学探索［J］．教育学报，2022（2）：24-35.

④ COLLOER R D. English home life[M]. Boston：Ticknor and Company，1886：13.

在罗伯特看来，与德国人或法国人不同，英国人不喜欢居住在城市或镇上，而是将自己的房子建在郊区。这是因为英国的城镇街道狭窄、弯曲，通常充斥着商店、仓库、公共建筑和商业建筑，这些建筑物看起来单调乏味。而在郊区，人们可以享受到绿地、呼吸到新鲜空气。英国的气候条件也让郊区变得非常宜居，在英国中部和南部地区，一年四季都有鲜花盛开，草地常年都是绿的，常常可以听到小鸟的歌声。由于经常下雨，土地非常松软，田野和花园呈现出生机勃勃的景象。如果条件允许，英国人的房屋后通常会有一块空地，并且会有一个种满了青草和花朵的花园。①

一位名叫吉普森（Jepson）的维多利亚时期英国人在回忆录中指出："在我六岁那年，我那热爱英国这片热土的父亲在凯尼尔沃思（Kenilworth）租了一所房子，每天骑马上下班。这所房子坐落在离小镇一英里半的郊外，外墙经过了粉刷，建筑质量不佳，排水系统也不好，但房屋外面的环境非常好，春天里可以听到许多的鸟鸣声，这是一个风景如画的村庄。"②

吉普森还指出："十岁那年，父亲在距离凯尼尔沃思大约一英里的一个在旧地图上被叫作 Windy Arbour 的地方买了一所房子和十英亩地。房子原来的主人是一位名叫里金斯（Liggins）的退休商人。里金斯先生是一个具有维多利亚式体贴（Victorian Thoughtfulness）的人，他给这所房子命名为桑比庄园（Thornby House）。他建造这所房屋花了 8000 英镑，1872 年他以 3500 英镑的价格卖给了我们，而我们 1909 年以 3100 英镑的价格出售。因此我母亲常说：'傻瓜才盖房子，聪明人只住房子。'父亲在桑比庄园住了三十五年，在此期间，除狩猎日外，他每天骑马或驾车去利明顿（Leamington）工作。我父亲每两周狩猎

---

① COLLOER R D. English home life[M]. Boston：Ticknor and Company，1886：16.

② JEPSON E. Memories of a Victorian[M]. London：Victor Gollancz Ltd. ，1933：29.

三次，这一习惯一直延续到他七十岁。父亲把所有的空闲时间和最好的智慧都花在了把桑比庄园打造成一个迷人而完整的微型庄园上。他在它的边界周围种植了威灵顿花、香豆花和阿劳卡花的灌木，并以不亚于我收集翡翠和常春藤的热情饲养了泽西奶牛和伯克郡猪。相比之下，父亲的爱好简单而纯粹，他喜欢饲养马、狗、泽西奶牛和伯克郡猪。在家里的四片草地上种植出比附近农民种的更好的干草，对他来说是一种难以言喻的荣耀。”①

另一位维多利亚时期的英国人也在回忆录中描写自己儿时的居所：“我于 1860 年出生于印度，我出生之后，我的父亲决定关闭在印度的工厂并回到英国。这个决定得到了我母亲的支持，我母亲很不习惯印度的饮食和居住环境，另外作为一名阅读爱好者，在印度也买不到合适的读物。父亲将大部分的资产变现之后，带着我们一起回到了英国。利用父亲在印度投资变现的资金和母亲的嫁妆，我们在伦敦摄政公园（Regent's Park）旁边的维多利亚式三层小楼住了下来。之所以选择在这里定居是因为附近住着许多我们家的亲戚，1861—1866 年，我们住在这所房子里。这所房子的位置非常好，视野开阔、通风良好，房子右边 20 码（1 码＝0.914 4 米）左右的地方就是缙庭山，怪石岭的绿色山丘正对着我们家的窗户。动物园离我们家也很近，动物们在夜间发出的奇怪声音是我最早的记忆之一。虽然我不记得婴幼儿期发生的事情，但我敢肯定我经常被带到那些山坡和公园的绿色大道上玩耍。”②

出生于 1844 年的普洛曼（Plowman）儿时居住在牛津大学附近的一所古老的房子里，在描述自己的居住环境时，他提到了居住地的城市环境与学术环境对自己儿时性格的塑造。“整个童年时期，我都住在

① JEPSON E. Memories of a Victorian[M]. London: Victor Gollancz Ltd., 1933: 45-46.

② OMAN C. Memories of Victorian Oxford and some of early years[M]. London: Methuen & Co. Ltd., 1942: 2-3.

一所历史非常悠久的房屋里。所有房间都有护墙板，天花板是横梁支撑的，楼梯是那种非常老式的，向下连接着拱形的地窖，顺着楼梯走下去，可以通往黑暗与神秘。这所房子里挂着七吨重的大汤姆钟，许久以来，每天晚上九点，这口钟都会奏响一百零一下，这个数字代表着当时牛津大学的学生人数，敲响钟声的目的原本是提醒同学们在规定时间内必须返回学院。童年时期的我经常躺在床上，怀着敬畏的心情，听着这口钟发出的低沉而深远的声音，它有力地提醒着我，要做一个守序的人。根据当地的立法规定，公民必须服从大学的条例。"①普洛曼从小就在牛津大学的大汤姆钟声中长大，牛津大学庄严肃穆的学术氛围让居住在附近的小普洛曼感到非常敬畏，这也塑造了普洛曼细致严谨的处事态度。

传统社会的家庭，孩子们可以在家附近丰富的大自然环境中做游戏、锻炼身体、增长见识、陶冶情操。随着工业化进程的加剧与居住环境的恶化，孩子们在城市中难以再亲近大自然。英国人选择将自己的房子建在郊区，并且非常注重房屋外的环境营造。"家庭居室外的种植、作业场所和邻近的大自然以及家庭成员对居室内外物质环境的分配、布置和利用，构成家庭教育的地理形态。家庭教育空间的地理形态对人们产生潜移默化的影响，对孩子意志品质的培养举足轻重。"②居所的选择，实则折射了英国人的生活与教育理念。从这一时期的许多文献可以看出，维多利亚时期的英国人深受卢梭（Rousseau）教育思想的影响，非常崇尚自然教育理念。要对孩子实施自然教育，自然的环境当然必不可少。英国人非常喜欢户外活动，他们喜欢在自由和开阔的世界中活动，喜欢到户外去骑马、散步，孩子们也常常是在户

---

① PLOWMAN T F. In the days of Victoria：some memories of men and things[M]. London：John Lane，1918：4.

② 陈炜. 教育研究的空间转向：基于社会理论空间转向的视角［J］. 教育研究，2022（9）：150-159.

外游戏或运动中长大。

居住方式折射了英国中产阶级的生活方式，也在形塑着英国中产阶级文化。居住的稳定性凸显了中产阶级的生活方式，独特的中产阶级文化开始兴起，出现在学校、报纸、休闲活动和家庭中。这有助于塑造礼仪规范、公共行为举止以及独特的中产阶级价值观。① “英国人将自己的家建设在最宜居的地方，英国人的房屋就是他的城堡。家是英国人生活的中心和兴趣的中心。”② 英国人的房子通常是两层红砖小楼，周围建有高高的围墙。英国人喜欢将大门紧闭，这与这个国家的海洋性气候有关，海洋将他们与外部世界阻隔开来，也让英国人把自己封闭在各自的领地中。英国人房屋的大门非常小，不仅如此，他们房屋的所有窗户和门也都很小，但房间的内部却非常宽敞。

中产阶级家庭的房屋的一楼通常设有客厅、餐厅、起居室、厨房和食品储藏室等。有研究指出，虽然大多数英国中产阶级家庭宁可租用而不购买房屋，但对房屋的装饰却是极为讲究的。关于家具装饰的建议充斥了当时的书报杂志。中产阶级的家具不仅仅是为了实用，更多地是为了享受和展示。通常，客厅、起居室等因是接待客人的地方而被精心地装饰，房间内堆满了家具、艺术品、装饰品等，竭力展示着这个家庭主人的品位和地位，而其他房间则装饰得相对简单，卧室尤其被装饰得最少。③ 但也有资料表明，相比起房屋和家具的装饰性，英国人更看重舒适性，如英国家庭的沙发通常宽大舒适。④ 在房屋内部

---

① 洪君. 从“维多利亚女性”到“新女性”：美国社会转型过程中的中产阶级女性：1870-1920［M］. 上海：上海辞书出版社，2021：32.

② COLLOER R D. English home life[M]. Boston：Ticknor and Company，1886：17.

③ 李宝芳，马世力. 19 世纪英国中产阶级家庭文化探析［J］. 深圳大学学报（人文社会科学版），2008（3）：8-13.

④ COLLOER R D. English home life[M]. Boston：Ticknor and Company，1886：19-20.

空间安排上，中产阶级追求功能的独立性和隐私性。[①] 19世纪60年代英国著名建筑师罗伯特·克尔（Robert Kerr）在其论文《绅士居》（“The Gentleman’s House”）中指出，一所房屋要称为绅士居，应包含卫生、舒适、阳光充足、空气流通等十几项要素，其中最重要的要素是隐私。隐私意味着把儿童区隔开，最重要的是把家里的帮佣区隔开，家人自成一体，仆人自成另一体。[②] 独特的气候和环境塑造了英国人的保守性格，这种性格又体现在居所的设计和布置上，反过来，从英国人的居住环境也能窥见其性格。

英国工艺美术革命者威廉·莫里斯（William Morris）就曾说过，一个趣味健全的房室的设备，以单纯而合用为主，不求奢华。他认为房间里所需要的器物包括如下几个方面：大容量的书橱一个，桌子一张，可以搬动的椅子若干，可坐卧的长椅一张，有抽斗的食物橱柜一架，装饰用的绘画、雕刻若干，花瓶一个，火炉一架，钢琴一架，地毯一条。[③] 莫里斯出生于一个富裕的中产阶级家庭，后就读于牛津大学，是19世纪英国的设计师、诗人、早期社会主义活动家、自学成才的工匠，可谓是中产阶级中的精英分子。莫里斯对于居所内的物品要求，折射了19世纪英国中产阶级对舒适居所的追求。

英国人的房屋通常依路而建，没有前院或前院很小，为了防止隐私被窥探，英国人的房屋周围通常会建有高高的围墙。客厅通常设置在房屋的后部，可以直接通向后院的花园。在罗伯特眼中，英国人比较排外，他们不喜欢自己的运动、游戏等一切活动被人窥探，因此通

---

① 李宝芳，马世力. 19世纪英国中产阶级家庭文化探析［J］. 深圳大学学报（人文社会科学版），2008（3）：8-13.

② 盖伊. 施尼兹勒的世纪：中产阶级文化的形成，1815-1914［M］. 梁永安，译. 北京：北京大学出版社，2006：315.

③ 陆庆祥，章辉. 民国休闲原理文萃［M］. 昆明：云南大学出版社，2018：163-164.

常将后院隐藏在世人的视线中，通过高高的围墙，将自己保护起来。许多家庭在前门的围墙外安装门铃，访客可以通过按门铃来引起屋内人的关注。① 中产阶级家庭的餐厅通常就是家庭的起居室。在中产阶级家庭，家人们午餐和晚餐前的时间都会在餐厅度过。中产阶级家庭的餐厅通常比较大，且装饰得非常舒适，采光、通风和风景都很好。厨房很少设置在餐厅旁边，因此在餐厅里活动不会受厨房里的噪声和空气的影响。当食物从厨房送往餐厅时，都会盖上盖子，以防止食物的气味扩散至其他房间。② 有学者认为，家庭对环境的布置反映了家庭教育空间的文化形态，反映了家庭的文化观念。家庭对文化空间的创设，塑造了空间的文化形态，同时其成员也被空间所塑造。③ 房屋的设计与安排充分体现了英国中产阶级保守、排外、注重隐私的性格特征，同时也体现了他们对生活的高品质追求。

让罗伯特印象最为深刻的是英国人的整洁与卫生。英国人的餐桌陈设非常考究，餐桌上通常铺放着干净、整洁的亚麻布，不锈钢刀和银质叉子被擦拭一新、整齐摆放。即便是最简陋的家庭，餐桌上也会或多或少摆放一些鲜花。④ 从罗伯特的描述不难看出，英国人在家务劳动上投入了非常多的时间与精力，当然这一工作也有可能是由仆人来担任，但整洁的桌面和擦拭一新的餐具，无疑彰显了英国人的生活品质和对家庭生活的重视。家是英国人的城堡，家是英国人的避难所，家是英国人爱和兴趣的中心。罗伯特在其游记中指出："英国人的家是他已知的世界上最完美的家庭生活（domestic life)。"⑤ 作为一名旅者，

---

① COLLOER R D. English home life[M]. Boston：Ticknor and Company，1886：23.

② COLLOER R D. English home life[M]. Boston：Ticknor and Company，1886：25.

③ 陈炜. 教育研究的空间转向：基于社会理论空间转向的视角［J］. 教育研究，2022（9）：150-159.

④ COLLOER R D. English home life[M]. Boston：Ticknor and Company，1886：26.

⑤ COLLOER R D. English home life[M]. Boston：Ticknor and Company，1886：26.

罗伯特用外乡人的独特视角为人们勾勒出英国中产阶级家庭一幅幅生动的画面。

维多利亚时期英国中产阶级的物质生活非常富足，但生活在富裕家庭的布莱尔（Blair）在其回忆录中指出："我的家庭生活看起来非常富足，但实际上在那个年代里，谁家都有困难的地方，即便是最富裕的家庭。我们家位于苏格兰南部的高地上，海拔比较高。在寒冷的冬天里，日子非常难挨。那时候还没有集中供暖设备，因此家里准备了许多的毯子。每天早上，水壶里的水就像冰制成的面具一般。那时候也没有浴室（全家只有我父亲有一个私人浴室），厨房里也没有储存热水的器皿，所有水都需要爬很多台阶去取。整个房子的光线都非常暗，晚上只能点蜡烛来照明，来客人时，我们会点上一大束蜡烛。那时人们还会点油灯，正如其名，油灯点起来有很大的油味。在我很小的时候，父亲开始使用汽油点灯。我还记得小时候看到一个巨大的圆形深坑被挖来存放汽油时的那种兴奋的感觉。"①

从上面的史料可看出，维多利亚时期英国中产阶级热爱家庭生活，在饮食起居、房屋装饰、清洁卫生等方面都有较高追求，体现了家作为中产阶级庇护所的定位。

（二）井然有序的中产阶级家庭生活

维多利亚时期英国家庭是一个遵守法律的共同体，通常由父母、孩子、仆人、客人等组成。家庭的一切事务都井然有序。在贵族和有钱人的家中，他们地位的象征往往被摆放或展示在显眼位置，来访的客人会遵守各种礼节。

英国中产阶级家庭的井然有序首先体现在守时方面。有学者指出，时间表就像球场上不偏不倚的裁判一样，是维多利亚时代的象征，在

---

① BLAIR D H. In Victorian days and other papers[M]. London: Longmans, Green and Co., 1939: 22-23.

19 世纪，世界是被守时的理念、时间表和报时钟声支配的。[①] 罗伯特指出，英国家庭非常重视守时。吃饭的时间一到，全家人都会准时在餐桌前就座。孩子们上学很守时，上床睡觉也非常守时，只要到了睡觉的时间，孩子们绝不会吵吵闹闹、迟迟不睡。[②] 仆人们也有自己的时间安排，他们每天劳作的时间、假期等都是有安排的。女主人绝不会遭遇任何形式的家务危机。仆人们每天起床和歇息的时间都是固定的，他们的作息时间就像自然规律一样不可逆转。[③] 关于孩子们守时习惯的培养，在后文中会进行探讨。

此外，家庭生活的井然有序还体现为孩子们必须遵守各种行为礼节。责任心和关爱他人是他们须尽的职责。罗伯特在英国生活的八年时间里，其所见过的许多孩子都是循规蹈矩的，他只在一个家庭见过一个毫无责任感，并且喜欢生闷气的孩子。服从和轻松、愉悦是相伴相生的。英国孩子拥有睿智的头脑，他们全盘接受了“服从就是权力”的信念，并认为只有软弱和意志力薄弱的人才无法履行职责。[④] 服从也是英国家庭道德教育的重要内容，在后文中将进行探讨。

要保持井然有序的家庭生活，严格的教育、合理的分工和细节的落实必不可少。英国人对家人非常和善，对家庭投入很多。父亲是家里绝对的权威，这一法则也是爱的表现。母亲是家中表面上的权威者，她负责执行父亲的决定。孩子和仆人在母亲的命令下行动。在维多利亚时期的英国家庭中，男女分工明确、各司其职，男主人从不插手家庭琐事，这些都由女主人负责。[⑤] 在罗伯特的游记中，有这样一段话：

---

① 盖伊. 施尼兹勒的世纪：中产阶级文化的形成，1815-1914［M］. 梁永安，译. 北京：北京大学出版社，2006：180.

② COLLOER R D. English home life[M]. Boston：Ticknor and Company，1886：128.

③ COLLOER R D. English home life[M]. Boston：Ticknor and Company，1886：128.

④ COLLOER R D. English home life[M]. Boston：Ticknor and Company，1886：129.

⑤ COLLOER R D. English home life[M]. Boston：Ticknor and Company，1886：132.

“母亲是家庭的主人，父亲是母亲的主人，父亲制定家中的一切法则，母亲执行父亲制定的法则，就一切家庭事务发号命令。每个家庭都会撰写家庭日志，记录所有重要的事宜。父亲决定家庭的一切支出，而母亲负责执行。在一个井然有序的家庭中，账本必不可少，记账的工作通常由女主人负责。一个家庭有且只有一本账本，家庭的所有开支，包括付给仆人的工资、付给车夫和园丁的费用等，都要做详细记录。每个星期或每个月，丈夫会要求妻子公开账本，以检查各项支出的合理性。”①

年龄大一些的孩子会有自己的零花钱，但额度不会太大。对于受过良好教育的英国人来说，奢侈是令人不齿的行为。一位来自中产阶级家庭的女士声称，这个家庭每年的支出是5000—10 000英镑，每个女孩每年有150—250英镑的零花钱，用于服装、旅行、慈善等个人开支。学龄儿童会按周领取一定额度的零花钱。父母通常会以礼物的形式来发放零花钱。在孩子们过生日或圣诞节时，父母会给他们添置新的衣物，或直接给他们零花钱。②

英国的文明程度很高，是一个礼仪之邦。在有教养的家庭中，人们绝不会采用发怒、辱骂、殴打等手段来对待家人。每天早餐前，孩子们都会来到餐桌前亲吻父母。孩子们对父母的命令言听计从，并遵守家中的一切规矩。他们认为爱父母、对父母尽责是他们应尽的义务。③ 丈夫和妻子会亲昵地互相称呼名字。孩子们不用“先生”或“女士”来称呼父母，而是用“好的，爸爸”和“不，妈妈”等来回复父母。英国人对家人的情感通常表现在语言和行动上。家人间相互尊重对方的隐私，如对方的房间和书籍、对方的时间与安排等。④

---

① COLLOER R D. English home life[M]. Boston:Ticknor and Company,1886:129.

② COLLOER R D. English home life[M]. Boston:Ticknor and Company,1886:131.

③ COLLOER R D. English home life[M]. Boston:Ticknor and Company,1886:133.

④ COLLOER R D. English home life[M]. Boston:Ticknor and Company,1886:134.

根据罗伯特的描述，维多利亚时期英国人的生活节奏比较舒缓。男人们早上的上班时间不那么早，所以绅士们早上可以在家从容地吃过早餐之后，再不慌不忙地去上班。他们下午的下班时间也比较早，回到家时正好是晚饭时间。天气暖和的时节，在开始每天的日常工作之前，丈夫、妻子和客人，有时候还有孩子，会一起去花园里散步，或欣赏动物——马和狗。①

男孩们在十岁到十二岁的年纪，就会被送去公立学校，学习地理、语法、历史、数学、拉丁语和希腊语等。此外，在孩子能够为自己行为负责的年纪，就要学习诸如讲卫生、守规则、遵守秩序和守时的习惯等。他们被要求要爱惜自己的书本，确保书本的整洁。罗伯特认为，与美国十岁的孩子相比，英国十岁的孩子的书写更加整洁、工整。英国人的字都写得很好，他们非常注重纸笔等文具的质量。英国孩子从小就被教育要注重细节，因为从小养成的习惯会伴随其一生。②

维多利亚时期英国家庭都会聘用家庭女教师到家中为孩子们上课，如果家中有女孩，他们会长期聘用家庭女教师。家庭女教师对孩子们全面负责。孩子们在家的作息时间和学校的作息时间保持一致。许多女孩虽然从未离家到学校上学，但她们在家庭女教师的指导下学会了很多科目、掌握了许多知识。家庭女教师每天还要带孩子们进行日常的远距离散步。③

英国人非常热爱户外运动。男孩们从会走路时就开始进行户外运动，他们会打板球、玩野兔和猎户的游戏、打草地网球、骑马、游泳、划船等，并且终身都会进行户外运动与休闲。各个年龄层次的英国绅士都会参与一些体育运动项目，当年纪太大不能从事剧烈运动时，他

① COLLOER R D. English home life[M]. Boston：Ticknor and Company，1886：135.

② COLLOER R D. English home life[M]. Boston：Ticknor and Company，1886：136-137.

③ COLLOER R D. English home life[M]. Boston：Ticknor and Company，1886：137.

们就会选择一些比较温和的运动。每个英国男人都热爱运动、参与运动。英国男人像斯巴达人一样勇敢而坚毅，他们把情感深深埋在心中，很少展示给外人，他们从不表露自己软弱的一面，并认为这是没有男子气概的表现。英国男人非常喜欢足球运动，这是一项粗鲁并近乎残忍的运动，但他们奋力奔跑，置危险于不顾。罗伯特曾经见过一个男孩子在失去意识的状态下被抬下足球场，但当他醒过来之后却说："哦，我没事。"[①] 罗伯特声称，英国男孩非常诚实、值得信任、慷慨、坚强，在英国生活期间从未见过对他说谎的男孩。[②] 但上层社会有些人的行为不那么诚实。对于下层社会的孩子来说，只有受生活所迫他们才会进行偷窃。

在英国男孩眼中，德国男孩是"学究"，法国男孩是"婴孩"，美国男孩是"年老的绅士"。英国男孩对晚会和舞会毫无兴趣，并认为这些东西很无聊，与之相比，他们更喜欢足球和板球，也喜欢带着枪和狗在野外打猎，喜欢在马背上度过一整天。英国男孩喜欢沉默，喜欢使用俚语。英国男孩的社会性别意识非常强，十八岁之前，在学习和玩耍、感觉和思维、吃饭和睡觉等方面，他们都会按照男孩的标准来要求自己；满十八岁之后，他们不再孩子气，会以男人的标准来要求自己。[③]

英国女孩处于被压制的状态，但她们自己却浑然不知。她们常常处于被忽视和不被倾听的状态，但她们从不表达自己的不满。[④] 她们的仪态非常安静，穿着非常简单式样的衣服。一些家庭富裕、社会地位很高的女孩，穿着反而非常朴素。女孩们从不佩戴珠宝首饰。很少看到未婚女孩佩戴珠宝首饰，即便有佩戴，她们也只是佩戴别针和戒指

---

① COLLOER R D. English home life[M]. Boston：Ticknor and Company，1886：138.

② COLLOER R D. English home life[M]. Boston：Ticknor and Company，1886：138.

③ COLLOER R D. English home life[M]. Boston：Ticknor and Company，1886：139.

④ COLLOER R D. English home life[M]. Boston：Ticknor and Company，1886：139.

等简单首饰。她们从小在保姆的照顾下长大，直至养成安静和不引人注目的行为举止。在养成良好的餐桌礼仪前，她们不与家人一起进餐。英国女孩的肤色很健康，一方面是因为气候非常温和适宜，另一方面也是由精心的饮食和规律的作息所带来的。英国女孩和母亲待在一起的时间比法国女孩要少很多，她们大多数时候是和保姆、家庭女教师待在一起。英国女孩很温柔且容易害羞。她们阅读的书籍大多是有宗教色彩的。英国人非常重视阅读习惯的养成。事实上，尽管她们阅读很多，但她们对书本之外的世界知之甚少。英国女孩不善交谈，她们很少像法国女孩那样聊一些有趣的事情。她们擅长做刺绣、缝纫等手工活。她们从不呆坐着，即便是晚上在客厅里，她们也会一边聊天，一边做一些针线活。英国女孩喜欢骑马、远足、打网球、在花园和田野里漫步。富裕的上层阶级的女孩常常拥有自己的马和狗，每天会花不少的时间和它们待在一起。①

女孩们踏入社会的时间并不是随意决定的。在接受学校教育期间，女孩们不参加任何社交活动，她们不参加晚会，也不结交男朋友，在穿着和仪态方面也与淑女们有所区别。当接受完学校教育（十七岁至十九岁），她们就开始走向社会，参加晚会等各种社交活动。②

维多利亚时期英国中产阶级孩子们的见识广泛。男孩们在假期常常会去欧洲大陆旅游，目的是学习法语和德语，家庭条件比较好的孩子在很小的时候就学说法语和德语。为了使发音更纯正，更好地掌握法语和德语，他们会被送去法国和德国旅游或小住一段时间。男孩们常常会在家庭教师、保姆的照顾下，去莱茵河或瑞士远足。③

大多数英国家庭都信奉宗教，在他们的家庭生活中，宗教占据了

---

① COLLOER R D. English home life[M]. Boston: Ticknor and Company, 1886: 141-143.

② COLLOER R D. English home life[M]. Boston: Ticknor and Company, 1886: 143.

③ COLLOER R D. English home life[M]. Boston: Ticknor and Company, 1886: 144.

很大部分。家庭生活是英国人的避风港，家庭就是他们的城堡，宗教是他们的力量和荣耀。大部分的英国家庭都会进行家庭祈祷，家庭宗教活动就像家务一样融入日常。孩子们被要求端坐在桌前认真祈祷。在孩子们年纪很小的时候，父母就会带他们去教堂，待他们长大后，就会习惯参加教堂的活动。在英国家庭中，宗教制度和训令被置于极高的位置，神职人员备受尊敬。①

（三）父亲是甜蜜之家的顶梁柱

泰纳（Taine）在19世纪60年代游访英国时，英国人对家的重视程度让他感到震惊。关于婚姻，他指出："每个英国男人的心房里都有一个秘密的角落：他会憧憬有一个自己的家，一个由自己选择的妻子。那是他的小宇宙，是密闭的，完全属于他一个人的。如果得不到，他就会不自在。"② 在维多利亚时期的英国家庭中，女性的地位相对比较低。妻子的受教育程度远低于丈夫，女儿的受教育程度远低于儿子。女性没有选举权，也被认为没有参加政治生活的头脑。维多利亚时期英国家庭是权威型家庭，丈夫是妻子和孩子的主人。这一现象不仅体现在习俗上，也受法律保护。维多利亚时代早期，丈夫有权将妻子锁在房间内，拒绝妻子接触自己的孩子；丈夫也有权决定在自己去世后剥夺妻子对孩子的监护权。此外，维多利亚时代早期，已婚妇女没有财产权，丈夫有权控制和处理妻子的任何财产，无论这笔财产是妻子获赠还是通过法律程序得来的。丈夫甚至有权将家庭所有的财产赠予陌生人，让妻子和孩子流落街头。丈夫的上述特权在当时受法律保

---

① COLLOER R D. English home life[M]. Boston: Ticknor and Company, 1886: 144-145.

② 盖伊. 施尼兹勒的世纪：中产阶级文化的形成，1815-1914 [M]. 梁永安，译. 北京：北京大学出版社，2006：56.

护。[①] 正是在这样的社会背景之下，父亲是家中的绝对权威，是名副其实的顶梁柱，父亲能对家庭产生实质性的影响。在当时流传度比较高的一本小说《家，甜蜜的家：写给家庭的一本书》（*A book for the household : Home , Sweet Home , and Other Tales*）中，收录了几篇短篇小说，其中《家，甜蜜的家》是一个关于克威尔（Cowell）一家如何从一团乱麻变成温馨和睦的故事。[②]

1. 一团乱麻：克威尔一家原有的生活状况

克威尔太太是一个非常繁忙的家庭主妇。家里有几个不同年龄的孩子，克威尔太太每天有干不完的活，脾气也不好。为了补贴家用，克威尔太太每个星期要去洗衣房兼职三天，无暇顾及家中的孩子和家务，因此这个家的卫生状况令人担忧。由于缺乏母亲的监管，孩子们时常在大街上流浪，并且结识了一些不良的同伴。

家里最大的女儿是十一岁，名叫芬妮（Fenny），过着非常不顺的日子。芬妮有一个哥哥，三个弟弟妹妹。她每天坐在家门口的台阶上，抱着年幼的宝宝，用温柔的声音唱着从学校里学来的歌曲，以安抚小宝宝的情绪。“家，甜蜜的家！不论多么贫寒，也没有一个地方能比得上家!”她这样唱着，但丝毫不理解歌词的含义。芬妮才十一岁，却两次被学校退学。作为家中的长女，在母亲外出工作时，她必须留下来看家、照顾弟弟妹妹。学校以带坏风气、为其他孩子树立不良榜样为由开除了她。现在她只能去上一所免费的学校，这所学校对学生的出勤要求不那么严格，芬妮有时间时可以去上学，需要帮母亲照顾弟弟妹妹时就留在家里看家。当仔细询问芬妮时就会发现，在她看来，大街上都比家里要好。芬妮的歌声传到了正在洗衣服的母亲耳中，这令

---

① MESS H A. Social groups in modern England[M]. London, Edinburge, Pari, Melbourne, Toronto and New York: Thomas Nelson and Sons Ltd. ,1940:27.

② A book for the household: home, sweet home, and other tales[M]. London: Jarrold and Sons,1866:3-32.

这位对家庭现状非常不满的家庭主妇心中突然腾起无名怒火，她冲着芬妮大喊："芬妮，赶紧住口！如果你非要唱，就不能唱点别的吗?"然后还一边骂骂咧咧："写出这种垃圾歌词的人应该过过像我这样的日子。"

克威尔先生是一名上班族，但他的薪水并不高，所以克威尔太太必须每周花三天去洗衣房工作来补贴家用。事实上，克威尔太太外出工作这件事情是得不偿失的。由于疏于家务，家中变得一团糟，孩子们的衣着非常不整洁，行为习惯也很差。克威尔先生白天认真工作，下班后要么和同事们一起"娱乐"，要么出去散步、去邻居家小酌一杯，或者到酒吧去抽烟喝酒，对孩子和家务不闻不问，家里的小花园野草丛生，窗户玻璃、家具上到处落满了灰尘。虽然不至于被称为"酒鬼"，但他几乎每天都会喝酒，他称自己为"温和的饮酒者"，喜欢和那些和他情况差不多甚至比他更糟糕的人混在一起。在家务事和孩子身上，他投入的时间和精力非常之少。[①] 父亲对家务事和孩子们不闻不问，母亲因生计无暇顾及家务和孩子，因此部分家庭责任落在家里的长女——仅十一岁的芬妮身上。在这种家庭环境下，就不难理解为何克威尔太太会对芬妮所哼唱的那首歌《家，甜蜜的家》表示出极度的反感了。

2. 亲仁善邻：派瑞一家的示范引领

乔治·派瑞（Gorge Parry）是克威尔先生的同事，他品行端正、彬彬有礼，因此同事们给他起了一个绰号"我们的绅士"。派瑞先生非常爱自己的家，自己没有任何的私生活，他在家人身上全心全意，把自己的空闲时间都奉献给了家庭，尽自己所能让家人感到幸福。派瑞一家人能够发自肺腑地吟唱"没有任何地方能够比得上家"。

① A book for the household: home, sweet home and other tales[M]. London: Jarrold and Sons, 1866: 3-6.

派瑞先生对克威尔一家的情况非常了解，他经常看到克威尔家的孩子穿着破烂、邋遢的衣服在大街上奔跑，有时候他还会对自己整洁、贤惠的妻子说："没有人看管，克威尔家的孩子是多么的可怜！"派瑞太太回答道："克威尔先生和太太还没有意识到他们的选择是在为自己的晚年埋下祸根。"她还让派瑞先生以友好的方式去劝说克威尔先生把更多心思花在家人身上。派瑞先生特意抽空和克威尔先生进行了交谈，以自己和孩子们相处的经历来鼓励他多和孩子们相处，并邀请他到家里做客。第二天晚上，克威尔先生来到派瑞先生家，他看见派瑞太太身着黑色印花长袍、戴着白色围裙和整洁的帽子，脸上洋溢着快乐的表情，看上去就像一个典型的上班族的妻子。克威尔先生表明了自己的来意，派瑞太太将他引到后院，派瑞先生和他的孩子们正在后院做园艺。克威尔先生发现派瑞家的房子非常整洁，眼前的一切都让他感到惊奇，派瑞家的房子和自己家差不多大，却比自己家整洁、漂亮多了。派瑞家的花园里种满了各种鲜花和蔬菜。看到来客，孩子们都停下了手里的活，注视着克威尔先生。派瑞先生有三个儿子和一个女儿，女儿正在用一把旧刀帮忙挖洞。"你们看起来很忙，希望我的来访没有打扰到你们。"克威尔先生说。"我们确实很忙，但很快就忙完了。在这么炎热的天气里，傍晚是做园艺的最佳时间。你们是什么时候做园艺呢?"这个提问让克威尔先生感到非常尴尬，因为他从来不带孩子们一起做园艺，家里的小花园长满了杂草，到处都是一团糟。

在派瑞先生家里，派瑞先生用自己的言行向克威尔先生展示了他是如何带领孩子们做园艺，如何教育孩子们、和孩子们相处。派瑞先生对家庭的付出、派瑞太太的优雅贤惠和孩子们礼貌有序的行为举止，让克威尔先生在联想到自己家的情况时深感羞愧。在与派瑞先生交谈期间，他发现小一点的孩子已经自觉地上床睡觉，而最大的孩子则坐在他最喜欢的座位上做家庭作业。派瑞先生的孩子们如此懂事乖巧，让克威尔先生无比羡慕，他向派瑞先生请教秘诀，派瑞先生回答道

"上帝所说过的每句话都是真理，他曾经说过，要根据天性来训练孩子，这样当他长大之后就不会脱离本性。我就是这样来训练我的孩子的，但训练孩子绝非易事，他们需要长期耐心的关注与呵护。建议你每天花半个小时和孩子们聊天，还要花一些时间和孩子们一起阅读。"在了解到克威尔先生对儿童读物知之甚少的情况下，派瑞先生建议他可以从图书馆免费借阅。在得知克威尔太太每周要外出工作三天时，派瑞先生表示母亲外出工作对家庭来说是得不偿失的决定。

派瑞先生和克威尔先生的收入差不多，子女的数量也是一样的，但家庭的生活情况却大相径庭，这一切都取决于他们的选择与时间的投入。克威尔先生继续请教派瑞先生是如何操持家庭的，派瑞先生回答道，他每个月都会把自己的工资全部带回家，从不买不必要的东西，也不抽烟喝酒，这既能节约一笔开支，又能让自己的生活方式更健康。派瑞先生还表示，自己一有时间就会在家里做一些烘焙、清洗、制作、修补等家务，这样一来，家里自然就很整洁、卫生。另外，他也会花很多时间来陪伴孩子，如此一来，孩子们很乖巧懂事、穿着很整洁，派瑞先生也过得很充实。

关于孩子们在大街上闲逛的问题，派瑞先生表示，他们绝不允许自己的孩子在大街上晃悠，并且他们会把家庭氛围营造得温馨和幸福，让孩子们感到在大街上闲逛还不如待在家里舒适。派瑞先生和太太还会学习如何逗乐孩子。在照顾孩子这件事情上，派瑞先生认为这是上帝赋予父母的职责，他觉得很荣幸。

在为家庭付出这件事情上，派瑞先生认为永远不能满足于自己目前的努力，要认为自己还可以做得更好。派瑞先生认为父母的言行举止对于孩子来说具有很大的教育意义。派瑞先生分享了母亲对他说过的一段话："乔治，我的孩子，虽然我们很穷，但你从今往后要一直作为一名绅士生活。要知道，锦衣华服、土地和金钱不能让你成为绅士，但善良的心、有教养的大脑、有礼貌的举止却能够使你成为绅士。"当看到克威尔先生有畏难表情时，派瑞先生鼓励他："有志者事竟成，只要你想做到，你就能够做到！"

在同等收入的情况下，派瑞先生和妻子结婚后四年就买下了现在居住的房子，而克威尔一家目前还居住在租的房子，克威尔先生认为自己这辈子都可能不能拥有自己产权的房子，因为他们家一年中甚至有几个月填不饱肚子。在得知克威尔一家的经济情况后，派瑞先生建议克威尔先生每周拿出一些工资存到银行里。克威尔先生对派瑞先生的建议感到为难，声称自己每个星期五交钱给妻子时，妻子都嫌不够开支家用。但克威尔先生也坦诚地表示，自己并没有把全部的工资交给妻子，而是保留了一部分用于喝酒和娱乐。派瑞先生建议克威尔先生戒酒，并把每个星期预留下来的这笔钱储蓄起来。这遭到克威尔先生的反对，克威尔先生认为喝酒是他生活中唯一的娱乐，保留这一爱好会让他感到更幸福。但派瑞先生真诚地告诉他，饮酒的习惯不但不能让他更幸福，还会让他有失尊贵和善良，因为酒精会麻痹人的神经，让人性情大变，会伤害人的自尊感。派瑞先生还说，上帝赋予人们最自然的饮品是水，如果人们纵情于其他饮品，上帝将会感到伤心和失望。克威尔先生表示自己并不酗酒，只是每天小酌一杯。派瑞先生也帮他算了一笔账，每天花五便士喝酒，一年下来就是一笔不小的费用，如果将这笔钱用在家人身上，整个家庭将会发生很大变化。

3. 改弦易调：克威尔一家的努力改变

在派瑞先生苦口婆心的劝说下，克威尔先生决定和妻子商议一下，做出一些改变。在告别派瑞先生后回家的路上，克威尔先生在肮脏的大街上发现他的两个孩子和一群粗鲁的男孩子正在一起玩耍。他站住喊了他们，孩子们听到叫声后低着头缓缓地走近他，担心他会大发雷霆。让孩子们感到意外的是，他并没有责备孩子们，只是说："孩子们，现在已经不早了，跟我一起回家。"家里最大的男孩——十三岁的詹姆斯（James）看到父亲手里提着派瑞一家送给他的生菜问："父亲，您去买生菜了吗?”“不，这是别人送给我的!”“那这些花呢?”小一点的男孩罗伯特（Robert）问道。克威尔先生回答道：“我们把这些花种到我们的花园里，让我们的花园也开满这样的鲜花怎么样?”詹姆斯说：“我们的花园不行，我们种植的所有植物都死了。”克威尔先生回答道：“那是因为我们没有精心照料它们，我们今后一起打理好小花园怎么样?”当克威尔先生和两个孩子一起回到家，妻子流露出吃惊的眼神：“出什么事了? 你们当中是谁犯了错?”看到生菜和鲜花后，妻子问道：“这些是你们偷采来的吗?”“不，这些是派瑞先生送给我的，生菜是送给我们做晚餐的，鲜花是让我们用来装饰屋子的。当然，他们不知道我们家是这个样子。”克威尔先生说。“派瑞太太比我过得有品位多了，但是我敢说，她像我这样生活一个月后，就再也不能昂起她高贵的头。”克威尔太太有些不高兴地说。“上帝保佑! 她并没有昂起高贵的头，她过得很朴素，就像我们见过的所有妇女一样。你最好能去他们家拜访一下。”听到这句话，克威尔太太更生气了。克威尔太太从清晨工作到深夜，星期二这天正好在洗衣房洗了一天的衣服，而第二天还要重复这一天的生活。这天她刚回到家不久，就看到先生带着两个孩子回来了。

此时长女芬妮已经带着小宝宝上楼了，母亲则在厨房里清理一团糟。对于十一岁的芬妮来说，哄宝宝睡觉的工作实在是太难了，小家伙不停地哭喊着要妈妈。她背着小宝宝在房间里走来走去，很快她就累了，于是坐下来将宝宝放在自己的膝盖上。她又开始唱“家，甜蜜的家”，显然这熟悉的旋律已经刻入这个孩子的大脑。父亲听到芬妮的歌声之后，顿了顿，他走进房间，眼前的所有景象都和“甜蜜”无关。“芬妮的歌声真动听。”他对妻子说。这句话并没有让克威尔太太高兴起来，反而让她更生气了。她气鼓鼓地说：“你是想告诉我要像派瑞家那样生活吗? 你必须清楚的是，派瑞太太没有我这么多麻烦事，所以请你闭嘴!”在孩子们吃过晚餐上床睡觉后，克威尔太太发现克威尔先生在言行方面与往常有很大不同，他不但对孩子们表现出亲切的样子，而且没有喝酒。

克威尔先生待太太带宝宝睡觉后，一个人走到后花园，看着满地狼藉的小花园，再想想派瑞家精致的花园，他感到十分羞愧。这时候他听到太太的脚步声，他们商量着要把小花园打造成一个小小的乐园，就像派瑞家一样，并且克威尔先生表示自己愿意承担园艺工作。在这个问题上取得进展后，克威尔先生进一步向太太提出停止外出工作的请求，并表示自己会将所有的工资交给太太用于家庭开支，克威尔太太第一次会心地笑了。

第二天，克威尔太太最后一次外出工作。傍晚克威尔先生下班之后没有去喝酒，而是直接回家，他到家时发现孩子们都在家，他让孩子们坐在餐桌前，给他们切面包，并且告诉他们在吃完晚餐前，不能离开餐桌。芬妮照例抱着小宝宝上下楼，不同的是父亲对她表示出以往从未有过的温柔。晚餐过后，父亲要求和男孩们一起做园艺，他们非常高兴。在清理过餐桌后，芬妮给小宝宝戴上太阳帽，迫不及待地背着他去母亲工作的地方并告诉她晚餐的情形。母亲听了芬妮的描述，感到非常满意。

一个星期后，克威尔先生和孩子们打理的小花园开始变得漂亮起来。接下来克威尔先生最大的挑战是如何赢得孩子们的情感。和孩子们相处需要极大的耐心，好在克威尔先生努力克服了不耐烦的心理，耐心、愉快地和孩子们相处，很快孩子们都喜欢上了父亲。克威尔先生也意识到，父母的爱对于孩子来说是一笔永远不会被偷走的财富，而父母如果对孩子的情感需求置之不理，那么孩子们注定是凄惨和可怜的。

克威尔先生经常会提议和孩子们一起玩游戏，有时候他会带着孩子们用旧报纸和木片做一只大大的风筝，起风时他会带着孩子们到田野里奔跑，把风筝放上天。总之，他想尽一切办法让孩子们喜欢和家人相处。最后，克威尔先生还修理好了家中所有的家具。

在克威尔先生的努力下，家里的一切都朝着好的方向发展，克威尔先生成为克威尔太太在家务和照顾孩子方面的得力助手，而克威尔太太的脾气也得到了好转，她不再对孩子们大声吼叫，不再打骂孩子们，也很少再和丈夫吵架。可以说，丈夫态度的变化是影响妻子脾气的最大因素。在孩子的教育和管理方面，克威尔太太也不再像以前那样常常用恐吓的方式，而是用更有效的方式来将孩子们引向正确的方向。训练孩子不是一件容易的事情，需要家长投入足够的耐心，但这是一件幸福的事情，因为母亲终究会看到自己的劳动成果：孩子们不再大哭大闹，不再打架，发生矛盾时也知道要坐下来协商解决，协商未果时他们会请父亲来评判。克威尔太太也很快意识到将时间和精力投入家庭而不是外出工作所带来的好处。现在她的全身心都投入在家庭之中，有足够的时间和精力来照料孩子们的饮食起居、清理房屋。邻居们也不再对他们指指点点，不再称呼她的孩子们为“穿着邋遢、破烂的小动物”了。孩子们也感受到了前所未有的家庭温暖和幸福，现在对于他们来说，家无疑是世界上最幸福的地方。

克威尔先生尽力带着整个家庭往好的方向发展，在遇到困难并难以坚持时，他仍然会求助他的好朋友派瑞先生，派瑞先生会鼓励他、帮助他，并且让他求助上帝。派瑞先生让克威尔先生看到了上帝的力量，并劝说克威尔先生带领全家人一起祷告。在派瑞先生的劝说下，克威尔一家开始做祷告，一开始他们祷告的时间很短，随着时间的推移，他们从中获得了很大力量，全家人都非常享受在一起祷告的时光。克威尔先生在礼拜日都会穿上整洁的衣服，带着全家人到教堂做祷告。

克威尔先生在夏天决定打造一个幸福的家，秋去冬来，他真的收获了一个温暖幸福的家庭！夜幕降临时，一家人围坐在小小的厨房餐桌边上，一起唱歌，炉火慢慢地烧着，整个家洋溢着温馨的氛围。芬妮带着小宝宝坐在桌边的地毯上，和他一起玩积木，克威尔先生则和男孩们搭建城堡。他们有时一起学习、一起玩拼图，有时一起画画，有时一起唱歌。

克威尔先生回想起自己当年在酒吧里度过的那么多个夜晚以及在酒精中所获得的那些所谓的“快乐”，和今日的天伦之乐相比，简直没有任何意义。现在的幸福家庭生活所带来的乐趣才是真正的人生乐趣。圣诞节时，克威尔夫妇邀请派瑞一家和他们共度平安夜，这可是这么多年来他们第一次邀请朋友来家里做客。在聚会上，芬妮再次唱起了那首歌：“家，甜蜜的家！不论多么贫寒，也没有一个地方能比得上家！”这一次克威尔太太会心地笑了。

克威尔一家的故事走向了幸福的结局，真是皆大欢喜的事情。类似于《家，甜蜜的家》这样的小故事在维多利亚时期的英国并不少见。这类书籍语言通俗易懂、情节简单、故事脉络清晰，妇孺皆可阅读，因此在当时的流传范围也很广，对许多家庭都产生了影响。在这个故事中也不难看出，维多利亚时期的英国家庭，男主外、女主内的观念十分盛行。父亲是一家之主，是整个家庭的经济来源和精神支柱，父亲的所有选择和决定都会深刻地影响一家人的生活，母亲的言行和态度深受父亲的影响，父亲的陪伴也会让孩子们的行为习惯和言行举止变得更好。另外，一个甜蜜的家庭也离不开一位贤惠的母亲，她的勤俭持家、精打细算会让全家人过得更加体面和舒适。值得一提的是，从这则小故事可以看出，宗教信仰是家庭的精神支柱，一家之主——父亲应带领全家人做祷告，在遇到任何困难时都应向上帝求救。

“家，甜蜜的家”是维多利亚时期文学艺术中持续不断的主题。中产阶级对家的赞颂和崇拜与当时的社会背景密不可分。19 世纪是英国社会不安和变革的时代，这给中产阶级提供了发展机遇，同时也让他们充满焦虑，他们需要在这个变革的世界里寻找一方净土以休养生息，因此家庭的血缘与情感的特质凸显了其重要性。[①] 在这种大的社会背景之下，中产阶级广泛认同“甜蜜的家”的观念，拥有一个安逸舒适的家也成为这一时期英国中产阶级追求的目标和身份的象征。

第二节　维多利亚时期英国中产阶级的女性观

维多利亚时期英国家庭的女性成年人包括妻子、母亲和女教师，同时也包括十五岁及以上居住在家中的女儿。根据 1871 年人口普查数据，这一群体人数达到了 4 271 657 人，其中二十岁以上的成年女性为 4 014 044 人，女性人数占英国人口总数的一半以上，其中 3 948 527 人为妻子，当中大部分人也是母亲。[②] 在《1871 年英格兰与威尔士的人口普查报告》中，家庭妇女被作为一个职业来进行统计，报告中的措辞也反映了当时人们的女性观点。“这是一项崇高且重要的职业，在人类历史的各个阶段，女性都付出了艰苦卓绝的牺牲。已婚妇女们从事的工作十分多样化，但生儿育女、抚养孩子、家务劳动仍是她们的重要工作。”[③] 这一时期的妻子在家中履行着仆人的职责，但她们的服务并不直接得到金钱给付，因为她们是家庭的成员，这一身份也让她们和仆人区别开来。

---

① 李宝芳，马世力．19 世纪英国中产阶级家庭文化探析［J］．深圳大学学报（人文社会科学版），2008（3）：8-13.

② Census Office. Census of England and Wales for the year 1871, General Report[R]. Vol. Ⅳ. London: George Edward Eyre and William Spottiswoode, 1873: 41.

③ Census Office. Census of England and Wales for the year 1871, General Report[R]. Vol. Ⅳ. London: George Edward Eyre and William Spottiswoode, 1873: 41.

一、育儿书中隐含的女性观

维多利亚时期的英国，人们对女性的认识较之以往有所不同。中世纪时，用圣克里斯托姆（St. Chrysostom）的话来说，女人是“一种必要的邪恶，一种自然的诱惑，一种令人向往的灾难，一种家庭危险，一种致命的迷恋，一种被描绘的病态”①。而到了维多利亚时期，“家庭天使”常被用来指代维多利亚时期英国中产阶级妇女，她们身上有无私、纯洁、虔诚、温柔、优雅、贤惠等优良品质，既是丈夫的好伴侣，又是孩子的好妈妈，还是虔敬的信徒。“家庭天使”一词出自考文垂·帕特莫尔（Coventry Patmore）的一首叙事诗《家庭天使》（“Angel in the House”），这首诗于 1854 年首次发表，1862 年作者对其进行了扩写。这首诗在英国人的家庭书籍中占据着特殊和永恒的地位。这首诗的原型是帕特莫尔的妻子艾米莉（Emily）——诗人心中的完美女人。这首诗在英美国家流传开来，其影响力一直持续到 20 世纪，并成为英国文学课程中的必读文本。帕特莫尔也被认为是描述维多利亚时代女性的最具代表性的人物。② “家庭天使”的女性观也因此成为英国中产阶级的主流认识。

（一）“家庭天使”：维多利亚时期英国主流的女性观

贤妻良母是维多利亚时期英国人对于女性的刻板印象，在当时的育儿书等读物中，女性的这一形象得到了进一步强化。家是在外打拼的男性的避难所，而女性是家庭的天使。外部纷繁复杂的世界属于男人，而家庭则是属于女人的领地。“家庭天使”一词特指维多利亚时期

---

① HILL G. Women in English life from mediaval to modern times[M]. Vol. 1. London: Richard Bentley & Son,1896:9.

② Angel in the house by coventry patmore-summary and analysis[EB/OL]. [2022-04-22]. https://victorian-era.org/angel-house-coventry-patmore.html.

的中产阶级女性，她们受过良好的教育，专职在家中照料家务与孩子，不从事外部世界的工作。家务管理对中产阶级家庭主妇意味着采购日用品、管理仆人、预算开销、抚养小孩（她们花在小孩身上的时间通常远比丈夫多）以及在接待客人时当个优雅雍容的女主人。① 她们要学习钢琴、美术和针线活，有时还要做一些慈善，但由于不会接触到外部世界的险恶，因此很容易保持自己的纯真。与现代女孩相比，维多利亚时期的女人更沉默寡言。② 她们不关心外部世界，被认为是丈夫道德的灯塔。

“家庭天使”是这一时期主流的女性观。温柔、优雅、虔敬、纯洁、真诚、勤劳等，这些品质都是维多利亚时期英国社会对妻子和母亲的期望。“女人婚后的首要职责是尊重丈夫。丈夫是当家人，而妻子是他的助手。作为一名基督徒，我毫不犹豫地告诉大家，女性是男性的助手，男人是为了上帝的荣耀而被创造的。上帝觉得男人太孤单了，于是创造了女人，以作为男人的助手。女人不是玩物，不是奴隶，也不是包袱，而是男人的助手。”③ 还有著作指出，维多利亚女性的首要特质是承担责任，对于她们来说，“幸福不是权利，而是生活的附属品”。此外，她们还应具备自律、谦卑等特质。④ 在《英格兰的妻子》一书中，作者指出，妻子应想办法了解自己的丈夫，要做到保密和真诚，喜爱婚姻生活，要管理好家庭，做到守序、正义与善良，还要管

---

① 盖伊．施尼兹勒的世纪：中产阶级文化的形成，1815-1914［M］．梁永安，译．北京：北京大学出版社，2006：238.

② JEPSON E. Memories of a Victorian[M]. London: Victor Gollancz Ltd., 1933: 9.

③ SKEFFINGTON W. Girls: their work and influence[M]. London: Kessinger Publishing, LLC, 1880: 5.

④ SOULSBY L H M. Talks to mothers[M]. London: Longmans, Green and Co., 1916: 81-83.

理好仆人和被抚养者。[①]

女性是男性的助手这一观念在维多利亚时期的英国深入人心。[②] 男女性别的不平等在当时是毫无疑问的事实。从社会性别的角度看，上级社会阶层的女性地位的确高于下级社会阶层的男性，但不论是哪一阶层的女性，都无法和同一阶层的男性媲美。[③] 维多利亚时期的英国女性只是男性的助手吗？这意味着妻子、姐妹或女儿，必须依附于某个特定的男人。

婚姻是丈夫和妻子之间的纽带。在结婚时，男女双方往往会发誓"至死不渝"。妻子可能对未来充满了幸福的憧憬，但现实中她有许多要努力学习的地方。男人和女人婚后要做的第一件事情就是互相了解和认识。也许婚后的第一年不是最幸福和融洽的，但妻子应尽量了解丈夫的性情。每个人生来都有自己的喜恶，认识一个人需要花一些时间，但要融洽相处，则需要更长时间。磨平自己的棱角需要一些时间，当双方的棱角被磨平时，家庭生活会更加舒适融洽。[④] 婚姻是一场修行，在这场修行中，女性的付出无疑是巨大的。

"已婚妇女的首要职责是尊敬自己的丈夫。丈夫是家中的首领，妻子是丈夫的助手。丈夫和妻子需要做的第一件事情就是相互了解。婚后第一年也许不是最幸福的一年，但夫妻双方必须尽快了解对方的脾气与喜好。每个人都有自己的喜恶，这需要一定的时间去了解。磨去棱角并非易事，但只要做到了就能一劳永逸。一个家庭的美满在很大程度上取决于妻子。在这个过程中妻子可能会感到十分痛苦，但无论

---

① ELLIS. The wives of England: their relative duties, domestic influence, and social obligations[M]. New York: D. Appleton & Co. , 1843: 9-11.

② YONGE C M. Womankind[M]. London: Walter Smith & Innes, 1889: 1.

③ YONGE C M. Womankind[M]. London: Walter Smith & Innes, 1889: 2.

④ SKEFFINGTON W. Girls: their work and influence[M]. London: Kessinger Publishing, LLC, 1880: 65.

如何，妻子都不应忘记自己的位置，一个忘记‘要坚决服从丈夫’誓言的妻子，将不会是一名贤妻良母。她可能会成为一个自私自利的女人，只会从丈夫那里索取安逸，为了自己的快乐而忽略家庭和孩子，如此一来，她的家庭将脏乱不堪，孩子们缺少管教，丈夫则可能会离家寻求安慰。真正的妻子永远会将丈夫和孩子放在首位，把自己放在次要地位。丈夫和孩子的幸福和快乐应是妻子最大的追求。”① 这一时期的出版物在呼吁，女性应牺牲自己，把照顾好丈夫和孩子当作首要职责。

男人必须被取悦；
但取悦男人是女人的快乐；
男人的需求像海湾一样宽广，
她尽力而为，竭尽所能。
……
在任何时候，她仍然是他的妻子，
深爱着他的双臂；
她用永不疲倦的心去爱；
当她独自爱时，
通过充满激情的责任，
爱像泉水般喷涌，
就像石头周围的草一样疯长。

以上是《家庭天使》的选段，这首诗把理想的妻子放在一个基座上，将其描绘为一个不太世俗的人，不知道自私或愤怒，总是善良的，

① SKEFFINGTON W. Girls: their work and influence[M]. London: Kessinger Publishing, LLC, 1880: 65-66.

总是渴望帮助丈夫成为他最好的自己。对现代读者来说，这首诗似乎与任何可以想象的现实相去甚远，它似乎崇拜一种在现实世界中不可能存在的女性。尽管这首诗最初失败了，但它最终还是让英国公众产生了共鸣，被广为传唱，“家庭天使”也成为理想的维多利亚家庭主妇的代名词。

约翰·罗斯金（John Ruskin）是最早欣赏并公开赞扬《家庭天使》这首诗的人之一。1854 年 11 月，罗斯金写信给帕特莫尔：“我无法告诉你我有多欣赏你的作品，我不知道你有这么强大的力量。我认为它无论如何都会成为英语世界中最受欢迎的书籍之一——而且值得庆幸的是，它在任何地方都很受欢迎，无论你读到哪里，它都很完美。”十年后，罗斯金本人在女王花园的演讲中表达了相似的观点并再次赞扬了帕特莫尔的作品。帕特莫尔和罗斯金都坚信，女人的职责是在家里照顾家人、照顾家庭，而丈夫则要外出工作、挣钱、供养家庭、保护家人。女性（包括妻子和女儿）不需要外出工作，但可以待在家里锤炼成为淑女的技能，如绘画、唱歌和精细的针线活，使其成为一种体面地位的象征。这也是一种试图保护她们清白的方式，让她们远离任何潜在的不良影响和诱惑。①

“母亲的爱是最接近天使之爱的情感，有时表现为愉悦的心情，有时反映为苦涩的泪水。在母亲的影子中，孩子渐渐入睡。”②“母亲”一词往往与祝福、回忆、希望、感激、幸福、苦难、纯真、和平、欢笑、泪水、亲吻和爱联系在一起，“母亲”是一个神圣的称呼。③“家庭天

---

① KUHL S. The angel in the house and fallen women：assigning women their places in Victorian society[EB/OL]. [2022-04-24]. https://open. conted. ox. ac. uk/sites/open. conted. ox. ac. uk/files/resources/Create%20Document/The%20Angel%20in%20the%20House%20and%20Fallen%20Women_Sarah%20Kuhl. pdf.

② JELF G E. Mother，home and heaven[M]. London：A. D. INNES & Co.，1891：1.

③ JELF G E. Mother，home and heaven[M]. London：A. D. INNES & Co.，1891：1.

使”的“人设”给维多利亚女性戴上了沉重的枷锁，也制约着女性在方方面面的发展。19 世纪末 20 世纪初，中产阶级女性“家庭天使”的形象开始发生变化，逐渐从人们的心中淡去，取而代之的是“新女性”的形象，这在一定程度上提高了中产阶级女性在家庭中的地位。[①] “家庭天使”的维多利亚女性形象深入人心，不管其是社会对女性的角色期许，还是压在女性身上沉重的枷锁，它对这一时期女性的影响无疑十分深刻，谈论维多利亚时期的英国女性，就越不过“家庭天使”这道坎。

母亲的品行会对孩子产生重要影响。在《印度人眼中的英国生活》一书中，作者对英国中产阶级母亲的酗酒情况进行了描绘，并对母亲酗酒带来的严重后果进行了阐释。“在英国，酗酒或多或少只限于下层阶级和中产阶级下层。这些阶层一旦堕落，就无法东山再起，然而中产阶级似乎不能完全摆脱酗酒的恶习。因染上酗酒的恶习，成百上千的中产阶级家庭妻离子散，成千上万的中产阶级家庭儿童流落街头。酗酒的男人是坏人，酗酒的女人则更坏，酗酒的母亲毫无疑问是宅基地周围的道德瘟疫。她会把恶习传染给周围的人。她的恶习会对丈夫产生恶劣的影响，尽管她可能是从丈夫或父亲那里学会喝酒的。她的恶习会通过乳汁传递给孩子，孩子可能生来就带有遗传缺陷。有多少孩子是喝着含有酒精的乳汁长大的，这简直是为人母的耻辱。再看看这些孩子，他们疾病不断、脾气暴躁、习惯恶劣，他们破坏窗户、摧毁植物、扯烂自己的衣服等。我听说许多母亲在孩子出生后第一个月就会喝酒，伦敦的街头经常可以看到步伐踉跄的女人。”[②] 据说，中产阶级上层和上层阶级的情况有所改善。在很大程度上，受过良好教育

---

① 贺鹭．维多利亚时期伦敦社会分层研究［M］．镇江：江苏大学出版社，2015：92．

② MERWANJI M B. The Indian eye on English life[M]. Westminster: A. Constable and Company,1893:50-51.

且拥有较高社会地位的女性往往不会沾染这种恶习。①

有学者还指出，虚荣是一个母亲最不应该展示给自己女儿的东西，虚荣对一个人具有毁灭性的影响。母亲应告诉自己的女儿，漂亮、有礼貌，人们就会注视你；温柔、谦逊，人们就会倾听你；人的本质比外表更加重要，人的灵魂就像身体一样需要着装，但灵魂的着装往往从摇篮里就开始。邪恶难以被治愈，因为它会被隐藏；本性难移，因为它会伪装；虚荣会摧毁一切。所有这看似不可能的一切，就构成了教育的目标。②

（二）男女有别：对女性的刻板社会性别印象

《给母亲管理孩子的建议》（*Advice to a Mother on the Management of Her Children*）是一本影响非常广泛的育儿书。该书曾被翻译成法语、德语、波兰语和泰米尔语（印度语的一种）等多种语言。此外，这本书在美国出版并被推广，在世界各地的英语使用者中广为流传。笔者获得的是 1878 年 6 月出版的英文第十三版，在此之前该书的第十二版印数为 20 000 本。译文版本和再版次数如此之多，说明了该书所呈现的观念和实践在当时西方社会的接受程度非常之高。该书分为三大部分，第一部分是婴儿期，第二部分是儿童期，第三部分是少男少女期。每个部分都包含了沐浴、着装、饮食、运动、娱乐、教育、睡眠、疾病及预防、意外管理等内容。在行文方面，该书采用问答式表述，作者通过预设相关主题的常见问题，并进行详细解答的方式，为读者讲述育儿经。作为非正规教育的一种，家庭教育渗透在家庭日常生活的细节之中，研究该书能更细致地了解维多利亚时期英国中产阶级家庭教育。

---

① MERWANJI M B. The Indian eye on English life[M]. Westminster: A. Constable and Company, 1893: 52.

② MARTIN M A, LEE E. The education of mothers of families[M]. . London: Whittaker & Co. , 1842: 34.

关于这本书的标题《给母亲管理孩子的建议》，虽然没有强调是给中产阶级母亲管理孩子的建议，但从行文中不难看出，书中所渗透的衣食住行等生活方式恰恰是中产阶级所认同的方式。下层社会的母亲识字率不高，且忙于生计，既无能力也无闲暇来仔细阅读育儿书；上层社会的生活方式和中产阶级又有所不同，尤其是在学校的选择方面，上层阶层和中产阶级有着本质的区别。从种种线索中不难推断，这本书的主要读者是中产阶级母亲。

仔细品读这本影响力如此广泛的育儿书不难发现，这本书实则建立在两个前提的基础之上：第一，在中产阶级家庭，母亲是孩子教育的第一责任人，也是主要责任人。历史上许多的有名人物之所以能有所成就，都归功于其母亲在养育他们时所表现出的伟大和善良。在该书中，作者引用了拿破仑的一句话："孩子的命运，常常掌握在母亲手中。"[①] 诚然，拿破仑的成就在很大程度上归功于其母亲。母亲的性格对孩子的影响比父亲更大，这是因为她们日常生活中和孩子相处的时间更长，孩子时时刻刻都在观察母亲。

第二，男女有别，因此必须对男孩和女孩进行不同的教育。在这本书中，作者不断强调，女孩今后的角色是妻子和母亲，过多的书本知识的学习对她们来说不仅不实用，也没有必要，她们的大脑也无法容纳过多的知识。"在女孩年少时，应锤炼其强健的体魄，而不是发展她的智力，她们的大脑无法容下过多的书本知识。女生的大脑经常会因背诵大量的知识而被伤害，而这些知识对她们来说用处和益处不大。与学校教育相比，女孩们所受的教育应更实用，且应以自学的方式进行。从儿时起，她们就应知道，柔弱无力（helplessness）是充满了女性气质和美丽的；而独立自主（helpfulness）是非女性和丑陋的。男孩

① CHAVASSE P H. Advice to a mother on the management of her children[M]. London:Chrchill,1878:3.

所做的许多事情，对于女孩来说都是不合适的。”① 这段话无疑贬低了女性，也无视了女性的发展可能性，在今天看来显然难以令人接受，但在当时却是一种主流的社会认识，也决定了女孩在家庭教育内容、方法、手段方面的基调。

通过在给母亲写的育儿书中，不断地向母亲强调要把女孩培养成未来的妻子和母亲，母亲再将这一理念灌输和渗透给女儿，让女儿养成对自我的角色认识，这使得维多利亚时期英国的“贤妻良母”女性观得到了进一步的强调，女性作为依附于他人的贤妻良母的社会性别角色被进一步固化。

（三）家政服务：最适合未婚女孩的工作

家政服务在19世纪的英国是一个非常常见的职业，在1871年的人口普查报告中，家政服务被视作一个单独的职业进行统计研究，家政服务的内容主要包括普通的家庭服务，也包括食宿服务。② 中世纪晚期至近代早期，西欧流行一种让子女从少年起到别的家庭担任仆佣和学徒的做法。在当时的人们看来，仆人身份的体验，无论对形成孩子们的人格还是形成他们对社会的看法均起很大的作用，这种教育越早，作用就越大。为了将自己的儿子或女儿安排到声望高的大户人家当佣人，父母要做艰苦的努力，并要充分利用亲戚和朋友的社会资源。③

1880年出版的《女孩：工作及其影响》一书指出，许多女孩十三岁时就不再接受教育了，从结束受教育到成为一名妻子这一段时间里，女孩们通常需要外出工作以谋生。在关于谋生的建议方面，该书作者

---

① CHAVASSE P H. Advice to a mother on the management of her children[M]. London:Chrchill,1878:278.

② Census Office. Census of England and Wales for the year 1871,General Report[R]. Vol. Ⅳ. London:George Edward Eyre and William Spottiswoode,1873:41.

③ 傅新球. 近代英国人口、婚姻与家庭［M］. 南京：南京师范大学出版社，2020：292-293.

认为去其他家庭担任女仆是最佳选择，这是因为担任女仆所从事的工作和女孩们成家后所从事的工作是类似的。家政工作的环境和家庭生活非常相近，男人和男孩们常常在外部世界闯荡，女人、女孩和女仆们则守着家，这种工作氛围比工厂、商店等更适合女孩。在工厂和商店工作，女孩们要与男人们混杂在一起，这不利于其保持优雅和温柔的特质。女仆的生活对于女孩未来的生活来说是一种最佳的准备。相比起那些住在自己家但外出工作，把家务活留给母亲的女孩以及那些独自居住的工作女孩，训练有素的女仆往往更容易胜任妻子和母亲的工作。①

该书的作者还表示，比起在工厂和商店工作，女仆的工作危险性更小，对女孩的益处更大，收入更高，居住环境也更好。在工厂和商店工作的女孩获得的报酬只能满足当下的需要，如果年纪大了或者出现病痛，则会入不敷出。她们和父母居住在一起时，可以交一部分钱给母亲，余下的部分自己攒起来，但如果父母离世，她们的衣食住行就会难以为继。相比之下，女仆的工作就会好很多。

（四）在家学习：女孩教育的最佳选择

有史料表明，维多利亚时代早期，英国富裕的中产阶级家庭的女孩很少或从不上日间学校，她们通常在家中跟随日间家庭女教师或住家家庭女教师学习，年纪大一些后被送往昂贵的寄宿学校学习一年到两年，在十六岁到十八岁之时，整个教育过程结束，此后不再接受正规教育。② 随着《初等教育法》的颁布，许多家庭女教师被解雇，越来越多的女孩被送往日间学校就读，她们的受教育年限也变得更长。

在当时的人们看来，对于女孩们来说，最理想的教育应出自父母

---

① SKEFFINGTON W. Girls: their work and influence[M]. London: Kessinger Publishing, LLC, 1880: 54.

② BEALE D. Home-life in relation to day schools[M]. London: The Civil Printing and Publishing Company, Limited, 1879: 3.

之手。对于女孩们来说，在家接受教育要好过在学校接受教育，没有什么比在好的家庭、由明智的父母实施的教育更有价值。[①] 父母对女孩实施教育取决于三个条件：能力、时间和意愿。以意愿为例，父母应真心地关心孩子们的学习，要经常给孩子们鼓励，观察孩子们写作或画画，倾听孩子们的背诵或歌声，让孩子们感觉自己的每一步成长都有父母的陪伴。[②]

有人认为，孩子在自己的近亲教育下不如在陌生人那里学得更好，这实际上是因为教学的天赋并非每个人生来就有，只有那些专门从事这一职业的人才能更好地教育孩子；而且亲人更有可能溺爱孩子。尽管如此，母亲还是应多教给孩子一些知识，成为孩子在家学习的主要负责人。母亲或姐姐拥有教育孩子们的能力是最为理想的情况。在一些规模比较大的家庭，尽管母亲有可能成为孩子们的好老师，但不可能一直给孩子们授课，更不可能教会所有的孩子。以牧师的妻子为例，她们对孩子的教育可能常常被打断，因为要“和他人交谈”。此外，还有很多的事情会占据母亲的时间，比如要准备午餐、迎接客人来访等。因此，许多母亲只教孩子们最擅长的内容，如听大一点的女孩朗读，教小男孩拉丁文，或给小宝宝进行早教等。总之，她们只教自己擅长而家庭教师不擅长的内容。母亲给孩子们教学益处非常之多，既能促进孩子们的心智发展，又能增进与孩子们之间的感情，获得孩子们的信任。[③]

对于孩子来说，第一选择是接受父母的教育，学习一些技术性的学科教学，如语言、音乐、绘画等；如果家长不能胜任数学等学科的教育，则可以考虑第二选择，那就是请一位优秀的家庭教师来教，或

---

① A. H. The question of over-pressure in high schools[J]. The parents' review, 1892(9): 741-744.

② YONGE C M. Womankind[M]. London: Walter Smith & Innes, 1889: 29.

③ YONGE C M. Womankind[M]. London: Walter Smith & Innes, 1889: 30.

者让家中年长的姐姐来教弟弟妹妹们，父母在旁边监督；第三选择是到一所好学校就读，但在当时很难找到一所学费优惠且教学质量高的学校。①

学费高昂令许多家庭望而兴叹，因此大部分的家庭不可能将女孩们全部送去寄宿学校。有意思的是，当时的人们认为男孩们和外界的孩子们打交道越多，对他们的成长越有利，但女孩的情况则恰恰相反。② 出现这种情况的原因非常之多，其中一个就是集体生活会让女孩们失去个人隐私。虽然在家里姐妹们也会睡在一起，但她们是从小时候就待在一起了，这与突然将自己的隐私暴露在陌生人面前是截然不同的。此外，在女子寄宿学校中，女孩们的年龄在八岁到十六岁，大一些的女孩对小一些的女孩往往缺乏耐心，而小一些的女孩也难以对大一些的女孩形成亲密的情感，这样一来女孩们就很容易产生矛盾。再者，在家中，母亲和孩子们之间往往会形成相互信任的关系，然而在学校，女孩们找不到能为自己保守秘密的信任对象，这不利于她们的身心健康成长。还有，女孩们在遇到危险时，往往比男孩们更无助。③ 基于上述考虑，当时人们认为寄宿学校并非女孩接受教育的最佳场所。

有学者提出，理想的女子寄宿学校应是这样的，学生规模在十人至二十人，老师就像阿姨或家庭教师一样亲切，她们和女孩们同吃同住，给女孩们朗读，和女孩们一起玩游戏，陪女孩们一起散步等，她们关心爱护每个女孩，尊重每个女孩的独特性，耐心倾听女孩们的问题与困难，积极帮助女孩们解决问题。④ 且不论这种理想中的女子寄宿学校是否存在，就成本来看，教学质量越高，成本越高，因此高质量

---

① YONGE C M. Womankind[M]. London: Walter Smith & Innes, 1889: 30.

② YONGE C M. Womankind[M]. London: Walter Smith & Innes, 1889: 31.

③ YONGE C M. Womankind[M]. London: Walter Smith & Innes, 1889: 31-32.

④ YONGE C M. Womankind[M]. London: Walter Smith & Innes, 1889: 33.

的寄宿学校成本非常高，学费也会非常高昂，一般的家庭负担不起。

考虑到理想的寄宿学校很难存在于现实之中，人们期望能开设一些教学质量好的日校，由一些真正优秀的教师来教女孩们，女孩们白天去日校上学，晚上则仍然可以住在家里。这种日校的教师就像母亲一样亲切，学校氛围就像家庭一样温馨。一些寡居的母亲非常希望自己的女儿能到这样的机构学习，一些专业人士的妻子也为这类学校介绍生源。

不管怎样，这一时期人们普遍认为，对于女孩们来说，家庭是最好的学习场所，有条件的家庭会聘请优质的家庭女教师上门授课，有的父母会送女儿到他人家中和其他孩子们一起接受教育。优秀的家庭女教师对薪水的要求往往较高，因此女儿们年龄相仿的两三个家庭会共同聘请一位优秀的教师为女孩们上课。①

维多利亚时期的英国，“很少有父亲能在子女教育方面提供建议与指导，与父亲相比，母亲在孩子的教育问题上有双重优势。首先她们大部分时间都待在家里，和孩子们相处的时间多；另外她们对孩子们的思想能产生自然的影响。遗憾的是，当今的母亲太忙了，她们为了公共利益，需要做太多的事情，她们要筹集大量的捐款，参加许多的慈善活动，她们还需要参加公众会议、委员会和各种各样的社团。尤其是大城市的母亲，她们根本无暇顾及子女的教育问题”②。针对女性弃家庭和孩子的教育于不顾，积极投身公益活动的现状，爱丽丝（Alice）夫人指出，如果母亲能在孩子的教育问题这个私人事情上倾注更多的心血，那么她们所为之要奔走的慈善和公益对象就会减少。

“母亲在教育孩子方面有着他人无法比拟的天然优势与便利。首先，孩子们对母亲的爱是无条件且无限的。在孩子们的心中，母亲是

---

① YONGE C M. Womankind[M]. London: Walter Smith & Innes, 1889: 33-34.

② ELLIS. The mothers of England: their influence and responsibilities[M]. London: Fisher, Son, & Co., 1844: 41.

美丽的，孩子们对母亲是完全信任的，他们不会怀疑母亲说出来的话的真实性，这一优势任何教师都不能与之媲美。因此母亲应感谢上帝赐予自己这样的优势和便利，并应主动承担起教育孩子的艰巨任务。试想一下，如果母亲像家庭女教师一样，在孩子感到陌生或厌恶的情况下开始教育工作，那么她的处境将会有多么不同。她必须以摸索的方式开始，通过认真观察和仔细照料来赢得每一步胜利，她要仔细研究婴儿的特征，伪装自己的特性，以求最大的教育效果。但对于母亲来说，情况大不相同，孩子们都爱自己的母亲。否则，即便是海贝（Hebe）的脸颊，孩子们也不一定想去亲吻。苏格拉底的智慧也不能像对母亲的尊重那样能够激励孩子。如果母亲不能担当起对孩子的教育职责，那将会是多么的无情和残酷。倘若把孩子的早期教育职责交给其他人，那么承担这项任务的人通常只能在不太有利的情况下完成任务。”①

有学者指出：“母亲不能把孩子早期教育的职责委托给他人，除非其完全缺席。孩子的教育每天都在进行，婴儿的心灵每天都在接受新的印象，他们会学习比较，并在各方面逐渐成熟。孩子们最爱母亲，因此在母亲那里得到的印象最为深刻、持久。母亲对孩子的这种影响甚至可能决定孩子的性格和命运，孩子无法逃脱母亲对自己的影响。母亲对孩子的爱或者疏忽，最终都会烙刻在孩子的性格之中。既然母亲必须要对自己的孩子负责，为什么不带着快乐和希望，认真地进行呢？”②

从这一时期的有关文献可看出，维多利亚时期，女性贤妻良母的印象深入人心，人们认为女性未来的角色就是妻子和母亲，而女性的

① ELLIS. The mothers of England: their influence and responsibilities[M]. London: Fisher, Son, & Co, 1844: 42-43.

② ELLIS. The mothers of England: their influence and responsibilities[M]. London: Fisher, Son, & Co., 1844: 43.

教育或工作也应围绕着未来的角色展开。作为母亲，人们认为其应承担起子女早期教育的职责。1869 年，约翰·缪勒（John Muller）在其掷地有声的《论女性的屈从地位》（*The Subjection of Women*）一书中，以其一贯的清晰的逻辑揭露出女性法律地位的低下：妻子实际上是丈夫的奴隶，是“一个专职君子的私属奴隶”。毕竟“她曾经在祭坛前发过誓，要一生顺服于丈夫，而法律也就要求她一辈子遵守诺言”。不管做任何事情，她都需要得到丈夫的允许，至少是默许。“她没有任何财产不是同时属于丈夫的；在她拥有一份财产的同时，哪怕是继承而来的，都会自然而然属于他。”换言之，法律把夫妻视为一个人，任何妻子所有的东西都同时属于丈夫。即使儿女也是属于丈夫的。[①] 1870 年颁布的《已婚妇女财产法》（*Married Women's Property Act*），赋予已婚妇女一些单身女性享有的权利；1882 年和 1893 年通过的法令又有所补充。

二、宗教教义对母亲的职责要求

维多利亚时期，英国人对于女性“贤妻良母”的角色定位不仅写进了育儿书，而且深深印刻在宗教读物中。在宗教读物中，女性被定义为默默付出、自我牺牲的伟大形象。通过从精神世界对女性角色进行定位，贤妻良母的女性形象进一步得到了强化。

（一）神圣伟大：宗教教义中的母亲

在基督教的宗教教义中，母亲总是以一种通过自我牺牲来凸显伟大的角色出现，“英国的母亲将会拯救这个国家”。《母亲、家庭与天堂》（1891）这本书从宗教的角度，对母亲的家庭角色进行了深入论

---

① 盖伊. 施尼兹勒的世纪：中产阶级文化的形成，1815-1914［M］. 梁永安，译. 北京：北京大学出版社，2006：61.

述，其中的许多观点，体现了宗教教义对母亲角色的约束与规范。母亲虽然只是一个女人，但她必须拥有雅各布的爱、乔博的耐心、摩西的智慧、约瑟夫的远见和丹尼尔的坚定。[①] 这本书中还提到，母亲必须在年轻时，在还没有太多生活经历之前就同时拥有上述品质。一个女孩在年轻时就应从所遇到的各种难题和生活的各种经历中养成上述品质，这一切都有利于她今后家庭的幸福。同时，作为母亲，她还要学会管理好家里的仆人和各种家庭事务。在结婚之前，女孩就应在母亲的指导下，学会管理好家庭事务，这是她在今后的人生中一直要面临的任务。要管理好一个家庭，女性首先要保持健康，然后还要管理好自己的生活。[②]

卢梭曾经描绘过这样一幅场景："一位母亲坐在摇篮前，怀里抱着一个漂亮的婴儿，脸上洋溢着幸福，丈夫在一旁温柔地注视着她。"这一场景折射了女性具有给世人带来幸福的神圣力量。在卢梭看来，每位女性都将成为母亲，每位母亲同时也是一位妻子，每个孩子都将成为公民。家庭的世系繁衍，就形成了国家的基础。女性承担着繁衍后代的使命。卢梭认为，孩子的幸福和母亲的美德是人类自由的基础。[③] 卢梭对于女性的观点均来自他所接触过的女性，她们都是妻子和母亲。父母对孩子的爱表现为对孩子的教育，对孩子进行道德教育、体育教育等，父母对孩子的爱是增进人类福祉最重要的动力。[④]

1852 年《家庭和平真理》杂志指出，女主人的责任是思考、命令、提供、安排、看管、监督、回忆、提醒，她必须早上第一个起床、生

---

① DONALDSON S A. Mother culture[J]. The parents' review, 1892, V3(1): 93-95.

② DONALDSON S A. Mother culture[J]. The parents' review, 1892, V3(1): 93-95.

③ MARTIN M A, LEE E. The education of mothers of families[M]. . London: Whittaker & Co., 1842: 3.

④ MARTIN M A, LEE E. The education of mothers of families[M]. . London: Whittaker & Co., 1842: 3.

火，或让厨房一切就绪。女主人和仆人是一个思想两个身体。① 管理好仆人，是维多利亚时期中产阶级女性的重要工作之一。布里奇斯（Bridges）在回忆录里指出："我的母亲从来没有受'仆人问题'困扰或为此感到焦虑。几乎所有在我家里工作过的女仆最后都结婚了。在我家里工作的这段经历对于她们来说是美德和能力的证明。在外生活许多年后，我带着我的女儿们回到了我儿时住过的地方。当时在我家工作过的两位仆人，她们是姐妹俩，仍然住在那个小镇上，当她们看到我们时，把我的女儿们当成自己的孙女们来对待。她们说起我的母亲，说我的母亲当年非常照顾她们，任何时候都在为她们的利益考虑。"② 可见，女主人不仅要全身心为家庭付出，还要管理好仆人。

（二）自我提升：母亲的宗教义务

"母亲的祈祷能将人挽救于深海。"③ 对于母亲的宗教义务，在当时的许多书中都得到了强调。此外，母亲还要不断提升自我，以保持和孩子精神世界的统一。《母亲、家庭与天堂》中提到，当孩子出生后，母亲常常会将孩子放在第一位，尽力做一位理想的母亲，她们忽视了自己的存在，从而导致自己停止成长。④ 母亲在孩子童年阶段就为孩子耗尽自我是一个非常可悲的现象，因为等孩子长大之后，母亲再也不能给孩子带来什么。当孩子的婴幼儿时期结束、学龄期到来，孩子就会证明母亲在很多方面都是错误的。然而孩子很少会证明父亲的一切是错误的。之所以会出现这种现象，是因为与母亲相比，父亲一直在"成长"，他们日复一日、年复一年在不断地积累经验，而母亲却止步

① 潘迎华. 19世纪英国中产阶级女性研究［M］. 北京：社会科学文献出版社，2021：79.

② BRIDGES J A. Victorian recollections[M]. London:G. Bell & Sons,Ltd. ,1919:3-4.

③ SOULSBY L H M. Talks to mothers[M]. London:Longmans,Green and Co. ,1916:51.

④ DONALDSON S A. Mother culture[J]. The parents' review,1892,V3(1):93-95.

不前。因而等孩子进入青春期后，母亲在面对孩子时就会不知所措。[①]从这段话不难看出，孩子长大之后就不再与母亲过多交流主要是因为母亲自己停止了发展，在精神世界方面跟不上孩子发展的步伐。

经常会有母亲说："我几乎没有自己的时间！""我没有时间读书！""我认为为自己着想是不对的！"她们任由自己的大脑被掏空，并以自我牺牲的理由来安慰自己。[②] 针对许多母亲提出来的困惑，《母亲、家庭与天堂》一书的作者唐纳德森指出，这些所谓的"母亲文化"（Mother culture）论调是不对的，每位母亲都应努力提升自己。母亲必须要在众多事情之间进行权衡，以抓住最重要的事情，如是把时间花费在为孩子挑选昂贵奢华的物品上，还是好好利用时间来让自己不断"成长"，以在今后的"某一天"能够为孩子提供帮助。[③] 要坚持"成长"并不容易，母亲们必须要把自我成长作为一个真正的人生目标来奋斗。

好学向上的母亲是孩子们最好的榜样，在《三代英国女人：回忆录及书信》中，第一代女人苏珊娜·泰勒就是一位好学的母亲，她怀着诚挚的爱和赤诚的热忱抚养自己的孩子，尽管受生活所迫她不得不亲自操持所有的家务，但她仍然会抽空阅读与赏析哲学著作与诗歌，充实自己。[④] 泰勒的勤奋好学也给孩子们树立了榜样，其家族几代以来，培养了许多在文学和科学方面有杰出成就的人才。

众所周知，母亲每天忙于孩子的照料和各种家务活，生活非常繁忙，并且很少能从他人那里得到帮助，拥有的闲暇时间很少。基于此，唐纳德森指出，仅有的那一点闲暇时间，不宜用来发呆或思考一些无

① DONALDSON S A. Mother culture[J]. The parents' review, 1892, V3(1): 93-95.

② DONALDSON S A. Mother culture[J]. The parents' review, 1892, V3(1): 93-95.

③ DONALDSON S A. Mother culture[J]. The parents' review, 1892, V3(1): 93-95.

④ ROSS J. Three generations of English women: memoirs and correspondence of Susannah Taylor, Sarah Austin, and Lady Duff Gordon[M]. London: T. FIsher Unwin, 1893: 4.

关紧要的事情，母亲们应利用这段时间来读一本书，让自己得到“成长”，这样会使自己得到一定的进步，但还远远不够。母亲们必须要合理安排自己的时间，每天必须要抽出一个半小时用来阅读、思考和“记忆”。① 阅读的习惯很容易丧失。一位聪明的母亲曾经说过：“我经常会在同一时段阅读三本书——一本比较难的书、一本中等难度的书和一本小说，平时我会根据自己的状态来选择阅读适合难度的书。”这是坚持阅读习惯的一个秘诀。如果母亲们都能坚持“自我成长”，那么男孩们走歪门邪道的概率会大大降低，女孩们和母亲之间的关系也会更加紧密。母亲们应让自己从烦琐的家务中解放出来，让自己得到“成长”。要做一名好母亲，就必须不断成长。② 唐纳德森借这位睿智的母亲的话，给众多忙碌的母亲提出了何以坚持阅读和学习的切实建议。

虽然唐纳德森在书中反复提到母亲自我发展的重要性，也提出了何以坚持阅读和成长的建议，但在唐纳德森看来，母亲自我发展的根本目的还是让自己成为拥有“雅各布的爱、乔博的耐心、摩西的智慧、约瑟夫的远见和丹尼尔的坚定”的人，以更好地服务和教育自己的丈夫和孩子。自我牺牲仍是基督教教义对母亲的要求。

一位母亲在给《家长评论》的信中指出：“我有八个孩子，平时我非常爱好阅读，也注重在各方面提升自己——素描、油画、音乐以及看各种新书和旧书，我自己的兴趣如此广泛，因此在孩子们身上投入的时间不够多。人们可能会说我不是一个称职的妈妈，尽管我将大多数的时间花在了各种爱好上面，却在无形当中给了我的孩子们一些好的影响。但现在我必须承认，对于女人来说，最主要的目的是训练自己的孩子。”③

---

① DONALDSON S A. Mother culture[J]. The parents' review, 1892, V3(1): 93-95.

② DONALDSON S A. Mother culture[J]. The parents' review, 1892, 3(1): 93-95.

③ A mother's letter[J]. The parents' review, 1893, 4(9): 641.

（三）宗教虔信："家庭天使"的精神世界

虔敬的宗教生活是"家庭天使"必须遵守的职责。有著作提出："母亲和女儿们必须首先履行宗教职责，再次要履行对国家的职责，再次则要履行对家人的职责，最后才是要履行对自己的职责（即行使自己的权利）。"① 一名女性基督徒能够与男性基督徒结婚，那么婚后就不会在宗教信仰方面与丈夫发生冲突。但现实中往往事与愿违，当丈夫的利益和妻子的宗教职责发生冲突时，妻子必须要在二者之间做出抉择。写给母亲的职责书中指出，母亲应首先满足丈夫的要求，然后要尽全力维护自己的宗教信仰，任何妻子都不应允许丈夫干涉自己的宗教信仰。出于家庭责任，妻子可能无法经常去教堂做祷告，但绝不能放弃做个人祷告，在周日时必须要进行公共的祷告。只要不断坚持祷告，丈夫就会对她的坚持不懈表示尊重，即便丈夫表面上可能会对妻子的坚持表示不屑。妻子应逐步劝说丈夫和自己一起祷告。此外，称职的母亲会亲自对孩子进行宗教教育，而不是将宗教教育的职责推给教会或学校。②"在宗教教育方面，最好的学校也不如母亲的教育有效，因而母亲承担着对孩子进行宗教教育的重要职责。"③ 从上面的要求不难看出当时的社会对已婚女性宗教生活有比较严格的要求。

"一个圣洁的生命，一个虔诚向上帝祷告的生命，她所履行的日常职责，是上帝对其最好的见证，她会是孩子最好的榜样，这一切最终将会为她带来祝福。当孩子们长大成人后，还会来向她征询建议和寻

---

① SOULSBY L H M. Talks to mothers[M]. London: Longmans, Green and Co., 1916:67.

② SKEFFINGTON W. Girls: their work and influence[M]. London: Kessinger Publishing, LLC, 1880:65.

③ SOULSBY L H M. Talks to mothers[M]. London: Longmans, Green and Co., 1916:51.

求帮助。丈夫在生活中会紧紧依赖她，待她离开人世，丈夫会哀悼她。”① 宗教书上的声声劝告，把维多利亚时期人们对女性角色的期许传递给母亲们。在维多利亚时期的英国，母亲的形象被圣洁化。维多利亚时期英国人布里奇斯在回忆录中指出：“我们的母亲们以伟大的女王为榜样，她们是有史以来最优秀的女性，不仅赋予了国家荣耀，也将国家从耻辱中拯救出来。她们美丽且睿智，因而也收获了爱与尊重。她们是真实而又深情的女人，不需要任何文学或科学知识的伪装。她们相信《圣经》中的每一个字。除了希望把自己的孩子培养成善良、诚实的男性或女性，她们没有任何野心。任何愤怒和卑鄙的箭都无法刺穿她们身上那看不见的铠甲。她们从不嘲笑他人，最大限度地践行基督教的宽恕原则。她们有信仰，充满希望并且热衷于慈善，这些美德在一定程度上也会传递给她们的子代。”②

三、离经叛道是对传统女性角色的挑战

有天堂就有地狱，有天使就有魔鬼，维多利亚时期的英国不但有“家庭天使”，也有一些“离经叛道”的女性，论及维多利亚时期英国的女性观，就绕不开这一群体。

（一）堕落女性

与“家庭天使”相对立的一个词是“堕落妇女”（the fallen women）。对女性贴标签、分类和刻板印象化并非 19 世纪独有，它根植于西方基督教文化的传统之中。在基督教中，玛丽和夏娃是关于女性的两个刻板印象。夏娃被视为原罪的引诱者，是导致人类堕落的原因之一；而

---

① SKEFFINGTON W. Girls：their work and influence[M]. London：Kessinger Publishing，LLC，1880：68.

② BRIDGES J A. Victorian recollections[M]. London：G. Bell & Sons，Ltd. ，1919：14.

玛丽是耶稣基督的母亲，她在“新约”《圣经》中被描述为一个虔诚的女性，接受上帝的旨意，接受耶稣的诞生并成为救世主的母亲。玛丽在基督教中被尊为圣母玛利亚，她的地位非常崇高，被认为是无原罪的圣洁之身。这两位《圣经》中的女性代表了女性的二元性，这是传统赋予女性的两种核心品质。然而，玛丽和夏娃之间的这种对比也是一个相对抽象的概念，虽然它为大多数女性气质的概念提供了依据，但对大多数女性来说，可能不会对日常生活产生太大影响。

但在19世纪，尤其是在下半叶，情况开始发生巨大变化。工业化和城镇化进程加剧，社会处于动荡之中，某些规范和传统、社会中的角色、期望和责任必须重新定义或确认。女权主义者认为，给女性以角色期许是男性试图重新控制女性的一种方式。当部分女性觉醒后，她们开始挑战人们对她们的刻板印象，试图摆脱束缚。从“新女性”开始要求独立的那一刻起，男性想要重新获得控制权。正如苏珊娜·库珀（Suzanne Cooper）所指出的，在重新获得控制权的问题上，男性试图将女性限制在某些角色上。从维多利亚时期英国中产阶级的价值观来看，体面意味着一切，那些失去体面的人被排斥在外，比如堕落的女性，她们被排斥在社会之外，除了去济贫院或做妓女，几乎没有其他选择。

然而，在19世纪，“妓女”一词不仅包括街头妓女，还包括与男性发生关系的未婚女性、未婚母亲、不忠的妻子和情妇以及艺术家的模特和某些类型的女演员。因此，很难确切知道伦敦到底有多少现代意义上的妓女，因为当时的记录没有具体说明其包含了哪种“类型”的妓女。然而，据估计，在1870—1880年，多达8万名妓女在伦敦工作，而当时伦敦的总人口才300万。无论如何，这是女性两种品质二分法的一个新高峰：善良和贞洁，罪恶但感性。因此，毫不奇怪，在当时的艺术和文学中，这两种“类型”的女性都非常重要。①

（二）不良母亲

维多利亚时期，英国女性独立意识逐渐增强，在城市地区，越来越多的女性选择不婚不育。在已婚女性中，为追求自己的美好生活，把孩子交给他人抚养的情况也屡见不鲜。《印度人眼中的英国生活》一书的作者指出，婚姻在英国越来越不流行，在中上社会阶层和城镇地区尤其如此。其原因可能是婚姻生活的成本过高，如购房的负担很重；另一个原因是所谓的“女性的独立”，婚后女性不得不放弃许多自己所喜欢的生活方式，而不得不面对服饰打扮、琐事、仆人、守家、外出拜访等婚后生活。许多女性并不想牺牲自己来做这些事情，她们不喜欢烹饪，也不想照看孩子。②

不仅许多女性不想结婚，男性也是如此。年轻的男性在为自己赚取体面的收入方面花费了太多心血，他们也不想为伴侣负担昂贵的生活费用。另外他们可以在不承担责任的情况下享受婚姻的许多权利，结果往往是男女双方的感情交换，他们都不喜欢固定的家庭生活，当感情淡去就随时分手。独立的女孩们可以做许多工作来养活自己，如在街头兜售鲜花和报纸，在商店、酒店、餐馆和剧院担任服务员，担任公司职员、教师等，尽管在许多行业，女性的薪水低于男性。女性的自立也让她们可以不再依靠男性为生。维多利亚时期，大部分女性婚后就不再工作赚钱，而要依靠丈夫过活。即便女性婚后仍不得不继续工作来养活自己，丈夫也不会对家庭给予更多的关怀。许多男性都

---

① KUHL S. The Angel in the house and fallen women：assigning women their places in Victorian society[EB/OL]. [2022-04-24]. https://open.conted.ox.ac.uk/sites/open.conted.ox.ac.uk/files/resources/Create%20Document/The%20Angel%20in%20the%20House%20and%20Fallen%20Women_Sarah%20Kuhl.pdf.

② MERWANJI M B. The Indian eye on English life[M]. Westminster：A. Constable and Company，1893：67-68.

无法忍受这样的婚后生活，尤其是二十五岁至三十岁的男性。[①]

许多年轻人出于自私的目的，不想生育孩子，也害怕婚后有孩子。然而结婚之后，孩子可能会意外到来，为此他们出于安全的考虑，干脆选择不结婚。[②] 此外，人们追求物质生活，对金钱充满了狂热的渴望，当拥有足够的金钱后，就开始追求快乐，这一价值观在城市的二十岁至五十岁人群中非常普遍。[③]

英国女性受过良好的教育，拥有大量实用的育儿知识，她们知道如何帮助孩子自然成长，教孩子学会自立。总之，她们能够根据孩子的天性和所处环境开发孩子的各项潜能，她们不会因为自己愚蠢的善意去伤害孩子。但是有些英国母亲出于自私的考虑，并不亲自抚养孩子。有钱人家的母亲会聘请保姆，或不给孩子喂母乳，她们似乎羞于成为母亲，羞于亲自喂养孩子。她们担心自己的健康或身材会受到影响，更愿意参加舞会、野餐等社交娱乐活动来让自己看起来更迷人。这些行为违背了母亲的天性，也不利于孩子的健康成长。

在一位维多利亚时期英国人的回忆录中，记载了他母亲对于孩子疏于管理的故事。“我出生时身体孱弱，后来身体也一直不太好，这是我在伦敦而不是林肯出生所付出的代价。我的母亲是一个非常崇尚精神追求的女人，她对自己的健康都不太关心，就更不会关心我的健康了。到了伦敦之后，她整天沉迷于令人感到疲惫的购物狂欢中，这险些让我丧命。我出生后的六个月里，每天都躺在床上，因为身体过于虚弱，保姆都不敢将我抱在怀中，这也让我对活在这个世界上充满了

---

① MERWANJI M B. The Indian eye on English life[M]. Westminster: A. Constable and Company, 1893: 67-68.

② MERWANJI M B. The Indian eye on English life[M]. Westminster: A. Constable and Company, 1893: 69.

③ MERWANJI M B. The Indian eye on English life[M]. Westminster: A. Constable and Company, 1893: 69.

厌恶。我想可能因为我是天秤座，所以才能顽强地活下去，因为天秤座的孩子存活率是最高的。但在我的一生中，身体虚弱一直是我的绊脚石，在身体和精神两方面，我都要比常人付出更多努力。对我来说，活在这个世界上真是太难了。”① 可见，不称职的母亲对孩子的身心伤害是一生的。

《印度人眼中的英国生活》一书的作者还分享了自己的见闻：“在伦敦街头，经常可以看到母亲或保姆让婴儿坐在婴儿车中‘吹风’。这似乎是一种带有仇恨的‘吹风’——孩子坐在寒风刺骨的风中，母亲或保姆要么站在角落里和他人聊天，要么就是在购物，再或者就是在对着橱窗里琳琅满目的商品目瞪口呆。有时还能看到婴儿车翻了后，婴儿从车上摔下来，而母亲或保姆却站在很远的地方，未能及时施予援手。此外，有时在大街上还能看到五六岁的小女孩在照看小婴儿，当她们推着婴儿车走在路上或穿过马路时，不知道有多危险。可怜的小家伙坐在婴儿车里，胳膊和双腿都裸露在寒风中。我曾摸过孩子的小手，还清楚地记得那种冰冷的感觉，再摸摸孩子的额头，那是相当烫，很显然已经发烧了。这还是城市里有钱人家的孩子。”② 从上述见闻可看出，维多利亚时期的英国城市街头，出现了一些不称职的母亲行为，但这种现象并不能代表全部的英国母亲。该书的作者也提到，上述不称职的母亲只有在繁忙、自私的大城市才能看到，在乡村地区，母亲尽职尽责，在孩子很小时就注重从方方面面进行培养。

（三）新女性

维多利亚中后期，昔日人们关于女性的“家庭天使”刻板印象开始淡去，“新女性”的形象登上了历史舞台，这是对昔日男性绝对权威

---

① JEPSON E. Memories of a Victorian[M]. London：Victor Gollancz Ltd.，1933：12-13.

② MERWANJI M B. The Indian eye on English life[M]. Westminster：A. Constable and Company，1893：75-76.

的一种挑战，当然“新女性”形象的出现并非偶然。

1. 女权主义唤醒了中产阶级女性的自我意识

在第一次女权运动的影响下，女权思想日益成长，有力地刺激了英国女性自我意识的觉醒，使得她们逐渐开始思考自己的地位和价值。女权主义者开办女子学校，使中产阶级女性受教育的机会增加，她们还组建妇女组织、印发报纸杂志、举行示威游行，勇敢地挑战“男尊女卑”的传统社会性别观念，争取妇女权益。维多利亚中后期，大批中产阶级女性走出家庭，步入社会。① 维多利亚时期的英国中产阶级中就存在一些特立独行的进步女性。她们关心政治经济问题，积极投身社会运动，用自己的实际行动致力于女性社会地位的提升。《英国妇女社会与工业问题评论》（*The Englishwoman's Review of Social and Industrial Questions*）杂志就是一个女性争取权利的战斗堡垒。这一时期出版业取得了长足发展，女作家们以《布莱克伍兹杂志》（*Blackwood's Magazine*）等杂志为平台，发表了许多诗歌与散文，同时也发表一些时政评论、旅行游记和书评等。②

2. 阅览室为中产阶级知识女性提供了阅读和自由创作空间

19 世纪中后期，女权主义运动在英国的兴起推动了带有女权主义色彩的文学作品的产生。知识女性在阅读过程中受到政治民主化浪潮的影响，开始由家庭走向社会，要求与男性平等的权益。她们不再满足于起居室的交际空间，需要更大的平台来寻找灵感，结交志同道合的朋友。但维多利亚式的淑女规范对女性思想和行为的约束根深蒂固，女性的地位无法通过简单的上街游行、绝食抗议或撰写抨击文章彻底改变。对大多数知识女性而言，她们向往的文化空间既要符合她们

---

① 贺鹭．维多利亚时期伦敦社会分层研究［M］．镇江：江苏大学出版社，2015：92.

② EASLEY A. Victorian women writers and the periodical press: the case of Harriet Martineau[J]. Nineteenth-century prose, 1997(1): 39-50.

“家庭天使”的淑女气质，又能施展知识分子的才华。[①] 大英博物馆辖内大罗素街上的主馆和南肯辛顿的自然历史博物馆中的圆形阅览室为当时的中产阶级知识女性提供了一个阅读和自由创作的空间。以阅览室为代表的既开放又封闭的公共图书馆空间不仅为维多利亚时代和20世纪早期的女性提供了一个特别又有创造力的写作空间，还为处于世纪之交的知识女性提供了一个多元的、包容的又具有生成性的交流空间，使她们在阅读与创作的同时，形成了一个以翻译、写作与女性解放运动为主的知识女性共同体，推动了英国多元文化交流与现代化进程。伯恩斯坦（Bernstein）等学者将大英博物馆看作“维多利亚时代伦敦新女性汇聚的中心”，强调此空间对知识女性的精神引领作用。阅览室就像一个强有力的踏板，她们借此跃入更广阔的多元文化世界，从而超越性别空间划分对女性的定义和发展的限制。[②]

18世纪中期的英国，大多数的女性深居家中，外出有人陪伴，交友受到限制，女性在大英博物馆的图书馆读书被认为是不合礼仪甚至是危险的。那时候的中产阶级女性只能在家庭起居室读书或写作，简·奥斯汀（Jane Austen）是“起居室写者”的典型代表，她的大部分作品都是在共用的起居室里完成的，时断时续。因为当时的中产阶级家庭只有一间起居室，女人要写作，必须是在与家人共用的起居室。在简·奥斯汀生活的时代，英国房屋内部的设计中还不存在起居室的概念。到19世纪末，英国室内装修发生变革，客厅和起居室才被分开成为两个空间。起居室是指卧室外的一个类似于客厅的房间，因为客厅接待的是外客，而起居室则更私密，一般不对生客开放。这个变化

---

① 李立新.“第二起居室”：英国知识女性文化实践的异质空间［J］. 妇女研究论丛，2020（6）：118-126.

② 李立新.“第二起居室”：英国知识女性文化实践的异质空间［J］. 妇女研究论丛，2020（6）：118-126.

对女性而言是活动空间上的延展。①

1857年，大英博物馆重建的圆形阅览室正式向读者开放，这在当时的英国是一件举国欢庆的盛事，其水晶宫殿般的玻璃穹顶、庞大的铁制书库、舒适的座椅吸引了大批有识之士到访。申请入馆者年年递增，从1876年的109 000人，飙升到1890年的146 000人，其中不乏女性读者的身影。② 尽管如此，当时的女性在阅览室中依然被男性嘲讽或排斥，因为维多利亚时代男女在公共场合的空间交叉混杂被认为是“滥交”的表现。③

阅览室采取的是一种全景敞视的环形建筑，中间设有男性馆员的工作台，上面是一圈透明的玻璃窗，读者区呈车轮辐条状向四周散去。馆员可以在工作台上监视所有读者的动向，这使得每个读者被笼罩在规训的阴影中，不可逾越。阅览室的设计契合了福柯（Foucault）的权力说，寓示着无所不在的帝国文化权力对人们举止和言谈的隐形控制。女性专座的设置更鲜明地体现了这个空间对女性进行驯服的技巧，把她们禁锢在特定的地方进行监管，培养出温顺贤淑的维多利亚式淑女。④

3. 法案的完善为女性权益的实施提供了法律保障

1873年，英国《幼儿监护法》修订，在原来的基础上增加了一些条款，使得母亲即使犯通奸罪是过错方也同样拥有对孩子的监护权。1882年，《已婚妇女财产法》的实施，进一步提高了女性的法律地位。⑤

---

① 李立新. “第二起居室”：英国知识女性文化实践的异质空间［J］. 妇女研究论丛，2020（6）：118-126.

② 李立新. “第二起居室”：英国知识女性文化实践的异质空间［J］. 妇女研究论丛，2020（6）：118-126.

③ 李立新. “第二起居室”：英国知识女性文化实践的异质空间［J］. 妇女研究论丛，2020（6）：118-126.

④ 李立新. “第二起居室”：英国知识女性文化实践的异质空间［J］. 妇女研究论丛，2020（6）：118-126.

⑤ 贺鹭. 维多利亚时期伦敦社会分层研究［M］. 镇江：江苏大学出版社，2015：92.

《1870年初等教育法》（*1870 Elementary Education Act*）颁布，旨在建立公立的初等教育制度。1871年，英国政府实施了初等学校强迫入学制度。1880年，实行五岁至十岁阶段的义务教育；1893年，义务教育延长至十一岁；1899年，延长至十二岁。1891年，英国全境完全实行免费初等教育，其中公立学校在校生人数占54%。1902年，英国《教育法》（*Education Act*）颁布，公立中学制度在英国全面建立。[①] 维多利亚时代中后期，英国教育体制的变革使部分女性得以运用系统的知识装备自己，把自己打造为精英人士。到19世纪末，英国基础教育费用开始由政府承担，女性享有和男性同等的初等教育权利。

再次，受工业化的影响，19世纪中期，英国经济步入极盛时期，企业规模的扩大及产业机构的变化增加了中产阶级的就业岗位，壮大了其力量。[②] 工业革命使英国社会发生巨大变革，机器大生产和国内外贸易的发展，让一些中产阶级妇女从纯粹的家庭生活中解放出来，她们有更大的自由去选择职业。[③] 社会上发生的这一切变化都在刺激着女性的意识觉醒，她们主动对社会赋予的刻板印象进行反思，并大胆冲破樊篱，解放自我。

第三节　维多利亚时期英国中产阶级的儿童观

卢梭的《爱弥儿》在维多利亚时期英国中产阶级家庭中有着非常广泛的影响。在《给母亲管理孩子的建议》这本育儿书中，作者从孩子的饮食起居等各个方面提出了非常详细的建议，不难看出，作者秉

---

① 高书国．世界教育强国的形成与发展：以英、法、德、美为例［J］．教育研究，2023（2）：15-29.

② 贺鹭．维多利亚时期伦敦社会分层研究［M］．镇江：江苏大学出版社，2015：92.

③ HILL G. Women in English life from mediaval to modern times[M]. Vol. 1. London: Richard Bentley & Son, 1896: 9.

持的儿童观和卢梭的观点保持一致。孩子是世界上最宝贵的财富，“他们是上帝赐予的珍贵礼物”。孩子是母亲伟大和纯真的源泉，也是父母之间最紧密的感情纽带。“婴儿是家庭里快乐的源泉，是和平与爱的使者。”① 维多利亚时期英国中产阶级十分珍视儿童，把儿童视作上帝赐予的珍贵礼物。

一、儿童养育：童年意识的彰显

在维多利亚时期的歌曲集中，有一首关于童年的歌曲《甜蜜的童年》(*Sweet Children*)：“甜蜜的童年，就要结束了，我们亲吻之后分开/甜蜜的青春，但青春是个漫游者，我的心也是一样/休息是甜蜜的，但尽情地休息后，辛勤劳作就在不远处了/留不住的童年，我们必须走了。唉！说再见！”② 从这首歌的歌词中可以看出，当时人们歌颂童年，对童年怀着依依不舍的态度。

（一）珍视儿童的存在

在菲力浦·阿利埃斯（Philippe Ariès）的《儿童的世纪：旧制度下的儿童和家庭生活》一书中，珍视儿童的观点也得到了充分印证。家庭成为夫妻之间、家长与孩子之间情感交流的必要场所。这种感情从此用受教育机会来得到表达，培养孩子不再停留在财产和荣誉层面。这种感情是全新的：家长对孩子的学习感兴趣，用一种 19 世纪和 20 世纪已经习以为常的关怀关注孩子学习的情况，这种情感在以前是没有的。家庭开始围绕着孩子来组织，给予孩子重要的地位，使得孩子摆脱了以前默默无闻的状况，人们对失去他们不再无动于衷——新出生

---

① CHAVASSE P H. Advice to a mother on the management of her children[M]. London:Chrchill,1878:67.

② GARRETT E H. Victorian songs:lyrics of the affections and nature[M]. Boston: Little Brwon and Company,1895:120.

的孩子不能再弥补这种痛苦，人们也不希望一再出现这种情况，为了孩子的幸福而选择适当地限制生育孩子的数量。所以不足为奇的是，伴随学校革命和情感秘密出现的一个长期的人口马尔萨斯主义现象，即自愿减少生育的现象，它在 18 世纪已经初露端倪，并一直持续下来。①

维多利亚时期的中产阶级英国家庭十分珍视孩子的存在，对于孩子的情感十分深厚，在孩子的教育问题上倾注了巨大心血。生老病死是超越人意志的事情，它对于穷人和富人来说都是一样的，但是对于智者和愚者却有所不同。婴儿的出生对于每个家庭来说有不同的意义。有的穷人家庭会因为婴儿的死亡而感到解脱，因为家庭的贫穷无力抚养更多的孩子，他们会安慰自己，是上帝带走了这个小生命。尽管婴儿的出生对不同的人来说有不同的意义，但绝不是因为贫富的原因，这种区别更多体现在智者和愚者、可信者和失信者之间。有证据表明，生活条件最艰苦的母亲可以像富有的母亲一样温柔、快乐，最贫穷的人可以像最富有的人一样尽职尽责。对于中产阶级家庭来说，父母对孩子的出生往往充满期待，孩子的出生对家庭来说是愉快的事情，母亲对此满怀期望与幸福，父亲则迫不及待要将婴儿抱在自己的怀里，倾注自己的爱与关怀。② 较之其他社会阶层，中产阶级家庭的父母亲自抚养子女，因而亲子关系也更紧密，父母和子女之间的情感也更深厚。

（二）让孩子是其所是

把儿童时期当作人生中一段有别于成人的特殊时期来对待，是现代儿童观的重要内涵。众所周知，中世纪时期的“预成论”在很长时间里让人们把儿童当作个体比较小的成年人来对待。不把儿童当儿童，忽视童年阶段的特殊性，是对儿童的发展性、独特性和阶段性的忽视。

① 阿利埃斯. 儿童的世纪：旧制度下的儿童和家庭生活［M］. 沈坚，朱晓罕，译. 北京：北京大学出版社，2013：4.

② MARTINEAU H. Household education[M]. London:Smith,Elder & Co.,1876:49.

维多利亚时期英国社会仍存在不把儿童当儿童对待的现象。“当今社会还有一件非常讽刺的事情，那就是孩子的派对。在派对上，女孩们就像成年女性一样化妆、穿衬裙、吃昂贵的糕点、饮红酒、熬夜。有学者指出，这种现象是令人恶心的，并且是不道德的。孩子们纯真的心灵很可能因此而被玷污。孩子就应被当作孩子对待，他们应以儿童的方式交朋友，而不是以成年男女的方式交往。”① 从这段话可看出，当时在休闲生活、穿着打扮等社会生活的许多方面，儿童都没有被当作一个处于发展中的特殊群体来对待。

在《给母亲管理孩子的建议》一书中，作者明确提出，儿童就是儿童，儿童要以儿童的方式生活，被当作儿童对待。游戏就像吃饭和睡觉一样，是孩子生存的权利。② 该书作者还建议，必须要给孩子准备大量的玩具，但这些玩具必须环保健康，以不伤害孩子的健康为原则。没有油漆的木制玩具，如啤酒手推车、磨坊的运货车、木制砖盒等，非常适合儿童玩耍。挪亚方舟对儿童来说是最有趣、最有教育意义的玩具之一。“我认为，用上等木材、由技艺精湛的雕刻师制作，且未上漆的木制挪亚方舟是最适合孩子的玩具。其不仅经得起摔打，还可以让孩子熟悉自然物体的形态，也能让孩子在识字前就了解一些宗教与历史知识。”③

当时有学者撰文对儿童的好奇心进行了论述：儿童有非常强的好奇心，这也让他们对知识具有强烈的热爱之情，“好奇是快乐之源泉”，孩子天生对世界上的新事物充满了好奇心，不能强迫孩子去关注他们

---

① CHAVASSE P H. Advice to a mother on the management of her children[M]. London:Chrchill,1878:139.

② CHAVASSE P H. Advice to a mother on the management of her children[M]. London:Chrchill,1878:138.

③ CHAVASSE P H. Advice to a mother on the management of her children[M]. London:Chrchill,1878:137.

不感兴趣的东西。①

由此可见，童年意识在维多利亚时期已得到明确，让儿童穿上适合自己的衣物，按照儿童的方式进行游戏，为儿童提供健康、环保的玩具等理念在当时的育儿书中得到强调。

（三）尊重儿童的隐私

对个人隐私尊重的历史可以追溯至17—18世纪，当时上层阶级的生活方式最显著的转变就是对个人隐私的日益强调。17世纪末18世纪初，英国家宅增添了走廊空间，使人能够在不侵犯他人隐私的情况下在家宅内行走；大多数的卧室转移到楼上，留下一楼做客厅；尽管客厅依旧很大，小房间却越来越多，日常生活越来越在小房间进行。② 这些现象产生的原因部分可归结为对家庭成员隐私的尊重。与此同时，儿童的隐私也逐渐开始受到尊重。到了19世纪，对隐私的追求已成为英国中产阶级的普遍追求，从居所的布置上就可以看出，二层小楼是当时许多中产阶级选择的居所，通常一楼会设计客厅、餐厅、厨房，而隐私性更强的卧室则设计在二楼。

相比起成年人的隐私权，儿童对隐私的争取道路则更加漫长，不仅需要家庭经济条件的支持，还需要父母的允许。正如盖伊在书中所言："隐私权——拥有一张上锁抽屉的书桌、不被监视的通信自由、一本不受侵犯的日记本，更理想的是拥有一个独自的房间——并不是生而拥有的权利，而是一张要由大人授予的执照。"③ 家长的观念往往千差万别，但总的来看，这时的育儿书已开始呼吁家长对儿童隐私的重视。在《给母亲管理孩子的建议中》，作者提出："所有的青春期男孩、

---

① DURNING R. Characteristics of childhood[J]. The parents' review,1893,4(1):52-56.

② 斯通. 英国的家庭、性与婚姻 1500-1800 [M]. 刁筱华，译. 北京：商务印书馆，2009：169.

③ 盖伊. 施尼兹勒的世纪：中产阶级文化的形成，1815-1914 [M]. 梁永安，译. 北京：北京大学出版社，2006：307.

女孩以及成年人，都应有一个供自己沐浴的房间或更衣室。”① 尽管这一呼吁的首要出发点是对保持个人卫生的考虑，但其前提是要确保个人的身体隐私。此外，“每个女孩都应有自己独立的床铺（床垫最好是马毛的，这不仅对健康更有利，还能让女孩们保持良好的体型），一个房间不能由太多人共用，公寓的面积应足够大，且排水系统完善。只有这样，女孩的健康和道德才能得到保障”②。另外，考虑到青春期孩子的隐私，尤其是女孩们的隐私，当时的育儿书也建议女孩在家中接受教育。

前文已述，英国人有着保守的性格，非常注重家庭隐私，随着社会的发展，在家庭内部，家庭成员的隐私也逐渐被重视起来。人们开始意识到，保护个人隐私对儿童的道德教育十分重要，因而有条件的家庭尽可能地为孩子们营造属于他们自己的隐私空间。

（四）关注孩子的幸福

在一个幸福、秩序井然且充满感情的家庭里，孩子的生活是非常幸福的。童年应充满乐趣。维多利亚时期英国中产阶级非常崇尚卢梭的自然教育思想。对于孩子们来说，最有趣的事情莫过于去树林、废墟或其他地方远足，到户外野餐或喝茶、奔跑、攀爬、采野花等。孩子们三五成群聚集在一起玩耍，就会感到很快乐。在这些场合，孩子们并不需要华丽的衣服、精致的食物或新奇的玩意。即便是经常生活在伦敦的孩子，在如今铁路运输业如此发达的时代里，也可以经常到郊外旅行，每年最好能去乡村待几个星期。③ 除此之外，花园聚会（garden party）也是当时孩子们经常进行的娱乐活动。

---

① CHAVASSE P H. Advice to a mother on the management of her children[M]. London:Chrchill,1878:253.

② CHAVASSE P H. Advice to a mother on the management of her children[M]. London:Chrchill,1878:279.

③ YONGE C M. Womankind[M]. London:Walter Smith & Innes,1889:57.

对于家庭来说，圣诞节是一个非常快乐的节日，也是一项传统的风俗。圣诞节期间，家人们会团聚在一起，庆祝这个神圣的节日。条件允许的情况下，每家每户都会种植圣诞树。实际上种植圣诞树非常麻烦，成本也很高，因此很多情况下，人们都是采取购买的方式获得圣诞树。孩子们要学会装饰圣诞树，让圣诞树变得漂亮而有趣。[①] 交谊舞在当时是一种属于女孩们的常见娱乐方式。[②] 在圣诞节期间，伦敦的孩子们常常会去观看儿童剧。[③] 观光对于孩子们来说也是一项非常重要的娱乐活动，但对于年龄很小的孩子来说并不适合。有的年纪很小的孩子，参观动物园之后会受到惊吓。在孩子们听说或通过阅读了解动物之前，在好奇心没有被激发之前，带他们去动物园参观是一种浪费。[④]

家长还会带孩子们去参观博物馆，教会孩子们如何参观，如果能够结合孩子们所学习的科目进行参观，效果会更好。[⑤] 参观博物馆既能够增长孩子们的见识，巩固其所学的知识，还能让孩子们身心愉悦。

除上述活动外，日常的家庭生活也可以给孩子们带来愉悦。在家中，孩子们可以玩玩具，家长也可以给他们读一些有教育意义的书。但父母一定要让孩子们学会管理好自己的玩具，要教会孩子们珍惜玩具，不破坏玩具。在为孩子们挑选玩具方面，埃奇沃斯（Edgeworth）小姐非常推荐机械玩具和实用的益智玩具。[⑥] 在给孩子购买玩具之前，家长应问孩子几个问题："这个玩具经久耐用吗？""买这个玩具仅仅是为了体现花钱的乐趣吗？""买这个玩具是为了干吗？""你会不会很快

① YONGE C M. Womankind[M]. London: Walter Smith & Innes, 1889: 58.
② YONGE C M. Womankind[M]. London: Walter Smith & Innes, 1889: 59.
③ YONGE C M. Womankind[M]. London: Walter Smith & Innes, 1889: 60.
④ YONGE C M. Womankind[M]. London: Walter Smith & Innes, 1889: 60.
⑤ YONGE C M. Womankind[M]. London: Walter Smith & Innes, 1889: 60.
⑥ YONGE C M. Womankind[M]. London: Walter Smith & Innes, 1889: 61.

感到厌倦?”“你真的需要这个玩具吗?”家长在给孩子购买玩具时要非常慎重，因为花钱大手大脚的习惯很难被纠正。[①]

娃娃是女孩们最喜欢的玩具之一。对不同的孩子来说，玩具所蕴含的意义有所不同。对女孩们来说，娃娃是她们的孩子，是她们的妹妹。通常来说，拥有一个娃娃，并给娃娃缝制衣服能很好地帮助女孩们练习针线活。此外，娃娃还能够塑造孩子们的性格，就像奥雷利太太（Mrs. O' Reilly）在《娃娃之家》（*Doll Land*）中所描绘的那样，娃娃所生活的家是人们梦想中的乐园，那里生活着许多可爱的小狗，每个娃娃都有不同的性格。娃娃可以给女孩们带去许多的想象，对于许多女孩来说，“娃娃是有生命的，而不是被制造出来的”[②]。

阅读也可以给孩子们带来乐趣，童年时期读过的书或许早已泛黄，但阅读时所产生的那种深刻的情感体验，会令孩子们终生难忘。[③] 几乎所有的家长都在抱怨孩子们沉迷于故事书，孩子们只喜欢那些能够引起他们共鸣的书。然而，家长们往往会期望孩子们阅读小说、历史、科学等书籍，这些书籍固然有价值，却比较成人化，孩子们难以接受和理解。细心的家长在为孩子们挑选书籍前，自己先阅读一遍。这是非常明智的举动，经过家长的严格筛选后，孩子们读到的书在数量上可能会减少，但在质量方面却更高，孩子们的收获也更大，最主要的是，这些书不会给孩子们带来伤害。[④]

在为孩子们挑选故事书时，有人建议首先要避开那些有关伯父叔父、姑妈姨妈们虐待孤儿的故事。这些故事里常常会出现一些邪恶的继母和一些残忍的姑妈姨妈等。作者们撰写这些故事可能是为了博取人们的同情，但欠缺考虑，因为这会让孩子们对孤儿的经历产生极大

---

① YONGE C M. Womankind[M]. London: Walter Smith & Innes, 1889: 62.

② YONGE C M. Womankind[M]. London: Walter Smith & Innes, 1889: 62.

③ YONGE C M. Womankind[M]. London: Walter Smith & Innes, 1889: 62.

④ YONGE C M. Womankind[M]. London: Walter Smith & Innes, 1889: 63.

的恐惧。这类故事书往往还会出现保护孤儿的表兄最终成为孤儿的爱人的桥段，这会让女孩们产生一些不切实际的想法，对她们来说百害而无一利。[①] 此外，宗教信仰不坚定的故事书也应避免。有些宗教读物出版商会编制一些故事或情节，让孩子们难以区分宗教信仰不同分支的差异。读了这些书后，孩子们可能会问周围的人自己是否是基督徒，他们也有可能会和别人讨论自己的宗教信仰和他人的信仰是否是平等的。[②] 家长要避免给孩子读这类书籍。《美女与野兽》《灰姑娘》《穿靴子的猫》等一些经典童话书在维多利亚时期英国中产阶级家庭中备受推崇。[③] 滑稽表演、讽刺漫画和俚语文学同样也不适合孩子们阅读。[④]

孩子对小说的喜爱往往可以分为两种情况，一种是喜欢小说中的人物，另一种是喜欢小说里的情节。喜欢小说人物的孩子们往往能够从小说人物身上找到自己的影子，通过阅读获得自我意识；喜欢情节的女孩们往往是被故事的情节所打动。一些孩子只喜欢读一些比较浅显的故事书，这对于其今后的成长不利。[⑤]

家长要培养孩子们高雅的阅读品位和良好的阅读习惯。家长应让孩子们同时阅读一些趣味性较强的书籍和一些知识性较强的书籍，如每天阅读一章戈德史密斯（Goldsmith）的《罗马》（*Rome*）和一章沃尔特·司各特（Walter Scott）的历史书。[⑥] 家长应引导孩子们阅读司各特、莎士比亚、斯宾塞（Spencer）等英国作家的经典名著。经典名著经历了时间的涤荡，其结构合理、品位高雅、语言考究，对孩子们来说比一些所谓的儿童小说要更有价值。

---

① YONGE C M. Womankind[M]. London：Walter Smith & Innes，1889：63-64.

② YONGE C M. Womankind[M]. London：Walter Smith & Innes，1889：64.

③ YONGE C M. Womankind[M]. London：Walter Smith & Innes，1889：64.

④ YONGE C M. Womankind[M]. London：Walter Smith & Innes，1889：65.

⑤ YONGE C M. Womankind[M]. London：Walter Smith & Innes，1889：65.

⑥ YONGE C M. Womankind[M]. London：Walter Smith & Innes，1889：65.

对于女孩们来说，户外运动是一项重要的娱乐活动。另外，饲养宠物对她们来说也是非常快乐的事情。针线活是当时所有女孩们都必须掌握的技能，一些孩子在其中也能获得乐趣。[①]

维多利亚时期英国中产阶级的童年意识体现在方方面面，正如当时的一首诗所描述的那样。

童年的记忆

童年，我快乐的童年，
那是最甜蜜的记忆！
漫长而又明亮的夏日，
花香扑鼻，
在绿荫下，
我在阅读、唱歌或游戏。
当冬季的寒风袭来，
吹向我们的小屋，
我们在舒适温暖的客厅里，
在熊熊燃烧的火炉旁，
听父亲讲愉快的故事。
母亲坐在安乐椅上，
看起来是那么幸福、快乐和平静，
在我的记忆中，
始终记得那个画面，
在冬天的夜里，
母亲坐在那里微笑地看着膝下的孩子。
亲爱的小妹妹内尔，

① YONGE C M. Womankind[M]. London: Walter Smith & Innes, 1889: 66.

她是我的宝贝，
我说不出我有多爱她。
童年的时光一去不返，
多年过去，
当我再看到儿时居住的家，
我的记忆又被唤醒，
所有的乐趣萦绕着我，
快乐的记忆，
伴我度过宛如大海一般波涛汹涌的生活。①

二、儿童教育：父母的法定职责

家庭属于私人领域，是私生活的据点，也是最私密的场所，这些特点决定了家庭教育具有鲜明的私人属性。家庭成员在家庭内的言行举止，不可能像在其他场合那样受太多的约束。因此，父母的价值观、人生观、世界观、道德品质对子女来说非常重要，这些综合素质不仅决定了他们在社会上的行为举止，也决定了他们在家庭这样的场所，以怎样的形象和精神面貌影响子女。家庭教育的私人属性由此可见一斑。②

（一）抚养职责

在当时英国的《习惯法》（*Cmmon Law*）中，并没有对关于父母抚养下一代的职责进行硬性要求。布莱克斯通（Blackstone）曾经说过这样一句话："没有人有义务为他人尽抚养职责，除非孩子年幼、无法自理生活。"伊丽莎白女王时期颁布的《济贫法》首次对父母抚养孩子的

① VALE V. Blossoms[M]. London：J. C. Dunmill，Machine Printer，1879：49-50.

② 王东. 论学校家庭教育指导工作的边界及其启示［J］. 中国教育学刊，2023（1）：47-51.

职责进行了明确。[①] 在雷蒙德勋爵（Lord Raymond）的报告中，简单地记载了一个这样的案子：一位犹太人把未成年的女儿赶出了家门，原因是她皈依了基督教。之后他被教区当局传唤，在审判中，教区当局命令他对女儿尽抚养职责，但这位被告人申请调取卷宗，最后女王废除了这项命令。这个案子当时在公众中引起了极大反响，后来强制要求犹太人对信仰基督教子女尽抚养义务的法案出台。[②] 从此以后，父亲不能以子女与自己的宗教信仰不同为由而拒绝履行抚养义务。

当时有许多不同的法案均对父亲抚养子女的义务进行了规定。维多利亚时代早期，夫妻离婚还是非常昂贵和遥不可及的事情。根据当时的法案，只有通过《国会法案》（*Act of Parliament*）才能离婚。[③] 1857 年出台并于 1859 年修订的《离婚法庭法》（*Divorce Court Acts*）以及 1878 年颁布的《离婚诉讼法》（*Matrimonial Causes Acts*）均明确规定，夫妻离婚或分居后，丈夫必须履行给付孩子抚养费的义务。自此，离婚变得容易。法律规定，父亲应为十四周岁以下的儿童提供食物、衣物、医疗救助和住所，如十四周岁以下的儿童健康遭遇严重威胁或伤害，则要对其父亲问罪。根据当时的案件记载，有一名孩子患了天花，其父亲拒绝送其就医，结果导致孩子死亡。经过调查发现，这名孩子生前未接受过任何医疗救助，最后这名父亲被判处过失杀人罪。[④] 1894 年颁布的《防止虐待儿童法》（*Prevention of Cruelty to*

---

① DEANS R S. The law of parent and child, guardian and ward and the rights, duties and liabilities of infants[M]. London: Reeves& Turner, 1895: 26-27.

② DEANS R S. The law of parent and child, guardian and ward and the rights, duties and liabilities of infants[M]. London: Reeves& Turner, 1895: 27.

③ MESS H A. Social groups in modern England [M]. London, Edinburge, Pari, Melbourne, Toronto and New York: Thomas Nelson and Sons LTD, 1940: 27.

④ DEANS R S. The law of parent and child, guardian and ward and the rights, duties and liabilities of infants[M]. London: Reeves& Turner, 1895: 28.

Children Act）也对父亲抚养十四周岁以下子女的职责进行了规定。[①]

上述法案均对父亲抚养子女的义务进行了规定，却没有提到母亲抚养子女的义务。这是因为在《1882年已婚妇女财产法》（*Married Women's Property Act 1882*）颁布之前，已婚女性没有拥有财产的权利，因此母亲也无须承担抚养子女的法律义务。但在《1882年已婚妇女财产法》颁布之后，依据所拥有的财产份额比例，母亲要履行相应的孩子抚养义务。[②] 尽管在《1882年已婚妇女财产法》颁布之前，女性在法律上的地位较为低下，但当时也有学者对女性的影响进行了肯定，即不管一个国家的习俗或法律如何，女性永远指引着人们行为的方向。[③] 男性贬低女性的同时也贬低了自己，男性在褒扬女性的同时也褒扬了自己。[④]

尽管衡平法院（Court of Chancery）并未直接对父母抚养子女的义务进行直接界定，但实际上做出了间接规定。例如婴儿的父亲有权向衡平法院申请一笔婴儿抚养基金，但法院会根据其是否能以恰当的方式抚养和教育婴儿进行考量，以决定是否批准其申请。但上述规则在1881年《财产权益转让法》（*Conveyancing Act*）颁布前并没有被严格执行。[⑤]

1839年颁布的《婴儿监护法》（*Infant Custody Act*）给予了母亲

---

① DEANS R S. The law of parent and child, guardian and ward and the rights, duties and liabilities of infants[M]. London: Reeves & Turner, 1895: 29.

② DEANS R S. The law of parent and child, guardian and ward and the rights, duties and liabilities of infants[M]. London: Reeves & Turner, 1895: 29.

③ MARTIN M A, LEE E. The education of mothers of families[M].. London: Whittaker & Co., 1842: 12.

④ MARTIN M A, LEE E. The education of mothers of families[M].. London: Whittaker & Co., 1842: 13.

⑤ DEANS R S. The law of parent and child, guardian and ward and the rights, duties and liabilities of infants[M]. London: Reeves & Turner, 1895: 29-30.

监护儿童的权利。但假如妻子自愿与丈夫离婚，而丈夫有意愿抚养孩子，那么妻子在孩子的抚养权方面必须做出让步。《婴儿监护法》中所用的措辞是“可以”，而不是“将会”，所以夫妻离婚之后，妻子可能无法享有对孩子的监护权。①

从上面的内容可看出，维多利亚时期英国有关家庭的法案也处在不断完善的过程中，其中关于父亲和母亲对子女的教育职责就有明确的界定，立法者的初衷是保护儿童，强调家庭尤其是父亲对孩子的责任与义务。

除从法律层面规定父母对孩子的抚养职责外，维多利亚时代晚期，英国国家健康学会（National Health Society）的斯科菲尔德（Scofield）博士提出，所有女性都必须学习卫生学知识，不管她们今后要成为妻子、母亲、教师、家庭女教师、护士、客人、传教人员还是工人，都必须了解健康的规律，学习如何照顾和训练孩子，掌握保育方法，学会预防疾病以及使用卫生设备等。② 抚养孩子不仅是法律义务，还需要科学方法的指导。

（二）教育职责

在 1870 年《初等教育法》正式颁布之前，教育孩子往往是家庭的责任。1859 年 7 月，C. B. 阿德雷（C. B. Adderley）对下议院表示，“教育孩子是父母的天然职责，而不是政府的职责，政府只在绝对必要时才会介入。”③ 这一观点在当时有许多支持者。罗伯特·洛（Robert Loe）1867 年 7 月 15 日在对《改革法案》进行三读时曾说：“我不赞成

---

① DEANS R S. The law of parent and child, guardian and ward and the rights, duties and liabilities of infants[M]. London: Reeves & Turner, 1895: 30-31.

② SCHOFIELD A T. Hygiene as an integral part of a normal education[J]. The parents' review, 1892, 3(5): 396-399.

③ 赫弗. 高远之见：维多利亚时代与现代英国的诞生［M］. 徐萍，汪亦男，译. 北京：社会科学文献出版社，2020：458.

强迫人们接受教育。这似乎更符合我们的制度，即制度自行运转和调整。”① 可见《初等教育法》的出台也曾阻力重重。

由于父母对子女的保护职责更多是出于道德自觉而非法定义务，因此在当时相关的法案中，并没有对父母保护子女的职责进行规定。与保护子女的职责类似，父母对子女的教育职责在很长时间内一直停留在道德层面，直到1870年《初等教育法》颁布，父母对子女的教育职责才被写进法律。《初等教育法》要求每个地区都必须开设初等学校，家有五岁以上十四岁以下的孩子，父亲必须送其接受学校教育，如违反了法律规定，地方执法部门有权追究其法律责任。②

1870年，法院受理了一起教育监护权的案件。因威尔斯利（Wesley）先生和一名已婚女士同居，威尔斯利太太和丈夫分居。在威尔斯利太太去世前的五天，她将孩子托付给自己的妹妹，并要求威尔斯利先生不得干预。威尔斯利先生得知后向衡平法院递交了夺回孩子抚养权的申诉。其诉状是这样写的：“父亲有权按照自己喜欢的方式对待孩子，任何人都不得干涉父亲对孩子的教育权。”他还表示，如果能夺回孩子的监护权，他将按照任何自己喜欢的方式来教育孩子，言语中流露出狂妄和无知。衡平法院的大法官在考虑各方情况下拒绝了他的申诉，理由是“如果一名父亲经常酗酒，则不能履行对孩子的教育义务，也不能行使对孩子的教育职责。在这种情况下，法院判决将孩子的监护权交给更适合的人”③。从这个案件可看出，《初等教育法》颁布之后，孩子的受教育问题不再是父母的私事。

1891年颁布的《辅助教育法》（*Assisted Education Act*）规定，为

---

① 赫弗．高远之见：维多利亚时代与现代英国的诞生［M］．徐萍，汪亦男，译．北京：社会科学文献出版社，2020：456.

② DEANS R S. The law of parent and child, guardian and ward and the rights, duties and liabilities of infants[M]. London: Reeves & Turner, 1895: 31-32.

③ CAMPELL D. Compulsory education[M]. London: J. Myrray, 1870: 9-10.

初等学校直接提供货币援助的家长可以免除送孩子上学的义务。[①] 能够为学校提供货币援助的家长往往经济实力雄厚，他们不送孩子接受学校教育并非不重视孩子的教育，更多是因为对初等学校的教育质量和学习环境不满意，他们更倾向于让孩子在家接受更高质量的教育。

（三）其他责权

父母赠予孩子礼物似乎是天经地义的事情，但这一点在法律上也曾被质疑。英国衡平法院曾受理过这样的一个案件：一名老人在去世前八天，赠予了女婿和外孙一项权益，让他们以非常低的租金租下一家磨坊，其根本初衷很明显是为了赠予其女儿一些利益。但出租方一位代表指控此举的不正当影响性，他们的律师提出了一个原则，即父母与子女的关系足以对子女产生不正当影响的推定。

严格来说，英国的法律只保护合法夫妻婚内所生的孩子，非婚所生的孩子不受法律保护。[②] "Bustard"一词用来指那些在法律上没有孩子的人，他们可能有生物意义上的后代，但没有法律意义上的监护对象，母亲才是其孩子的法定监护人。在一则案件中，一名母亲获得了非婚所生孩子的监护权，尽管其父亲的经济条件更好，能为孩子提供更好的教育条件，但从法律的角度出发，法官判处孩子母亲拥有法定监护权，父亲如要获得对孩子的监护权，必须先让孩子的身份合法化。受理这样的申请会引发人们对孩子的偏见，而且只要母亲坚持对孩子的监护权，父亲就无计可施。[③] 上述情形在 1873 年《司法法》颁布之后发生了变化。《司法法》颁布后，法院会对孩子的母亲、父亲和母亲

---

① DEANS R S. The law of parent and child, guardian and ward and the rights, duties and liabilities of infants[M]. London: Reeves& Turner, 1895: 32.

② DEANS R S. The law of parent and child, guardian and ward and the rights, duties and liabilities of infants[M]. London: Reeves& Turner, 1895: 41.

③ DEANS R S. The law of parent and child, guardian and ward and the rights, duties and liabilities of infants[M]. London: Reeves& Turner, 1895: 42.

的亲戚等各方情况进行综合考虑，从孩子的福祉角度出发，为其判定最佳法定监护人。①

母亲对孩子的权利，尤其是对非婚所生孩子的宗教教育权利成为当时人们热议的一个话题。1891 年有一则案件引起了上诉法院和上议院的探讨。著名的慈善家巴纳德（Barnardo）博士让一名妇女非婚所生的儿子休（M' Hugh）加入了自己所开设的残疾儿童学校，并和这名妇女达成协议，他在孩子十六周岁前享有对孩子的监护和控制权。此举遭到了另一宗教派别的反对，他们提出所有孩子都应接受新教教育。大约八个月后，这个孩子的母亲，一名罗马天主教信徒，借反对者之手，以宗教顾虑为名，收回了对孩子的监护权。但反对者拒绝对其孩子进行宗教教育，于是这名母亲向法院起诉了他们。法院必须基于各种考虑，对这名非婚所生孩子的监护权进行判决，包括孩子母亲的意愿，孩子的照料、抚养和教育问题以及这名非婚所生孩子的父亲的意愿等。法官判决，尽管这名母亲以协议的方式放弃了对孩子的监护权，但她不能以任何方式消除对孩子的自然权利与义务。当一名非婚所生孩子没有监护人时，其母亲作为首要责任人，必须履行其监护义务，直至其满十四周岁。同时，法院也判决，由于反对方未能出示其为孩子的福利做出过努力的证据，因此孩子的监护权仍然要交给孩子母亲所委托的人士。反对方再次提起上诉，但法院坚持了原有判决。②

《济贫法》第七十六章规定，非婚所生孩子的母亲在未婚或寡居的情况下，须对十六周岁以下的孩子履行监护义务，如其在此期间结婚，其丈夫则必须对孩子履行相应的法律义务。此外，《济贫法》第六十五章也规定，非婚所生孩子的父亲在孩子满十六周岁前，每周必须向其

---

① DEANS R S. The law of parent and child, guardian and ward and the rights, duties and liabilities of infants[M]. London: Reeves& Turner, 1895: 42.

② DEANS R S. The law of parent and child, guardian and ward and the rights, duties and liabilities of infants[M]. London: Reeves& Turner, 1895: 43-44.

支付一定数额的抚养费。[①] 1891年颁布的《儿童监护法》规定，每位家长在孩子能够自主选择自己的宗教信仰前，有对孩子进行宗教教育的绝对权利。[②] 从理论上来说，英国的法律一直非常重视对儿童的保护，以防止儿童被父母或监护人虐待。尽管有法律作为保障，但在现实的主仆关系、父母子女关系、监护人和被监护人关系中，总是会出现一些背离法律的现象。

---

① DEANS R S. The law of parent and child, guardian and ward and the rights, duties and liabilities of infants[M]. London: Reeves & Turner, 1895: 45.

② DEANS R S. The law of parent and child, guardian and ward and the rights, duties and liabilities of infants[M]. London: Reeves & Turner, 1895: 107.

第二章　维多利亚时期英国中产阶级家庭的身体养育

1841 年 6 月 30 日英国发布的一份死亡人数的报告显示，在之前的十二个月内登记在册的总死亡人数为 350 101 人，其中五岁以下儿童的死亡人数为 141 747 人，在这之中，一岁以下的死亡人数为 76 328 人，一岁到五岁的死亡人数为 65 419 人。① 即便到了 19 世纪 80 年代，卫生条件有了很大改善，英国每年的死亡人数仍然达到 150 000 人，此外还有 4 000 000 人卧病在床。② 五岁以下儿童的死因包括各种疾病，也包括营养不足和无人照看。要确保孩子的生命健康，父母的精心养育必不可少。父母养育的内涵十分丰富，涵盖了父母（监护人）在方方面面对孩子的影响，既包括精神养育，也包括身体养育。儿童身体养育既是父母养育的重要内容，也是确保孩子能够健康成长的基础。从维多利亚时期英国流传非常广泛的一本育儿书《给母亲管理孩子的建议》中可看出，当时的英国中产阶级崇尚自然与健康的生活方式，在婴幼儿的洗浴、衣着、进食等各个方面，无不透露着当时英国中产阶级家庭非常重视孩子身体的自然与健康发展。

---

① JOHNSON W. The domestic management of children in health and disease on hydropathic and homoepathic principles[M]. London: Simpkin, Marshall, and Co., 1856: 2.

② SCHOFIELD A T. Hygiene as an integral part of a normal education[J]. The parents' review, 1892, 3(5): 396-399.

第一节　注重清洁卫生

随着工业化的进程，整个 19 世纪的英国空气质量都在下降，水质也在恶化，这是工厂排污、煤气污染、码头排放“铜和其他原料”以及各种工厂向泰晤士河倾倒化学物质的结果，活鱼被放进当地收集的水中，比目鱼入水一分钟后死亡，鳗鱼坚持四分钟后死亡。① 城市居住环境的恶化让中产阶级开始逃离城市，将家安在郊区，也更注重家庭的清洁卫生。清洁卫生是健康的重要基础，儿童、青少年的健康成长，离不开清洁卫生的生活环境。卫生对于人的健康有非常重要的影响。英国国家健康协会的斯科菲尔德博士建议，在 19 世纪末的十年中，应将卫生学纳入所有女孩的必修课程。② 孩子的皮肤、衣物等都应保持清洁。当然对于繁忙的母亲来说，不断清洗孩子的各种物品以确保清洁是非常麻烦的事情，但总要好过孩子因为不卫生而生病所带来的麻烦。③ 此外，儿童、青少年时期养成的卫生健康习惯，也会影响孩子的一生，并将对其下一代产生持续影响。清洁与健康是孩子在家中向父母学习的重要一课。

一、经常洗浴以保持皮肤清洁

吉普森在回忆录中指出：“在洗漱这件事情上，我的家人们非常重视。我们家有一本曾祖父流传下来的清洁日记，上面记录了 1810—

① 弗兰德斯. 维多利亚时代［M］. 蔡安洁，译. 上海：东方出版中心，2021：177.

② SCHOFIELD A T. Hygiene as an integral part of a normal education［J］. The parents' review，1892，3(5)：396-399.

③ MARTINEAU H. Household education［M］. London：Smith，Elder & Co.，1876：55-63.

1813 年家人洗浴的情况。我的曾祖父是一位非常有教养的绅士，他非常注重洗脸、洗澡。从记录中可以看到，曾祖父每天洗脸，每三天洗一次澡。在我的记忆中，从很小的时候开始，父母就要求我每天早上必须洗澡。但在曾祖父那个年代，也就是在 1890 年之前，家里还没有现代化的热水和冷水浴缸。那时家里用的是一个 15 英寸深的长方形棕色锡质坐式浴缸，可以容纳一个孩子全身洗浴，也可以让成人进行半身浴。后来，家里有了一个大约 7 英寸深的圆形棕色锡制浴缸，男人们每天在早餐前会用冷水洗澡。我的父亲和叔叔们对于冷水浴并不那么热衷，他们认为一周洗一次热水澡对他们和孩子们来说已经足够。”[①] 由此可见，在维多利亚时期，洗漱和清洁的习惯因人而异。但从洗浴设备来看，维多利亚中后期，同时拥有热水和冷水的浴缸已开始走进中产阶级家庭，为人们的清洁卫生带来了极大便利，从而也在一定程度上影响了人们的清洁卫生习惯。

当时的育儿书中提到，六岁前的儿童应进行盆浴，以确保其皮肤得到彻底的清洁。在水温方面，夏天时建议孩子使用冷水洗浴，冬天时可以加入些许温水，确保洗澡水的温度和新鲜牛奶的温度差不多即可，不可用温度过高的水给孩子洗浴。此外，每次洗澡之前，应先洗头，可以使用肥皂等清洁剂。头发打湿之后，每次盆浴时间不要超过五分钟，以防止孩子因洗澡而受凉。洗浴最好能在上午进行，每天最多洗浴一次。[②] 每天应给孩子洗头，洗头不仅能清洁头皮、防止产生头皮屑、让发型更美观，还能增强孩子的抗寒能力。应准备一把软刷给孩子洗头，以促进头皮的血液循环。洗头时不宜使用梳子，因为这会产生头皮屑，且发根被拉拽之后容易受损。头发擦干后，应涂一点椰油，每次涂抹时间为五分钟，让椰油滋润到发根，然后用软刷轻轻刷

---

① JEPSON E. Memories of a Victorian[M]. London：Victor Gollancz Ltd.，1933：27.

② CHAVASSE P H. Advice to a mother on the management of her children[M]. London：Chrchill，1878：88-89.

头发。①

十二岁以上的青春期男孩女孩每天早上应进行洗浴，这对于保持健康非常必要。洗浴本身是一个愉快的过程，不仅会让人感到清新和舒适，也会让人感到年轻和健康，还会让年轻人看起来更精神，让老年人看起来更年轻。全身洗浴能让人重新焕发活力和生机，认真清洁自己的皮肤是淑女和绅士必备的习惯。另外，一个人要保持健康，皮肤的清洁必不可少。皮肤若不清洁，身上的污垢堆积，很容易滋生细菌。不讲卫生不仅是清洁问题，还会对健康造成潜在的威胁，因为身体上的污垢会成为传染病的温床。皮肤不洁的人更容易罹患水痘、斑疹伤寒、霍乱、白喉、猩红热等传染病。不讲卫生不但会影响自己，还会波及周围的人。②

从上面的建议可看出，维多利亚时期的英国中产阶级家庭重视儿童的皮肤清洁，建议孩子每天洗浴以保持健康，并提倡孩子用冷水洗浴，以增强身体素质。冷水洗浴在维多利亚时期的英国备受推崇，一方面人们认为冷水洗浴可以增强体质，另一方面相对于热水洗浴，冷水洗浴更加便捷。吉普森在回忆录中指出："维多利亚时代的冷水浴缸什么时候在家庭中普及是一个模糊的问题。我记得萨克雷（Thackerary）笔下的彭登尼斯（Pendennis）就是一位冷水浴爱好者。但这部小说的时代背景是 19 世纪五六十年代，而彭登尼斯也宣称自己是上流社会的一员。直到 19 世纪 70 年代末，中产阶级的年轻人才开始使用冷水浴缸。那时候人们普遍认为圣保罗（Sanpaolo）在写给以弗所人（Ephesians）或哥林多人（Corinthians）的信中有这样的论述——清洁仅次于圣洁。但我一直怀疑，伟大的神学家圣保罗是否写过这样

① CHAVASSE P H. Advice to a mother on the management of her children[M]. London：Chrchill，1878：89.

② CHAVASSE P H. Advice to a mother on the management of her children[M]. London：Chrchill，1878：252-253.

的话，因为我无法相信他会对这样的事情感兴趣。无论如何，直到19世纪80年代初期，我才养成每天早上冷水洗浴的习惯。”① 从上述描述中不难看出，维多利亚时期人们重视清洁的原因除了清洁本身可以带来身体的健康和卫生之外，还有一个重要原因就是来自宗教。

对于早上用冷水洗浴这个习惯，吉普森认为这是一个愚蠢的行为，尽管他自己也坚持了二十五年之久。人们之所以会选择在早晨用冷水洗浴，是希望自己能成为一名绅士，但吉普森认为：“这是一种令人感伤的理论。”②

二、正确刷牙以保持口腔卫生

中世纪时英国贵族的口腔卫生情况非常糟糕，这主要与当时的贵族爱吃甜食的饮食习惯密切相关。糖能够给身体带来能量，人们本能地向往甜食。在中世纪的欧洲，糖是比较奢侈的食物，只有贵族阶层才能负担得起。在口腔洁净的理念和习惯尚未形成之前，摄入过多甜食的后果自然就是牙齿受损。随着社会的发展，平民也逐渐可以消费得起糖，于是口腔健康问题逐渐扩散到平民阶层。口腔不健康、牙齿受损，不但影响外在形象，还会直接影响人的营养摄入，进而对身体健康造成威胁。要想保持身体健康，口腔卫生必不可少。

从维多利亚时期英国的育儿书可看出，早晚刷牙的卫生与健康习惯在当时已被提倡，但当时还没有牙膏、漱口水等清洁用品，因此各家需按照一定的配方自己调制牙粉。在《给母亲管理孩子的建议》一书中，作者分享了一个牙粉配方。“青少年每天晚上应用温水和盐清洁牙齿和牙龈。每天早上用一些质量上乘的牙粉刷牙。牙粉的配方：秘

① JEPSON E. Memories of a Victorian[M]. London：Victor Gollancz Ltd.，1933：27-28.

② JEPSON E. Memories of a Victorian[M]. London：Victor Gollancz Ltd.，1933：28.

鲁树皮、珊瑚、白垩各若干，半盎司的没药（Myrrh），四分之一盎司的奥里斯根（Orris Root）。将上述材料在研钵中充分研磨之后，保存在带塞子的广口瓶中备用。如果牙齿腐烂，并因此导致口臭，则可以在上述牙粉中加入两盎司的木炭灰。有人每天早上用肥皂清洁牙齿，如果要使用肥皂，建议用卡斯蒂亚肥皂（Castile Soap）。卡斯蒂亚肥皂是一种很好的牙齿清洁剂，可以替代之前推荐过的牙粉。”①

从上述建议可看出，尽管当时没有如今琳琅满目的口腔清洁产品，但正确刷牙以保持口腔卫生的理念在英国中产阶级中已开始扎根。至于在现实中，中产阶级父母是否注重引导孩子养成清洁口腔的习惯，笔者暂且没有找到有关资料。

三、尽早学会自我清洁的方法

维多利亚时期英国的育儿书中还提倡人们掌握自我清洁的正确方法，如一个人能对自我进行恰当地清洁，那么他将会变得更加健康、幸福。要正确地清洁皮肤，父母必须给孩子提供一定的条件。为保证青少年能够有条件每天进行洗浴，《给母亲管理孩子的建议》建议，每个男孩、女孩都应拥有一间属于自己的卫生间，用来彻底清洗自己全身的皮肤。如果不给青少年提供这样的条件，他们很难正确且有效地清洁自己。此外，还要为每位青少年提供一套洁具，包括一个能够装下六夸脱至八夸脱水的大盆、一块面积较大的粗绒布、一大块海绵、一块肥皂、两条毛巾。在水温方面，建议一开始倒入一些温水，这在冬季能够消除一些寒冷；在身体适应之后，应马上加入一些冷水，这样会对身体更有利。洗浴结束后，应及时擦干身体。男孩应每天早上

---

① CHAVASSE P H. Advice to a mother on the management of her children[M]. London:Chrchill,1878:287-288.

洗头，女孩头发比较长，应一个星期洗一次头。若不经常洗头，头发会非常脏，没有什么比一头脏发更让人感到恶心。① 掌握正确的清洁方法，养成卫生的生活习惯，会让孩子受益一生。

在口腔健康方面，正确的清洁方法同样必不可少。针对当时大部分人并未掌握正确的刷牙方法，《给母亲管理孩子的建议》一书指出："首先，要准备一把质地精良、刷毛较硬的牙刷，使它能够穿透牙齿的所有角落和缝隙。然后，用少量的温水打湿口腔，将牙刷浸入温水中，如果要使用卡斯蒂亚肥皂，则可以用牙刷在肥皂上轻轻摩擦，再开始刷牙。先向上刷，再向下刷，然后从左到右、从右到左、从正面到背面刷，再接下来要刷上颌和下颌的牙冠顶部，确保刷到每颗牙齿的每个部分，还要确保牙龈得到清洁。最后，用温水漱口。不要担心刷牙会破坏口腔，一次有效的刷牙对牙齿和牙龈有很大的好处，它会让口腔变得更洁净，口气变得更清新。"② "我曾见过一位中年绅士，他的牙齿没有任何斑点和瑕疵，就像洁白的珍珠一样，他也从未体验过牙疼的痛苦。据悉，他每天早上都会用上面所提到的方法刷牙。"③ 针对当时有人使用樟脑替代牙粉的情况，《给母亲管理孩子的建议》一书还指出："樟脑不宜用来替代牙粉，因为它会让牙齿变得疏松。樟脑确实有美白牙齿的功效，但会带来很大的副作用。此外，牙齿之间和周围容易形成结石，这种情况下，不要用洁牙器强行将其剔除，建议用醋和水来刷牙。"④

---

① CHAVASSE P H. Advice to a mother on the management of her children[M]. London:Chrchill,1878:253-255.

② CHAVASSE P H. Advice to a mother on the management of her children[M]. London:Chrchill,1878:288.

③ CHAVASSE P H. Advice to a mother on the management of her children[M]. London:Chrchill,1878:288-289.

④ CHAVASSE P H. Advice to a mother on the management of her children[M]. London:Chrchill,1878:289.

由此可见，当时的育儿专家极力提倡母亲帮助孩子掌握正确的自我清洁方法，这对孩子今后的健康福祉有重要奠基作用。

第二节　衣着舒适保暖

英国冬天的天气较为多变，不同年份的气温有较大差异。据记载，1795 年 1 月，英国上午的平均气温为 29 ℉（约－1.67 ℃），晚上的温度在 0 ℃以下；1796 年 1 月，英国上午的平均气温为 50 ℉（约 10 ℃），晚上的温度也保持在 0 ℃以上，1795 年的死亡人数是 1796 年的 2 倍。[①] 冬季是感冒、咳嗽、肺病、肾病的高发期，寒冷、潮湿需要消耗大量的能量，给人们的生存带来威胁，人们需要足够的衣物来保暖。功能性与装饰性是人们对于服饰的两种不同取向。维多利亚时期的英国，人们对于服饰的功能性与装饰性存在选择上的冲突与误区。从当时的育儿书上表达的观点来看，当时的育儿专家更重视不同年龄段未成年人服饰的功能性。

一、婴儿的衣着应轻便、暖和、无别针

在吉普森的回忆录里有这样一段话："在那些日子里，人们对待孩子的方法可以说是愚蠢的，他们似乎从没想过要让孩子的食物变得可口，让孩子的衣服变得舒适。在今天的孩子穿着球衣和灯笼裤自由活动的年龄，我在法兰绒衬裙、法兰绒衬衫和法兰绒背心外面，穿着一件笨重的格纹天鹅绒连衣裙，在白色的长筒袜外面穿着一双黑色带扣靴子，长度要超过我小腿。这件格纹连衣裙的颜色可以说是混合了苏

---

① JOHNSON W. The domestic management of children in health and disease on hydropathic and homoepathic principles[M]. London: Simpkin, Marshall, and Co., 1856: 5.

格兰所有部落的格子呢的明亮颜色。两年之后，我穿上了一件黑色的天鹅绒连衣裙，但这时我的色彩感已经不可挽回地被那件格纹天鹅绒连衣裙破坏了。”① 从这段回忆录中可以看出，在维多利亚时期的英国，儿童的衣着出现笨重、不便行动的问题。吉普森还指出，这种穿着笨重的情况可能是维多利亚时期的特色。“我相信粗糙的法兰绒和笨重的天鹅绒衣服是维多利亚时期才出现的。因为我有父亲四岁时的一张画像，当时是1834年，他身上穿着简单轻便的平纹细布制作的衣服，裤子的长度大概在脚踝处。由此我认为，人们对法兰绒的迷信可能产生于维多利亚时期。”②

针对上述情况，育儿书指出，婴儿的服饰应轻便、暖和、宽松且没有别针。首先，婴儿的衣服应轻便。维多利亚时期英国许多婴儿的衣服过长且过重。对于婴儿来说，衣服过长过重是一种沉重的负担，不利于身体的发育。其次，婴儿的衣服应暖和，但不宜过暖。婴儿的胸部、腹部和腿部的保暖非常重要。身体虚弱的孩子应穿上法兰绒质地的衣服，并且要经常换洗。再次，婴儿的衣服应宽松，以不影响血液循环、阻碍身体发育为原则。婴儿胸部、腹部的衣服应宽松，要确保肺部能自如呼吸，胃部和肠道能正常消化。最后，出于对安全的考虑，婴儿的服饰不能有别针。③ 育儿书还指出，婴儿的头部应保持凉爽，因此不需要戴帽子。如果非要戴帽子，夏天出生的孩子可以戴一个月的帽子，冬天出生的孩子可以戴两到三个月的帽子。一旦给孩子戴帽子，就不要突然摘帽子，否则容易让孩子受凉。如果婴儿白天不戴帽子，晚上也不应戴帽子。不戴帽子会让婴儿睡得更舒服，也更有

---

① JEPSON E. Memories of a Victorian[M]. London: Victor Gollancz Ltd., 1933: 24-25.

② JEPSON E. Memories of a Victorian[M]. London: Victor Gollancz Ltd., 1933: 25.

③ CHAVASSE P H. Advice to a mother on the management of her children[M]. London: Chrchill, 1878: 13-14.

利于身体健康。[①]

由此可见，维多利亚时期英国中产阶级真实的育儿经验和育儿书中所提出的建议之间尚且存在一定的差距。但随着育儿书的广泛传播，家长们的教育观念势必会产生不同程度的变化。

二、儿童衣着应注意胸部、腹部、脚部保暖

维多利亚时期，肺病致死率非常高，可谓是儿童的第一杀手。因此当时的人们十分注重儿童胸腹部的保暖。在儿童的衣着方面，不管是男孩还是女孩，尤其是身体虚弱的孩子，从颈部到脚部都应穿着严实。胸部暴露在外是非常危险的事情，肺病往往是因为锁骨和肺部不够保暖造成的。孩子的衣着应宽松，确保身体能自如活动、血液能顺畅循环，衣着宽松也能为成长发育中的身体留有足够的空间。孩子的上衣最好使用羊毛材质，确保暖和、轻盈、透气，以便汗液能迅速蒸发。束腰带和紧身衣对孩子的身体不利，会影响孩子的血液循环和身体发育，应坚决避免。[②]

孩子的胸部、腹部和脚部要特别注意保暖，但也不能过暖。头部要保持凉爽，平常不管是白天还是夜间，都不需要戴帽。外出时可以给孩子戴上有宽边的宽松草帽，确保汗液能迅速蒸发。帽檐很宽的棉质遮阳帽对于孩子来说也是很好的选择，它不仅轻便，还很透气。冬季里，可以让孩子戴上既舒适又保暖的勾花羊毛针织帽，不要给孩子戴不透气材质制作的帽子，那会不利于排汗透气，还有可能导致脱发。冬季如果带孩子外出，一定要确保其双手和双腿的暖和，可以给孩子

---

① CHAVASSE P H. Advice to a mother on the management of her children[M]. London:Chrchill,1878:15.

② CHAVASSE P H. Advice to a mother on the management of her children[M]. London:Chrchill,1878:90.

戴上羊毛手套和羊毛护膝。①

当时有人为了让孩子将来养成抗寒能力，给孩子少穿衣服，育儿书对这一现象进行了谴责，并指出因缺少衣物，穷人家的孩子死亡率比穿着保暖的孩子要高许多。这就好比将幼小的植物放在寒风中，它会枯萎和死亡一样。如果孩子的身体比较虚弱或肺部有问题，比起亚麻材质的衣物，应选择法兰绒材质，因为法兰绒材质的衣服能保持恒温，能有效对抗天气的突然变化，确保孩子不会时而感到过冷，时而又感觉过热。此外，法兰绒能温柔地摩擦皮肤，促进血液循环，确保血液能有效地输送到肺部，避免引起炎症等。《家长评论》杂志中也提到，法兰绒和羊毛材质的衣服最适合儿童，因为这两种材质的衣服不仅保暖，而且富有弹性，孩子们穿上之后不会有紧绷感，便于身体自由活动，有利于肌肉发展。② 应给孩子穿上质地好的法兰绒衬衣，并且要做到勤换衣服。③ 尽管育儿书中对法兰绒的功效进行了方方面面的呈现，但对于孩子们来说，法兰绒并非适合每个孩子。

维多利亚时期的英国人对法兰绒的态度简直到了迷信的地步，在回忆录中，吉普森就曾把这种态度描述为“法兰绒迷信”（flannel superstition）。“我的家人对法兰绒所产生的功效比对祈祷的功效具有更真诚的信念，因此我不得不贴身穿上最好的威尔士法兰绒衣服。每个安息日的早上，父母总会让我穿上干净的法兰绒背心和裤子，要知道我穿过的每一件法兰绒衣服都比之前的更粗糙。因此在教堂做礼拜时，我总是忍不住用我的背去摩擦长椅的靠背，这一行为也招致成年

① CHAVASSE P H. Advice to a mother on the management of her children[M]. London:Chrchill,1878:91-92.

② MASON J. Some practical points in the physical education of children[J]. The parents' review,1893,4(2):96-102.

③ CHAVASSE P H. Advice to a mother on the management of her children[M]. London:Chrchill,1878:93.

人们的怒目而视。在他们看来，这是非常不虔诚的行为。整个安息日，我都闷闷不乐、坐立不安，这对我来说简直是一种诅咒，对做礼拜的成年人们来说，我的行为对他们来说也是一种折磨。但不管怎样，成年人们对法兰绒依旧情有独钟，因此我也不得不一直穿着法兰绒质地的衣服。十七岁那年我才穿上舒尔贝勒德（Shoolbled）家族生产的一件质地光滑的背心。直到我二十五岁，女孩们在冬天里穿的衬裙还是法兰绒质地的（通常是红色的）。但后来人们对法兰绒的迷信突然间就消失了，一位女士告诉我，她 1915 年在罗彻斯特（Rochester）的一座桥上看到一个穿法兰绒质地服饰的人，这让她感到非常惊奇，因为那时候法兰绒服饰已不再流行，甚至可以说是一种罕见的服饰。这位女士本人所穿的丝绸质地的贴身衣物比法兰绒衣服更光滑、更轻薄，而她患感冒的次数也比维多利亚时期的人要少得多。”① 由此可见，法兰绒面料可以说是维多利亚时期英国人情有独钟的服饰材质。

孩子下肢的保暖和舒适非常重要。冬天时，应给孩子穿上过膝的羊羔毛长袜。此外，还要确保孩子的鞋靴完好无损，鞋靴如有损坏，就会导致双脚潮湿，会引发疾病，甚至导致死亡。《每日电讯报》（*Daily Telegraph*）上有这样一段话：“如果穷人能更好地照顾好孩子的双脚，那么婴儿的死亡率就会减少一半。在鞋靴底部放入厚毛毡鞋垫或软木鞋垫只需要花费两便士，但如果不这么做，孩子生病所花费的医药费可能远远不止这个数。”②

不要给孩子戴护腿，因为这会阻碍血液循环。不要给孩子穿过紧的鞋，因为这会妨碍脚趾关节的自由活动，有可能会使脚产生鸡眼和水泡，干扰足部正常的血液循环。鞋子的大小要和脚部相适应，脚趾

---

① JEPSON E. Memories of a Victorian[M]. London: Victor Gollancz Ltd., 1933: 23-24.

② CHAVASSE P H. Advice to a mother on the management of her children[M]. London:Chrchill,1878:94.

部分应宽一些，确保脚趾之间不会重叠，并有足够的活动空间。现实中，因为经济不景气，很多孩子鞋子小了之后仍然继续穿，就很可能会导致上述问题。①

与靴子相比，鞋子更适合儿童的身体发育。靴子会束缚孩子脚踝和脚背的自由活动，伤害脚踝的韧带。可悲的是，19 世纪时，只有很少的鞋匠知道如何正确地制作鞋子。当时很多鞋子制作出来都是考虑时尚的要素，而忽视了脚部的舒适。②

孩子的袜子大小要合脚，不宜过大，也不宜过小。过小的袜子会束缚脚趾，影响脚趾的健康和步行的顺畅；过大的袜子会产生堆叠，同样会对脚趾形成压迫。袜子的脚趾部分不要设计成尖的形状，最好能设计成方形，确保脚趾有足够的活动空间。③ 脚趾甲的保护和鞋袜的合适一样重要。在修剪脚趾甲的过程中，要将脚趾甲的前端剪成直线。很多人把脚趾甲的前端磨圆，实则这可能会导致脚趾甲向内生长，扎进肉里。严重的情况下，需要请外科医生帮忙去除指甲的一部分。④

春季到来时，不宜立刻让孩子脱下冬装，直到 5 月底之前，都要让孩子继续穿着保暖的衣物。英国有一句话："直到 5 月来临，扣子要扣紧；在 5 月过去之前，不要减少衣物。"⑤

---

① CHAVASSE P H. Advice to a mother on the management of her children[M]. London:Chrchill,1878:94.

② CHAVASSE P H. Advice to a mother on the management of her children[M]. London:Chrchill,1878:95.

③ CHAVASSE P H. Advice to a mother on the management of her children[M]. London:Chrchill,1878:95.

④ CHAVASSE P H. Advice to a mother on the management of her children[M]. London:Chrchill,1878:96.

⑤ CHAVASSE P H. Advice to a mother on the management of her children[M]. London:Chrchill,1878:96.

三、青少年不可因时尚而忽视保暖

19世纪的英国，工厂、缝纫机和百货公司的竞争降低了衣服成本，增加了衣服种类，其中最得益的就是中产阶级，尤其是中产阶级的妇女，她们最留意那些不断更新的时尚。① 中产阶级追求体面，在穿着上非常讲究。中产阶级妇女的衣物繁多、式样丰富，有晨服、散步服、拜访服、待客服、旅行服、打猎服、高尔夫服、戏剧服、晚礼服、舞会服等。她们每天忙于各种礼仪和更换服装。她们的衣着也反映出中产阶级的女性观，即女性应是闲暇的、装饰性的、优雅的“家庭天使”形象。中产阶级女性崇尚时尚，服装趋向华美、多样化。② 这种时尚风气也从中产阶级妇女身上蔓延至青少年，因而出现了一些青少年为了追求衣着时尚而忽视保暖的现象。针对上述现象，《家长评论》杂志劝诫：生命比吃肉重要，身体比服饰重要。③ 相比起服饰的装饰性，其对于身体的保暖性更为重要。英国气候多变，温差较大，当时人们认为青少年最好选择法兰绒质地的衣服，因为法兰绒的导热性比较差，能够保持一个比较稳定的温度，也能有效地防寒保暖。羊毛衫轻便暖和，非常舒适，也非常有利于身体健康。总的来说，法兰绒、亚麻、棉质衣物对青少年来说是比较好的选择。④

对于身体娇弱的孩子来说，胸部的保暖必不可少，男孩可以在法兰绒内衣外面套上兔皮制的上衣，确保胸部不受冷空气侵袭。当时青

---

① 李宝芳，马世力. 19世纪英国中产阶级家庭文化探析［J］. 深圳大学学报（人文社会科学版），2008（3）：8-13.

② 李宝芳. 维多利亚时期英国中产阶级婚姻家庭生活研究［M］. 北京：社会科学文献出版社，2015：182.

③ To parents[J]. The parents' review, 1892, 3(11): 805-810.

④ CHAVASSE P H. Advice to a mother on the management of her children[M]. London: Chrchill, 1878: 260.

少年为了追求时尚，穿着的衣物不够保暖，从而生病的情况比较多，因此育儿书建议，青少年一定要注意胸部和肺部的保暖。①

当时的育儿书还建议，女孩不要穿着胸衣，有五点原因：第一，胸衣会弱化肌肉。胸衣会对肌肉造成挤压，从而使得肌肉变得无力。第二，胸衣会减弱肺部的功能。胸衣过紧时会影响呼吸，进而影响肺部功能。第三，胸衣会弱化心脏功能。胸衣过紧会引起心悸，可能还会引起心脏病。第四，胸衣会影响消化。胸衣会挤压胃和肝脏，对消化系统造成影响。第五，穿着胸衣还会影响肠道蠕动。②

青春期女孩往往因追求时尚而无视健康。维多利亚时期，观看戏剧和音乐剧成为中产阶级人士常见的休闲活动，在赏剧的同时，人们也被女演员华丽、时尚的服饰所吸引，于是在生活中也开始追求像剧中演员一样的服饰。③ 这种追求时尚的风气也逐渐蔓延到青少年之中。当时的女孩为了追求时尚，穿着的衣服让胸部大面积暴露在外，所穿的鞋袜非常单薄，从而引起寒气侵袭；为了塑形，穿着过紧的胸衣，从而导致呼吸不畅；为了显得挺拔，穿高跟鞋，从而引起血液循环不畅和身体畸形。孩子的穿着应以舒适为主，但当时英国孩子们经常穿着有羽毛、皮毛等装饰物的衣服；孩子们光着腿走路；小女孩们穿得像成年女性一样，可怜的小腰被束得紧紧的，几乎都要无法呼吸了。在这种时尚潮流的主宰下，孩子们穿衣服时考虑最多的不是舒适和健康，而是时尚和美观。这样一来，很多孩子变得虚荣和轻浮，把穿衣打扮视作“唯一需要的东西”。母亲们应让孩子打扮成孩子的样子，而

---

① CHAVASSE P H. Advice to a mother on the management of her children[M]. London:Chrchill,1878:261.

② CHAVASSE P H. Advice to a mother on the management of her children[M]. London:Chrchill,1878:261-262.

③ FURNISS H. Some Victorian women,good,bad,and indifferent[M]. London:John Lane the Bodley Head Limited,1923:177.

不是成年男人和女人的样子，要让孩子知道，在衣着方面，健康和舒适是第一位的，时尚是次要的。①

青春期女孩正处在应保持头脑清醒和平静的阶段，但她们经常穿着时尚去参加舞会、观看音乐会和戏剧表演，使头脑一直处于兴奋状态。在身体和精神的双重影响下，疾病就随之而来。在时尚生活方式的引导下，女孩们黑白颠倒，过着非常不健康的生活。母亲如对此熟视无睹、不加干涉，女孩们的健康状况将会日渐恶化。②

衣着舒适、保暖是确保青少年身体健康的重要因素，英国的气候条件和当时的医疗水平决定了人们的衣着观念。英国气候十分多变，需要导热性能比较差的衣服材质，以确保身体的保暖，因而法兰绒材质在青少年服饰中是最佳选择。囿于当时的医疗条件，许多青少年因肺病早夭，因而当时的育儿书非常注重青少年衣着的保暖问题。

第三节 加强体育锻炼

维多利亚时期的英国中产阶级非常重视户外体育锻炼，从婴儿开始，就提倡孩子尽可能多地进行户外活动。《家长评论》杂志中指出，健康是第一位的，健康比其他任何东西都要重要，比赢得划船比赛重要，比通过考试重要，比变得富有重要，比穿紧身胸衣重要，比跳舞到深夜重要，比获得聪明的名声重要。③ 为确保健康的体魄，体育锻炼必不可少。

---

① CHAVASSE P H. Advice to a mother on the management of her children[M]. London:Chrchill,1878:97.

② CHAVASSE P H. Advice to a mother on the management of her children[M]. London:Chrchill,1878:262-263.

③ To parents[J]. The parents' review,1892,3(11):805-810.

一、提倡儿童多进行户外游戏以释放自然天性

到户外活动，最直接的需求是接受阳光的洗礼。当时人们对于阳光和身体健康之间的关系暂且缺乏科学的认识，但人们已经通过大量的事实意识到阳光和健康之间的关系。长期生活在黑暗中的人，如地牢里的囚犯、地窖里的穷人和生活在洞穴中且不常外出的野蛮人，健康状况明显不如经常接受日照的人，并且患有一些因阳光不足而造成的特殊疾病。关于阳光对于成年人和婴儿的重要性的区别，当时也没有足够的科学依据。婴儿的视力比较弱，大脑也很柔软，因此尽管他们需要阳光，但要避免阳光直接照射他们的眼睛。面对强光时，他们会眯起眼睛，或做出其他举动来表示光线太强了。①

夏季的早晨，母亲或保姆应在早餐前带孩子出去散散步，这样对双方的健康都有好处。带儿童出去应少让其乘坐婴儿车，第一，只要孩子的身体健康，就应让其尽可能多地走路；第二，乘坐婴儿车会让儿童缺少锻炼，久而久之肌肉的发展就会受到影响；第三，在寒冷的天气里，乘坐婴儿车容易让孩子受凉。在大雾天，不要让孩子出去散步，否则容易着凉。天气允许的情况下，孩子在户外活动的时间越长越好。多在户外活动能够增强体质，有效地抵抗各种疾病。下雨天可以让孩子在室内宽敞的地方跑步。如果雨不大，可以给孩子穿上雨衣、戴上帽子，让他到户外活动。孩子们非常喜欢下雨天出去玩耍，对他们来说下雨天在户外活动“简直是一天中最幸福的事情”②。不要让孩子一整天坐在桌前看书，要让他们活动起来，这样有利于血液循环和

---

① MARTINEAU H. Household education[M]. London: Smith, Elder & Co., 1876: 55-63.

② CHAVASSE P H. Advice to a mother on the management of her children[M]. London: Chrchill, 1878: 132.

肌肉锻炼。冬天时，给孩子穿上暖和的衣服和鞋袜，仍然可以出去活动。寒冷的空气让人精神振奋，也能够增强孩子的体质，“寒冷的空气是世界上最好的滋补品”①。

霜冻天气里，地面比较湿滑，在孩子出去玩耍之前，应让其在鞋靴外面套上一双大的旧羊毛袜，这既有利于保暖，又能防止孩子滑倒后受伤。在寒冷的季节里，给孩子穿上厚厚的法兰绒衣服，让他吃饱，喝足够的鲜牛奶，早上用清水洗脸洗澡，多进行运动和玩耍，这样孩子就能抵御寒冷。只要遵循上述建议，再冷的天气孩子也不怕冷了。针对不畏惧严寒的人，莎士比亚写过这样的诗：“当冰柱挂在墙上时，牧羊人迪克吹着响哨指挥着羊群；当家里的牛奶在桶子里结冰时，汤姆（Tom）背着重重的原木走进了客厅。”②

要让孩子尽可能多地在户外玩耍，可能的情况下，让一天的大部分时间在户外度过。让孩子尽情地玩耍，他的感觉会告诉自己什么时候该休息。让他成为大自然希望他成为的样子——快乐的孩子，不要让其整天埋在书堆里。

诗人华兹华斯（Wordsworth）写过这样的诗篇。

书本！这是一场沉闷且无休止的战争。
来吧！来林中听听朱雀的歌声，
这是多么悦耳的旋律！在我看来，
这里面比书本有更多的智慧。

听！画眉鸟的歌声是多么婉转，

---

① CHAVASSE P H. Advice to a mother on the management of her children[M]. London:Chrchill,1878:133.

② CHAVASSE P H. Advice to a mother on the management of her children[M]. London:Chrchill,1878:133-134.

它在向人们布道：
到万物之光中来，
让大自然成为你的老师。

大自然拥有巨大的财富，
让人们的大脑和心灵得到祝福，
在健康呼吸时获得智慧，
在快乐呼吸时掌握真理。

春天的树林，
会教给人们许多
圣人都不一定知道的
道德的善与恶。①

关于运动的重要性，家庭教育书指出，人体的每一项功能都要通过运动来完善。一双长期生活在黑暗中的眼睛在见到光明时，几乎一无所用；一双懒惰的胳膊久而久之会变得虚弱无力；一个人的计算或音乐天赋如果不经过训练，也将会被荒废。因此，为了使各项能力得到发展，必须在遵循自然规律的前提下，从一开始就加强锻炼。婴儿的运动必须遵循循序渐进的原则，先要让其心肺和大脑适应柔和一些的运动，然后才能逐渐加强。最开始，婴儿只需要被抱起、放下、洗澡、穿衣服就可以了。渐渐地婴儿会踢腿、哭、伸手和听声音，哭对于婴儿来说是一项很好的运动，能够为其之后学说话打下基础。按照自然规律，接下来孩子就要学会翻身和打滚了，可以将孩子放在地板

① CHAVASSE P H. Advice to a mother on the management of her children[M]. London:Chrchill,1878:134.

上让其自由活动，这一方面可以减轻母亲的负担，另一方面也可以促进孩子使用自己的四肢。慢慢地孩子就学会爬、走路。[①]

要让孩子选择自己喜欢的运动项目，不要干扰孩子的选择。父母觉得好的运动项目不一定适合孩子。父母要管理好自己的孩子，但不要时时刻刻紧盯着孩子，也不要让孩子感到自己时时刻刻处于父母的监视中，否则父母将永远发现不了孩子的真实性格与喜好。父母也不要阻碍和干扰孩子的娱乐，当孩子在操场上玩耍时，让他尽情地奔跑、叫喊，孩子的肺部和肌肉会得到锻炼，神经系统也会得到锻炼。[②] 男孩可以通过玩皮球、滚铁环、踢足球、骑马、长距离往返跑来锻炼身体肌肉，女孩则可以通过跳绳来锻炼身体。[③]

孩子需要自己的领地和城堡，他们喜欢吹哨子、玩拨浪鼓、发出各种响声，这对他们来说是悦耳的音乐。父母应允许孩子释放自己的天性，不要从中加以阻拦。如果家中有神经衰弱者，最好能和孩子保持相互尊重的距离。除非是身体虚弱、智力有障碍，否则不存在从不捣蛋的孩子。针对当时孩子过于沉浸书本学习的现状，育儿书指出应让孩子尽情地游戏，这既是孩子的权利，也是孩子生存所必需的。“把孩子的一天限制在几个小时的课业中是多么不自然的事情，还不如给他套上马具，像马一样干活！孩子是为游戏而生的，他们顽皮的小眼睛、轻盈的身材、滑稽的动作与表情，都在表明他们天生就是玩游戏的人。游戏对于儿童来说就像空气和食物，是他们生存的必要条件！尽管如此，不要让孩子玩有破坏性和伤害性的玩具，如玩具枪、剑、

① MARTINEAU H. Household education[M]. London: Smith, Elder & Co., 1876: 55-63.

② CHAVASSE P H. Advice to a mother on the management of her children[M]. London: Chrchill, 1878: 135.

③ CHAVASSE P H. Advice to a mother on the management of her children[M]. London: Chrchill, 1878: 134.

大炮、弓箭、锤子、锯子等。孩子的游戏以不伤害自己和他人为准则，在这个前提下可以让他尽情地玩耍。但如果孩子故意搞恶作剧或做一些危险性和破坏性的游戏，一定要对其进行惩罚。”①

从上面的内容不难看出，当时英国中产阶级非常崇尚自然教育理念，在天气允许的情况下，应鼓励孩子多进行户外游戏，为孩子提供环境与条件，让孩子尽可能多地释放自然天性。

二、要求青少年掌握运动技能并养成运动习惯

维多利亚时期，英国每个城镇都设有体育馆，这些体育馆里通常设有球场、游泳池等，并且配有质量最好的体育设备。大量的体育运动和新鲜空气能够让青少年的身体变得更加强壮，也能够让他们的心智得到更好的开发。不幸的是，在最适合体育运动的年龄里，当时很多年轻人的身体并没有得到很好的锻炼，因为父母在他们的心智开发方面投入过多，认为身体的发展可以暂时缓一缓。因而许多青少年健康受损、发育不良、畸形，早衰现象时有存在。体育运动能够让人的胸腔得到拓展，让肺部能呼吸足够的新鲜空气，使抵抗力得到增强，并能抵御疾病的入侵。适度的体育锻炼对于肺部健康非常有必要，新鲜空气之于肺，相当于食物之于胃。青少年每天至少要用十五分钟来做深呼吸训练，要让空气彻底吸入肺部之后，再全部呼出。如果能每天坚持深呼吸，心肺功能就会得到激活，进而对身体有利。② 在运动项目方面，维多利亚时期英国青少年中流行的运动包括游泳、步行、骑马、划船、溜冰、曲棍球、足球、网球、单杠、保龄球、体操等。

---

① CHAVASSE P H. Advice to a mother on the management of her children[M]. London:Chrchill,1878:136.

② CHAVASSE P H. Advice to a mother on the management of her children[M]. London:Chrchill,1878:270.

1. 游泳

游泳在当时是一项备受推荐的运动项目。梅森建议，大部分的七岁孩子都应学会游泳。[①]《给母亲管理孩子的建议》一书强烈建议家长尽早让孩子学会游泳，因为游泳是最好的运动项目之一。从身体锻炼的角度看，它能扩展人的胸腔、促进消化、增强肌肉，并能够锻炼到平时很难活动到的肌肉。游泳能增强体质、促进骨骼发育、降低感冒着凉的概率。从意志品质锤炼的角度看，游泳能给予青少年勇气、能量和自信，这些品质对于其应对今后的人生挑战具有重要意义。游泳还是一项生存技能，在遇到危险时能够挽救人的性命。此外，游泳也是一项令人身心愉悦的活动。[②] 由此可见，维多利亚时期的英国中产阶级对游泳这项运动的重视和我们今天十分相似。

2. 步行

维多利亚时期，城市的居住环境较为恶劣，相比之下郊区和乡村的自然环境要好很多，因此许多中产阶级选择把家安在郊区或乡村。在一个美国女孩的书信中，可以看到对维多利亚时期英国乡村的描述："每一栋乡间小屋都像一幅画，目光所及的每一处都像一首诗。我们乘车走了大约二十英里，所看到的景色就像天堂一般美丽。道路的两边，许多的牛羊在高大的橡树下吃草，远处的山峰连绵不绝，太阳从山间紫色的朝霞中缓缓升起。草地上、山脚下、峡谷中，到处都可以看到石头建成的屋子，它们有着尖尖的茅草屋顶，正面和侧面覆盖着常春藤或开花的藤蔓。"[③] 乡间的景色优美、空气清新，非常适合散步，乡

---

① MASON C M. Home education：a course of lectures to ladies[M]. London：K. Paul, Trench，1886：61.

② CHAVASSE P H. Advice to a mother on the management of her children[M]. London：Chrchill，1878：255.

③ FAY A M. Victorian days in England：letter of an American girl，1851-1852[M]. Boston and New York：Houghton Mifflin Company，1923：8.

间散步对于维多利亚时期的英国中产阶级的孩子来说是一种非常常见的运动方式。前文提到过，英国人喜欢把家建在郊区或乡村，喜欢和大自然亲密接触。在这种得天独厚的环境中，乡间散步就成为青少年最为常见也最为便利的休闲运动方式。牛津大学的查尔斯·欧曼(Charles Oman)教授回忆自己儿时的经历时，就曾提到父亲在工作之余经常带他去乡间散步，这一温馨且健康的亲子活动一直持续到他父亲病情恶化、腿脚不便之前。

育儿书指出，对于青少年来说，散步或跑步是最好的运动。要想保持健康，青少年每天至少应走十英里，当然可以分几次来完成。有些女孩可能会认为这个距离太长了，但要保持身体的健康，让肌肉得到适度的运动、神经系统得到一定的锻炼、血液循环得到顺畅、胸腔变得更健康，适度的运动必不可少。散步是最好的运动，也是每个青少年必须要做的运动。英国的气候决定了一年四季都适合散步。当然有人会说路上太脏了，其实只要穿上一双厚一点的靴子就可以了。① 梅森认为，在恶劣的天气里散步能够培养孩子的专注力，因此在寒冷或下雨的天气里，散步也不应停止。为了调动孩子的积极性，父母应想办法让散步变得更有趣。著名的魔术师罗伯特·胡丁(Robert Houdin)在自传中说，冬天里他会带儿子一起散步，在和儿子经过一个玩具店时，他们会一起快速经过，然后停下来从口袋里拿出纸笔，把刚才在橱窗里看到的商品画下来。儿子通常可以画出四十种物品，但父亲只能画出三十种。然后父子二人再回到橱窗前进行核对，发现儿子所画的物品很少有错误的。② 这也被梅森认为是寓教于乐的一个典型。

---

① CHAVASSE P H. Advice to a mother on the management of her children[M]. London:Chrchill,1878:268.

② MASON C M. Home education:a course of lectures to ladies[M]. London:K. Paul, Trench,1886:63.

3. 骑马

在维多利亚时期的英国，骑马是一项非常流行的运动。在小汽车被发明和应用之前，人们出行的主要交通工具是马或马车。出生于1842年的约翰·希尔姆（John Shearme）在回忆录中分享了自己少年时期骑马的经历。约翰·希尔姆是个身体比较虚弱的孩子，在八岁那年，父母将他送到附近的一所寄宿学校上学，但上了一段时间之后，他的身体便吃不消了。母亲带他去看医生，医生的建议是先调理和保养好身体，学业任务要减半。于是接下来的五年，他在家中度过。在这五年里，父亲给他买了一匹漂亮结实的小马，他骑着这匹马进行了大量的户外活动，因此健康状况也逐渐好转。①

当时的育儿书对青少年骑马的好处进行了肯定，同时也指出，青少年可以学习骑马，但不可用骑马来替代步行。骑马有很多好处，对于居住在城市中的青少年来说，学会骑马可以去到更远的乡下呼吸清新与健康的空气。此外，骑马也可以为青少年带来许多的乐趣。骑马对于男孩和女孩来说都是一项非常好的运动，它能够改善人的体态，使动作变得更加优雅，也能够增强心肺功能并锻炼肌肉，还能够让人变得更有能量和勇敢。因此男孩和女孩都应尽早学会骑马。骑马不仅能锻炼身体，还可以让人身心愉悦，可谓双重收获。②

良好的运动习惯非常重要。夏天最好的运动时间是早餐前，因为清晨凉爽的空气能够促进血液循环。如果孩子没法空腹运动，则可以在运动前先吃一片面包、喝一些牛奶，当运动结束后，就可以吃早餐了。在运动的量方面，不宜过量，因为过量的运动会带来身体的疲劳。饱餐后不宜马上进行剧烈运动，至少要经过一个半小时的消化，才能

---

① SHEARME J. Lively recollections[M]. London：John Lane the Boldely Head，1912：8-10.

② CHAVASSE P H. Advice to a mother on the management of her children[M]. London：Chrchill，1878：269.

进行运动。[①] 父母不但应让孩子做适量的运动，还应尽可能让孩子们住在空气流通的地方。父母对孩子的照料不可过于精细，因为父母经历过的生活苦痛，孩子今后也必须要经历。父母对孩子过于精心照料，实则对孩子的成长不利。那些被精心照料的孩子往往身体羸弱，经不起风雨。[②]

三、重视女孩的身体健康

青春期女孩的身体健康关乎着其今后的人生幸福与家庭幸福。《给母亲管理孩子的建议》一书指出，当时许多女孩身体瘦弱、个子矮小，主要原因是缺少新鲜空气和运动。久坐不动会让人变得懒惰，长此以往，健康也会出问题。要确保女孩们的健康，母亲们就要多让她们到户外呼吸新鲜空气和进行运动。只要多到户外呼吸新鲜空气并加强运动，女孩们的健康状况就会得到好转。这里说的新鲜空气是指乡下的空气，而非城市里的空气。这里所说的运动是指无拘无束地活动四肢。与男孩们一样，女孩们的肌肉也需要得到锻炼，肺部功能也需要得到增强，神经系统也需要得到强化。但由于缺少锻炼，她们的身体状况往往不如男孩。女孩的娇弱并不是与生俱来的，更多是受后天的规矩和要求所束缚。[③]

呼吸、消化、内脏运动等都需要足够的新鲜空气和运动。长期在室内久坐不动，容易引发身体不适，会对女孩们的心脏、大脑、肺部

---

① CHAVASSE P H. Advice to a mother on the management of her children[M]. London:Chrchill,1878:342.

② CHAVASSE P H. Advice to a mother on the management of her children[M]. London:Chrchill,1878:268.

③ CHAVASSE P H. Advice to a mother on the management of her children[M]. London:Chrchill,1878:267-268.

或胃部造成难以修复的损伤。有人指出，当时很多穷人家的女孩们经常外出活动，因此在身体素质方面，她们是那些整天待在家里读书、写字、画画、唱歌等的女孩们的榜样。①

在运动技能方面，当时许多运动项目将女孩们排除在外，如足球、曲棍球等，但有些运动项目女孩们也可以参与，如游泳、射箭、跳绳、骑马、槌球、滑冰、跳舞等。射箭可以扩展胸腔，拉升肩膀，改善体态，增强肌肉。跳绳时，身体的各个部分都会得到锻炼，因此非常适合女孩。打槌球能够锻炼女孩们的上肢肌肉，美化肤色，增强背部力量，扩展胸腔。槌球对于女孩们来说，就像板球对于男孩们一样，是一项光荣的游戏，它既可以为女孩们带来健康，还能让女孩们感受到幸福和成就感。在打槌球时，女孩们沐浴在明亮的阳光下，微风拂面，这种体验比在阴暗、炎热且空气浑浊的舞池里跳舞要好太多，并且槌球比跳舞要更有乐趣，因为在打槌球时，女孩们的智力会得到开发，肌肉也会得到锻炼。② 《家长评论》杂志也指出，女孩们可以划船、骑马、游泳、打网球等，她们之所以不打槌球，并非是生理方面的原因，而是因为其服饰阻碍了她们的运动。③

跳舞本身是一项很好的运动，但有很多人跳舞之后感染了咳嗽、感冒和肺病，这是因为舞会常常会让女孩们坐到深夜，且跳舞时穿的衣服比平时穿的更加单薄，因此更容易着凉。通常情况下，舞池会比较暖和，舞会结束之后，女孩们不得不在寒风凛冽中回家，室内外巨大的温差会让她们的身体无法适应而生病。因此，考虑到女孩们的健

---

① CHAVASSE P H. Advice to a mother on the management of her children[M]. London:Chrchill,1878:267-268.

② CHAVASSE P H. Advice to a mother on the management of her children[M]. London:Chrchill,1878:272-273.

③ MASON J. Some practical points in the physical education of children[J]. The parents' review,1893,4(2):96-102.

康，母亲应尽量少让女孩们参加舞会。①

歌唱也非常有利于身体健康，但母亲们在让自己的女儿们上声乐课之前，应确保她们的肺部没有疾病。如果肺部没有疾病，那么大声歌唱和朗读都对身体有益。著名的歌手很少因肺病而去世，因为歌唱能够扩展胸腔，改善发音，使人的声音更加洪亮，肺部更加健康，也可以抵御一些疾病的发生。②

前文已述，青少年都应尽早学会游泳。值得一提的是，《给母亲管理孩子的建议》一书强烈建议女孩也要像男孩一样学会游泳，因为女孩的肌肉、肺部和其他器官和男孩一样，也需要得到适当的锻炼。考虑到当时男女有别的传统观念，该书还建议，大一些的城镇应为女性修建专用的游泳池。游泳也应成为每个青春期女孩的必修课。③

骑马在当时也是女孩们可以掌握的运动技能。骑马对于女孩们来说是一项高贵的运动，它能改善女孩们的体态，并且具有很强的趣味性，还能提高女孩们的胆量。如果女孩们多多练习骑马，脊椎侧弯、溜肩、各种失调、癔症等都会有所减少。经常骑马的女士比从未骑过马的女士要更健康、强壮和有力。骑马既是运动，也是娱乐，对男女两性都适宜。④

母亲要注意女孩们的体态，因为这可能会影响其健康。含胸驼背会影响体态和身材，将会对身体带来不利影响。含胸驼背如被忽视，会削弱胸部，妨碍消化。如果因身体不好而含胸驼背可以理解，但应

---

① CHAVASSE P H. Advice to a mother on the management of her children[M]. London:Chrchill,1878:273-274.

② CHAVASSE P H. Advice to a mother on the management of her children[M]. London:Chrchill,1878:272-274.

③ CHAVASSE P H. Advice to a mother on the management of her children[M]. London:Chrchill,1878:256.

④ CHAVASSE P H. Advice to a mother on the management of her children[M]. London:Chrchill,1878:269.

及时看医生，待健康状况得到改善，父母应为女孩请舞蹈老师，进行健美和体操训练。运动可以改善体态，骑马和游泳非常有利于保持良好的体态。此外，要确保女孩们的饮食营养。不要让女孩们一整天待在室内，或过度沉浸于课业。晚上应让女孩们睡在马鬃床垫上，白天可以在躺椅上平躺两三个小时。①

女孩们进入青春期后，父母面临着要送女孩去寄宿学校学习还是让其继续在家接受教育的选择。当时很多人不提倡送青春期的女孩去寄宿学校，其重要缘由是寄宿学校的生活与学习条件、一日生活安排、饮食营养程度等可能不利于女孩身体的营养与健康，因此建议有条件的家庭聘请家庭教师，让女孩在家中学习。《给母亲管理孩子的建议》一书指出，对于女孩们来说，在家接受教育远比在寄宿学校接受教育要好得多。在家中，女孩们在健康、道德、家务的发展方面，要远远好过去寄宿学校。此外，让女孩们和自己的兄弟姐妹们分开，去寄宿学校学习，对于她们的情感是一种严重的伤害，这会让兄弟姐妹们的感情变得淡漠，兄弟姐妹们的情谊受到影响。②

如家庭条件不允许而不得不送女孩去寄宿学校学习时，父母应对寄宿学校进行严格的筛选，尽可能为女孩们选择条件更好的学校。当时的寄宿学校在教学活动安排方面亟待改革。当时的寄宿学校安排的日常活动大多是耗费脑筋的书本学习，对于女孩们的健康考虑甚少。

育儿书指出，母亲们在培养女儿们时必须牢记，这些女孩今后会成为妻子和母亲，如果她们的身体不够健康和强壮，所学会的知识也会变得无用，因为这些对于成为贤妻良母毫无益处。母亲还必须牢记，在孩子小的时候，身体的锻炼比心智的开发更重要，因而应首先让孩

---

① CHAVASSE P H. Advice to a mother on the management of her children[M]. London:Chrchill,1878:292.

② CHAVASSE P H. Advice to a mother on the management of her children[M]. London:Chrchill,1878:278.

子养成强健的体魄。如果一开始就让女孩们去死记硬背大量的知识，她们的大脑将会受到损伤，而且这些死记硬背的知识对于她们后续的发展用处很小。因此，应让女孩们学习一些实用的知识，让她们学会自立自强。①

十二岁至十七岁是女孩们最重要的身体发育阶段，她们未来的健康和幸福都会在这个阶段奠定基础。相比起其他任何阶段，这一阶段的女孩们更需要足够的新鲜空气、运动、娱乐和营养。因此父母如果打算送女孩去寄宿学校，必须要确保她们能够吃到足够营养的食物，学校有足够的户外运动场所能让女孩们锻炼身体，一天之中至少要有三分之一的时间用来打槌球、跳绳、射箭、打羽毛球、散步、跑步等。②

当时脊椎侧弯在英国女孩中也比较常见。造成脊椎侧弯、肋骨外翻的原因要么是体质虚弱，要么是缺乏适当的锻炼，要么是快速成长的身体缺乏足够的营养。通过精心的治疗，通过体操、跳绳、游泳、户外运动以及补充营养，这种情况可以得到改善和治疗。

《给母亲管理孩子的建议》一书指出，要让女孩们成为大自然的孩子，让她们尽可能多地在户外活动，把书本扔到一边。除非是从有经验的医生那里得到医嘱，否则千万不要使用任何器械来约束女孩们的身体。因为器械如果使用不当，会损伤肌肉，增加对女孩们的伤害。器械可能会矫正某一个部位，但也可能会造成其他部位的畸形。对于脊椎侧弯和肋骨外翻的情况，最好是适当地增加一些肌肉训练。母亲们应牢记尽早治疗的重要性。如果能遵循上述建议，孩子早期的身体弯曲都能够被治愈。要记住，想让女孩们变得挺拔，首先要让她增强

---

① CHAVASSE P H. Advice to a mother on the management of her children[M]. London:Chrchill,1878:277-278.

② CHAVASSE P H. Advice to a mother on the management of her children[M]. London:Chrchill,1878:277-278.

体质，适当的肌肉锻炼可以增强体质。另外还要尽快看医生，尽早把握有效的治疗时机。严重且长期的脊椎侧弯和肋骨外翻可能会需要使用器械辅助治疗，但必须在有经验的外科医生的指导下进行。①

上述观点和当时的女性观密不可分。前文已述，在维多利亚时期，女性“家庭天使”的形象深入人心，父母在培养女孩方面，也是朝着贤妻良母的方向培养。因此在受教育内容方面，身体健康和实用的家务劳动学习是第一位的，基于书本学习的智力发展则居于次要地位。

第四节　注重饮食营养

维多利亚时期的英国中产阶级非常注重饮食，在这方面的花费很高，食物是家庭预算中最大的一项。② 在儿童的饮食方面，当时英国中产阶级非常注重营养。

一、母乳是婴儿最天然的营养

母乳喂养的观念在维多利亚时期的英国中产阶级中根深蒂固，相比起历史上许多中上阶层的母亲将孩子交给乳母哺育，在条件允许的情况下，维多利亚时期的英国中产阶级母亲更愿意亲自哺育孩子，为孩子的健康打下基础。

（一）提倡母乳喂养

17 世纪末到 18 世纪，医学界已有现代统计数据表明，对于孩子来

① CHAVASSE P H. Advice to a mother on the management of her children[M]. London:Chrchill,1878:293-294.

② 李宝芳. 维多利亚时期英国中产阶级婚姻家庭生活研究［M］. 北京：社会科学文献出版社，2015：176.

说，奶妈哺乳比母亲哺乳要危险得多。[①] 奶妈作为一个特定历史条件下出现的群体，其主要目的是盈利。为了这一目的，有些奶妈会假装奶水充足，在这种情况下，孩子的营养得不到保证，健康自然也就得不到保障。此外，有的奶妈责任心不够，在给孩子喂奶时自己先睡着了，乳房堵塞孩子的呼吸道，导致孩子窒息而亡。相比之下，母亲对自己孩子的责任心肯定比奶妈要强，且不存在利益的考虑，也就不存在在奶水质量方面偷工减料、以次充好的情况。因此有人开始提倡，如果母亲身体条件允许，应尽可能自己为孩子授乳，此举有利于母子双方的身心健康。母乳喂养的主张通过育儿书，在维多利亚时期的英国逐渐推广开。

与此前聘请职业奶妈的做法不同，《给母亲管理孩子的建议》一书提出："让母亲为孩子授乳，母乳喂养既是孩子身心健康成长的需要，也是母亲的需要。孩子出生后，母亲就该给孩子授乳。建议在母亲产后三四个小时，体力在一定程度上恢复后就开始进行。如果母亲没有奶可以喂孩子，应隔一段时间再让孩子尝试吸吮一次。至少要在努力十二个小时仍无果之后，才能给孩子喂其他食物。"[②] 这一建议已经和我们当今提倡母乳喂养的主张基本保持一致了。要知道，在这之前，英国中上层社会普遍流行职业奶妈这一职业，但这一现象到了近代已受到质疑。

维多利亚时期英国中产阶级提倡母乳喂养，这与上层阶级母亲不亲自给孩子授乳的传统有较大差异。这一时期的家庭教育指导书指出，对于婴儿来说最好的食物无疑是母乳。所有母亲应意识到，母乳是孩子最好的食物。母亲应食用健康的食物、呼吸新鲜空气、加强锻炼、

---

① 斯通. 英国的家庭、性与婚姻 1500-1800［M］. 刁筱华，译. 北京：商务印书馆，2009：177.

② CHAVASSE P H. Advice to a mother on the management of her children[M]. London:Chrchill,1878:16.

保持性情的温和与乐观，以保养好自己的身体。母亲的情绪对母乳质量的影响很大，心烦意乱、脾气暴躁、情绪焦虑的母亲很难用母乳喂养出茁壮成长的孩子，同时孩子可能会因疾病或烦躁而饱受折磨。不管多忙，母亲应有规律地为孩子授乳，这样孩子的胃不至于负荷过重，也不至于过于饥饿。当婴儿进入断奶期，应为其提供一些类似于母乳一样光滑、轻薄、温暖、新鲜、甘甜的流质食物。众所周知，牛奶就是一种非常好的选择。牛奶中富含的营养元素能够强壮骨骼、促进血液循环、增强心肺功能、使肌肉变得更加结实。如果孩子对牛奶适应得很好，则暂时不需要补充其他的食物。对于尚未出牙的宝宝来说，牛奶、面粉和水是最自然的食物，还可以适当吃一些蔬菜泥，蔬菜可以促进胃酸的分泌。①

育儿书指出，原则上说，婴儿出生后母亲就可以立刻给孩子授乳了，但考虑到母亲生产时耗费体力较大，最好在孩子出生后三四个小时，待母亲体力逐渐恢复后再开始给孩子授乳。不宜给新生儿喂稀粥等食物，因为这会导致新生儿不愿意吸吮母乳。如果母亲下乳比较慢，要保持耐心，至少要在新生儿出生十二个小时后，才能给其喂其他人工食物。通常情况下，不需要给新生儿喂人工食物，但如果有必要，建议按三分之一鲜牛奶和三分之二的温水比例，再加入少许糖，调制牛乳给新生儿喝。在喂养时间方面，过于频繁的喂养不利于母亲和孩子双方的健康。孩子出生后的第一个月，以四个小时为间隔；从第二个月开始，每两个小时喂养一次；接下来随着孩子年龄的增加加大时间间隔，直到每四个小时喂养一次。② 有的母亲见孩子一哭闹就授乳，导致授乳过频，给孩子的胃肠造成负担，最后导致孩子生病，因此在

---

① MARTINEAU H. Household education[M]. London: Smith, Elder & Co., 1876: 55-63.

② CHAVASSE P H. Advice to a mother on the management of her children[M]. London: Chrchill, 1878: 17-18.

婴儿期就应让孩子养成规律的进食习惯。[①] 如果母亲身体健康且母乳充足，在孩子五六个月前，不宜喂养人工食物；但如果母亲身体比较虚弱，且母乳不足，就有必要添加一些人工食物。[②]

（二）辅食添加考虑个体差异性

待到孩子六七个月大时，就可以添加一些辅食了。在辅食的选择方面要充分考虑个体差异性，适合一个婴儿的辅食未必适合另一个婴儿。维多利亚时期英国最常见的婴儿辅食有如下十几种。

第一种是煮面包屑，这也是最常见的婴儿辅食。在制作煮面包屑时，通常会把面包屑放在水中用小火熬煮两个小时，然后会加入少许方糖或红糖以提升口感。有时也会在煮好的面包屑中兑入一些鲜牛奶，随着孩子月龄的增加，逐渐增加牛奶的比例。第二种婴儿辅食的制作方法是：将面包切成片，放入盆中，加入冷水没过面包片，将其放入烤箱烘烤两个小时，然后取出，用勺子敲打面包，直至其变得松软。如果上述两种辅食婴儿都不吃，可以试下第三种叫作“tous-les-mois”的辅食。“tous-les-mois”是美人蕉根块的边条，从西印度群岛进口，一年四季都可以食用。[③]

第四种婴儿辅食是罗布饼干（Robb’s Biscuits），罗布饼干是小麦粉制成的面包类食物，非常好消化。第五种婴儿辅食的制作方法是：取一磅面粉放在布上，将其扎紧，放入盛满水的平底锅中，小火熬煮四个到五个小时，然后取出，打开布之后，会发现里面有一些干粉，这些干粉磨碎后可以用来制作婴儿辅食。第六种婴儿辅食是在烤箱里

---

① CHAVASSE P H. Advice to a mother on the management of her children[M]. London:Chrchill,1878:19.

② CHAVASSE P H. Advice to a mother on the management of her children[M]. London:Chrchill,1878:19.

③ CHAVASSE P H. Advice to a mother on the management of her children[M]. London:Chrchill,1878:20.

用小火烤面粉直至其变色，用擀面杖将烤好的面粉压成细粉，盛入容器中备用。第七种婴儿辅食是烤面包屑。烤面包屑的制作方法是：将面包屑放入盘子里，将其放到火边慢慢烘干。待面包屑烤干后，在研钵中将其磨成细粉，然后过筛。将过筛的面包屑放入烤箱，慢火烤至浅黄褐色。按照煮粥的方式熬煮烤好的面粉和面包屑，根据孩子胃肠的实际情况酌情加入少许糖。①

烤面粉有时会导致孩子便秘，在这种情况下，可以考虑第八种辅食。按照 2∶1 的比例，在面粉中加入燕麦片，取一勺燕麦粉和四分之一品脱牛奶、水混合，煮好后，加入些许糖调味，这对婴儿或老人来说都是营养又美味的食物。②

第九种婴儿辅食是由达特福德公司（Hards of Dartford）生产的婴儿食品，这种食品价格昂贵，因此许多人会在其中掺入苏格兰燕麦片，给婴儿做辅食。第十种婴儿辅食是煮饼干。将质量上乘的婴儿饼干放在水中熬煮一个小时，充分搅拌后加入少许糖调味。第十一种婴儿辅食的制作方法是：取面包表层，在水中熬煮一个小时，然后加入少许糖调味。第十二种婴儿辅食是莱曼饼干粉（Lemann's Biscuit Powder）。第十三种婴儿辅食是布朗和波尔森专利玉米粉（Brown and Polson's Patent Corn Flour）。维多利亚女王的厨师弗朗西斯泰利（Francatelli）在其书中分享了制作方法："在一勺布朗和波尔森甜点中，加入半品脱开水，再加入一杯凉水，在火上搅拌五分钟，放温之后就可以喂给宝宝了。"第十四种婴儿辅食是尼尔斯婴儿谷物粉（Neaves' Farinacious Food for Babies），它不像其他粉状食物那样黏稠，因而对于婴儿来说

---

① CHAVASSE P H. Advice to a mother on the management of her children[M]. London:Chrchill,1878:20-21.

② CHAVASSE P H. Advice to a mother on the management of her children[M]. London:Chrchill,1878:21-22.

也是一种很好的减肥食物。①

第十五种婴儿辅食的做法是：在冷水中浸泡一些高质量的大米，淘洗后，加入清水熬制成米浆，过筛之后，在米浆中加入块糖继续熬煮十五分钟，按照 2∶1 的比例，加入鲜奶。第十六种婴儿辅食专门针对身体比较弱的婴儿，在牛奶中加入一些扁豆粉，并加入少许糖。第十七种婴儿辅食也是针对肠胃比较虚弱的婴儿，具体的做法是：在五勺清水中加入一勺精制面粉，将其置于火上，然后加入五勺鲜牛奶和少许糖，搅拌二十分钟即可。如果发现孩子添加辅食之后日渐消瘦，可以尝试第十八种辅食，选取纯箭根（arrow-root）制作成粉，在其中加入等量的水和优质的鲜奶，再加入少许糖和盐调味。箭根含有大量淀粉，虽不能像牛奶一样有助于骨骼和肌肉的生长，却能形成脂肪，有助于防寒保暖。②

上述辅食都只能是母乳或牛奶之外的食物，婴儿的主食仍然是母乳或牛奶。③ 在给婴儿喂辅食时，最好能用奶瓶，因为吮吸对于婴儿来说是最自然的进食方式，也最能给婴儿带来安慰和满足。维多利亚时期英国最好的奶瓶由位于伦敦的摩根兄弟（Morgan Brothers）生产，这种奶瓶也被称为“安格鲁-法兰西奶瓶”（The Anglo-French Feeding Bottle）。当时还有几种质量比较好的奶瓶，如“喷泉婴儿奶瓶”（The Fountain Infants' Feeding Bottle）、“马瑟婴儿奶瓶”（Mather's Infants' Feeding Bottle）。④ 从上述辅食的调味品添加方面可看出，当时很多辅

---

① CHAVASSE P H. Advice to a mother on the management of her children[M]. London：Chrchill，1878：22.

② CHAVASSE P H. Advice to a mother on the management of her children[M]. London：Chrchill，1878：23.

③ CHAVASSE P H. Advice to a mother on the management of her children[M]. London：Chrchill，1878：24.

④ CHAVASSE P H. Advice to a mother on the management of her children[M]. London：Chrchill，1878：25.

食都添加了糖。在婴儿食品中添加糖的问题上，当时的育儿书指出，适量的糖能够增加食物的营养，但一定要注意不能过量，因为过多的糖分会产生大量的胃酸，影响消化功能，不利于身体健康。莎士比亚曾说过："吃起来很甜的食物，消化时往往都会变成胃酸。"① 此外，可以在婴儿食物中加入少量的盐，"盐是最佳调味品"，且有助于消化。②

给婴儿饮用的牛奶应尽可能新鲜，同时要特别注意牛奶容器的卫生。育儿书上特别强调，一定要给婴儿饮用同一头牛产的奶，以确保牛奶的新鲜和质量。牛奶如果保鲜不好，就会变酸变馊，影响婴儿的肠胃健康，甚至会导致抽搐。当时确保牛奶新鲜的唯一办法就是取同一头牛的奶，最好是自己家里能养一头奶牛，但如果情况不允许，可以和饲养奶牛的人事先预定好，用自己准备好的牛奶罐取奶。最好能准备两个牛奶罐，每周应彻底清洗一次牛奶罐。③

维多利亚时期英国五岁以下儿童的死亡率很高，其中很多孩子是因母乳不足而死亡。当时英国经常发生"父母屠杀婴儿"的现象，即不给婴儿提供食物和营养致使无辜的小家伙死亡。这一现象通常发生在富人身上，他们要么是追求奢华的生活而无暇顾及孩子，要么是因母亲身体过于虚弱导致母乳不足。通常情况下，穷人家的母亲会更好地照顾好婴儿。④

在婴儿的抚养问题上，要遵循自然法则——婴儿在出生后的几个月中需要母乳喂养，如果违背了自然法则就会遭到惩罚。自然的食物

---

① CHAVASSE P H. Advice to a mother on the management of her children[M]. London:Chrchill,1878:38.

② CHAVASSE P H. Advice to a mother on the management of her children[M]. London:Chrchill,1878:26.

③ CHAVASSE P H. Advice to a mother on the management of her children[M]. London:Chrchill,1878:25-26.

④ CHAVASSE P H. Advice to a mother on the management of her children[M]. London:Chrchill,1878:28.

要好过一切人工食物。对于孩子来说，最好的食物是母乳。如果母亲不能为孩子授乳，则最好能为其找一位身体健康的乳母。在孩子生命的前几个月中如生病，母乳或乳母的乳汁对孩子来说是最佳良药和安慰。如果找不到合适的乳母，可以用驴奶作为替代，其次是山羊奶。在所有的动物奶中，驴奶和人乳最接近，非常适合身体虚弱的婴儿。相比之下，山羊奶更适合身体强壮的婴儿。如果没法获得驴奶或山羊奶，就只能给孩子喂“牛奶—水—盐—糖”混合物了。同时，各种奶都要特别注意保鲜。①

在婴儿喂养方面要特别注意，不能让孩子的肠胃负担过重，即不要给孩子喂过量的食物，也不宜过于频繁地喂食。过犹不及，许多小生命都是因为暴食而死亡的，如小鸟。过饱会让孩子呕吐，让其肠胃不适，还会引发其他的疾病。

（三）慎重选择乳母

在为孩子选择乳母时，首先要考虑的是健康因素。要考查乳母的家人是否健康，是否患有疾病，要检查其颈部是否有肿块，其皮肤是否患有皮疹或红斑。还要看乳母是否有足够的奶水以及确认奶水的质量。要看乳母乳头是否健康，如有乳头内陷的情况，将会影响婴儿的吸吮。要了解乳母的孩子和自己的孩子是否月龄相近。还要确认乳母哺乳期内是否有月经，因为月经会影响奶水的营养。要了解乳母自己的孩子是否健康。理想情况下，最好能选择来自乡下、面色红润、身体健康、年龄在二十岁至二十五岁之间的乳母，以确保乳汁新鲜、卫生和营养。

最好选择其孩子和自己的孩子月龄相近的乳母。因为乳汁的质量会随着孩子的月龄而发生变化。在孩子刚出生时，乳汁会比较清淡，

---

① CHAVASSE P H. Advice to a mother on the management of her children[M]. London:Chrchill,1878:28-29.

随着孩子月龄的增加，母乳会变得黏稠。但如果自己的孩子和乳母的孩子月龄相差较大，乳母的乳汁就可能不适合自己的孩子。在为非常小且身体虚弱的婴儿寻找乳母时，一定要确保乳母的乳头柔软且正常，如果乳头过大，会导致婴儿无法吸吮。此外，还要确保孩子吸吮时，有奶流入孩子口中。①

为确保奶水质量，母亲或乳母要注意饮食营养，但不宜过饱，一日三餐要按时用餐。母亲或乳母早餐可以喝一点红茶，吃一两片冷肉；中餐应吃牛羊肉、土豆、芦笋、四季豆、花椰菜、西兰花和面包；晚餐可以吃一两片冷肉，吃一些奶酪，喝一碗燕麦粥。晚餐不宜吃得太晚，食物不宜过热。当时有一种说法是："哺乳期妇女应多吃东西。"针对这一观点，育儿书指出，为确保奶水质量和婴儿的健康，哺乳期妇女应注意营养，但不宜食用过于油腻的食物。②

哺乳期妇女应早睡早起，天气好的情况下，早餐前最好能散散步，以利于食物的消化。哺乳期妇女不宜久坐或久卧，要多走动。夏天时每天至少要有半天时间在户外活动，晚上十点前应上床睡觉，确保睡眠质量。不宜让乳母居住在拥挤的房间里，要确保其情绪的安宁和平稳，因为情绪和压力会影响身体，进而影响奶水质量。在挑选乳母时，要注意选择性格温和、稳重的女性。此外，要让乳母知道，哺乳期间不能服用任何药物。婴儿的健康非常宝贵，不容疏忽，任何时候都不能拿婴儿的健康开玩笑。③

维多利亚时期，英国婴儿普遍的断奶时间是九个月。育儿书指出，

---

① CHAVASSE P H. Advice to a mother on the management of her children[M]. London:Chrchill,1878:32-34.

② CHAVASSE P H. Advice to a mother on the management of her children[M]. London:Chrchill,1878:34-35.

③ CHAVASSE P H. Advice to a mother on the management of her children[M]. London:Chrchill,1878:36.

如果母亲身体比较弱，孩子六个月时就可以断奶了。如果婴儿的身体比较弱，则可继续喂养至十二个月。超过一岁后还不断奶，对孩子和母亲双方的健康都有害无益。婴儿断奶是一个渐进的过程，首先可以通过逐渐减少母乳喂养的频率、逐渐增加辅食的频率来让婴儿慢慢适应；然后母亲可以坚持只在夜间喂母乳；最后母亲可以和孩子分开几天，让孩子彻底断奶。①

二、新鲜牛奶对于儿童必不可少

维多利亚时期的英国中产阶级家庭中，一岁以上孩子的主要食物包括牛奶、牛羊肉、蔬菜、水果等，烹饪方式则根据孩子的年龄以及身体状况进行调整。

（一）根据孩子的身体状况安排饮食

一岁以上的孩子以前文提到的婴儿辅食为主食，也可以根据实际情况吃一些土豆泥和肉泥，或者吃一些面包屑配肉汁，偶尔也可以吃些大米布丁或奶油布丁换换口味。育儿书建议，一岁以后不应再用奶瓶喂食，最好能使用勺子。随着孩子月龄的增加，所吃的食物应逐渐加硬。② 十八个月以上的孩子，如果出牙情况好，就可以吃一些肉类了。如果孩子身体状况好，可以每天给孩子准备一些牛羊肉丁，再配上土豆泥和肉汁；如果孩子身体比较弱，则可让其隔一天吃一次肉。同样，偶尔也可以让孩子吃些大米布丁或奶油布丁，在食用布丁时就不宜再食用肉类了。

每天午餐可以吃一个布丁，布丁有谷物类的，也有油脂类的，还

---

① CHAVASSE P H. Advice to a mother on the management of her children[M]. London：Chrchill，1878：37.

② CHAVASSE P H. Advice to a mother on the management of her children[M]. London：Chrchill，1878：97.

有谷物类和油脂类混合的。还可以给孩子吃一些水果派或水果布丁，也可以按照《默里的现代烹饪书》（*Murray's Modern Cookery Book*）中的儿童水果食谱给孩子准备水果。"给孩子吃的水果，不只有水果派和水果布丁两种，可以试下如下配方：将苹果切片后放入广口瓶中，加入李子、葡萄、醋栗，拌匀之后，撒上里斯本糖。把广口瓶放在炉灶上或炉边，加入一茶杯水，防止烧开；也可以将广口瓶放入炖锅中，慢慢加热。在广口瓶中加入一些面包片或米饭，让孩子就着水果一起吃下。"① 草莓果酱、覆盆子、醋栗果酱等对孩子来说也非常有营养。② 布丁应在肉类和蔬菜之后食用，否则孩子吃完布丁就不会再吃其他食物。每天给孩子吃一个布丁，就不需要再给孩子吃大量的肉类了，吃太多肉对孩子的健康不利。每天吃少量的肉对孩子的健康有好处，还有助于牙齿的锻炼。③ 黄油是一种高热量、营养的食物，对孩子的肠道有益，孩子的食物不能缺少黄油。④

维多利亚时期英国中产阶级非常反对给孩子吃猪肉，在他们看来，猪肉对孩子们来说是一种油腻、粗俗且毫无营养的食物。"据我所知，好几个人因为吃了猪肉而患上严重的疾病。如果孩子吃猪肉，则可能会造成皮肤生疮。而且，孩子的血液会呈现出和食物相同的特征。此外，猪肉被认为是一种烈性肉，只有强壮的男人才能食用烈性肉和烈

---

① CHAVASSE P H. Advice to a mother on the management of her children[M]. London:Chrchill,1878:99.

② CHAVASSE P H. Advice to a mother on the management of her children[M]. London:Chrchill,1878:99.

③ CHAVASSE P H. Advice to a mother on the management of her children[M]. London:Chrchill,1878:99.

④ CHAVASSE P H. Advice to a mother on the management of her children[M]. London:Chrchill,1878:100.

性酒。”[①] 由此可见，当时的英国人对猪肉有着强烈的偏见。在当时的英国人看来，牛犊肉比牛肉更难消化，羔羊肉比羊肉更难消化，因此在给孩子准备的饮食中，更倾向于牛肉和羊肉。[②] 另外，当时英国人认为鸡蛋也是很有营养的食物，不但能够强健骨骼，还可以为身体输送热量。蔬菜方面，在他们看来，土豆是非常适合孩子的食物，但在给孩子做土豆时，要把土豆仔细捣成泥，因为土豆块会影响孩子的消化。此外，西兰花、花椰菜、萝卜、四季豆等都是适合孩子的蔬菜。[③] 饮食的多样性非常重要，在孩子的饮食方面，种类要不断变化，烹饪方式也要经常变化，这样做不仅有利于调动孩子的胃口，也有利于孩子的消化。[④]

（二）珍视牛奶的营养价值

维多利亚时期的英国人十分重视牛奶在儿童饮食中的重要性。有一种食物，包含了人早期所需要的所有营养，那就是牛奶。[⑤] 牛奶富含钙质和脂肪，对孩子的身体发育非常有利，是孩子膳食中必不可少的一种。四五岁以下的孩子，应多饮用鲜牛奶，并且以鲜牛奶为主食，否则孩子的身体不可能健康。“孩子仅靠面包无法活下去，但仅靠牛奶却可以!”[⑥] 牛奶既是荤食又是素食，等同于肉类加面包的营养。牛奶

---

① CHAVASSE P H. Advice to a mother on the management of her children[M]. London:Chrchill,1878:106.

② CHAVASSE P H. Advice to a mother on the management of her children[M]. London:Chrchill,1878:106.

③ CHAVASSE P H. Advice to a mother on the management of her children[M]. London:Chrchill,1878:107.

④ CHAVASSE P H. Advice to a mother on the management of her children[M]. London:Chrchill,1878:109.

⑤ WILSON H M. The food and clothing of children beyond infancy[J]. The parents' review,1893,4(11):833-838.

⑥ CHAVASSE P H. Advice to a mother on the management of her children[M]. London:Chrchill,1878:101.

是流质的，能迅速到达胃部，进入胃部后，它会变成固体，对孩子来说牛奶是最重要也是最好的食物。《泰晤士报》关于牛奶有这样的论述："牛奶是一种富含营养的食物，能在不需要添加其他食物的情况下维持婴儿幼小的生命，然而现实中不可思议的是，牛奶的消费群体还比较有限。人们在探望病人时往往喜欢送一些昂贵的物品以及一些箭根和其他比牛奶营养差得多的食物，还不如送一些牛奶。"①

维多利亚时期的英国，牛奶保鲜技术还不够发达，如不是自家饲养了奶牛，那么牛奶从奶牛身上挤出来再到孩子口中，中间至少要经历挤奶工、送奶员之手。然而挤奶和送奶这些中间环节，很可能会出现掺假的情况。挤奶工在牛奶中掺假是罪恶的行为，有多少婴儿的健康和生命就毁在掺假的挤奶工手上。同时，送奶过程中也有可能存在勾兑和调包的现象。被勾兑后的牛奶和不卫生的牛奶质量令人担忧，会对孩子的身体造成毁灭性的影响，也是孩子罹患佝偻病和淋巴结的罪魁祸首。因此育儿书建议，母亲一定不要降低给送奶工的报酬，否则孩子的健康恐不保。另外，还可以找一位信得过的牛奶饲养员，和他清楚地说明孩子需要牛奶的情况，然后承诺愿意为此付出合理的报酬。"请放心，为一夸脱牛奶多支付一两便士的报酬，会是你在这个世界上做过的最好的投资。"②

从上面这段话可以看出，当时英国的牛奶市场比较混乱，保鲜技术还不发达，流通渠道缺少监管，最终进入婴儿口中的牛奶质量令人担忧。牛奶市场暗含巨大腐败，需要得到彻底的调查与改革。在有限责任公司成为维多利亚时期的英国主流的情况下，当时人们呼吁在每

---

① CHAVASSE P H. Advice to a mother on the management of her children[M]. London：Chrchill，1878：102.

② CHAVASSE P H. Advice to a mother on the management of her children[M]. London：Chrchill，1878：102-103.

个大一点的城镇都应建立有限责任公司，确保牛奶质量。① 但在牛奶保鲜技术没有成熟之前，这个愿望很难达成。当时牛奶的保鲜方法还是冷藏。“天气炎热时，为了防止牛奶变质，可以把牛奶放进一个装有冰块的罐子里，再把罐子放到阴凉处备用。冰块可以到信得过的鱼贩子那里买到，要用法兰绒布或毯子包好。”② 不过，冷藏的牛奶保质期也相当有限。

在饮用量方面，每个儿童每天至少应食用一夸脱的新鲜牛奶，在食用方式方面应多样化，可以在面包、布丁、淀粉类等食物中加入牛奶，也可以让孩子喝纯牛奶。

（三）良好饮食习惯尽早养成

维多利亚时期英国中产阶级热衷于举办家庭社交晚宴，也非常重视餐桌礼仪。年纪较小的儿童一般不出现在家庭社交晚宴的餐桌上，而是由保姆或家庭女教师照管着。待年纪稍长后，懂得餐桌礼仪的孩子会被允许参加社交晚宴。孩子的餐桌礼仪往往是在日常的家庭生活中得到训练的，当时的育儿书建议，当孩子能够坐到餐桌前时，就可以开始和父母共同进餐了，和父母共同进餐是训练绅士和淑女礼仪的重要机会。③ 通过和父母一起进餐，孩子的不当行为得以被及时纠正，他们也有机会模仿父母的言行举止。

在饮食习惯方面，育儿书指出，孩子不宜吃得过饱。因为过饱可能会带来三种后果：会让孩子变得易怒、暴躁和愚蠢；会让孩子的消

① CHAVASSE P H. Advice to a mother on the management of her children[M]. London:Chrchill,1878:103.

② CHAVASSE P H. Advice to a mother on the management of her children[M]. London:Chrchill,1878:104.

③ CHAVASSE P H. Advice to a mother on the management of her children[M]. London:Chrchill,1878:113.

化系统紊乱，导致便秘；会引起恶心。[①] 通过健康饮食习惯的培养，父母可以训练孩子节制的品质，这也是中产阶级非常看重的道德品质。

针对孩子挑食，母亲逼迫孩子吃自己为其挑选的一切食物的情况，育儿书建议，母亲要尊重孩子的饮食喜好，逼迫孩子去吃他不喜欢的食物是罪恶的行为。“一种食物对于有的人来说可能是人间美味，但对于另外的人来说可能就是毒药。”[②] 尊重孩子对食物的喜好，不强迫孩子去吃他不喜欢吃的食物，体现了维多利亚时期英国父母对孩子主体性的尊重。但育儿书也明确指出，蛋糕等甜食对孩子来说是慢性毒药，这些食物对胃不好，让孩子食欲不振，影响骨骼发育。[③] 不仅如此，食用过多甜食还会影响孩子的口腔健康，对牙齿造成损伤。

针对当时有的父母会让孩子饮酒的情况，育儿书指出这是一种非常荒谬的行为，儿童绝不能饮用酒精饮料。[④] 此外，孩子也不宜喝茶，喝茶会对孩子幼小的神经带来巨大的伤害，并影响其骨骼发育。[⑤] 对于孩子们来说，最好的饮品是水，但维多利亚时期英国城市地区的地表水因人口聚集和污水排放，污染十分严重，饮用地表水是引起白喉、霍乱和血液疾病等的重要原因。[⑥] 相比之下，深井中的地下水污染较少，对孩子的健康更有利。针对当时饮用水污染的严重情况，育儿书

---

① CHAVASSE P H. Advice to a mother on the management of her children[M]. London:Chrchill,1878:98.

② CHAVASSE P H. Advice to a mother on the management of her children[M]. London:Chrchill,1878:113.

③ CHAVASSE P H. Advice to a mother on the management of her children[M]. London:Chrchill,1878:112.

④ CHAVASSE P H. Advice to a mother on the management of her children[M]. London:Chrchill,1878:110.

⑤ CHAVASSE P H. Advice to a mother on the management of her children[M]. London:Chrchill,1878:111.

⑥ CHAVASSE P H. Advice to a mother on the management of her children[M]. London:Chrchill,1878:108.

还特别建议要防止饮用水被铅汞污染。饮用铅汞污染过的水会导致瘫痪、便秘、绞痛、手腕下垂、记忆力减退等病症。[①] 这一时期，英国有的地方已设有饮水喷泉，饮水喷泉中的水已经过一定的净化，为人们带来了巨大福音。

三、青少年的饮食要营养健康

青少年的饮食和成年人的饮食比较接近。《印度人眼中的英国生活》对维多利亚时期英国人的饮食习惯进行了描述。

（一）英国人的饮食习惯

英国中产阶级比较注重饮食质量，食物是家庭预算中最大的一项。在19世纪90年代，即使是一个富裕的英国中产阶级家庭也几乎把收入的四分之一花在食物和饮料上。[②] 但在印度人眼中，英国人在饮食方面普遍比较缺乏想象力，早餐他们通常吃面包、火腿、奶酪、鸡蛋，喝一杯红茶或咖啡，上述搭配一成不变，一个月中差不多有二十五天保持原样；英国人的中餐吃得比较简单；晚餐他们会吃牛肉、猪肉或鱼肉，再配上一些土豆或一片卷心菜。英国人的饮食口味比较重，他们喜欢吃一些外国人看来很油腻的肉或奶酪，喝一些比较浓的汤，经济条件允许的情况下，还会吃德国香肠。节日里，他们会吃一些布丁、蛋挞、馅饼和其他配菜。受过良好教育且收入更高的阶层也会尝试一些法国菜肴，有的甚至从法国聘请大厨。印度食物，如米饭和咖喱，

---

① CHAVASSE P H. Advice to a mother on the management of her children[M]. London:Chrchill,1878:108.

② 李宝芳，马世力. 19世纪英国中产阶级家庭文化探析［J］. 深圳大学学报（人文社会科学版），2008（3）：8-13.

加上酸辣酱和调味品，也越来越受欢迎。①

英国人的晚餐在某种程度上可以说是简单且单调。厨师在给食物调味时缺乏分寸，烹饪方式缺乏多样性，对食材处理比较粗糙、简单。与食材相比，他们的烹饪方式更加糟糕。每天在商店里都挂着一些被整只料理好的大型动物或小型动物的尸体，随时可供食用。这种展示方式非常野蛮，这种激发人类野蛮本能的展示方式其实大可不必。②

“在英国，由于用餐习惯的不同，我没有和朋友一起吃过一顿正规的晚餐。但有一次去看望一个将要离开英国的朋友时，我正好赶上和他们一起吃午餐。在那里我看到一群诗人、哲学家和他们的忠实粉丝正在用餐，一位年轻的女士做东。他们在用餐时，我正在扶额流汗。不一会儿我发现牛肉被扫光了，接下来蔬菜、调料等都被扫光了。饭后女主人问我对食物和用餐方式有何感想，我本能地回答：“太恐怖了！”我的答案引起了绅士们的不满，也让女主人感到汗颜，但我却不由自主这样回答。人的胃怎么能盛下那么多的食物？英国的女人和孩子食量也很惊人。能吃这么多的食物，他们的体力自然不在话下。不过看看英国的天气就不难理解他们为什么要吃这么多的食物了，他们必须摄入足够的热量才能适应当地的气候。”③ 当然，上述提到的印度人眼中的英国饮食习惯有一定的主观性，但英国中产阶级喜欢举行宴会是事实。有史料表明，英国家庭在食物方面花费巨大，一个重要原因是中产阶级家庭频繁举行宴会。富裕家庭几乎每周都会举行一个8—

---

① MERWANJI M B. The Indian eye on English life[M]. Westminster: A. Constable and Company, 1893: 45.

② MERWANJI M B. The Indian eye on English life[M]. Westminster: A. Constable and Company, 1893: 45-46.

③ MERWANJI M B. The Indian eye on English life[M]. Westminster: A. Constable and Company, 1893: 46-47.

12人参加的奢侈宴会，其他家庭则大约每个月举行一次。① 由此可见，英国人在食物方面花费巨大。

在饮食习惯方面，《家长评论》建议，父母首先应让孩子养成细嚼慢咽的习惯，囫囵吞食会影响胃部的消化，不利于孩子的身体健康；其次，两餐之间不要让孩子吃甜食；再次，八岁至十岁以下的孩子每天最多吃一餐肉；最后，红酒和啤酒对于儿童来说犹如毒药，不能让儿童养成饮酒的习惯。②

（二）青少年的食物应营养健康

青少年的身体正在迅速发育中，因此需要大量的能量和营养。如果男孩女孩早上起来要做大量的体育运动，那么早餐最好喝一点咖啡，因为运动会让咖啡的热量转换为能量。如果早上不进行体育运动，则最好喝一点红茶。在青少年喝的咖啡或红茶中，可以加入一半的鲜牛奶。如果青少年的身体比娇弱，则每天早上起来应喝一杯新鲜牛奶。在饮酒方面，青少年可以喝少量的高质量的低度啤酒，但绝不能喝烈酒。对于青少年来说，最好的饮料是水。菲尔丁（Fielding）说过："酒对于青少年来说，就像在火上浇油。"父母不应以任何理由让青少年饮酒。青少年可以喝茶，但最好不要喝绿茶，因为绿茶会让人感到精神紧张，青少年喝茶时可以加入一些鲜牛奶。③

如果在早餐之前，男孩女孩进行了长距离的散步或跑步，则早餐应吃一些肉类。如果准备餐后进行一些户外的体育运动，早餐也应吃一些肉类。否则早餐可以不吃肉。

---

① 李宝芳，马世力. 19世纪英国中产阶级家庭文化探析［J］. 深圳大学学报（人文社会科学版），2008（3）：8-13.

② MASON J. Some practical points in the physical education of children[J]. The parents' review,1893,4(3):199-204.

③ CHAVASSE P H. Advice to a mother on the management of her children[M]. London:Chrchill,1878:263-264.

对于青少年来说，正餐最好能吃一些新鲜的牛羊肉、新鲜蔬菜或一些粉状布丁。青少年的午餐通常包括肉类、布丁、蔬菜、面包、酱汁等。除非生病，否则青少年每天都应摄入一定的肉类，以确保身体的健康、强壮。所有勇猛的动物都是食肉动物，要成为有勇气的人，就必须要摄入肉类食物。不要让青少年喝浓汤以及吃调味品过多的食物，因为这些会使他们的肠胃功能紊乱，引起血液发炎。一般来说，青少年的正餐不可用肉汤来替代肉类，因为这样会对胃造成伤害。相比起液体食物，固体食物对胃更友好。大量的液体会稀释胃液，使胃过度膨胀，变得虚弱，从而导致消化不良。偶尔可以在肉食的基础之上，喝一些清淡的肉汤。一块普通的肉，不管是烤的还是煮的，在健康和能量方面都要远远优于任何一种汤。青少年晚餐不宜吃肉。如果感到饥饿，可以吃一些面包加奶酪，或者面包加黄油，也可以喝一些新鲜牛奶。①

在维多利亚时期的英国人看来，肉是非常有营养的食物，甚至是唯一有营养的食物，因此在青少年的饮食中，肉类占据了重要位置。我们无法否定肉类所富含的营养，但它并非适合每一个青少年。在一个维多利亚时期英国人的回忆录里，记载了他对以肉为主的饮食的怨恨之情："当时的家庭有一种迷信，那就是肉是唯一有营养的食物。当时顽强的苏格兰人主要以燕麦为生，而热情慷慨的爱尔兰人则以土豆为生，相比之下英格兰人则非常钟情肉类。人们认为，所有的爱尔兰人都很慷慨热情，这一定是受他们的饮食所影响。一个群体对食物有共同的偏见，我就曾听我的父亲斩钉截铁地说过：'鱼肉没有真正的营养。'我非常讨厌那些带血或烤焦的肉，宁愿吃面包和黄油，但由于在人们看来肉才是有营养的食物，所以不得不去吃它。我并不是那种只

① CHAVASSE P H. Advice to a mother on the management of her children[M]. London:Chrchill,1878:264-266.

喜欢吃没有营养的食物的人，比如说圣诞节晚餐时龙虾上面的布丁，我感觉比中餐吃的煮羊肉要更容易消化。但作为孩子，我们并不知道自己所喜欢的食物是否有营养，而家人也不会放任我们只吃自己喜欢的食物。在当时的人们看来，肉才是有营养的食物，对于一个身体虚弱的孩子来说，我无法想象世上还有比这更营养的食物了。”[①] 尽管食肉是维多利亚时期中产阶级青少年惯有的生活习性，但《家长评论》提醒家长，不要让孩子吃肥肉，也不要让孩子吃太多甜食。[②]

由此可见，在孩子的饮食方面，群体饮食文化的影响非常之大。但对于孩子本身来说，并非人们认为最营养的食物就是最适合他们的食物，一定要考虑到孩子的身体实际情况来合理安排饮食。

（三）持续养成良好的饮食习惯

青少年时期是人成长的重要阶段，也是良好习惯养成的关键时期，青少年良好饮食习惯的养成十分重要。前文已述，在儿童时期，节制的饮食习惯备受推崇，在青少年时期也不例外。青少年处于身体发育的关键时期，在确保足够营养的基础之上，节制的饮食习惯养成非常重要，应继续保持。此外，餐桌礼仪也是青少年的必修课程。维多利亚时期英国中产阶级家庭经常举行家庭社交晚宴，在这一充满仪式感的社交活动上，青少年往往会被允许出席。他们的餐桌礼仪和饮食习惯往往代表着家庭和父母的颜面，因此讲究生活品质的中产阶级父母会非常注重青少年餐桌礼仪的养成。而且，中产阶级父母也非常重视让青少年养成细嚼慢咽的饮食习惯。细嚼慢咽有利于孩子消化与健康，因此在用餐时间的安排上，父母应留有足够的时间让孩子能细嚼慢咽。青少年应在中午两点前食用正餐，晚餐则不宜在八点以后。在两餐之间，不宜再吃零食。人们往往会有一种错误的观念，那就是应“少吃

---

① JEPSON E. Memories of a Victorian[M]. London: Victor Gollancz Ltd., 1933: 22-23.

② To parents[J]. The parents' review,1892,3(11):805-810.

多餐”。实际上，胃是需要休息的，如果少吃多餐，胃就需要不停地工作，这不利于身体健康。① 因此，少吃零食也是当时提倡的饮食习惯。

第五节 保证睡眠质量

高质量的睡眠是健康的必要条件。维多利亚时期英国的育儿书中传递出人们对健康睡眠的追求。

一、高质量睡眠对身体健康很重要

下面是一首在当时流传的《家庭健康与幸福诗》（“Household Verses on Health and Happiness”），当时的人们用诗歌的形式，传递着高质量睡眠的重要性。

家庭健康与幸福诗②

你想要变得健康吗？
请保持屋子的整洁舒适；
每天一起床，
就应抖动每块毯子和床单。
离开床铺，
走下床去呼吸新鲜空气。
打开门窗，
让微风吹进卧室。

---

① CHAVASSE P H. Advice to a mother on the management of her children[M]. London:Chrchill,1878:266.

② CHAVASSE P H. Advice to a mother on the management of her children[M]. London:Chrchill,1878:285.

当新鲜的空气进入屋内，
浑浊的空气将被吹走，
就像邪不压正。
每天早上起床之后，
都要重复上述步骤。
这会让你感到轻松。
如果你感到疲惫，
毫无疑问，
你的每间屋子都布满了厚厚的灰尘。
要知道所有麻烦的事情都会给人带来好处，
否则就会让人头疼、心痛、发烧等。
四处走动，
然后在感到身体暖和时坐下来；
让微风吹向自己，
直到所呼吸到的空气变得清新与甜蜜，
一天的劳累下来，
你仍然会感到振奋；
呼吸更多的新鲜空气，
当你在清晨醒来会感到清新。

——每位母亲应读的诗

从这首诗可以看出，当时人们把高质量的睡眠和家庭健康与幸福结合在一起，并从居室与被褥的整洁舒适、房屋的通风良好等方面论述了高质量睡眠的必要条件。当然，这首诗的最后也指出“每位母亲应读的诗”，说明母亲在当时家人健康睡眠保障中发挥了重要作用。

二、良好的睡眠习惯从婴儿时期开始养成

如果孩子消化良好、感到温暖、身体疲劳且没有疾病，自然就会在适当的时间入睡。母亲应尽早训练孩子有规律的睡眠，好的睡眠习惯一旦养成，将会让孩子受益无穷，也会节约母亲很多的时间。[①] 睡眠习惯是非常私密的事情，很难获得有关资料，但维多利亚时期英国人的睡眠习惯在一本回忆录里可窥见一斑。

（一）新鲜空气对于婴儿睡眠很重要

新鲜空气对于婴儿来说十分重要。家庭教育指导书指出，人离不开氧气，就如蜡烛燃烧离不开氧气一样。当氧气稀薄时，蜡烛的光芒会变得暗淡，直至熄灭，而人如果不能呼吸新鲜的氧气，就会变得虚弱与憔悴，因此必须为孩子提供新鲜的空气。每天早上，都必须换气通风。天气好时，应带孩子到户外呼吸新鲜空气，但在让孩子呼吸新鲜空气时，也需要注意一些事项。我们必须避免让孩子的脸直接对着风吹，否则孩子脸上的皮肤会变得粗糙。孩子的心肺功能还比较弱，只能适应温和的新鲜空气。在天气不那么好时，应避免让孩子直面冷风，还应给孩子戴上帽子，以确保不受寒风的侵袭。[②]

关于卧室的温度，当时英国人有一种错误的认识，那就是温暖的空气有利于身体健康。针对这一误区，育儿书指出："一些患有肺病的男孩女孩，经常被关在温暖的房间里，尽管如此，他们仍然愁眉紧锁、身体状况不佳。夜间和生病时厌恶寒冷新鲜的空气可能是人的本能，但对身体的清洁和保持室内空气的清新仿佛是英国人非常不情愿做的

---

① MARTINEAU H. Household education[M]. London: Smith, Elder & Co., 1876: 55-63.

② MARTINEAU H. Household education[M]. London: Smith, Elder & Co., 1876: 55-63.

事情。”[①]

这一时期的育儿书还指出，刚出生的婴儿需要他人的体温来保暖，尤其是在冬天，因此新生儿不宜单独睡。但新生儿在和大人同睡时要特别注意不能过度覆盖以防窒息。许多婴儿就是因为这个原因夭折的。前几个月过后，就可以让婴儿单独睡了，最好给婴儿准备马鬃床垫。[②]针对婴儿蒙被窒息的问题，育儿书提出了八条建议：第一，要在床上给婴儿留有足够的空间；第二，不要和婴儿靠得太近，如床铺太小，无法和婴儿保持足够的距离，可以让其将头转向另一边；第三，让婴儿平躺或侧卧；第四，确保婴儿的口鼻不要被被褥覆盖；第五，不要让衣物遮挡住婴儿的口鼻，当婴儿醒着时，要让其能呼吸到足够的新鲜空气；第六，不要让婴儿睡在床上塌陷下去的地方；第七，不要在婴儿周围摆放枕头，以防止婴儿夜间熟睡翻身之后被枕头遮挡口鼻；第八，夜间不要把婴儿交给年轻且粗心的仆人带。[③]

家庭教育书指出，夜里，需要通过增加衣物来保持温度，应让婴儿单独睡在自己的小床上，而不是和母亲睡在一起（这在当时是非常常见的现象）。在极度寒冷的天气里，母亲可以带婴儿一起入睡，但必须在婴儿睡着之后，且确保盖好被子的情况下，自己才能入睡。当时出现过许多婴儿因与大人同睡，而被厚重的被褥窒息的事故。即便不出现窒息事故，婴儿与母亲同睡也存在许多弊端，如他们所呼吸的空气是母亲呼出来的，母亲的汗水也会影响婴儿的睡眠。让婴儿睡在自己的小床里有很多好处，只要被褥厚度合适，在自然的睡眠状态中，

---

① SPARROW W S. Memories of life and art though sixty years[M]. London: Joan Lane the Bodley Head Limited, 1925: 24-25.

② CHAVASSE P H. Advice to a mother on the management of her children[M]. London: Chrchill, 1878: 56.

③ CHAVASSE P H. Advice to a mother on the management of her children[M]. London: Chrchill, 1878: 59-60.

婴儿自身的热量已经足够保暖，另外他们所呼吸到的空气也更加健康。一年四季之中，婴儿所穿着的衣物都应宽松，以利于四肢的活动和身体的发育。经过母亲细致的管理，不管春夏秋冬、不管白天黑夜，婴儿都能保持自然的温暖。①

婴儿摇篮、摇床和摇椅在维多利亚时期的英国是一种很常见的婴儿物品，但育儿书指出，只要婴儿得到适当的照料，在不需要摇晃的情况下也可以安然入睡。睡前摇晃孩子是一个坏习惯，久而久之，婴儿不被摇晃就会无法入睡。婴儿摇篮、摇床和摇椅是为懒惰的母亲或保姆设计的，其可以让婴儿在不需要睡眠的情况下被摇晃入睡。②

婴儿居住的房间应宽敞通风，卧室的门应经常打开，以便空气的流动。婴儿睡觉时所穿的衣物应宽松，以能让其自如地活动身体的每个部位为宜。③ 睡眠能让婴儿长得更加健康和强壮，因此应让婴儿多睡觉，但不宜让婴儿睡在保姆身上，应让婴儿睡在自己的小床上。

（二）儿童应养成早睡早起的好习惯

在睡眠习惯方面，维多利亚时期英国人崇尚早睡早起的观念，认为冬天孩子应在六点钟上床睡觉，夏天孩子应在七点钟上床睡觉。长期让孩子在晚上九十点钟之后才睡觉，会在其身体中埋下疾病的种子。每天天一亮，孩子就应醒来，并立刻起床，早起的习惯要尽早养成，因为这将会是孩子终身受益的好习惯。④ 待孩子会走路之后，应鼓励其

---

① MARTINEAU H. Household education[M]. London: Smith, Elder & Co., 1876: 55-63.

② CHAVASSE P H. Advice to a mother on the management of her children[M]. London: Chrchill, 1878: 56.

③ CHAVASSE P H. Advice to a mother on the management of her children[M]. London: Chrchill, 1878: 57.

④ CHAVASSE P H. Advice to a mother on the management of her children[M]. London: Chrchill, 1878: 145.

睡前在宽敞的地方跑半个小时，目的是让双脚热起来，使睡眠更安稳。[①] 午睡对三岁以内的儿童来说是必需的，通过几个小时的午睡，孩子的精神会焕发一新，身体活力也能得到增强。如果不让孩子午睡，在傍晚时，孩子会感到非常疲惫，以至于晚上无法安然入睡。由于长时间的清醒，孩子的神经会变得疲惫不堪，他们将陷入一种混乱不安、断断续续的睡眠中，而不是那种健康、快乐的童年所特有的甜蜜、温柔的睡眠。[②] 在睡眠姿势方面，当时英国人认为侧卧是最好的睡姿。但要注意让孩子每天变换睡姿，因为长期保持同一个睡姿，会导致骨骼弯曲，对身体发育造成不利影响。[③] 此外，应尊重自然法则，让孩子睡足，不应在孩子熟睡时把他叫醒，让他吃药、穿衣服或做其他事情。但当孩子醒来之后，就应立刻让其起床、穿衣服、洗漱。孩子起床之后，应把其被褥全部掀开，透气至少一小时后再叠起来。待孩子离开房间后，不论冬夏，都应开窗通风。[④]

要坚持早起，因为早起能够让人身体健康，且能延年益寿。年轻人不应经常赖床晚起，因为经历了一个晚上，卧室里的空气已经不那么纯净。年轻人应早起，呼吸早晨温暖和健康的空气。当时的文人用类比的方式书写诗歌，用自然界中动植物的休眠来阐释睡眠对于生物的重要性。这些诗歌朗朗上口，向人们传递着健康的生活方式。

和云雀一起早起，又和云雀一起睡去，

---

① CHAVASSE P H. Advice to a mother on the management of her children[M]. London:Chrchill,1878:142.

② CHAVASSE P H. Advice to a mother on the management of her children[M]. London:Chrchill,1878:143.

③ CHAVASSE P H. Advice to a mother on the management of her children[M]. London:Chrchill,1878:144.

④ CHAVASSE P H. Advice to a mother on the management of her children[M]. London:Chrchill,1878:145.

夜色会掩盖每一朵鲜花的色调。
到田野中去，
去问问谦卑的雏菊，
为何太阳一下山它就开始睡觉。
花期还远远未到，
为何花朵就要脱掉它的东方神秘面纱？
如果让这受大自然夸赞的最甜美的花瓣，
暴露在夜晚的潮湿中，
被迫在午夜剧场中饱尝有毒气体，
清晨到来时它会低垂，会失去所有的新鲜感。
请给它庄严的休息时间，
到了早上它又将恢复活力，
哦！那是一种魅力，
是清晨独有的魅力，
那是一种青春的气息，
是青春的双唇散发出来的精致香味。
狂热地沉迷于睡眠，
睡到中午才起床的人，
无法体会到这种魅力。①

如果在孩子的童年时期就让其养成早睡早起的习惯，这将会让其终身受益。不要去惊扰孩子的睡梦，但当他醒来后，就应鼓励他马上起床。介乎于睡眠和清醒状态之间的赖床状态对身体具有伤害性，它会让人身心俱疲，对身体的危害就像喝了烈酒一样。要想早起，就必

① CHAVASSE P H. Advice to a mother on the management of her children[M]. London:Chrchill,1878:286.

须早睡，不要等到全家人都睡觉时，才让孩子上床睡觉。不管冬夏，孩子在晚上九点钟都应上床睡觉，这样才能确保在早晨早起。

（三）不能让儿童带着不良情绪入睡

除保证睡眠环境和养成早睡早起的习惯外，在儿童的睡眠习惯培养方面，当时的育儿书指出，要让孩子在愉悦平和的状态下入睡，即保证儿童良好的睡眠情绪。现实中，有许多孩子可能是在非常沮丧的心情中入睡。如有的孩子因愿望没有得到满足，就放声大哭，最后哭累了后睡着。当时的育儿书指出，在睡眠情绪方面，要让孩子在愉快的心情中入睡，不要让孩子哭着入睡。让孩子在睡前记住家是甜蜜的，父母是和蔼可亲的，他是幸福喜悦的。在愉快的情绪中入睡，孩子的睡眠会更加香甜，也更有利于身心健康。① 相反，在沮丧和哀伤中入睡，会影响孩子的睡眠质量，甚至会让孩子做噩梦，不利于孩子的身心健康。

三、注重为儿童营造良好的睡眠环境

良好的睡眠环境是优质的睡眠质量的必要条件，要确保房间通风良好，保证儿童在睡眠中能呼吸到新鲜空气，要给孩子准备适合其身体发育的床褥。

（一）确保房间的通风良好

在维多利亚时期的英国家庭，卧室通常是家里最小的房间，空间狭小就很可能通风不良，导致睡眠中所呼吸的空气不够清新。睡眠中呼吸新鲜空气对于健康非常重要。如果卧室门紧闭，睡眠质量就会受到影响，人们很难安然入睡，常常会在半夜里醒来，这样一来，早上

---

① CHAVASSE P H. Advice to a mother on the management of her children[M]. London:Chrchill,1878:146.

起床后会感到非常疲惫。

母亲和婴儿的房间通常都要比较暖和，很多时候会采用烤箱加温的手段，但实际上这是不健康的，母亲和婴儿的房间最好能温度保持适中，门要半开着，以便空气的流通。新生儿的舒适和保暖十分重要，不要在寒冷的冬天让新生儿待在冰冷的房间里的床上，也不要直接用冷水给新生儿洗澡，更不能让新生儿只穿很少的衣物。在冬天，母亲和婴儿的房间应采取取暖措施，温度应保持在 50 ℉左右。要特别注意房间的通风，不通风的房间对身体有害，许多人都是在睡梦中中毒的。①

《给母亲管理孩子的建议》一书中提出，出于对健康的考虑，要确保卧室的通风，因此卧室应是家中最大的房间。如果没办法安排一间宽敞的卧室，建议父母要在卧室门上方和下方分别钻二十来个洞，以确保卧室空气的流通。如果没法在门上打洞，应让卧室门整晚打开，为防止打扰，可以拴上一条门链。夏天的夜晚，卧室的窗户应打开大约两三寸的样子。如果卧室旁边是更衣室，那么可以把更衣室的窗户打开，卧室的窗户可以关上。更衣室和卧室之间的门可以用来控制空气流动，可以随着天气的冷暖来调节打开的幅度。要想睡眠质量好，肺部必须呼吸新鲜空气。如果睡眠也需要营养，那么新鲜的氧气就是肺部最佳营养，而二氧化碳或酸性气体是肺部的毒药。②

当时的育儿书上也明确指出，绿植和鲜花夜间不宜放在卧室内。当时已有实验表明，绿植和鲜花白天会吸收二氧化碳，释放氧气，但在夜间却会释放有毒气体。此外，每位父母都应注意不要让卧室的烟囱和家里任何房间的烟囱被堵住，因为堵住的烟囱不利于通风，更不

---

① CHAVASSE P H. Advice to a mother on the management of her children[M]. London:Chrchill,1878:55.

② CHAVASSE P H. Advice to a mother on the management of her children[M]. London:Chrchill,1878:283.

利于人的身体健康。[①]

（二）给孩子准备适合的床褥

在睡眠环境方面，首先是要给孩子准备适合其身体发育的床垫，马鬃床垫软硬适中、透气性好，能够有效地防止儿童脊椎弯曲，被认为是最适合儿童睡眠的床垫。与温暖但可能导致儿童头部出汗的皮毛枕头相比，质地透气、凉爽的马鬃材质的枕头被认为是最适合儿童的枕头。[②] 儿童在黑暗的房间里比在亮堂的房间里睡眠质量更好。在卧室温度方面，英国人信奉“寒冷的马厩造就强壮的马”的观念，认为夜间寒冷的空气会让人感到头脑清新，因此儿童的卧室温度不宜过高，若非严寒时节，不需要在儿童的房间内生火。精细化的养育方式会让一个健康的孩子变得娇弱，而严苛的养育方式则有可能让娇弱的孩子丧失生命。[③] 在孩子的抚养问题上，应根据实际情况调整手段，不能走极端。

（三）重视孩子睡眠隐私与舒适

如果条件允许，每个男孩女孩应有自己单独的房间。如果家中是两个男孩或两个女孩，且不得不让他们睡在同一间卧室时，父母应注意给他们安排单独的床铺。让每个孩子拥有单独的床位是一种权宜之计，对于他们的健康来说也会更好。床的顶部应保持开放，也就是说，床架的顶部不应覆盖家具，而应向天花板敞开，以促进空气的自由流通。在有空气流动的床侧，可以安上窗帘，但是在床上安装厚厚的帷幔会阻碍空气的自由流通。年轻人的床垫可以是马鬃做的，这种床垫

---

① CHAVASSE P H. Advice to a mother on the management of her children[M]. London:Chrchill,1878:287.

② CHAVASSE P H. Advice to a mother on the management of her children[M]. London:Chrchill,1878:142.

③ CHAVASSE P H. Advice to a mother on the management of her children[M]. London:Chrchill,1878:145.

能极大地改善身材，增强骨骼的强韧性。白天，只要不下雨，卧室的窗户就应打开。孩子起床之后就应把被褥全部掀开，过一会儿再叠起来，睡觉之前再铺开。①

（四）保证孩子足够的睡眠时间

孩子的睡眠时长取决于其平时的运动量。当时有一种错误的观点，即男孩的睡眠越少越好。《家长评论》杂志指出，四岁至六岁的儿童每天的睡眠时间约为十三个小时，八岁至十岁的儿童每天的睡眠时间约为十二个小时，十二岁到十八岁的青少年每天的睡眠时间为十个半小时到十一个小时。② 通常来说，孩子每天晚上的睡眠时间至少要达到八个小时，中午最好能午睡一小会儿。与成年人相比，婴儿、儿童和青少年需要更多的睡眠时间。这在某种程度上可以解释为婴儿、儿童和青少年的运动量比成年人更大。另外，与年长的人相比，年少的人没有那么多痛苦、悲伤或忧虑，因而睡眠质量也会更好。③ 总之，父母应确保孩子有足够的睡眠时间。

第六节 科学防控疾病

维多利亚时期，英国儿童成长过程中的常见疾病包括淋巴结核、肺病、脊椎侧弯、肋骨外翻等，而青春期女孩还容易罹患褪绿症和歇斯底里等病症。其中，最严重且有很大可能导致死亡的病症是肺病。维多利亚时代早期，缺医少药的情况普遍存在，中产阶级家庭的条件

① CHAVASSE P H. Advice to a mother on the management of her children[M]. London:Chrchill,1878:284.

② MASON J. Some practical points in the physical education of children[J]. The parents' review,1893,4(3):199-204.

③ CHAVASSE P H. Advice to a mother on the management of her children[M]. London:Chrchill,1878:287.

稍好，孩子生病后许多家庭能看得起医生，但当时的医疗水平较为有限，因误诊和不当治疗而导致身体受到损害的情况经常发生。有史料记载，1843 年，一名十四岁的英国女孩被确诊为脑膜炎，人们往她的大脑中注入十二条水蛭，结果导致女孩大量失血，几周后便生命垂危，最后女孩失声，一年后仍无法发声，身体也非常虚弱。① 可见当时因父母愚昧导致孩子健康受损的现象时有发生。

一、儿童常见病症及防控

有研究表明，1830 年，中产阶级上层职业男子的平均寿命是 44 岁，商人或小职员是二十五岁，劳工是二十二岁。人的平均寿命因为婴儿和儿童的死亡率被拉低，每 1000 个孩子中，有 150 个孩子在五岁前死去。1869 年的死亡率报告给出了一个典型的冬季一周内死亡人数范围：死亡的人中，40% 为五岁以下的儿童，死因从各种儿童疾病——麻疹、百日咳，到伤寒和发热，到婴儿疾病，例如腹泻，或者母亲没有母乳或早产。② 另有统计显示，1848—1872 年，英国儿童、青少年死亡的主要诱因是传染病。在五岁至十四岁的儿童、青少年群体中，因传染病去世的人数占总死亡人数的 60% 以上，导致儿童、青少年死亡的其他因素还有呼吸系统疾病、神经系统疾病、消化系统疾病等。③ 总之，维多利亚时期儿童的死亡率仍然较高，这也为中产阶级家庭敲响了警钟。

---

① JOHNSON W. The domestic management of children in health and disease on hydropathic and homoepathic principles[M]. London: Simpkin, Marshall, and Co., 1856: 18-19.

② 弗兰德斯. 维多利亚时代 [M]. 蔡安洁，译. 上海：东方出版中心，2021：182-183.

③ General Register Office. Matters of life and death[R]. London: Her Majesty's Stationery Office, 1958: 16.

1. 淋巴结核

淋巴结核是维多利亚时期英国儿童、青少年的常见病症之一。在预防淋巴结核方面，《给母亲管理孩子的建议》一书建议，要严格遵守健康规则，孩子应少看书，除了作为消遣娱乐的书，其他的书都应丢弃；患者必须居住在空气清新的乡村，周围有纯净的水源；应早睡早起，避免饮用红酒、烈酒等酒精饮品；应注意营养，要摄入牛羊肉等优质蛋白质，饮用大量的牛奶，食用一些淀粉类食物。如能严格遵守上述建议，则有可能避免患淋巴结核。此外，在身体状况不佳时，大脑也不宜过于透支，有些人天生就容易患上淋巴结核，毫无疑问，对于这类人，应更精心照顾，培养他们良好的健康习惯。①

如已患上淋巴结核，当时的治疗建议是：必须继续遵守上述建议，这是一个需要极大耐心和毅力的工作，不能半途而废。温水浴和冷海水浴对患者的身体都有好处。已确诊的患者，还应去看有经验的医生。除医生的建议外，不宜病急乱投医。可以通过营养的饮食来增强体质，可以服用一些鱼肝油，确保居住环境的干爽怡人。如果肺部不适，可以选择居住到一些更加隐蔽的海边。不要指望能够立即康复，也不宜采取一些过于积极的方式进行治疗。但请不要绝望，许多淋巴结核患者通过时间和有效的治疗都得以治愈。如果确实陷入无药可救的地步，不要采取过于积极的治疗措施，应听天由命。②

2. 肺病

维多利亚时期，肺病是一种十分恐怖的病症，这种病症十分常见，且死亡率很高。据官方统计，英国一年有 7.8 万例肺病，其中因肺病死亡的人数每年大概为 3.9 万。十四岁至二十一岁是肺病的高发期，二十

① CHAVASSE P H. Advice to a mother on the management of her children[M]. London:Chrchill,1878:290-291.

② CHAVASSE P H. Advice to a mother on the management of her children[M]. London:Chrchill,1878:291.

一岁以后，患病的概率大大下降。男孩比女孩更容易患肺病。[①] 当时人们认为，肺病的易感原因包括体质特性、遗传因素、胸部狭窄、脊椎畸形、营养不良、空气不洁、通风不佳等。过度的书本学习，导致大脑过度消耗也是易感原因之一。此外，缺乏适当的户外活动与锻炼也有可能造成肺病。总的来说，任何影响肺部正常工作的原因都可能是肺病的诱因。[②]

母亲们必须了解的是，肺病是不断累积而成的。最初的症状可能是轻微的干咳，伴有喉咙顶部的痒和刺激。一开始咳嗽可能只发生在早晨，后来慢慢夜间也开始咳嗽，再后来一整天都会咳嗽。在患病早期，经常会出现轻微的吐血。在这个阶段，最严重的症状就是吐血。肺病在早期可以通过听诊器诊断。父母一定要做好孩子肺病的预防工作，孩子一旦患病必须马上送医。[③] 对于孩子来说，身体是第一位的，如果孩子出现剧烈咳嗽、轻微咯血等肺病的前兆，父母必须要做好预防和保养工作，防止孩子的健康状况恶化。

当时人们认为繁重的课业学习和紧张的书本学习耗费大量的心血，不利于身体健康。因此建议让孩子暂时远离学业；如果孩子正在上学，赶紧让其请假；如果已经工作，应赶紧让其停下手里的活；如果其居住在城镇，应将其送至有利于健康且隐蔽的乡村或南海岸。还要特别留意其衣物的保暖，要确保其胸部和脚部的暖和。不论冬夏，都要让其穿上法兰绒背心。脚部的保暖也必须得到重视，要确保脚部一直处于暖和和干爽状态，鞋袜的潮湿有可能会引发身体的病变。如果是男

---

① CHAVASSE P H. Advice to a mother on the management of her children[M]. London:Chrchill,1878:295.

② CHAVASSE P H. Advice to a mother on the management of her children[M]. London:Chrchill,1878:297.

③ CHAVASSE P H. Advice to a mother on the management of her children[M]. London:Chrchill,1878:296.

孩，应穿上双排扣的背心；如果是女孩，则应穿上长裙。

要注意饮食的营养和丰富，要摄入足够的牛羊肉，早餐最好能喝热牛奶，青少年可适度引用一些高品质的自酿啤酒，但要禁止饮用红酒和烈酒。有的父母可能会认为这种情况下可以喝一些红酒来增强体质，实则不然，在预防和治疗咳嗽方面，朗姆酒和牛奶是最好的选择。

夏天时，白天应让患者多在户外活动，但夜间应避免受风寒。冬天时，不管天气如何，都应待在室内。要特别注意，不要让患者吹风，不要让其在寒风中走动，这样会十分危险。春天天气较好时、夏天或秋天，可以送其去南海岸呼吸新鲜空气。一旦发现孩子有咯血的现象，没有什么比让他呼吸新鲜空气更好了。初秋时节是去海边调养身体的最佳时节。10月份左右，可以送孩子去意大利、法国南部、英国气候温和的地方调养。但如果孩子已确诊为肺病，则不管怎样都不能让他离开家，因为一旦患病，在家中接受精心照料要比呼吸新鲜空气重要得多。①

育儿书建议，如果孩子经常喉咙痛，父母要警惕这有可能是肺病的前兆。首先，必须每天早上对身体进行彻底的清洁，但要注意不能受凉。清洁先从颈部开始，然后可以逐天扩大擦拭面，直到整个身体。一开始应用温水擦拭，此后水温可以逐渐降低，适应之后可以用冷水擦拭。擦拭结束后注意要用粗毛巾把身体彻底擦干。每天早晚应用温盐水冲洗喉咙，一开始水温可以高一点，然后逐渐降低水温，适应后可用冷盐水。应用巴姆酒、醋、鼠尾草茶或盐水漱口。可以通过足够的户外运动来增强体质。要避免站在或坐在风口，如果无法避免，应背对风口。要保持脚部的温暖和干爽，避免服用甘汞等开胃药。

青春期男孩可以蓄胡子，胡子可以成为喉咙的天然遮盖物，给身

① CHAVASSE P H. Advice to a mother on the management of her children[M]. London：Chrchill，1878：298-299.

体带来好处。维多利亚时期，男性留胡子是时尚的表现，不得不说这是一种明智的时尚。胡须不但对缓解喉咙痛有帮助，对于缓解胸部的不适也很有帮助。让患者蓄胡子是一项了不起的创新，它能预防很多疾病，对健康非常有利。①

维多利亚时期，吸烟是威胁孩子健康的重要因素之一。对于有烟瘾的男孩或成年男性来说，吸烟是对健康伤害最大的习惯。吸烟会对心肺功能带来不利影响，引发肺病，它会阻碍身体的发育，也是猪流感传播的重要途径。它还会让年轻人变得懒惰、不爱工作。吸烟是当今社会最大的诅咒之一。“一个正在学校上学的十二岁男孩，偶尔会癫痫发作，尽管采取了各种治疗措施，但其状态仍每况愈下，病症变得越来越严重。最后，人们发现这个孩子有两年的吸烟史。在采取有效措施防止他获得烟草之后，他很快就康复了。”② 上面的案例生动地说明了吸烟对健康的危害。

《给母亲管理孩子的建议》一书作者分享了一个自己亲眼所见的案例。“患者是一位吸烟成瘾的十九岁年轻人。吸烟成瘾后，这位年轻人逐渐变得愚钝，癫痫病也随之发作。我生动地向他描述了他所面临的危险，并向他保证，如果他仍然坚持吸烟，将很快变成一个淌着口水的白痴！经过我的一番劝说，他终于决定彻底戒烟。很快他的癫痫症状就没有了，脸上也恢复了往日的睿智光芒，大脑也恢复了原来的运转。现在他的身体很健康，并已成家立业。”③

---

① CHAVASSE P H. Advice to a mother on the management of her children[M]. London:Chrchill,1878:299-300.

② CHAVASSE P H. Advice to a mother on the management of her children[M]. London:Chrchill,1878:300.

③ CHAVASSE P H. Advice to a mother on the management of her children[M]. London:Chrchill,1878:301.

3. 褪绿症

维多利亚时期，年轻女孩最常见的疾病包括褪绿症——黄萎病——癔症。褪绿症是由整个身体，尤其是子宫的虚弱引起的。它通常是由营养不良、缺乏新鲜空气和锻炼以及在室内待过长时间导致的。因此母亲们应特别注意保证女孩们的营养，确保其户外运动时间。① 褪绿症通常发生在十五岁到二十岁的女孩身上，一些未婚女性，尽管年龄超过二十岁，也有可能会患病。患者一开始可能会感到无精打采、精神萎靡，稍微运动一下就会觉得很累。患者通常会心悸、呼吸急促、伴有干咳、面部变得松弛且苍白、肤色逐渐呈现淡黄色或绿色，因此称为褪绿症。患者的眼睛周围会有一个黑色或青灰色的圆圈，嘴唇会变得苍白，舌苔白且黏腻，胃口差，对正常的食物不感兴趣，却喜欢吃粉笔灰、石板灰、煤渣、泥土等。患者经常会感到左侧肋骨疼痛，容易感染风寒；经常感到肠胃不适，排便不规律。此外，患者经常感到臀部、腰部和背部疼痛，双脚及脚踝经常肿胀，月经减少或暂停，常常发生癔症。②

育儿书指出，如果少研究一些时尚，把心思多用在研究健康问题上，褪绿症的发生概率就会大大减少。这种疾病通常是对健康的管理不善引起的，当自然法则遭到违背时，必然会带来严重的后果。有一位愚蠢的母亲曾表达了这样的观点：女孩尽情吃饭是不文雅的！这种观点非常荒谬和残忍。《都柏林大学杂志》上有这样一句话："当时流行的女性美是苍白精致的脸庞、清澈的眼睛、柔弱的身体，这对于女

---

① CHAVASSE P H. Advice to a mother on the management of her children[M]. London:Chrchill,1878:313.

② CHAVASSE P H. Advice to a mother on the management of her children[M]. London:Chrchill,1878:313-314.

性来说实则是多么的悲哀!”① 可见，对时尚的过于追逐和病态的审美观在很大程度上对女孩们的健康产生了威胁。

成长中的女孩需要充足的营养，正如她们的胃口所需一样。如果缺乏营养，女孩们就有可能患褪绿症或身体虚弱。母亲们应明白，健康美才是最美的。因此，母亲们应时刻留意女孩们的健康状况。然而现实中很多父母更看重女孩们的美貌而不是健康。美国人纳撒尼尔·霍桑（Nathaniel Hawthorne）描绘了一位精致的年轻女性：“她是新英格兰并不罕见的娇弱且神经质的年轻人，一些哲学家将这种身体习惯定义为精神上的追求，以此来美化这种习惯，但在我看来，这恰恰是由营养不良、空气不洁、缺乏运动、忽视卫生所导致的。而这一切又导致了遗传性的消化不良。”②

霍桑的观点是正确的。他所描绘的这类淑女在当时十分常见，但在维多利亚中后期，情况已经有所改变，人们越来越重视自己的身体健康。“自助者天助”，人们已经意识到遵循自然规律的重要性。美国女人之所以变得越来越健美，就是因为她们遵循了自然规律。她们的胸部变得更饱满，四肢变得更结实，身体的方方面面都越来越好。新一代的美国女孩开始穿厚底鞋，在户外进行大量的运动，如滑冰、打槌球、骑马，她们不仅变得更聪明和健康，也变得更美丽了。

如果年轻的女孩能够食用大量的不同烹饪方式的肉，肺部能呼吸足够的新鲜空气，积极参加跳舞、跑步、骑马、游泳等体育锻炼，如果其穿着的服饰宽松且保暖，能够适应季节的变化，如果她能专注于积极有益的事情，如果她能够保持平静，不被时尚生活的喧嚣和刺激所困扰，那么她将绝不会患上褪绿症。这也是为什么褪绿症在乡村女

---

① CHAVASSE P H. Advice to a mother on the management of her children[M]. London:Chrchill,1878:314.

② CHAVASSE P H. Advice to a mother on the management of her children[M]. London:Chrchill,1878:315.

孩身上很少见，但在城市女孩身上却很常见的原因。①

当症状首次出现时，就应及时采取处理措施。如果效果不佳，母亲应及时送孩子就医。应根据医生的建议，按时按量用药。褪绿症很容易被治好。但如果放任不管，持续一段时间后，可能会导致心脏器质性病变，也有可能导致肺病或消化不良，给身体带来不利影响。②

4. 歇斯底里

歇斯底里作为一种神经衰弱的表现，在19世纪被称为“世纪病”，这是一种忧郁与茫然感的混合，其主要症状包括疲倦、不确定感、缺乏活力、喜欢持续不休地自我分析等。③ 歇斯底里的发作年龄一般在十五岁到五十岁之间。患者在发作前通常情绪低落、无故哭泣、感到很“紧张”、神情慌乱、脸色苍白、呼吸短促、偶尔心悸、食欲不振、尿液多且透明、肠胃容易胀气。上述症状会让患者感到有一股气由下至上，经由胃部，再到喉咙，给人一种窒息感，随后导致歇斯底里发作。歇斯底里发作时，患者可能会陷入昏迷，但很少会完全失去意识，其面部会变红、鼻翼张开、头向后仰、肠胃胀气。过一段时间后，患者会痉挛似的挥动手臂和双腿、捶胸顿足、撕扯头发和衣服、狂笑不止、尖叫不已，有时候还会发出奇怪的声音，有时候会哭泣，面部会扭曲。再过一段时间，患者会泪如泉涌，然后再逐渐恢复清醒。一旦发作结束后，患者通常会排出大量无色透明的尿液。在短时间内，患者有可能再次发作。当真正苏醒过后，患者会感到疲惫、头痛、四肢酸痛。患者很少记得在发作期间发生了什么。歇斯底里发作让人感到害怕，

---

① CHAVASSE P H. Advice to a mother on the management of her children[M]. London:Chrchill,1878:314-315.

② CHAVASSE P H. Advice to a mother on the management of her children[M]. London:Chrchill,1878:316.

③ 盖伊. 施尼兹勒的世纪：中产阶级文化的形成，1815-1914 [M]. 梁永安，译. 北京：北京大学出版社，2006：159.

但它本身的危险性并不大。歇斯底里发作时让人泪如雨下，这是一种可怕的暴力，一种令人窒息的感觉，一种愚蠢的幻境。① 身体虚弱、褪绿症、营养不良、悲伤、焦虑、精神兴奋、久居室内、缺乏锻炼、消化不良、肠胃胀气、胸衣过紧等都可能导致歇斯底里发作。②

要预防歇斯底里发作，就要让身体变得更健康，患者必须对自身进行恰当的管理。应早起散步，让肺部呼吸足够的新鲜空气。患者的居住地应靠近空旷地带，以便于每天进行散步、滑冰、打球等户外活动；要摄入清淡、丰富且营养的食物；要避免胸衣过紧；不要过于追求时尚；最重要的是，不要放任自己的情绪，在情绪来袭时，要提醒自己去战胜它。

当女性患者发病时，最好把所有男性请出房间，只留下帮忙照料的女性。应解开患者的衣服，让她平躺在房间中央，在其头下垫上枕头，从其身上取下梳子、别针、胸针等有可能会造成伤害的物品。在患者脸上泼一些冷水，在其头上敷上湿布，或者将海绵浸湿后敷在其脸上。将窗户推开，很快患者就会苏醒过来。现实中，当女孩歇斯底里发作时，全家上下、邻里之间，甚至整个社区都会被惊动，人们可能会挤进房间看热闹，这会让患者感到窒息。周围人的担心和紧张以及他们所说的话，都会加剧患者歇斯底里的程度。③

从上述病症可看出，儿童成长过程中常见病症的诱因主要包括卫生习惯不好、营养不良、户外运动过少、所呼吸的空气不够新鲜和洁净、衣着不当等几个方面，这与当时英国人的生活理念有关。以空气

---

① CHAVASSE P H. Advice to a mother on the management of her children[M]. London:Chrchill,1878:316-317.

② CHAVASSE P H. Advice to a mother on the management of her children[M]. London:Chrchill,1878:317.

③ CHAVASSE P H. Advice to a mother on the management of her children[M]. London:Chrchill,1878:317-318.

不够新鲜为例，当时人们的居住习惯是把家中最小的房间设计为卧室，导致空气不够流通。再以衣着不当为例，维多利亚时期的英国女孩们所追求的时尚是柔弱、女孩子气，她们喜欢穿着紧勒的胸衣，这对她们的呼吸顺畅和骨骼发育非常不利，因而容易诱发相应的病症。当时人们十分崇尚社交，女孩们常常参加舞会至深夜才回家，冷热环境的交替，导致女孩们容易受凉感冒，引发肺病。为确保孩子的身体健康，父母应引导孩子养成健康的生活方式。

二、身体健康重于书本学习

健康就是财富。尽管维多利亚时期的英国人在子女抚养方面的许多经验做法在今天看来仍然科学合理，但也有一些不合理的地方。如在智力开发和身体健康的关系方面，有人认为这二者是对立的关系，不可兼得。如当时流行的观点是，在七岁之前，孩子大脑不宜过度消耗。父母不能让自己愚蠢的野心导致孩子的大脑被过度透支。在童年时期，锻炼强健的身体比开发聪明的大脑更加重要。①

首先，《给母亲管理孩子的建议》一书中，许多地方都提到了书本学习会妨碍身体的健康。过多的书本学习会使得青少年缺乏体育锻炼，无法到户外呼吸新鲜的空气，进而引发各种病症。因而这本育儿书中也提到，在智力开发和身体发育之间，身体发育是首要的，智力开发是次要的。尤其对于女孩来说，智力开发对于其今后成为贤妻良母并无益处，强健的身体才是今后生儿育女、幸福生活的基础。“现在的女孩都是聪明的傻瓜，她们的大脑被许多无用的知识充斥，这完全不符合她们的角色。因过度沉迷于书本学习，她们的肌肉缺少锻炼，四肢

---

① CHAVASSE P H. Advice to a mother on the management of her children[M]. London:Chrchill,1878:141.

变得绵软无力！她们今后是要成为贤妻良母的人，书本学习对她们来说毫无价值，她们应加强身体锻炼，防止身体弯曲！”① 身体锻炼对女孩来说固然十分重要，但书本学习也并非不适合女孩，当时这种厚此薄彼、不可兼得的观点在现在看来存在争议。

其次，早期智力开发的代价往往是身体的消耗。当时的观点是：“早慧儿童的大脑会被输送更多的动脉血，因而他们的大脑也更加发达。但是这种优势同时也伴随着危险，动脉血液输送过多会引发炎症，可能会导致抽搐，使大脑受到损伤，从而引发精神错乱，使人变得愚笨。母亲常常为自己早慧的孩子感到骄傲，却很少意识到早慧可能是疾病的征兆。”② 当然，在今天看来，这种说法并没有科学依据。

在处理措施方面，《给母亲管理孩子的建议》一书中提到，如果孩子是早慧儿童，父母应让其远离尘嚣，去安静的乡村生活。如果要送孩子上学，父母应与教师沟通好，不要过度消费孩子的智力。通常来说，老师如果发现班上有优秀的学生，就会鼓励他继续进取。但那时的育儿书却建议，早慧儿童远离那些竞争机制，避免让他们的大脑持续保持兴奋状态。争取优异对于那些中等能力的孩子来说非常有用，但对于早慧儿童来说却很危险。大脑过劳会导致早慧儿童生病甚至死亡；就算不至于死亡，过劳也会给大脑带来无法弥补的伤害。早慧儿童有可能从最聪明的孩子变成最普通的人。③ 早慧儿童通常身体比较瘦弱，更容易罹患疾病。④ 智力超群的人最容易患甲状腺病，他们的智力

---

① CHAVASSE P H. Advice to a mother on the management of her children[M]. London:Chrchill,1878:136.

② CHAVASSE P H. Advice to a mother on the management of her children[M]. London:Chrchill,1878:289.

③ CHAVASSE P H. Advice to a mother on the management of her children[M]. London:Chrchill,1878:289-290.

④ CHAVASSE P H. Advice to a mother on the management of her children[M]. London:Chrchill,1878:290.

往往是以牺牲健康为代价培养出来的。在婴儿期和童年期，他们就容易患上脑积水或肠系膜疾病；在青少年时期，他们常常感染肺部疾病。他们的生命就像划过天空的流星，短暂但辉煌。①

从上述观点不难看出，当时的英国人在某种程度上把智力开发和身体发育对立起来，对人的全面发展的认识尚且不够。在鱼和熊掌不可兼得的观念影响下，当时的英国人认为身体健康比智力开发更重要，因此在儿童和青少年抚育过程中，书本学习要让步于身体健康。在提倡五育并举、人的全面发展的今天，再审视当时英国这种鱼和熊掌不可兼得的教育观点，无疑其有不科学之处。

三、预防意外伤害

布莱克斯通把父母的职责分为三类：抚养的职责（maintenance）、保护的职责（protection）以及教育的职责（education）。② 保护孩子的安全，防止意外伤害是家长对孩子身体养育的重要一环。此外，让孩子树立安全意识、掌握安全知识也是家庭教育的重要内容。人的安全意识最早是在家庭之中得到培养的，在家庭中，孩子们学会了如何避免一些常见的危险、如何使用火、如何安全地过马路等。③

儿童对一切事物充满了好奇，活动量大，但安全认知水平很低，因而经常会遇到意外伤害。《给母亲管理孩子的建议》一书总结了当时儿童常见的意外伤害，包括用小刀切伤自己的手指；因磕磕碰碰而受

---

① CHAVASSE P H. Advice to a mother on the management of her children[M]. London:Chrchill,1878:290.

② DEANS R S. The law of parent and child,guardian and ward and the rights,duties and liabilities of infants[M]. London:Reeves& Turner,1895:26.

③ MESS H A. Social groups in modern England[M]. London, Edinburge, Pari, Melbourne,Toronto and New York:Thomas Nelson and Sons Ltd. ,1940:25.

伤；不小心摔伤了头；因保姆的疏忽使得孩子从手中摔落，并伤到了背；因涂抹乳液或擦剂而中毒；衣服着火；烧伤烫伤；生石灰入眼；异物入眼；异物卡喉；被疯狗咬伤；被蜜蜂或黄蜂蜇伤；误吞鸦片或其他鸦片制剂；在花园里种植颠茄导致中毒；鼻腔或耳朵卡入豌豆、珠子或其他异物；耳饰或其他小动物进入耳道；误食玻璃碴；误食别针；误食硬币；气管卡入异物等。① 《家长评论》杂志也总结了儿童常见的意外伤害，主要包括摔伤、烧伤、烫伤、脑震荡、蜂虫叮咬、动物抓伤、异物卡喉等。②

母亲是孩子安全的第一责任人。意外伤害发生后，及时采取恰当的处理措施固然重要，但更重要的是要做好预防工作。要预防孩子受到意外伤害，母亲必须对孩子进行严格的监督，不能将责任完全推给保姆。母亲要禁止孩子玩火，不允许孩子在栏杆上荡秋千，禁止孩子碰刀和其他锋锐物，要将所有有毒物品和锋锐物体放到孩子够不到的地方。尽管母亲爱自己的孩子，但切记不能放任孩子，要严格要求孩子服从必须要遵守的原则。事故的发生常常有三种原因——不服从管理、严重疏忽以及彻头彻尾的愚蠢。③ 孩子常常想要拥有一些不该拥有的东西，如果可以的话，父母应把这些东西放在孩子看不见的地方。如果有一些孩子不能去的地方，父母应做好防范工作，如父母应管理好火，而不是禁止孩子在地毯上行走；不要把孩子喜欢的玩具放在壁炉台上，因为这会引诱孩子去攀爬而造成危险。④ 因此，在预防儿童安全事故方面，母亲要做好预防工作，严格监督和要求孩子，也要掌握

---

① CHAVASSE P H. Advice to a mother on the management of her children[M]. London：Chrchill，1878：234-251.

② STEINTHAL E P. Nursery accidents[J]. The parents' review，1892，3(6)：423-426.

③ CHAVASSE P H. Advice to a mother on the management of her children[M]. London：Chrchill，1878：251.

④ MARTINEAU H. Household education[M]. London：Smith，Elder & Co.，1876：252.

必要的急救措施，确保在事故发生后能及时有效地采取合理的措施。除上述内容外，在孩子的身体养育方面，1892 年的《家长评论》指出，父母应注意保护孩子的感官，包括视觉、听觉、味觉和触觉。①

上文对维多利亚时期英国中产阶级的育儿理念与实践进行了阐述，其中有很多内容在今天也不过时。维多利亚时期的英国中产阶级家庭注重儿童的身体养育，从一方面也折射了这一时期人们珍视儿童存在的观念。这与当时工业化带来的核心家庭结构有关。在核心家庭之中，家庭成员之间的情感联系较之以往更加紧密。另外，婴儿和儿童死亡率下降也让孩子和父母有更长的时间待在一起，父母更加珍视孩子的存在。再者，随着物质生活水平的提高，家庭在儿童养育方面的投入也更大，对子女的期望也更高。

---

① JONES M. Care of children's senses[J]. The parents' review,1892,3(11):820-825.

第三章 维多利亚时期英国中产阶级家庭的精神陶冶

对儿童的精神陶冶是父母养育的重要组成部分，维多利亚时期的英国中产阶级家庭十分注重对孩子的精神陶冶，通过宗教道德训练，培养孩子的意志品质。本杰明·富兰克林（Benjamin Franklin）曾经在自传中谈及深受英国文化影响的美国社会“中间阶层”这群人所拥有的十三种品质：节俭、戒欲、贞洁、沉默、宁静、谦卑、清洁、节制、秩序、决心、真诚、正义和勤奋。[①] 上述品质正是英国中产阶级信奉的道德准则，这些优秀品质不能一天养成，而要在日常的家庭生活和社会生活中慢慢累积。

第一节 家庭道德教育

自汉诺威王朝建立以来，英国宫廷以及上流社会一直存在许多不良风气，几代国王自身就存在诸多不端行为。王室子女道德教育存在不足，其父母既没有给他们在思想上树立正确的道德观念，也没有在行动上树立不可逾越的边界。维多利亚女王夫妇对子女的教育问题高度重视，他们希望孩子们成为道德高尚、有责任心、信仰虔诚、优雅

---

① 洪君．从“维多利亚女性”到“新女性”：美国社会转型过程中的中产阶级女性：1870-1920［M］．上海：上海辞书出版社，2021：32.

睿智的绅士和淑女。维多利亚女王夫妇以身作则，为孩子们树立了良好的父母形象，在道德上给子女提供了追求与努力的目标。他们非常重视为子女营造温馨和谐的家庭氛围，为子女的健康成长提供良好的家庭环境。维多利亚女王夫妇对子女的道德教育给英国上流社会及民众树立了良好的典范，重视家庭、重视家庭道德教育、重视父母对子女的道德引领成为维多利亚时代道德建设的重要内容。① 维多利亚女王所崇尚的道德观念和所奉行的家庭生活方式与中产阶级的追求目标一致。中产阶级之所以会十分重视道德品质，英国历史学家玛格丽特·亨特（Margaret Hunter）认为是因为当时社会没有有效的保险机制和信用机构来保护处于社会中间阶层的商人，企业和个人债务之间也没有分离。中间阶层的成员更倾向于支持那些看起来稳重、可靠、勤奋的人；虚张声势的企业家和奢侈的享乐主义者则被认为是有风险的合作伙伴，因为在个人和企业债务没有分离的前提下，与这样的人交易可能导致家庭陷入经济灾难。② 因此中产阶级家庭非常重视儿童的道德教育。

一、家庭道德教育的目的

所有道德习惯是从家里开始养成的，这种情况在现代家庭尤为明显。19 世纪人们把家视为一所爱的学校，然而那也是一所恨的学校，断奶、如厕训练、家庭祷告、父母的奖惩、守规矩、有礼貌，这些都是文化对小孩子原始冲动的管制方法，小孩总希望一切欲望可以得到满足，而且是即时获得满足。有研究指出，要是人人都可以随心所欲

① 姜德福. 维多利亚时代的道德建设［M］. 南京：南京师范大学出版社，2020：31-35.

② 洪君. 从“维多利亚女性”到“新女性”：美国社会转型过程中的中产阶级女性：1870-1920［M］. 上海：上海辞书出版社，2021：33.

发泄报复欲望，把痛苦加诸他人，那将没有任何事物可以长存。因此，有必要教育孩子学会等待和接受挫折是人生的一个部分。这些压力也许是沉重的，但又是不可缺少的。[①] 家庭道德教育的目的即在家庭环境之下对孩子进行道德方面的教化与引导，将其培养成具有国家、社会和家庭所认可的品质的人。家庭深嵌于社会之中，因此特定时期的家庭道德教育受当时的社会环境和社会主流价值观所影响。

（一）培养孩子的爱国情感

维多利亚时期是英国的光辉岁月，这一时期英国实现了日不落帝国的扩展梦想，因此在当时英国中产阶级的家庭道德教育中，爱国情感是一项重要内容。在培养孩子对国家负责任与忠诚情感方面，有学者提出，不管家长的政治主张是什么，都有必要让孩子知道英国是一片神圣的土地，在这片土地上发生的一切事情，就犹如一个家庭的欢喜与哀愁。家庭是“国家的缩影”，人们对家人强烈而纯粹的情感，在国家层面就是对女王的爱戴和对她的子民的热爱，这种情感让生活在这片国土上的人们变得更加团结。[②] 要培养孩子的忠诚和爱国情感，就要培养孩子强烈的同理心，让孩子能够体会国家的荣耀与伤痛。

（二）塑造孩子的良好品行

为适应在海外开拓殖民地、从事贸易往来等任务，维多利亚时期的英国中产阶级十分重视开拓进取、勇敢无畏、诚实守信、尊敬服从、耐心细致、言行礼貌、朴素踏实等道德品质，因此培养孩子的上述品质成为家庭道德教育的重要内容。当时的中产阶级有许多在海外殖民地工作，有的人举家迁至海外，在海外从事贸易工作，这种长途跋涉且带有冒险色彩的生活要求人们必须具有开拓进取和勇敢无畏的精神。

---

① 盖伊. 施尼兹勒的世纪：中产阶级文化的形成，1815-1914［M］. 梁永安，译. 北京：北京大学出版社，2006：123.

② A Mother of England's Children. In memoriam[J]. The parents' review，1892，V3(1)：10-12.

此外，在与外界的贸易往来中，诚实守信的品质十分重要，关系着合作伙伴关系和贸易关系是否能够进行或持续。从简入奢易，从奢入俭难，创业艰辛守业难，当时的中产阶级也同时信守朴素踏实的信条，并通过家庭道德教育把这一要求传递给下一代。

（三）奠定孩子的宗教信仰

道德教育和宗教教育往往密不可分，因此家庭道德教育的一大重要目的是奠定孩子的宗教情感。维多利亚时期英国中产阶级家庭的道德教育往往和宗教紧密联系在一起。前文已述，当时的英国中产阶级十分崇尚家庭，并认为家庭生活是非常神圣的。家庭成员之间的关系、家庭生活方式、道德品质的培养，往往都是在宗教的要求下进行。宗教教育实则是社会对人的一种规训，通过宗教教育，把人培养成社会需要的样子。在论及家庭的宗教教育时，主要涉及对孩子虔诚、信用、无私、服从等品性的培养。尊敬是一种普遍的能力，每个人生来都具有尊敬的能力。一个玩世不恭、对所有事情不屑一顾的人，心中也总有尊敬的东西。尊敬是一种巨大而又不可或缺的精神力量，要将其引导到适当的对象上。尊敬父母、服从管教是敬畏神灵的重要基础，因此当时的中产阶级家庭道德教育的目的就包括了培养孩子的尊敬、服从、敬畏等情感，从而奠定孩子的宗教信仰。

二、家庭道德教育的内容

在写给中产阶级母亲、家庭教师的家庭教育指导书中，伦敦城市学校（The City of London School）的校长埃德温·A. 艾伯特（Edwin A. Abbott）提出了一套系统的家庭道德训练内容，包括习惯、专注力、观察力、记忆力、精确性、想象力、秩序、责任、欲望、意志力、孝顺、善良与乐于助人、朴素、敬畏、惩罚等，其中最为核心的内容是习惯的培养，甚至可以说其他各项内容都可以包含在习惯中。

（一）良好习惯的养成

人的思想取决于其爱好，人的话语取决于其学识和所接受的观念，人的行为取决于其所养成的习惯。好习惯的养成是家庭道德教育的主要内容之一，习惯通过行为的多次重复而形成，教育者应通过培养孩子的好习惯来引导他们做出正确的行为。[①] 在孩子的习惯培养方面，最好的方式莫过于模仿。孩子非常善于模仿，他们经常会模仿身边的人和事。他们会模仿各种各样的物品，如汽车、轮船等，还有一些孩子会无意识地模仿长辈们的声音、行为、脾气。经过成千上万次的重复模仿，孩子形成了自己的习惯。[②]

1. 专注的习惯

在所有的道德习惯中，最有价值的是专注力。“专注于自己所做的事情，所有困难都能被克服。”[③] 专注的习惯应尽早培养，但遗憾的是，当时富裕阶层的人们往往忽视对孩子专注力的培养，孩子的注意力总是被各种各样的玩具和事物所分散。注意力是思想形成的重要基础。

为培养婴儿的专注力，艾伯特校长建议给婴儿一个球，婴儿会在天性的引导下开始自主学习。婴儿会观察、感觉、旋转、捏、吸吮、闻、扔，然后会跟着球滚动的方向去爬行，抓到球之后再进行第二轮学习。这个过程最好能在家长或家庭教师的照看下进行，类似于这样的过程能让婴儿学习到许多直接经验，让他们的各种能力都得到自然的锻炼，也能让他们以自然和快乐的方式学习到许多知识。在孩子小的时候，成年人应在孩子和自然之间做好沟通媒介作用，但等孩子稍

---

① ABBOTT E A. Hints on home teaching[M]. London：Seeley，Jackson，and Halliday，1883：13.

② ABBOTT E A. Hints on home teaching[M]. London：Seeley，Jackson，and Halliday，1883：15.

③ ABBOTT E A. Hints on home teaching[M]. London：Seeley，Jackson，and Halliday，1883：17.

大一些后，就可以让其单独进行探究了。[1] 艾伯特校长还指出，培养孩子专注力的道德意义在于让孩子学会满足，不让孩子的心灵接受过多超负荷的刺激；不打扰正在专注探究的孩子，犹如不要突然吵醒正在熟睡的孩子。[2] 这一观点与《家庭评论》杂志的一篇文章保持一致。这篇文章指出，在培养孩子专注力方面，可以采用常识方法，即孩子在做一件事情的时候，家长或家庭女教师应将其他可能会分散孩子注意力的事物从孩子的眼前拿走，让孩子一次只做一件事情。[3] 从上面这段话可看出，在培养孩子的专注力方面，父母应为孩子营造一定的探究环境，让孩子能在安静、独立的状态下自然探究。梅森强调，家长应及早训练孩子的注意力。

在梅森看来，注意力是使人获得成功的力量。注意力就是一种让人的思想集中于自己所思考的对象的力量。随着思考地进行，注意力越强越好。[4] 在如何训练孩子的注意力方面，梅森提出，首先要让孩子的功课充满趣味性，可以缩短孩子每节课持续的时间，如十分钟，但在这十分钟里，必须想办法让孩子能够全神贯注。此外，要让功课有一定的变化性，如一会儿让孩子运用大脑，一会儿让他们活动双手。[5]

2. 观察的习惯

观察力也是孩子习惯培养的重要内容。辨别差异是观察力的重要

---

① ABBOTT E A. Hints on home teaching[M]. London: Seeley, Jackson, and Halliday, 1883: 18.

② ABBOTT E A. Hints on home teaching[M]. London: Seeley, Jackson, and Halliday, 1883: 18-19.

③ Radford G. Concentration of purpose in education[J]. The parents' review, 1892(8): 588-593.

④ 梅森. 性格的培养：让孩子具有良好的个性［M］. 刘扬，等译. 北京：中国发展出版社，2013：15.

⑤ 梅森. 性格的培养：让孩子具有良好的个性［M］. 刘扬，等译. 北京：中国发展出版社，2013：19.

体现，艾伯特校长建议在孩子小的时候，可以通过让其收集和辨别各种树叶来培养其观察力。不管是生活在城市还是乡村的孩子，都可以通过让其观察大自然中的云朵、树木、风、烟、风信公鸡（weather-cocks）、阴影、指南针的朝向、太阳、月亮等来培养其观察力。① 在培养孩子的观察力方面，要避免三件事情：一是茫然地凝视，二是兴奋地走神，三是过度地关注。

3. 秩序的习惯

在秩序的养成方面，艾伯特校长建议可以让孩子感受家中物品的秩序，当他们把自己的玩具乱放时，很快他们就会发现有诸多不便，在需要某个玩具时可能根本找不到，这样一来，他们就会渐渐地明白无序意味着不便和烦恼。② 如此一来再对孩子进行秩序习惯的培养，效果要好过单纯的说教。从这一点也可以看出，艾伯特校长遵循了卢梭的自然后果法。

4. 责任感

孩子的责任感培养也是家庭道德训练的重要内容。职责与权利相对应，对于自己的玩具，孩子有防止玩具被不当玩耍或破坏的责任。艾伯特校长建议，饲养宠物是培养孩子责任感的途径。让孩子定期喂养小鸟或兔子，他们从小就会树立起责任感。③

5. 意志力

在孩子的意志力培养方面，艾伯特校长提出了两套截然不同的方法：第一，有时候我们必须设置一些容易完成的任务，这样可以培养

---

① ABBOTT E A. Hints on home teaching[M]. London:Seeley,Jackson,and Halliday,1883:20.

② ABBOTT E A. Hints on home teaching[M]. London:Seeley,Jackson,and Halliday,1883:26.

③ ABBOTT E A. Hints on home teaching[M]. London:Seeley,Jackson,and Halliday,1883:26.

孩子独立自主、自力更生的能力，避免让他们因持续失败而丧失信心；第二，有时候我们必须设置一些比较难的任务，这些任务要求孩子尽全力才能完成，如此一来可以让孩子习得努力的感觉，防止他们因任务过于容易而变得自满。① 设置难易交替的任务对孩子来说既是道德教育也是心智教育。

6. 守时的习惯

在家庭中，个人的习惯深受家人习惯的影响。以守时的习惯为例，时间对每个人来说都是一样的，不管贫富。英国人十分注重守时，在他们看来，守时是对对方的最高礼仪。他们会充分考虑他人的时间和便利。女王本人就十分守时，大臣们、地产商等，所有从事重要岗位工作的人都比其他人要更加守时。② 在一个美国女孩的书信中，我们可以看到对维多利亚时期英国人守时习惯的描写："星期四，查理斯（Chalice）爵士邀请理查德（Richard）叔叔、罗奇（Rodge）先生和罗素（Russell）上校上午九点一同打猎并共进午餐。为确保九点能准时赶到目的地，理查德叔叔八点就出发了，因为查理斯爵士是一个非常守时的人。"③ 不守时会造成一些非常不好的后果。如果在儿时就没有养成守时的习惯，长大之后，当不再有人监督时，就会养成浪费自己时间和他人时间的坏习惯，坏习惯一旦形成就很难改正，坏习惯会奴役一个人，使其变得可悲。因此应尽早避免养成不守时的坏习惯。守时的习惯对于孩子今后的学校生活以及在家的学习都非常重要。但在一个大家庭中，如果有很多的生计要忙，而家里的人手又不够，男孩们经常要帮忙跑腿，女孩们要照顾年幼的婴儿，就很难保证他们能在

---

① ABBOTT E A. Hints on home teaching[M]. London：Seeley，Jackson，and Halliday，1883：29.

② MARTINEAU H. Household education[M]. London：Smith，Elder & Co.，1876：276.

③ FAY A M. Victorian days in England：letter of an American girl，1851-1852[M]. Boston and New York：Houghton Mifflin Company，1923：45-46.

安静的环境下有规律地进行学习。① 要培养孩子守时的习惯，家庭氛围的营造非常重要。母亲应在家中为孩子安排一个安静的学习角落，确保孩子每天在学习时不被打扰。每天一个小时勤奋且投入的学习，会让孩子养成让其受益无穷的好习惯。②

家庭道德教育还有一项重要内容就是让孩子学会尊敬。孩子的尊敬之情通常发生在比他们更强壮、更聪明、更优秀的人身上。对于孩子来说，父母往往具备了上述三个特征，因此孩子往往首先对父母产生尊敬之情。③ 尊敬之情是宗教教育的基础，父母对宗教的态度会深深地影响孩子对宗教的态度。

优秀的道德品质的养成建立在习惯的培养之上。习惯的重要性是一个老生常谈的问题。古往今来，许多哲学家都撰文探讨过习惯。每个人都知道，坏习惯很难被纠正，而美德往往是由长期形成的好习惯所塑造的。好习惯的养成和家庭教育密不可分，如果父母足够明智，就会通过培养好习惯来塑造孩子。尽管道理许多人都明白，但事实上，父母很难做到明智。有时候是因为太忙，有时候是因为太累，还有时是因为不上心。总之，父母受各种因素的影响而无法达到明智的要求。④ 有学者诚挚地撰文劝诫父母，孩子好习惯的养成要趁早。孩子年龄越小，习惯越容易养成。⑤ 当时英国有学者提出习惯的养成取决于如下要素：第一，要有强烈的动机，倾注足够的注意；第二，要对行为进行不断强化；第三，要将行为与情境关联起来。⑥ 梅森指出，家长的

---

① MARTINEAU H. Household education[M]. London: Smith, Elder & Co., 1876: 279.

② MARTINEAU H. Household education[M]. London: Smith, Elder & Co., 1876: 280.

③ ABBOTT E A. Hints on home teaching[M]. London: Seeley, Jackson, and Halliday, 1883: 42-43.

④ MARTINEAU H. Household education[M]. London: Smith, Elder & Co., 1876: 241.

⑤ MARTINEAU H. Household education[M]. London: Smith, Elder & Co., 1876: 242.

⑥ WEBB H. Formation of habit[J]. The parents' review, 1892, 3(7): 481-490.

首要任务是培养孩子遵守纪律，即及时帮助孩子改正粗俗、讨厌的行为，把他们培养和教育成举止优雅的孩子。[①]

（二）诚实守信

诚实既是一种美德又是一种强大的社会纽带。如果没有真诚，人们不会相信周围的人，人们所说过或写下的每一句话都有可能是虚假的。没有了真诚，人与人之间不再有坦诚的交流。在一个充满虚假和欺骗的社会里，人们的快乐将会被完全剥夺。真诚是世界存在的基础，因此所有父母都有责任教育自己的孩子做真诚的人。[②]

人们说谎的动机非常之多。有的人说谎是为了让自己得到更多的东西；有的人说谎是为了伤害他人；有的人说谎是为了避免一些不必要的麻烦。当家长发现孩子说谎时，首先要分析其动机，然后才能决定要如何去处理。家长的职责不是惩罚说谎的孩子，而是真诚地向孩子解释说谎将会带来的恶果，要让他们知道撒谎者可能永远不能得到他人的信任。[③] 家长还要告诉孩子，不管从事何种职业，缺乏真诚将不可能一直获得成功。无视真诚的商人，顾客会对他敬而远之，商人的道德诚信非常重要。最后，家长要告诫孩子，撒谎是罪恶的。人们可以欺骗自己的伴侣，欺骗整个世界，却不能欺骗上帝。上帝是无所不能的，所有人在上帝面前都是没有秘密的，上帝能知道所有人的想法。[④]

诚实会影响一个人的生活和性格的养成，各行各业的人都需要保

---

① 梅森. 父母与孩子：父母在孩子教育中的角色［M］. 赵昌荣，等译. 北京：中国发展出版社，2013：37.

② A Clergyman. Letters on the moral and religious duties of parents[M]. London：Boston：Abel Tompkins，1846：127.

③ A Clergyman. Letters on the moral and religious duties of parents[M]. London：Boston：Abel Tompkins，1846：131.

④ A Clergyman. Letters on the moral and religious duties of parents[M]. London：Boston：Abel Tompkins，1846：132.

持信用。然而，一个人的信用是从小培养的，每位负责任的母亲都会努力培养孩子的诚实品质。因此，诚实是家庭道德教育的重要内容。艾伯特校长指出，在培养孩子的诚实品质时，要注意两点：一是要避免过度惩罚，因为过度惩罚会让孩子产生强烈的惧怕心理，从而撒谎；二是要始终将不诚实视作严重的道德冒犯，即使不诚实的行为并不会给人们带来极大的不便。[①] 家长往往会为孩子诚实与否而感到焦虑：诚实到底是一种本性、天赋还是后天习得的习惯，人们莫衷一是。很少有孩子能在任何时候和任何方面都保持诚实，因此人们会怀疑这种品质是否是与生俱来的。总的来说，父母的信用对孩子来说具有重要影响。每个人都希望别人能够信任自己，但只有真正真诚的人才会赢得他人的信任。获得他人信任所带来的那种幸福和喜悦对一个人来说是溢于言表的。

（三）克服嫉妒心理

有些孩子看到周围的人比自己穿的漂亮，所受的关注程度比自己高，就会自然而然地产生嫉妒心理。作为家长，要引导孩子避免出现这种心理。要告诉孩子，嫉妒自己的伙伴是不对的。要让孩子知道，嫉妒丝毫不能改变他们的现状，相反，还可能有损他们的品格，因此千万不能用嫉妒的手段来提升自己的自尊。

一对贫穷的夫妻生育了两个女儿，她们的穿着非常朴素，但由于她们的母亲很讲卫生，所以两个女孩看起来很整洁，但其中一个女孩嫉妒心特别强。当在学校看到别的孩子拥有新玩意时，她的嫉妒之心马上就会燃烧起来。她会尽自己一切可能去嘲笑、模仿或歪曲事实，她在这些愚蠢的事情上浪费了大量的时间，结果是她在学校不受任何人欢迎，学习也没有任何进步，之后成为一个愚昧而又充满嫉妒心的

---

① ABBOTT E A. Hints on home teaching[M]. London：Seeley，Jackson，and Halliday，1883：37.

女人。另一个女儿则完全不同，尽管她也会羡慕别人拥有漂亮的裙子，也会注意观察伙伴们的新衣服，但她从来没有产生嫉妒之心；尽管她也非常想拥有这些东西，但她从来不会去中伤那些拥有者。相反，她经常说："既然我不能拥有漂亮的衣服，那么我必须成为一个善良和令人感到愉悦的人，来弥补我的不足。另外，如果我通过努力学习获取知识，也许有一天我也能够拥有自己想要的东西。"于是她学习非常勤奋，很快她就成为学业佼佼者，在很年轻时就成为一名教师，拥有了和那些她曾经羡慕过的同学同等的地位。尽管在年少时不能拥有漂亮的衣服，但勤奋、善良、谦逊弥补了她的不足。[①]

父母要阻止孩子发表不当言论。当孩子从学校或聚会回来时，父母发现他们对自己的所见所闻表示不满时，要及时阻止他们。有几条原则所有孩子都必须遵守：第一，不要和一个人说别人不愿对他说的话；第二，谈论他人时只谈论那个人的优点；第三，不要因为别人的错误而谴责他人；第四，不要提及他人的错误，除非是为了帮助他人改正。[②] 要遵守上述原则实属不易，现实中各个社会阶层、各个年龄段、各种不同信仰的人都在发表不当言论。一些家长从教堂回来之后，谈论的不是教条教义，而是某位女士的穿着，或某位年轻人的花边新闻。在教育孩子管好自己的嘴巴前，家长自身应端正自己的言行，孩子善于模仿，如果父母的言语不当，孩子立马就会学会。舌头是一个不安分的家伙，需要我们时时刻刻提防着，否则将有可能说错话。

（四）服从安排

服从是维多利亚时期英国中产阶级家庭非常重视的道德教育内容。这一时期许多家庭教育书籍中都提到，孩子早期需要养成的第一个习

---

① A Clergyman. Letters on the moral and religious duties of parents[M]. London: Boston: Abel Tompkins, 1846: 144-145.

② A Clergyman. Letters on the moral and religious duties of parents[M]. London: Boston: Abel Tompkins, 1846: 147-148.

惯就是服从，服从是其他习惯形成的先决条件。《家长评论》杂志指出，服从习惯应尽早培养，服从安排是习得其他好习惯的重要基础，服从也是自律的重要前提，一个人如果没有养成服从习惯，各种坏习惯则随之而来。①

在培养孩子的习惯方面，首先应培养其服从的习惯。所有的孩子都是有依赖性和模仿性的，如果在其小的时候不对其天性进行一些干预，那么孩子可能就会我行我素。在观察孩子的天性发展方面，母亲必须具备良好的洞察力，并要根据孩子的实际情况调整自己的管理方式。例如，没有什么比母亲在孩子不愿意时坚持亲吻孩子更能训练孩子不服从的习惯了。母亲十分喜爱亲吻自己的孩子，看到孩子可爱的脸庞就忍不住要亲上去。母亲亲吻自己的孩子固然是爱孩子的表现，但从孩子的角度来看并非如此。在孩子看来，太多的亲吻是一种负担，会让人觉得厌烦，特别是如果在婴幼儿急于寻求其他事物时仍坚持亲吻，婴幼儿一开始的反应可能是给母亲一些急促而敷衍的亲吻，随后母亲就会发现，孩子会避免和母亲待在一起。如果孩子太小还被母亲抱在手里，这时他可能会把自己的脸蛋藏起来；如果已经会走路，孩子就会跑开，任母亲怎么呼唤，他都不会跑过来。② 如果母亲对孩子的要求经常超过孩子能够给予的，就会让孩子养成不服从的习惯。因此在训练孩子的一开始，可以要求孩子做一些轻松愉快的事情，那么孩子自然会照做。养成习惯后，即便母亲用愉快而深情的语气要求孩子去做一些他们不喜欢的事情时，他们也会证明自己有能力做到。比如在寒冷的冬日清晨他们会洗澡、做运动，在想要吵闹时努力保持安静。只有当孩子感到自己是被尊重的，所要服从的要求是温和且合理的，

---

① MILLER. Suggestions on the teaching of self-rule[J]. The parents' review, 1892(8): 594-599.

② MARTINEAU H. Household education[M]. London: Smith, Elder & Co., 1876: 250-251.

只有在感觉自己的反抗力和自尊心不被轻率的行为所唤醒，孩子才会努力克服困难，服从安排。

孩子必须在理性和平和的前提下才能自由发展，因此不要经常去激怒孩子，不要让孩子因不必要的事情发脾气。父母的理智和同理心会让孩子的职责和义务变得容易，只有父母保持理智和同理心，孩子的责任与义务才有可能达成。在训练孩子的服从习惯方面，全家人要齐心协力、相互配合，不要有人去宠坏孩子，也不要有人取笑孩子，只要全家人齐心协力，用温和且坚定的态度去训练孩子，孩子就会逐渐养成服从的习惯，就像他在吃饭和睡觉时服从自然的命令一样简单。[①] 服从是所有习惯养成的先决条件，只有养成了服从的习惯，父母才有可能培养孩子其他的习惯，因此父母在培养孩子任何其他习惯之前，首先要训练孩子服从的习惯。

在培养孩子的服从精神方面，当时人们常常会有一些误区，如一个孩子正在进行一项有趣且无害的游戏，保姆突然打断他，给他一些他并不感兴趣的东西，这时孩子会继续回到游戏中，并心生埋怨，如此一来他会逐渐养成不服从的习惯。此外，假如孩子们正投入地玩一个游戏时，被毫无征兆地要求停止游戏、立刻上床睡觉，如孩子们事先没有得到任何的提醒或解释，孩子们也没有任何准备要结束游戏，这种做法将会招致孩子们的埋怨和牢骚。[②] 因此在打断孩子正在进行的事情之前，应对孩子进行事先提醒，要运用机智来引导孩子。只有在孩子有心理准备时，对孩子的引导才会有效，孩子才会养成服从的习惯。

年轻人应尽自己的最大可能，服从父母的安排，遵循父母的意愿。圣保罗在很久以前曾经写过这样一句话："要让孩子们首先学会对家庭

---

① MARTINEAU H. Household education[M]. London: Smith, Elder & Co., 1876: 252.

② ABBOTT E A. Hints on home teaching[M]. London: Seeley, Jackson, and Halliday, 1883: 30.

的虔诚。”如果父母的意愿都不能得到执行，那么孩子们就会我行我素。正如一个古老而又经典的问题所言：“如果你所信奉的宗教没有教会你尊重你的父母，那么你的宗教有何价值?”未出嫁的女儿没有任何理由可以不遵从父母的命令。①

父亲和母亲应相亲相爱、相互尊重、相互帮助，这会是孩子们服从父母命令的前提条件。子女对父母的服从也并非是盲目的，因为没有孩子会做他自己认为不道德的事情，即便那是父母的命令，他们也不会忘记自己的宗教使命。服从父母并非是对父母的命令言听计从。女儿对父母的服从并不意味着即使父母强迫她们和自己不爱的人结婚，她们也要遵从，而是说当她们要结婚时，应征得父母的同意，即便她们在法律上有权决定自己的婚姻。②

在当时的英国，有一句很流行的话：“服从比牺牲要更好。”这句话的意思是说，上帝不会眷顾那些不履行子女职责的人。③ 有的女孩不愿意牺牲自己的追求来帮助或取悦母亲，她们拒绝给父母演奏、歌唱或朗读，因为“她们很忙”。④ 但也有女孩会在兄弟姐妹都组建幸福的家庭之后继续留在家中照顾父母，为父母养老，无私地把自己最好的年华奉献给家人。她们会安慰自己，尽管她们做出了牺牲，但上帝会爱恪尽职守的孩子，为父母尽孝的人生看似了无生趣，但实际上却是世界上最令人尊敬的事情之一。⑤ 但也有人认为，子女应对父母尽孝，但也应为自己着想。⑥

---

① YONGE C M. Womankind[M]. London: Walter Smith & Innes, 1889: 131.

② YONGE C M. Womankind[M]. London: Walter Smith & Innes, 1889: 133.

③ YONGE C M. Womankind[M]. London: Walter Smith & Innes, 1889: 134.

④ YONGE C M. Womankind[M]. London: Walter Smith & Innes, 1889: 135.

⑤ YONGE C M. Womankind[M]. London: Walter Smith & Innes, 1889: 134.

⑥ YONGE C M. Womankind[M]. London: Walter Smith & Innes, 1889: 134.

（五）耐心平和

人们在谈论人的力量时，往往谈到耐心，人们也习惯性地认为耐心是一种被动的品质，而不是触及心灵的行动。实际上耐心包括强烈的心智活动，活泼的孩子比被动的孩子更有可能变得有耐心，耐心和被动是不同的概念。耐心是养成自治的第一步，自治对于实现人生目标来说至关重要。自治的重要性怎么说都不为过，因此对孩子耐心的训练十分重要。

耐心的训练必须在孩子能够自愿努力之前开始。母亲必须尽可能地忍受麻烦，以帮助孩子，直至其完全养成耐心的习惯。母亲要安慰孩子焦躁不安的内心，还要引导孩子学会耐心。随着时间的推移，孩子将学会等待，也会知道在什么情况下必须要等待。从这时候开始，孩子就慢慢学会了自控。另外，父母自己也要有耐心，父母的榜样力量对于孩子学会自控非常重要。从一开始，婴儿就能够感知到周围的道德氛围是风平浪静型的还是暴风骤雨型的，在不同环境的影响下，孩子自己也会变得平静或者暴躁。如果母亲责骂仆人、父亲对年长的孩子发怒，孩子长期生活在父母激烈的争论声中，或必须面对成年人脸上阴郁的表情，那么孩子也很难学会等待和忍耐。当孩子看到并感受到周围的成年人耐心等待的谦卑品质时，他们也会逐渐学会等待。曾经有人这样训练孩子的耐心，他们把孩子放在一个他们自己无法独自下来的高凳上，并告知孩子在规定的时间内不能玩游戏且要静坐，这时不安的孩子会逐渐学会抑制内心的狂躁，安静地坐着，直到约定的时间。静坐的练习对于培养孩子的耐心确实有一定的帮助，却是一种不自然的做法。

实际上，日常生活中有很多训练孩子耐心的机会，好好利用这些机会便已足够。孩子每天都会遇到一些让他们感到痛苦的事情，如被某件事惹生气了、渴了、饿了、累了、跌倒了、玩具被弄坏了、猫咪从游戏中逃跑了等，这些事情都可以用来训练孩子的耐心。首先得让孩子适应，然后是通过他人的帮助克服困难，最后让孩子学会忍受。一个四岁的孩子，当母亲无法照顾他时，他会转过身去自娱自乐；当因为下雨而不能出去玩耍时，他会忍住眼泪；当他的胳膊被撞到时，他能够忍住不哭；当生病时，他会静静地躺下来不吵闹、不抱怨。

有学者分享了自己经历过的一件事情，她曾经去过一个三岁的小女孩家里，当时这个小女孩的喉咙很痛，她想吃晚餐，但喉咙痛导致难以下咽，于是她哭了，母亲哄了她一会儿就让她睡了。醒来后，她想吃一些软米饭布丁，但她的喉咙更痛了，于是她又哭了。为了安慰她，她的母亲让她坐在我和她母亲的中间。我发现她在努力控制自己的抽泣。她望向父亲，轻声说："我可能被诅咒了。"这句话让我这个外人感到非常惊讶。父亲温柔地给她讲了一个很长很长的故事，她大大的眼睛紧紧地盯着父亲的脸，全神贯注地听父亲说话，抽泣声停了下来。在亲历者看来，这个孩子就像成年人一样控制自己的情绪，非常令人尊重。①

年龄相差不大的多子女家庭最有利于培养孩子的耐心。一般说来，父母自身要有足够的信念和耐心，能够忍受孩子们的不耐烦。在年龄相近的多子女家庭中，时不时会爆发孩子们之间的冲突，这一切都要求母亲具有强大的意志力。母亲要想办法调节好孩子们之间的矛盾，同时也应给孩子们做好表率，让孩子们看到自己为了家庭成员的利益坚持等待和忍受痛苦。父亲应带头践行这一切，不管其职业是政治家、商人、农民、店主、艺术家还是其他劳动者，都应让孩子们看到他耐心而愉快工作的样子。同时，母亲要耐心照料生病和幼小的孩子、容忍仆人和孩子、忍受疾病和疲劳，在所有事情中保持愉快的样子，这些都会让孩子看在眼里、记在心里。接下来是家中年龄大一些的孩子，他们经历了长期稳定的训练，早早地学会了自我控制，他们不仅要温

---

① MARTINEAU H. Household education[M]. London：Smith，Elder & Co.，1876：100.

柔地对待无助的婴儿，还要宽容比自己年龄更小的弟弟妹妹。然后是年龄居中的孩子，他们必须在自己的努力和父母的帮助下学会耐心等待。最后是家中年龄小的孩子，他们有大量的机会在大家庭里训练自控能力。对于孩子们来说，家庭是一个完整的小世界，在他们的思想习惯形成之后，他们必须进入一个更大的世界。对于父母来说，拥有家庭这个小世界的益处是不可估量的，在这里他们预测孩子们今后在成人生活的大世界中的道德表现，并且他们可以根据自己的判断，对孩子施加影响以调整他们的行为，帮助他们更好地适应环境。①

（六）爱的情感

孩子们对于花花草草、小猫小狗、玩具等的爱虽然都是低级的人类情感，但加以训练之后就可以成为高级情感。在一些溺爱孩子的父母身上，不难看到他们对孩子的爱都是低级情感的表现。有的人只关心自己的马，对饥饿的邻居熟视无睹；有的人只关心自己的宠物，却未有过任何友谊。这种喜爱事物的低级情感如果任由支配的话，会永远停留在低水平阶段，但如果能够加以引导，则可以发展为崇高的形式——仁爱。

在孩子小的时候，父母可以引导他们去观察小猫、小狗、布偶，但必须要告诉他们不能伤害小动物，也不能随意丢弃布偶，不能吓唬鸟。而且要让孩子履行按时喂养宠物的义务，即使这会给他们带去一些不便。在此基础上，可以让孩子去照顾年幼的弟弟妹妹。再接下来，在母亲生病时，他们就会向母亲表示关心和帮助。

孩子首先爱家人，然后才会爱家庭以外的人。爱的推衍绝不是仓促的，需要时间来慢慢浸润。有一个四岁的小女孩，她对自己的家人饱含热爱，她能够在适当的场合保持安静和专注，乐于照顾生病的家

① MARTINEAU H. Household education[M]. London: Smith, Elder & Co., 1876: 102-103.

人。有一次，一位妇女带着孩子前来乞讨，当时天气比较寒冷，那些孩子衣不蔽体，在寒风中瑟瑟发抖。母亲问她，是否愿意把自己的蓝色连衣裙送给其中的一个孩子，她小声且认真地说："不行!"母亲又问了一遍，她还是坚持说："不行!"母亲这才意识到，孩子的仁爱之心发展是分阶段的，不能一蹴而就，必须仔细观察、耐心等待，才能形成。女孩尽管已经对家人产生了深厚的爱，但对外人暂时还没有形成爱的情感。

布莱尔在回忆录中指出："在我们那个大家庭里，我们从小就被教育要谦让，不能凡事只考虑自己。我们还被教育要善待我们贫穷的邻居，因此我的哥哥常常做善事，还鼓励我们向他学习。我们经常帮助那些需要帮助的人，我们的善意和善举也得到了人们的欢迎。"① 可见家庭对孩子爱的情感的培养非常重要。

爱至少可以分为三种：第一种是走向婚姻的爱情，第二种是对物品的喜爱，第三种是仁爱。仁爱是爱的最高层次，它不同于对某个人或物的喜爱之情，其立意更加高远，指向幸福的传播，超越了对个体的爱。但上述三种爱都不是父母所希望的那种有利于家庭幸福的爱，即依恋。

卢梭在《爱弥儿》中所阐述的教育故事在维多利亚时期的英国中产阶级家庭广为传播。在一些比较富裕的中产阶级家庭，孩子出生后常常和保姆待在一起，因此孩子最早的依恋对象往往是保姆。随着孩子长大，渐渐地回归家庭，母亲非常希望孩子将这种依恋的感情转移到自己身上。

"我认识一个小男孩，他从小和保姆生活在乡下，当他稍微长大一些之后，保姆将他带到了他的母亲身边。这个孩子紧紧地圈住保姆的

---

① BLAIR D H. In Victorian days and other papers[M]. London:Longmans,Green and Co.,1939:22.

脖子，把脸藏在保姆的肩膀上，大声尖叫以示抗议。但是这时候母亲的声音盖过了他，母亲对他说：‘看着我，亲爱的孩子，你的保姆已经走了，今后你再也见不到她了。从现在开始，你必须爱我。’”[①] 母亲在孩子的情感培养中处于最重要的位置，她要无条件接受孩子的一切，并打开孩子的心扉，她应是家人之间爱的编织者。当母亲发现家中的仆人、年长的孩子等比自己更能受到孩子的喜爱，一定不能灰心丧气，也不能乱发脾气，否则将很难获得孩子的爱戴。即便她永远得不到孩子的爱，也必须学会等待。她必须尽职尽责做好自己该做的事情，当她尽心尽力之后，孩子迟早会发现，并且永远不会忘记母亲原来是这么好的一位朋友。此外，如果在孩子很小的时候，母亲没能赢得孩子的心，那么在接下来的阶段，她必须在思想和行为层面尽可能地努力赢得孩子的心。有一些母亲，在孩子成长的某些阶段表现得令人敬佩，但在某些阶段的表现却不尽如人意。有一些母亲，在孩子十几岁之前有非凡的技能来培养和训练孩子的能力，但在接下来的时间里，她却不幸地辜负了孩子的期望。还有一些母亲，在孩子出生后无法与之相处，待孩子长大之后，仍然无法赢得孩子的心。

有的孩子天生缺少爱他人和赢得他人爱的能力，他们的依恋能力非常之弱，以至于长大之后会变成孤立的个体。这种人很容易陷入自私自利的泥沼，并走向不归路。既不爱他人也不赢得他人爱的人很容易被人忽视，父母对这类孩子神秘的本性和内心的贫乏应持尊敬和怜悯的态度，通过爱来激发孩子心中那微弱的依恋之情。这类孩子尽管无法享受温暖的亲情和友情，但仍然能够变得善良。

（七）言行礼貌

《家长评论》杂志中，一位作者回忆起自己儿时和母亲的一段对话。

---

① MARTINEAU H. Household education[M]. London: Smith, Elder & Co., 1876: 132.

母亲："孩子，你怎么哭了？"

孩子："妈妈，我看到一位和蔼可亲的女士，她就像您一样美丽善良，就像亲爱的妈妈一样，于是我忍不住抱住了她的脖子亲吻了她。但她拒绝了我。"

母亲："孩子，你不能这样，因为她是陌生人。"

孩子："陌生人是什么？难道我不能去爱用充满爱意的眼神看着我的人吗？"

母亲："你可以爱他们，我的孩子，但不能表现出来。"

孩子："爱陌生人是错误的吗？为什么我不能表现出来？"

母亲："爱陌生人没有错，但你不能做出不礼貌的行为。等你长大之后，就会明白。"①

礼貌是孩子在家中所学习的重要一课。② 在 1846 年出版的《父母的道德与宗教职责：一位牧师写给家长的书信》的第十三封信中，牧师谈论了家庭教育中的礼貌问题。人们之所以会做出一些不礼貌的行为，往往是因为受错误的观念所影响。例如，一些富人对穷人很没礼貌，从事专业工作的人会无视体力劳动者，他们都是受错误观念的影响。之所以会出现这种现象，是因为他们大脑中存在一些错误的偏见。只要消除这些偏见，一些不礼貌的行为也就会消失。要纠正这些错误观念，家长首先应教会孩子去尊敬每一个人。要让孩子知道，贫穷并不是罪，最贫穷的人和最富有的人在品德方面相差无几。要让孩子正视和周围人的关系，让他们知道所有孩子都有一个共同的父母——

① STEINTHAL F. Early memories[J]. The parents' review, 1892, 3(8): 567.

② MESS H A. Social groups in modern England [M]. London, Edinburge, Pari, Melbourne, Toronto and New York: Thomas Nelson and Sons Ltd., 1940: 25.

上帝。[①]

富裕家庭的孩子从小就养尊处优，自然而然地就会认为他人低人一等。教会孩子对那些与自己条件相当或更优越的人保持礼貌并不难。许多绅士会想方设法、极尽所能取悦时尚的女士，却粗鲁地对待那些条件较差的人。《父母的道德与宗教职责：一位牧师写给家长的书信》的作者讲述了自己在切萨佩克湾的见闻：一位时尚年轻的绅士坐在上层甲板遮阳伞下的一张椅子上，周围全是上了年纪的绅士和女士。这时候一位穿着朴素的妇女走过来，怀里抱着一个看起来十分虚弱的孩子，她走到了这位绅士旁边。她看起来十分疲惫和无助，但没有人给她让座。这时候一位年轻美丽的女士看见了这位年轻绅士令人感到羞耻的无礼行为，想要惩罚一下他。她走到这位绅士旁边，还没等她开口，这位绅士马上站起来，并用最优雅的姿势给她让座。这时女士指着那位衣着朴素、手抱孩子的妇女说："您应该把座位让给那位女士，而不是我。"[②] 这位男士的行为在很多人身上都能看到。沃尔特·雷利爵士（Sir Walter Raleigh）脱下自己的斗篷铺在泥地里，是为了防止泥水弄脏伊丽莎白女王的鞋子；贡萨尔沃（Gonsalvo）穿着最昂贵的红色天鹅绒礼服，毅然跳进水中，是为了把伊莎贝拉（Isabella）女王背到岸上。换做是平凡女性，他们可能连一根手指头都懒得动一下。对富有、时尚、尊贵的人表示礼貌非常常见，但对穷人和需要帮助的人表示礼貌却是罕见的事情，尤其是那些来自上层阶级的人。其本质在于人们的尊重往往是外在的东西，而不是内在的品格。人们没有意识到，在上帝的眼中，所有人都是家人，都是平等的。家长应教育孩子，

---

① A Clergyman. Letters on the moral and religious duties of parents[M]. London: Boston: Abel Tompkins, 1846: 118-119.

② A Clergyman. Letters on the moral and religious duties of parents[M]. London: Boston: Abel Tompkins, 1846: 120.

因为对方贫穷就忽视或伤害他们是一种罪恶的行为。[1]

此外，家长还要塑造孩子的礼貌行为，要把孩子培养成善良和和蔼可亲的人。当他们的内心端正了，行为也会随之变得端正。不是发自内心的礼貌行为都不是真正的礼貌，家长要教会孩子从内心深处表现礼貌。要培养孩子善良的品格，然后才能塑造其礼貌的行为。善良是一种独特的语言，不同年龄和不同国家的人都在使用它，它并非一定出自那些高贵阶层的人口中，也不一定表现为优雅的行为，但只要人们使用它，他人就能够理解。[2] 另外，还要培养孩子一些日常的礼貌行为，如不要随便打断他人的谈话，在和长者说话时不要强词夺理，在听别人朗读时不要左顾右盼，不要在教堂里窃窃私语、嬉笑打闹或研读书籍，不要在大街上制造噪声（尤其是在安息日），周围的人都在安静阅读时不要大声朗读或唱歌等。

有许多孩子生来就顽劣，在和别人一起玩耍时，他们总是要弄伤别人。男孩们顽劣就非常令人头疼了，女孩们顽劣则更令人抓狂。女孩们本来应该精致、优雅和温柔，但如果不加以引导，就有可能变得粗俗不堪。家长们一定要引导好自己的孩子，特别是女孩，防止她们变得粗俗、无礼。[3] 有些孩子的言行会非常不自然，他们走路的姿势很别扭，说话的语气很做作，即便是在笑的时候也非常不自然。虚伪是年轻人中一种非常常见的恶，尤其是在年轻的女孩身上。父母要特别注意防止孩子变得虚伪。此外，父母还要教育孩子在和别人说话时要尊重对方。有些孩子会养成说脏话的习惯，父母一定要尽早地制止。

---

① A Clergyman. Letters on the moral and religious duties of parents[M]. London: Boston: Abel Tompkins, 1846: 120.

② A Clergyman. Letters on the moral and religious duties of parents[M]. London: Boston: Abel Tompkins, 1846: 120.

③ A Clergyman. Letters on the moral and religious duties of parents[M]. London: Boston: Abel Tompkins, 1846: 122.

如果孩子沾染了上述不良习气，会给别人留下非常不好的印象，最终将会影响孩子融入社会，让孩子抱憾。

礼貌习惯的养成是自内而外的。理想的性格往往首先形成于人的内心，而后人们才会从行为层面去不断模仿，而理想性格的形成往往是受周围人的影响。因此父母必须要下大力气去培养孩子的礼貌习惯。陌生人在判断我们时，往往首先是看礼貌行为，因此能给他人留下良好印象的人往往都是讲礼貌的人。许多人之所以会遭受很多的困难，是因为从小就忽视了礼貌习惯的养成。对各行各业的人来说，礼貌都是一种美德。①

从上面的内容可看出，礼貌言行应从小养成，对所有人都保持礼貌的言行并非易事，但可以在家庭中趁早培养。

（八）感恩之心

在家庭对孩子的道德教育方面，梅森认为，家庭应培养孩子对父母的尊敬之心、感激之情、体贴和礼貌的习惯。② 对父母的尊敬之心和感激之情，是对国家、社会尽义务的基础。孩子对社会的责任、对国家的责任，都是以对父母的责任为根基。③ 这一观点也印证了梅森关于“家庭是国家的细胞”的理念。

在培养孩子的感激之情方面，梅森认为父母一定要注意策略，并举了一个生动的例子来说明这个问题。一位含辛茹苦的母亲熬夜为儿子补袜子，对此这位母亲可能会有三种不同的表达。第一种是母亲对此什么都不说，而粗心的孩子也不知道自己是否穿着有洞的袜子；第

---

① A Clergyman. Letters on the moral and religious duties of parents[M]. London: Boston: Abel Tompkins, 1846: 124.

② 梅森. 性格的培养：让孩子具有良好的个性［M］. 刘扬，等译. 北京：中国发展出版社，2013：108-113.

③ 梅森. 性格的培养：让孩子具有良好的个性［M］. 刘扬，等译. 北京：中国发展出版社，2013：108.

二种母亲会说："看着，我是怎样不得不一直为你工作！你什么时候也能为我做同样多的事情！"第三种母亲会温和打趣地说："别在意，我的孩子，要知道，为你工作是妈妈的快乐。"① 三种不同的表达会对孩子造成截然不同的影响。第一种是不表达，粗心或年幼的孩子并不会留意到自己的袜子破洞被母亲修补的事情，因此无法激起孩子的感激之情；第二种表达不但不能激起孩子的感激之情，反而会让孩子产生反感，甚至会激怒孩子；第三种表达温和而有力量，会让孩子记忆深刻，并且产生感激之情。因此父母必须掌握教育孩子和与孩子沟通的艺术。

（九）朴素踏实

在《父母的道德与宗教职责：一位牧师写给家长的书信》的第十封信中，作者提出，父母不应过于放纵孩子，在饮食、穿着和娱乐方面都不能过于溺爱孩子，溺爱会滋生许多的恶，会让孩子变得高傲自大、自私自利。父母对孩子的放纵的爱，会成为孩子的弱点。② 在当时的现实生活中，许多的家长会过于溺爱孩子。出于对孩子的喜爱，父母往往会给孩子过多的自由，他们不会拒绝孩子的任何请求，会满足孩子的一切要求。其结果会给孩子带来巨大的伤害，会宠坏孩子。

父母对孩子的溺爱体现在很多方面，比如说让孩子吃任何他们想吃的食物。一位母亲放任孩子的喜好，让孩子吃了很多的蛋糕，结果导致孩子生病住院。还有一个孩子，吃饭时对餐桌上的食物感到不满，父母赶紧让仆人给他重新准备他想要吃的食物。父母对孩子的这种爱是盲目的。还有的父母在穿着方面非常溺爱孩子，孩子从父母那里学会了穿着漂亮会得到别人更多的关注。有的家长对孩子的要求有求必

① 梅森．性格的培养：让孩子具有良好的个性［M］．刘扬，等译．北京：中国发展出版社，2013：110．

② A Clergyman. Letters on the moral and religious duties of parents[M]. London: Boston: Abel Tompkins, 1846: 87.

应，这些家长往往比较富裕，不知道钱的价值，为孩子提供一切他们所要求的东西。这样一来，孩子就会对时尚念念不忘，当别人不能满足自己的愿望时，就会投以鄙夷的目光。等他们成年之后，发现自己无力承担各种新奇玩意时，就会大受挫折，认为人生失去了乐趣。家长们不应用这种方式宠坏孩子，要教育孩子对知识和美德的追求比对时尚和外表的追求更高尚，让孩子知道宗教、理性和礼貌比美丽的衣服更能让人获得尊敬。

还有许多孩子沉迷于奢侈不能自拔。通常他们的家庭比较富裕，从父母那里学会了奢侈。这种家庭的儿子长大后都是绅士，女儿长大后都是淑女。他们有自己的马车，还有专供自己使唤的仆人。在剧院和音乐厅时，他们总是坐在最好的位置。在任何情况下，他们都必须展示自己的富有。他们要引领时尚，穿着打扮和同龄人格格不入。各种新奇玩意一旦面世，他们马上就要想办法获取。在这种教育下，许多孩子变成了败家子，最后死于贫困。[①] 现实中还有一些不那么富裕的家庭也在犯同样的错误。他们效仿富裕家庭的做法，认为让儿子和女儿沉迷于各种奢侈品是一种荣耀，孩子在追求奢侈的过程中忽视了学习和自己的职责。

沉迷于奢侈品对孩子的伤害非常大，它会让孩子高傲自大，在心中播下虚荣的种子。他们希望自己成为人们关注的焦点，希望自己的愿望能够马上得到实现，一旦父母和自己之间存在观点的冲突，他们会一意孤行。此外，沉迷于奢侈还会让孩子变得自私自利，他们会认为整个世界都是自己的，他们所拥有的都应该是最好的。当看到别人和自己拥有同样的东西时，就会感到不悦。这是因为他们从小就被教育他们的愿望是高级的，应不惜一切代价得到满足。再者，这类孩子

---

① A Clergyman. Letters on the moral and religious duties of parents[M]. London: Boston: Abel Tompkins, 1846: 91.

还非常任性，当自己的喜好不能得到满足时，就会大发雷霆。[1] 汉密尔顿（Hamilton）太太曾经举过这样一个例子，一个小男孩整晚闷闷不乐，仅仅因为窗户外面的花园里飞过一群小鸟，而他不能拥有这些小鸟。他的母亲向他承诺，第二天一定会帮他抓到，并且还会给他做一个很漂亮的笼子用来养鸟。但孩子还是不依不饶，大声哭喊着："不，不，我现在就要，现在就要。"母亲只好让仆人找来一只小鸡，这才止住了孩子的哭声。母亲的这种教育方式会滋生孩子的许多缺点，让孩子变得任性、自私，最终会害了孩子。要让孩子获得真正的幸福，父母必须要学会拒绝，让孩子学会服从父母的权威。任性的孩子从来学不会服从，也不知道什么是幸福，他们的整个人生都被仇恨、麻烦和反复无常所奴役。[2] 家长要从孩子小的时候就培养他们的服从习惯，让他们知道父母的允许非常重要。如果父母在管理孩子的时候一直坚持原则，孩子就会很快学会服从父母的管教。一位对孩子管理十分有效的母亲在被问到有什么秘诀时，她回答道："并没有什么艺术，只不过是在孩子很小的时候就让他们学会服从。"

《父母的道德与宗教职责：一位牧师写给家长的书信》的第十一封信的主题是财富。财富对于孩子的影响往往是伤害性的。不管是富人还是穷人，大家对财富都给予了很高的关注，所以孩子生来就知道，财富会让他们过上安稳的生活，让他们能够追逐时尚，即便他们在智力和道德方面一无所获。人们常常会在话语中流露出财富是生活中最重要的东西，人们在谈论生意、地位、荣誉和家庭时，往往会直接或

---

① A Clergyman. Letters on the moral and religious duties of parents[M]. London: Boston: Abel Tompkins, 1846: 92-93.

② A Clergyman. Letters on the moral and religious duties of parents[M]. London: Boston: Abel Tompkins, 1846: 93.

间接地传递这样的思想——财富造就了人。① 让孩子知道财富的重要性固然没错，但还应让孩子知道，世界上还有很多比财富更重要的东西。但是在对孩子进行财富观教育时，家长要避免走向另一个极端，即让孩子认为金钱是毫无价值的。② 父母应培养孩子正确的财富观，让孩子正确地使用钱财，既不做守财奴，也不挥霍钱财。③

（十）意志坚定

孩子的意志最初也是在家庭中形成的，在培养孩子坚定的意志方面，家长必须注意方法得当。“当我在美国时，我认识一位绅士，他认为违背孩子的意愿是他的首要责任，他很早就开始这么做了。他是一名牧师，也是一所大学的校长：他的本职工作就是研究和训练人类心智，但他选择了一种虚假而残酷的方式来征服和摧毁意志的强大力量。一个大约十一个月大的婴儿处于断奶期，有人给了婴儿一块面包，但这名婴儿拒绝了，其父亲说如果尽早的话，只需要一次，就可以摧毁孩子的叛逆意志。当时家里请来一名裁缝，因需要赶工，裁缝观察到了整个过程。事情的经过是这样的，这名十一个月的婴儿哭闹着拒绝吃面包，父亲将他关进了壁橱里，经过几个小时的哭泣、尖叫和呻吟后，他在烛光的照耀下被放出来，他的声音消失了，眼睛凹陷进去了，肌肉收缩了，看起来就像一个垂死的孩子。彼时已近午夜，那块面包被塞进了婴儿无力的小手里，这个孩子没有再做出任何抵抗，这意味着孩子的意志力被战胜了。目睹了整个过程的裁缝，带着悲伤和愤怒的心情回到家，并把这个故事讲述给他人。第二天早上，这名校长要

---

① A Clergyman. Letters on the moral and religious duties of parents[M]. London: Boston: Abel Tompkins, 1846: 96.

② A Clergyman. Letters on the moral and religious duties of parents[M]. London: Boston: Abel Tompkins, 1846: 97.

③ A Clergyman. Letters on the moral and religious duties of parents[M]. London: Boston: Abel Tompkins, 1846: 106.

出国时，他发现大学的红砖墙上画了一幅粉笔画，画面是他在一名婴儿面前举起一块面包。这件事在当时引起了很大的轰动，以至于过了一段时间后，他不得不撰文为自己辩护。他的理由是，为了孩子的健康成长，有必要尽早地摧毁其不良意志。这一理由被当时许多人所理解。这个故事被写在了《喜报》（*Glad Tidings*）一书中，也引发了家长们对于爱和残酷之间关系的思考。”①

自然法则告诉我们，控制意志的真正方法不是用他人的意志来控制孩子，而是通过孩子自己的能力来克服。当孩子的意志指向正确的事情时，就要让其自由发挥自己的能力。而当孩子的意志指向错误和伤害性的事情时，则需要求助于其他官能，可以分散其注意力，也可以调用他的记忆、期望或情感。如果婴儿想要吃不该吃的东西，应把这些东西放在其视线之外，用别的东西来逗孩子开心。对于孩子的意志，既要避免放纵，又要避免压制，当孩子能够有意识地形成自我控制时，温顺的习惯自然就会形成。只要遵循了自然法则，父母就会惊喜地发现，孩子很早就能形成自控能力。

下面是一个对孩子自控能力训练非常成功的案例：“有一个孩子，一开始意愿非常强烈，经过良好的训练后，她的自控能力得到了很好的发展。这个孩子在温柔的抚养中长大，每当她的愿望合理时，父母会让她沉溺于其中；但当她的愿望无法得到满足时，父母会通过其他的方式来逗乐她。有一天，当她被要求去吃饭时，我开始给她展示一本新的图画书，她一下就来了兴趣，不想去吃饭。她恳求我给她看这本书，一次、两次，马上就要恳求第三次了，我坦白地告诉她，我要下午五点之后才会让她看这本书。在表明我的态度之后，我问她现在是否要去吃饭。她站起来，拿着这本书沉思了几秒钟，然后抬头看着

① MARTINEAU H. Household education[M]. London: Smith, Elder & Co., 1876: 65-67.

我，高兴地对我说：‘我去吃饭。’然后把这本心爱的书放在我的腿上，就跑去吃饭了。她一直盼望着五点钟快点到来，一想到五点钟之后将会得到的快乐，她就没有那么紧张了。”①

从上述两个案例不难看出，在孩子的自控力培养方面，放纵和压制都不是好的办法，必须要遵循自然法则，调动孩子内在的力量，方可帮助孩子尽早形成自控力。有责任感的父母会非常重视孩子自我控制力的形成，并且通过两股伟大的力量——习惯和爱，来帮助孩子尽早形成自控力。在自控力的形成方面，孩子是很无力的，然而习惯的力量和来自父母的支持却能帮助他们克服所面临的困难。通过日复一日的睡眠、进食、行走和游戏等养成的行为规律性，能够在不产生冲突的前提下悄悄地训练孩子的意志力。

日常生活由饮食起居等小事情构成，而在其中，人的各种能力能够得到持续的增强。在进入学校教育阶段的孩子中以及从事各行各业的成年人中，人与人在效率方面会有很大的差异，有些人意志力坚定，就算没有外力的帮助也能很好地管理好自己的时间，有的人则需要在时间和环境的约束下才能被动行事。诚然，这种机械式的训练永远都是辅助性的，它永远无法取代内心深处的动力，而正是这一动力在驱动着人类意志力发挥作用。外在的动与力只能为日常职责提供动力，而当遇到生活中的重大危机时外在动力的作用则很难发挥。

在婴儿阶段通过教育所形成的自控力有助于其实现未来生活的伟大目标。其重要前提是，父母对孩子的管理应该是爱而不是恐吓。在恐惧的支配下，意志不能得到健康发展。生活在对惩罚的恐惧中的孩子，一般的官能都会被恐惧所吸收，变成一个脆弱且无法控制自己的人。然而，在爱的微笑和温柔的声调鼓舞和引导下的孩子，会变得更

---

① MARTINEAU H. Household education[M]. London: Smith, Elder & Co., 1876: 67-68.

加坚强，能够控制自己的本能，抑制自己的情绪，耐心地承受痛苦，勇于克服困难。有的父母会为孩子因害怕所形成的意志沾沾自喜，并认为怀里最小的孩子也只敢“温柔地哭泣”。事实上，早期在惊恐中所形成的“意志”迟早会陷入绝望的反抗，并有可能发展到无法控制的程度，这是非常危险的事情。一个小男孩在寒冷的冬夜把自己温暖的被窝让给姐姐，自己睡到冰冷的地方；另一个小男孩把自己心爱的陀螺送给乞讨的孩子；一个小女孩仅仅因为觉得某件事情是正确的，就忍受了几个小时枯燥和烦闷的工作。这其中都是意志力在起作用，他们的意志力是如此坚强，又如此谦卑，如此耐心，如此高贵，这种意志力是在爱的影响下形成的，在恐惧的压迫下绝不能形成。①

（十一）充满希望

希望是志向的基础，孩子的希望值得被珍惜。孩子希望的目标一开始可能比较多样化，比如吃好喝好、听妈妈唱歌、和爸爸一起玩，然后可能会发展为想要养一只小猫，后来可能是希望受到父亲的表扬，再后来可能是要成为一名水手、法官、作家等，最终他们可能会希望为人类谋福祉，成为一个完美的人。父母应珍惜一切机会，珍惜与保护孩子的希望。父母应在自己心中树立目标，然后依据孩子的天性，引导孩子朝着正确的目标发展。②

一些善意的父母会压制甚至消除孩子的这种情感，并认为这是让孩子谦逊和自我否定的方法。其实不然，他们扼杀了孩子头脑中行动的主要源泉，让一切都停滞了下来。希望的力量很难被扼杀，可一旦被扼杀，换来的将会是无尽的绝望。只需瞥一眼孩子那无精打采的四肢、呆滞的眼神和慵懒的动作，就可以看到绝望是多么可怕的事情，

---

① MARTINEAU H. Household education[M]. London: Smith, Elder & Co., 1876: 69-71.

② MARTINEAU H. Household education[M]. London: Smith, Elder & Co., 1876: 72-76.

他将成为一个没有信念、没有爱心、没有智慧且懒惰的人。当然这是一个极端案例，然而在实际生活中，确实有很多家长在压制孩子的希望。有太多的孩子因为母亲的忙碌和烦闷或父亲的严厉而无法得到理解。许多孩子因为得不到公正的对待而在沉默中爆发，还有的孩子因怀疑自己的希望遭到轻视而放弃。接下来他们可能会放弃自己的抱负，把注意力转移到难度更低的事情。一个渴望到北极探险、想要写一本书或拥有其他伟大梦想的男孩很快就会陷入对棒棒糖的贪念之中；一个想要成为耶稣基督那样神圣的女孩，可能会为在帽子上配一条新丝带而费神。对于每个人来说，“希望”自始至终都值得被珍惜。最忙碌的母亲也不要用一句同情的话或一个同情的表情来满足孩子充满希望的心，最严厉的父亲也要注意不要让孩子陷入失望的危险之中。

（十二）消除恐惧

每个孩子都有恐惧的能力，且每个人都有过恐惧的经历。一个从未经历过恐惧的人无法创造任何东西，一个从未经历过恐惧的孩子可能会缺乏想象力，感觉不到惊奇，没有生活的动力，没有敬畏或憧憬。一个胆大的孩子，一个对陌生人毫不害羞、不怕冷水、不在乎跌倒、不怕黑、敢追逐动物、与丑陋的昆虫玩耍的孩子，也许会在星空下、雷声中瑟瑟发抖，或者被一个神秘的梦境所困。父母应观察婴儿恐惧的程度与发展情况，并要坚信，无论孩子的恐惧程度如何，只要精心照料，一切都会过去。

有的孩子对发生在自己身上的任何事情都漠不关心、无动于衷，他们没有希望、快乐，也没有恐惧的心理，这类孩子健康和神经系统可能存在问题。父母应关注这类孩子的健康问题，要保证孩子的营养，注重孩子的娱乐，要帮助孩子锻炼感知能力，还要鼓励孩子参加各种活动。如果父母这样做了，孩子的各种感觉就会开始显现，恐惧也会随之而来。父母还须谨记，在骄傲的孩子身上，恐惧往往表现为冷漠。在这种情况下，父母很少知道孩子幼小的心灵所承受的痛苦，也不知道孩子每天饱受神经衰弱、精神不振和夜间恐惧的折磨。这些孩子用冷漠或固执的外表来掩盖内心的痛苦，直至健康被恐惧所损害。

《家庭教育》一书的作者直言，她本人小时候就是一个胆小的孩子，但她一直在努力掩饰，在别的事情方面他会很公开，但对于自己的恐惧却将其视作像坟墓里的秘密一样，因此没有人知道她胆怯的程度。“我四岁时做了一个梦，这个梦把我吓得魂不附体，即使现在我一点也想不起来那个梦的内容了。我无法在晴朗的夜晚仰望天空，因为我觉得它就在树梢上，马上就要把我压碎。我不敢走路穿过院子，除非是奔跑过去，因为我有一种感觉，那就是有一只熊在追我。我晚上所感觉到的恐怖是无法形容的。我恐惧的根源是每年要看一次到两次的魔幻灯笼表演，上面有一张看起来恐怖的图片——一条龙正在吐火，这张图总是让我从头到脚冒冷汗。我父亲也没有想到一个十三岁的女孩会被这样的一张图片吓到。尽管如此，我一直在努力掩饰自己的恐惧，接下来，我的健康状况变得很差，我的行为变得固执而挑衅，我的脾气一度变得难以忍受。当我第一次从习惯性恐惧症解脱出来的那一年开始，我的状况就发生了很大变化。”①

父母往往会喜欢看到孩子在困难和障碍面前表现出勇气，喜欢看到孩子能够坦然面对大自然、面对陌生人和朋友，表现出自由而无畏的样子。但父母也必须记住，要成为伟大的人，必须学习和忍受许多东西，其中有很多只能通过征服恐惧才能达到。再勇敢的孩子也会有恐惧的时候，父母应注意去发现，把这种恐惧的情感培养为敬畏和谦逊。

有一位家庭教师公开表示，他经常鞭打一个勇敢的男孩，直到打坏了两条手杖。他觉得应让这个男孩知道手臂所感受到的力量比男孩

① MARTINEAU H. Household education[M]. London: Smith, Elder & Co., 1876: 82-83.

他自己的力量更大，以产生恐惧的心理，并在恐惧的前提下，全身心投入指定的事情中去。然而事实上，这样的惩罚非但不能起到很好的教育作用，反而会让一个男孩变得鲁莽、固执和虚伪。有很多父母试图通过威胁来管理一个情绪高涨的孩子，这样不但不能让孩子真正服从，还会适得其反。温柔的父母永远不忍心在孩子身上制造恐惧，因为他们知道所有的恐惧都会给孩子带去折磨。不管怎样，最有效的方法是发现已经存在的恐惧，通过将这种弱点转化为力量和舒适的源泉，将孩子从恐惧中解脱出来。一个不怕黑、不怕牛、不怕鬼的孩子内心隐藏的恐惧是什么？一个不怕蜘蛛、蟾蜍、小偷、爬梯子的女孩，一听到烟囱里风的声音、看见母亲皱眉，或是走进病室，可能会发抖。无论孩子的恐惧是什么，父母都应用心仔细地观察，直到发现它为止。一旦发现，无论是出自理智还是情感，都应引导孩子去克服恐惧。在任何情况下，无论是胆大还是胆小的孩子，唯一完全有效的训练来自父母的榜样。

对于那些胆小的孩子，父母不要感到灰心丧气，要知道人的勇气往往来自恐惧。孩子注定要经历许多痛苦的时刻和沮丧的日子，但所有痛苦最终都会转化为一种自由和力量，并让孩子感到自己从地狱进入天堂。要试着想想，在父母的精心抚养下，一个曾经害怕天花板上的灯光或墙壁上的阴影而不敢环顾四周的孩子，一听到雨声、鸟声、浪花的沙沙声、夏天的滚滚雷声等都感到恐惧的孩子，最终能够自由、无畏、快乐地穿越四季；一个曾经在陌生人或神情严肃的面孔前颤抖、在他人的嘲笑声中感到不安、为了逃避责难而撒谎的孩子，最终成为一个能够正视自我、感到自由无畏、能享受内心平静满足的人，是多么崇高且有成就感的事情。

首先，母亲温柔的怀抱是孩子最安全的避风港。有一个母亲，脾气非常好，非常善良、好客，且爱自己的孩子。一天当她把甜点摆在桌上时，她那还不满六个月的婴儿正躺在她的胳膊上，渴望去拿那些明亮的玻璃杯和汤匙，当无法够到时开始变得焦躁不安。母亲几度想让孩子安静下来，但孩子仍然很焦躁，最后母亲狠狠地打了这个婴儿一巴掌。母亲表现出来的是一种失望的情绪，在一天的劳累后，当孩子焦躁不安且无法入睡时，母亲很可能会丧失原有的温柔。但母亲们不知道的是，这么做可能会破坏孩子在母亲那里所获得的安全感。① 母亲在一开始就应意识到自己是孩子信任的对象，她必须以同情的方式理解孩子的恐惧，并帮助孩子驱除恐惧的心理，使孩子变得理智。

婴儿最大的恐惧根源是光和影。“在一个冬日傍晚，窗外手电筒发出的光把窗框的阴影投射在墙壁和天花板上，看到这一幕，我感到非常害怕，即使我坐在父亲的膝盖上。夏日的清晨，保姆把我强行抱进客厅，我会把脸埋在椅子里，以免看到墙上舞动的影子。如果太阳恰好照在壁炉架的玻璃上，墙壁上就会有一块色彩鲜艳的影子，当玻璃被移动时，影子也会跟着舞动，我当时以为那是一种活着的小鬼。但我没有告诉任何人我心里所想的，因此也没有人知道我内心的恐惧是什么，当然也没有人能够帮助我去克服它。当我长大一些后，我不再去关注墙上舞动的彩色影子，因为我学习了足够多的光学知识，终于了解到这些彩色影子是如何形成的。”②

许多婴儿会被有穿孔的夜灯的影子吓坏，还有许多孩子永远生活在对墙上肖像画的恐惧中，或是被家中某些怪异的装饰图案吓坏。有时候，孩子的恐惧来自远处织布机传来的咔嗒声、铁匠铺里传出的哐当声、门外马车的轰隆声、水车的吱吱声、磨坊的喷涌声。对于胆小的婴儿来说，一切都可能成为他们恐惧的根源。因此，母亲应仔细地留意孩子的对周围事物的反应，以温柔和诙谐的方式，如让所有的影子动起来，模仿所有的声音，以帮助孩子克服恐惧。另外母亲也要阻

---

① MARTINEAU H. Household education[M]. London: Smith, Elder & Co., 1876: 88.

② MARTINEAU H. Household education[M]. London: Smith, Elder & Co., 1876: 89-90.

止那些用恐怖故事或恐怖事物来恐吓孩子的人接近自己的孩子。一旦发现有这样的人接近孩子，母亲应站在家庭教育的角度及时叫停这种行为，因为现实中有很多孩子因为受到惊吓而变傻或死亡。

此外，父母还应不断利用生活中的各种机会来锻炼孩子的勇气。胆小的孩子总会有勇气朝某个方向前进，父母要在游戏中通过榜样和鼓励让孩子变得更加坚强。在孩子遇到困难和痛苦时，不一定要像拔出一根刺或一颗牙齿那样，也能让孩子感受到鼓舞。父母可以给孩子讲一些真正的英雄故事，当孩子们对这些英雄流露出敬佩之情时，他们自然也会变得更加勇敢。如果有人从火灾、溺水等事故中获救，也应让孩子们知道，因为这也能让他们受到鼓舞。如果身边有认识的孩子做了一件勇敢的事情，或者对所承受的痛苦甘之如饴，也应让孩子知道。最重要的是，父母应让孩子看到，在自己的一生中，暴风雨、彗星、饥荒、生活中的变故等事情都不可怕，可怕的是自己做错事情。简言之，父母要让孩子知道自己不害怕痛苦，只害怕受到良心的谴责。在孩子的四肢尚且柔软无力时，父母要给他们足够的力量和安全感，但当他们能够自由地使用四肢和感官时，就应让他们充分发展自己的能力，自由地使用四肢和感官。有学者指出，在儿童的力量和坚韧程度方面，英国落后于世界上许多国家，如美国、瑞士、埃及以及一些非洲国家。孩子在很小的时候就应在大自然中得到非常充分的锻炼，当然其中也存在一些风险。父母在确保安全的前提下，应让孩子鼓起勇气多去尝试一些新事物，这对于孩子来说是幸福的事情。①

三、家庭道德教育的主体

在孩子的道德教育方面，梅森认为，孩子们的美德要么在家中获

---

① MARTINEAU H. Household education[M]. London:Smith,Elder & Co. ,1876:93.

得，要么根本无法获得。[①] 梅森否定了学校在道德教育方面的作为，认为道德教育是家庭单方面的职责。在今天看来，这种说法显然有失偏颇，但在当时来看，却有坚实的现实基础。在《高远之见：维多利亚时代与现代英国的诞生》（*High Minds : The Victorian and the Birth of Modern Britain*）中，赫弗（Heffer）描绘了1870年《初等教育法》颁布前后英国学校教育的基本情况。当时的教师队伍专业化程度非常之低，通常有来自不同社会阶层的不同职业的人员充任教师，他们在教育教学方面没有经受过专门的训练，教学质量令人担忧。此外，学校充斥着来自中下社会阶层的少年儿童，他们中许多人习性非常顽劣，甚至有许多的犯罪儿童。[②] 这也是为什么梅森认为道德教育不能依靠学校的立足点。

梅森曾经说过："儿童是一个具备所有发展可能性和能力的'人'。"在人性论方面，梅森强调："儿童不是生来性善、性恶，而是有向善或向恶发展的可能性。"[③] 这里所言的"可能性"即一种可塑性，儿童是具有可塑性的个体。基于这种"可塑性"人性论，梅森十分强调教育手段在儿童品质塑造中的重要作用。在如何塑造儿童的个性品质方面，梅森认为："我们受限于三种教育手段——环境、习惯和思想。"[④] 这三种教育手段在孩子的性格塑造中发挥着重要作用。

维多利亚时期英国发行的《家长评论》月刊在开篇便指出："教育是一种气氛，是一项纪律，是一种生活。"道德教育是家庭的重要职

---

① 梅森．性格的培养：让孩子具有良好的个性［M］．刘扬等，译．北京：中国发展出版社，2013：108.

② 赫弗．高远之见：维多利亚时代与现代英国的诞生［M］．徐萍，汪亦男，译．北京：社会科学文献出版社，2020：465-468.

③ 梅森．父母与孩子：父母在孩子教育中的角色［M］．赵昌荣，等译．北京：中国发展出版社，2013：2.

④ 梅森．父母与孩子：父母在孩子教育中的角色［M］．赵昌荣，等译．北京：中国发展出版社，2013：3.

责，这个职责要由父母亲来承担，具体来说，父母亲在儿童道德教育中扮演的角色又各不相同。父亲对子女的养育与其社会角色和家庭角色分不开。维多利亚时期父亲的收入是家庭的主要经济来源，父亲在家中代表着社会，是孩子们了解外部世界的重要渠道。① 父亲每天回到家中的第一件事情就是和家人们分享自己在工作中的见闻。如果父亲是工厂主，则会跟家人们分享自己和工人之间发生的事情；如果父亲是政府工作人员，则会和家人们分享国家大事；如果父亲是艺术家或作家，则会跟家人们分享自己的作品。② 通过父亲的分享，孩子们开始了解家庭以外的世界。

在维多利亚时期的中产阶级家庭，母亲通常以贤妻良母的"家庭天使"形象示人，她们用温柔的声音、优雅的举止、精致的外表，滋润孩子的内心，而父亲以浑厚的嗓音、严谨的举止、严肃的表情，在孩子心目中树立起权威的形象，使孩子们形成尊重和服从的姿态。

父母养育的初衷、过程与成效与社会对父母亲的角色定位密不可分。维多利亚时期社会对父母亲的角色定位是父亲既属于家庭也属于社会，而母亲则全身心属于家庭。③ 从历史的角度来看，母亲养育孩子的职责并未发生大的变化，但每个不同的历史时期，社会赋予父亲的职责、对父亲的角色期待等却有所不同，这在很大程度上影响了父亲对子女的教养行为。

在孩子的道德教育方面，父母要为其营造良好的环境。梅森认为，每个孩子的心中都有一口爱的源泉，如果让源泉在它上升的过程中、

---

① MARTIN M A, LEE E. The education of mothers of families[M]. . London: Whittaker & Co., 1842: 64.

② MARTIN M A, LEE E. The education of mothers of families[M]. . London: Whittaker & Co., 1842: 65.

③ MARTIN M A, LEE E. The education of mothers of families[M]. . London: Whittaker & Co., 1842: 61.

在它自然流向父母的过程中受到阻碍，就有可能使它迷失，变成一口深埋的爱之井。父母要做的就是让孩子的体贴、友好、礼貌、感恩、孝顺、奉献等情感渠道不封闭、不阻塞，而且永远向前流动。① 这一观点根植于梅森的人性论，每个孩子心中的爱之井，是继续流淌下去，还是被深埋，取决于孩子生活的环境和父母的影响。梅森还强调："爱的情感不是通过它所获得的而是通过它所给予的成长起来的。因此孩子应保持给予爱的奉献的习惯。"②

孩子的教育是持续性的，在很大程度上，孩子的早期道德教育主要取决于家庭的影响，在这一阶段孩子主要发展心灵而不是大脑。从孩子的心灵发展状况就能看出孩子的家庭生活质量。在孩子的道德教育问题上，母亲扮演重要角色。我们每个人在审视自己，或从外部审视家庭、学校和社会时，都不能忽视年幼或年少时母亲对我们所产生的巨大影响。

四、家庭道德教育的方式

在家庭道德教育的方式方面，爱心感化、榜样示范、正面管教等是主要的教育方式，此外当时的家长也会善用一些历史故事和时事来培养孩子的共情能力。

（一）爱心感化

父母对孩子的爱是家庭道德教育的基础与前提。世界上还有什么爱能够与父母的爱媲美？父母之爱在强度、深度、持续性方面都超越了所有的爱。父母的爱有一种力量，除了上帝之外，没有哪种力量能

---

① 梅森．性格的培养：让孩子具有良好的个性［M］．刘扬，等译．北京：中国发展出版社，2013：112.

② 梅森．性格的培养：让孩子具有良好的个性［M］．刘扬，等译．北京：中国发展出版社，2013：112.

够与之媲美。[①] 父亲在炎热的夏季里，顶着火辣辣的太阳，任劳任怨地辛勤工作，目的是让孩子吃饱穿暖。母亲拖着疲惫、虚弱的身体，夜以继日地辛勤劳动，牺牲自己的休息时间，只为给孩子提供舒适的生活。对孩子的爱让父母忘记了自己的愿望、自己的便利和自己的快乐，一切都是为了孩子。父母之爱指引着我们的方向，主导着我们的精力，控制着我们的思想。[②] 爱是教育的重要前提，父母对孩子的爱也是家庭道德教育的重要前提。

（二）榜样示范

父母的榜样示范对孩子来说是最好的道德途径。孩子们非常善于模仿，父母的善举和一点一滴他们都看在眼里、记在心里，并通过无意识模仿，形成自己的道德习惯。在孩子的同情心培养方面，父母的以身示范对孩子的影响十分深远。

普洛曼在回忆录中指出："1846—1847 年，爱尔兰大饥荒爆发期间，大量的难民日夜迁徙，到别处去谋生。一天晚上，我望向窗外，看到许多疲惫不堪的难民，他们身着破烂的衣衫，在一名牧师的带领下缓缓前行。一些很小的孩子被母亲背在背上，牧师要将他们带到警局，警局会为他们安排过夜的地方。在警局前的人行道上，他们拥挤地躺在一起，等待着前往休息地点的命令。和我一同站在窗前的母亲被这可怜的景象所触动，她对这些难民表示了深切同情。当时我两三岁的样子，暂时还不能体会母亲当时的那种感受。母亲是一个慈悲为怀的人，很快她就把自己对难民的那种深切同情转换成行动。为了满足难民们的迫切需求，母亲尽自己所能，向他们提供了大量的肉和饮品。在向难民分发食物时，我目睹了类似天堂般的景象，那些可怜无

---

① A Clergyman. Letters on the moral and religious duties of parents[M]. London: Boston: Abel Tompkins, 1846: 15.

② A Clergyman. Letters on the moral and religious duties of parents[M]. London: Boston: Abel Tompkins, 1846: 15-16.

助的难民们自发地站起来，举起他们的双手，发自内心地向母亲表示深切的谢意。对我来说，这个画面是我人生中最难忘也是最珍贵的一段记忆，我非常感激母亲留给我这样一段记忆。母亲在我十岁前就去世了，但她的善举在我心中留下了一生都无法磨灭的印记，同时也让我明白了‘给予比接受更幸福’的道理。每当回忆起这件事，我总是百感交集。”① 普洛曼的这段回忆让我们看到，母亲在道德方面的榜样示范在孩子心中播下了善的种子，即便当时的普洛曼只有两三岁，但母亲的善举却让他终生难忘。

（三）用历史和时事让孩子产生共情

在如何培养孩子对国家的同理心方面，有学者建议，让孩子阅读有关国家历史的书籍，还要告诉孩子，每个人都是创造历史的主体，人们所生活的当下就是未来的历史。要帮助孩子意识到自己在历史长河中的位置，以培养其对未来的责任心。要借一些国家大事来培养孩子对国家的共情能力，如小王子的突然离世等。②

一位母亲分享了她自己的教育经历。“在小王子突然离世后的一两个晚上（孩子们已经获知了这个消息），我把我的孩子道格拉斯（Douglas）、奈莉（Nelly）以及两个年龄更小的孩子聚在一起，给他们讲述了博尔顿修道院（Bolton Abbey）修建的故事。奈莉已经学过华兹华斯的诗歌《祈祷的力量》。我试图用语言给他们描绘一幅生动的情景，一位寡居的母亲坐在刺绣前，一位勇敢的‘埃格蒙特男孩’在新铺的地板上遛狗，当母亲抬起头时，视线一下子就被男孩吸引住了，她看见男孩正在跑上跑下追逐他的小灰狗。时间缓慢流逝，落日把草的影子拉长，母亲开始思念自己参与修建修道院而迟迟未归的儿子，

---

① PLOWMAN T F. In the days of Victoria：some memories of men and things[M]. London：John Lane，1918：5-6.

② A Mother of England's Children. In memoriam[J]. The parents' review，1892，V3(1)：10-12.

慢慢地，思念变成了焦虑与恐惧。她悲伤的脸上写满了无尽的忧伤。描绘完这个场景后，从孩子们天真的脸庞上，我看到了他们对无法理解的悲痛感到敬畏。这是培养他们同情心的第一步。接下来，还需要通过其他的描述，来让孩子们学会为他人祈祷。之后再将孩子们引导到修道院修建的故事上来。我给他们讲述了从前人们是如何修建博尔顿修道院的，这名‘可怜的人’在修道院的命令的指导和管理之下，意识到自己的行为是在‘为子孙后代谋福利’，今天所做的努力都是为了造福后代。通过把小王子离世的事件和修道院修建的故事联系在一起，我问孩子们：‘你们会请求上帝来安慰他们，并告诉他们怎么做吗?’孩子们真切的眼神和他们紧紧的拥抱告诉我，他们已经对他人的遭遇产生了真挚而又强烈的同情心。我最小的孩子说：‘我希望上帝能够安慰女王，这样她的孩子就会早些回来。’尽管他把小王子离世和‘埃格蒙特男孩’的故事混在一起了，但他为他人祈祷的情感却是无比真挚的。我的孩子们后来参加了一个为流浪汉祈祷的协会（Band of Child-wokers for the Waifs and Strays Society），他们在日常祈祷中增加了‘请保佑流浪汉们，请告诉我们应为他们做些什么’的祈祷词。”①

（四）正面管教

《父母的道德与宗教职责：一位牧师写给家长的书信》的第九封信的主题是父母的管教。每个孩子都具有个体差异性，即便是在同一个家庭，孩子的差别也很大，因此适合某个孩子的规则可能不适用于另一个孩子。对于有的孩子来说是最好的方法，对于另外的孩子来说或许是最坏的方法。最明智的管理者往往最了解自己的管理对象，他们会根据管理对象的性格和需求选择最适合他们的管理方式。因此，要对孩子进行有效管理，父母必须仔细地观察每位孩子的性格。家长要

---

① A Mother of England's Children. In memoriam[J]. The parents' review, 1892, V3(1):10-12.

非常熟悉自己的孩子，掌握他们的特点，在此基础上激发孩子的心智与道德本性。① 要管理好他人，管理者先要管好自己。父母不应在自己生气时向孩子发出指令，也不能在生气时惩罚孩子。所有的指令都应是理智的，当一个人处于愤怒中时是毫无理智可言的。另外，孩子也不会遵守父母在愤怒中发出的指令。父母对孩子大发脾气不仅会破坏自己的权威，还会伤害孩子的心灵和性情。因此家长要仔细地考虑每一个指令，认真地权衡每一条规则。当必须对孩子进行惩罚时，家长应让孩子知道自己是在心平气和的情况下做出的决定，并且确保目的是纠正孩子的行为。此外，偏心对孩子的影响非常大，所以家长要特别注意不要偏爱某个孩子。家长的偏爱会引发孩子的嫉妒和难过心理。家长应平等地对待自己的每一个孩子，如果一个孩子感受到自己比其他兄弟姐妹得到了父母更多的爱，这将不利于他的身心健康成长，反之亦然。

在对孩子的管理方面，《父母的道德与宗教职责：一位牧师写给家长的书信》的作者提出了三条建议。

第一，父母要尽可能地保持善良的情感。有研究指出，体罚、经常责打这种管教子女的方法在 19 世纪已见衰落，但离绝迹还很遥远，很多父亲都把教育子女视同军事训练，认为体罚是绝对恰当的。男孩子要比女孩子任性许多，必须趁他们未定型之前“折断其意志”，“不受教、不受管、任性的男孩长大后会变成狂暴、暴力、邪恶的人”②。可见体罚和责打仍可见于维多利亚时期的中产阶级家庭。尽管如此，当时的育儿书却指出，父母应尽可能保持善良的情感。

孩子的善良情感应被激活，而这一切应受到父母的关注，在父母

---

① A Clergyman. Letters on the moral and religious duties of parents[M]. London: Boston: Abel Tompkins, 1846: 75-76.

② 盖伊. 施尼兹勒的世纪：中产阶级文化的形成，1815-1914 [M]. 梁永安，译. 北京：北京大学出版社，2006：126.

的监管下进行。在父母的影响下，孩子会顺从父母的意愿，养成服从的习惯，并会从中获得满足感。家长在监管孩子时，不能表现出不耐烦的态度。当孩子听到父母的抱怨时，他们的积极性会受到很大的影响。尽管有许多孩子真的会让父母抓狂，但父母也必须忍耐，不要表现出不耐烦的样子。父母不耐烦的语气甚至会激怒那些平时最和善和克制的孩子。①

父母要避免对孩子过于严厉。劝说对孩子们来说并非一直奏效。有些孩子性格十分执拗，不采取强制措施的话他们绝不服从。惩罚确有存在的必要，但应尽可能少地运用。并不是说每个孩子都必须得到体罚，也并不是说每位家长都必须运用体罚，更不是说家长应把体罚当作日常。平时将惩罚用得最少的家长往往效果最好，因此在对孩子进行惩罚时，要注意把握一定的度。有些家长对孩子的惩罚过于严厉，如有的家长在夏天里把孩子赶出家门，让他们一整天吃不上食物，有的家长用棍棒把孩子的皮肤都打破了，还有的家长用更大的武器把孩子的身体打肿。这些做法都是错误的，在惩罚和纠正孩子行为的同时，将会带来更大的恶。过度惩罚会唤醒孩子心中的恶，会让他们对所有美好和正确的东西产生敌意。惩罚必须在爱的前提下进行，家长对孩子的惩罚要把握一定的度。②

惩罚是犯错之后的自然后果。但有时父母不能放任自然的惩罚，如一个孩子玩火的自然后果是被火烧伤，这个自然惩罚的后果过于严重，有时候甚至会夺取孩子的生命，因此在惩罚方面，父母应有所作为。在对孩子进行惩罚时，应避免各种形式的报复性惩罚，因为这会伤害孩子的身心。艾伯特校长指出，道德犯错必须受到惩罚，对于年

---

① A Clergyman. Letters on the moral and religious duties of parents[M]. London: Boston: Abel Tompkins, 1846: 79.

② A Clergyman. Letters on the moral and religious duties of parents[M]. London: Boston: Abel Tompkins, 1846: 80.

幼的孩子来说，最好的道德惩罚是从父母那里感受到道德的冲击和痛苦。在他看来，这是最为“自然”的惩罚方式。步入社会后，人们所受的惩罚往往会非常重，如持久的耻辱、怀疑和身体上的痛苦或不便，但这些惩罚不如来自父母的惩罚自然。

《家长评论》的一位读者在写给编辑部的信中分享了自己对说脏话孩子的惩罚办法。

亲爱的编辑：

对于孩子的不当行为，很难找到合适的惩罚方法，自然后果法也并非包治百病。我三岁半的女儿有一天突然给我起了一个丑陋的外号，这让我感到十分吃惊，我想了好一会儿要怎么去纠正她这种不当行为。突然我想到了美国陆军一名上校是如何处理一个讲脏话的孩子的，他让那个孩子用肥皂清洗自己的嘴巴。于是我用非常遗憾的口气对孩子说：“亲爱的孩子，当你的小手脏了，你应该怎么做？你应该洗干净。现在你的嘴巴里说出了脏话，那么我们也必须清洗你的嘴巴。非常抱歉，孩子，但我们必须要用肥皂和水来清洗你的嘴巴！”后来我们确实这么做了。①

孩子们的自然天性有很大不同。有的孩子天生是急性子，对于这种性格的孩子，家长要特别注意不能去激怒他们。不要在自己心情低落时去数落他们，惩罚他们时不宜过于严厉，不要给孩子取恶毒的绰号，对待他们要保持温和和包容。当孩子被愤怒所支配时，其行为是不受控制的，然而他必须为自己的所有言行负责。上帝不会原谅一个人因愤怒而犯下的罪。一个人可能因为愤怒而去伤害自己最好的朋友，而当他心平气和时，好朋友已经离他而去。一个人也可能会因为愤怒

① E V. The “P. R.” letter bag[J]. The parents' review, 1892(8): 637.

而犯下一些无法弥补的错误。因此易怒的人在无法控制自己的脾气时应保持安静。如果孩子容易发怒，父母应告诉他，在气头上时不要说任何话、做任何事，除非确认自己已经完全平静下来。①

家长们还必须引导孩子走出报复心理。报复是一种阴暗和残忍的心理，它会让人做出一些恐怖的行为。如果孩子的报复心理很严重，家长应对他说："孩子，不管你受到何种伤害，都不要想着去报复对方。原谅他人给自己带来的伤害是一种高贵的行为。"② 在卫斯理（Wesley）先生的布道选段中，有一段关于儿童教育的论述。许多家长会告诉孩子用报复来平复自己愤怒的情绪。一些愚蠢的母亲常常会说："别人伤害了你，你就应该还回去！"这样教育孩子会导致严重的后果。基督教家庭会以相反的方式来教育孩子："有一句古话说，以眼还眼，以牙还牙。但这是邪恶的行为。……冤冤相报何时了。如果有人拿走了你的斗篷，你应该让他把你的外套也拿走。"③

有些家长的愚蠢行为会让孩子一错再错。我们经常会听到家长说这样的话："这不是你的错；这不是我的孩子干的，是那只猫干的。"这些话是多么愚蠢！家长说这样的话违背了自己的良心，同时也会让孩子学会推卸责任，把孩子变成用谎言掩饰自己错误的人。明智的父母应教育孩子诚实面对自己的行为，说出的每一句话都必须发自内心。④

在孩子执拗的个性还没有完全被扭转时，家长不应给他提供任何

---

① A Clergyman. Letters on the moral and religious duties of parents[M]. London: Boston: Abel Tompkins, 1846: 150.

② A Clergyman. Letters on the moral and religious duties of parents[M]. London: Boston: Abel Tompkins, 1846: 151.

③ A Clergyman. Letters on the moral and religious duties of parents[M]. London: Boston: Abel Tompkins, 1846: 154-155.

④ A Clergyman. Letters on the moral and religious duties of parents[M]. London: Boston: Abel Tompkins, 1846: 155.

奖励。孩子的洞察力非常惊人，家长这么做不仅会让他们变得更加固执，还会让他们在固执的基础上增加欺骗的成分。不要给孩子买礼物或承诺他可以尽情地玩耍，要让孩子学会服从，服从是孩子道德习惯中正确且必要的部分。

第二，家长对孩子的管理原则必须一致、坚定且明确。要让孩子知道家长制定的规则是必须执行的，家长所提出的要求，孩子必须完成。家长在执行规则时，必须前后一致，不能一天很松散，另一天又很严格。只有前后一致，才能够让孩子养成遵守规则的习惯。如果家长在某些时候坚持原则，在另一些时候又毫无原则，孩子就会质疑家长所制定的规则是否真的需要遵守，久而久之他们就会拒绝服从。发出指令后又不执行，还不如不发指令。①

第三，不要欺骗孩子。这一原则非常重要，但经常被家长们忽视。很多时候，母亲为了让孩子听话，会编出一些恐怖故事来吓唬孩子。"如果你在教堂里玩耍，牧师会把你扔到一个黑洞里，那是专门用来关坏孩子的地方。"等他再犯错误，当母亲对他说上帝会惩罚他时，他就会反驳："不会的，母亲。您曾经说牧师会把坏孩子扔到一个黑洞里，但牧师并没有这么做，所以我不相信上帝会因我犯的错误而惩罚我。"吓唬孩子的方法可能在短时间内有用，但等到孩子发现自己被欺骗之后，他就不会再相信父母说的话。因此父母千万不要吓唬孩子说地窖里有个可怕的老人，树丛里有很多熊等。父母要告诉孩子真相，只有这样，当父母在描述恶时，孩子才会相信父母所说的话。② 另外，父母也不要向孩子许下自己所不能满足的承诺。

---

① A Clergyman. Letters on the moral and religious duties of parents[M]. London: Boston: Abel Tompkins, 1846: 81.

② A Clergyman. Letters on the moral and religious duties of parents[M]. London: Boston: Abel Tompkins, 1846: 83.

（五）营造良好的家庭氛围

在《父母的道德与宗教职责：一位牧师写给家长的书信》的第八封信中，作者指出应营造愉快的家庭氛围，让孩子拥有快乐的家庭是每位家长应关心的目标。孩子们生性活泼，不能要求他们像成年人一样安静地端坐，将全身心投入凝思中。他们必须要做些什么来打发时间，因此要为他们安排学习或娱乐活动。[①] 家长们应允许孩子们玩玩具，满足他们的好奇心，让他们度过快乐的时间。不能对孩子们的稚气冷眼相看，而应和孩子们一起歌唱与娱乐。

愉快的家庭氛围对孩子的道德训练来说必不可少。如果孩子在家里不能得到快乐，就会到其他的地方去寻求。这就是为什么很多孩子经常在父母不在家时，偷偷跑到大街上去玩的原因。城市地区和一些大城镇的街道非常混乱，然而经常可以看到一些来自体面家庭的孩子，甚至有一些年龄非常小的孩子，他们在大街上和一些习气不良的人厮混在一起。一位母亲向牧师诉说："我的孩子在外面学会了许多不良习气，在家里听不进去一切劝告，现在不仅大一些的孩子不听话，最小的孩子也学坏了。"牧师问她孩子们平时都和什么人待在一起。母亲答曰不知道，只知道孩子们不上学时，就一直在大街上玩耍。[②] 这些孩子平日经常在大街上和一些不良人士混在一起，与他们为伍，久而久之就养成了许多不良习气，在家中父母给他进行任何教育都是徒劳的。父母有责任要尽一切可能防止自己孩子与不良人士为伍，为此父母应审慎地为孩子选择玩伴，并邀请他们到家中来玩，在家中准备一个供孩子们玩耍的空间。当男孩到了十岁到十二岁的样子，他们偶尔会要求在外过夜。如果他们打算在城市街道上玩耍，父母应坚决制止，因

---

① A Clergyman. Letters on the moral and religious duties of parents[M]. London: Boston: Abel Tompkins, 1846: 68.

② A Clergyman. Letters on the moral and religious duties of parents[M]. London: Boston: Abel Tompkins, 1846: 69.

为当时有许多孩子就是通过这种方式变坏的。

父母应为孩子们准备一些吸引他们注意力的娱乐活动，也可以为他们准备一些有趣的书籍。经常阅读的孩子，在很小的时候就会养成耐心的习惯，这对于他们今后的成长大有裨益。培养孩子的阅读兴趣并非难事，但许多家长忽视了这一点，他们经常会认为自己的孩子对书本有天然的反感。但实际上，这些父母搞错了，在很大程度上，孩子们并非不喜欢阅读，只是因为父母提供的书籍不恰当而已。父母应研究孩子们的兴趣，为他们选择一些能让他们感兴趣的图书，并鼓励他们就某个问题进行交流，这样一来孩子们的阅读兴趣才能得到培养。①

阅读给孩子们带来的好处远不止于此，当孩子从阅读中获得了快乐后，就会自然而然地觉得在大街上闲逛是浪费时间。阅读还可以塑造孩子们的道德品性。一则关于道德品质优良的孩子的故事，会让孩子们学会判断是非对错，唤醒他们对高尚道德品质的尊崇。尽早养成阅读的习惯会让孩子们受益无穷，他们从书中可以获取有关历史、神学、科学、文学等知识，变得学识渊博，此后针对任何话题他们都能进行交流。一旦他们的精神得到了充实，他们对周围人的影响力会更强，处事态度会更明智，从书本中获得的喜悦也会更多。

但是有效的阅读需要孩子们的专注力。许多孩子在看书时效率并不高，眼睛虽然随着文字在动，但心思却在四处闲逛，缺少专注力。②家长对孩子阅读的时长必须加以控制，要以孩子不至于疲惫为依据。阅读的目的是让孩子的智力得到更好的锻炼，而不是让他们昏昏欲睡。因此家长应要求孩子说出通过阅读获得了什么。要求孩子对书籍进行

---

① A Clergyman. Letters on the moral and religious duties of parents[M]. London: Boston: Abel Tompkins, 1846: 71.

② A Clergyman. Letters on the moral and religious duties of parents[M]. London: Boston: Abel Tompkins, 1846: 73.

研读，并就相关主题和他们进行对话，能够激发孩子们对阅读的思考。

在为孩子们选择书籍时，家长要特别审慎。有一些不良书籍流向了青少年图书馆，对进入图书馆的书籍进行审查是一项艰巨又很有必要的工作，且必须由具有一定资质的人来担任。家长在为孩子们挑选书籍时，首先要看书名，然后要看书中所探讨的主题，此外还要关注书籍的声誉、读过该书的人们发表的观点与评论、作者的品性和观点等。[①] 一本坏书比强盗还坏，因此家长应特别关注孩子们的读物。

第二节　家庭宗教教育

宗教教育是道德教育的基础，当时有学者声称，除非触及宗教情感，否则道德教育是无效的。[②] 维多利亚时代的人所希望过的是一种可以自主的生活，与此同时，他们也乐于接受一些外加的框架：家庭、社会和国家。人类制度，特别是宗教，都是带有权威性的，会要求人做出相当程度的服从，但维多利亚时代的人却认为，这种社会与精神层面的规训，正是一个人可以发挥个人自律性的领域。[③] 这种意识形态不是 19 世纪的发明，而是一个世纪前的启蒙运动所揭开的，但维多利亚时代人却对它大加修饰，并据为己用。19 世纪，宗教在英国有式微迹象。但有研究表明，维多利亚时代早期，英国人的宗教生活经历了一个逐渐强化和复兴的过程。[④] 不管怎样，宗教教育是维多利亚时期英国中产阶级家庭教育的重要内容。有学者指出，家庭是孩子宗教启蒙

---

① A Clergyman. Letters on the moral and religious duties of parents[M]. London: Boston: Abel Tompkins, 1846: 74.

② MILLS J S. Religious education[J]. The parents' review, 1893, 4(9): 662-671.

③ 盖伊. 施尼兹勒的世纪：中产阶级文化的形成，1815-1914 [M]. 梁永安，译. 北京：北京大学出版社，2006：40.

④ ADAMSON J W. English education 1789-1902 [M]. Cambridge: The University Press, 1930: 65.

的场所，在家中孩子形成了关于宗教的初步概念。①

一、家庭宗教教育的主体

1892 年的《家长评论》杂志指出，许多人声称自己唯一所受的宗教影响是儿时来自父母的教育，在学校教育中宗教教育通常处于被忽视的地位，即便有宗教教育，内容和形式都十分单薄。② 可见家庭是重要的宗教教育场所。1846 年出版的《父母的道德与宗教职责：一位牧师写给家长的书信》一书中提到，父母的道德与宗教职责是他们最重要的职责，也是上帝赋予他们的职责。这本书共收录了十六封信件，每一封都有相应的主题：第一封信主要论述了当今许多年轻人品行存在问题，第二封信讲述了父母对孩子进行宗教教育的职责，第三封信的主题是榜样的力量，第四封信提出应教给孩子基督教教义，第五封信论述了对孩子进行宗教教育的方法，第六封信的主题是安息日学校，第七封信论述了宗教令人愉快的特征，第八封信指出应打造愉快的家庭，第九封信的主题是父母的管教，第十封信的主题是孩子们的放纵，第十一封信是关于财富，第十二封信是关于劳动，第十三封信的主题是礼貌，第十四封信是撒谎，第十五封信是亵渎，第十六封信论述了嫉妒、邪恶的语言、愤怒、复仇、纵容。③ 从这本写给父母的道德与宗教教育书可看出，父母毫无疑问是当时孩子宗教教育的主体，也是家庭宗教教育的主体。

---

① MESS H A. Social groups in modern England[M]. London, Edinburge, Pari, Melbourne, Toronto and New York: Thomas Nelson and Sons Ltd. ,1940:25.

② EYTON P. The religious education of young people[J]. The parents' review,1892,3(8):561-566.

③ A Clergyman. Letters on the moral and religious duties of parents[M]. London: Boston: Abel Tompkins,1846.

当时有人撰文指出，父母的宗教职责有四点：首先，要虔信宗教，牢记自己对上帝的誓约；其次，父母必须相信他们对孩子进行宗教教育是在履行神的旨意；再次，宗教不是科学，而是艺术，是神圣生活的艺术，所有的艺术都离不开模仿；最后，父母还需在家中教会孩子祈祷，让孩子了解教堂的流程。[①]

在《父母的道德与宗教职责：一位牧师写给家长的书信》的第二封信里，作者指出《新约》和《旧约》都要求父母对孩子进行宗教教育。孩子生来就需要依靠他人，需要有力量、有判断力和有经验的人为他们提供长期的关心和不间断的照料。如果没有人为孩子提供衣物和养育，他们将会死亡；如果没有人教育和引导他们，他们将会成为无知的人。[②] 养育孩子是上帝赋予父母的职责，因此父母应为孩子提供温暖的家庭和舒适的生活。除此之外，上帝还赋予了父母对孩子进行宗教教育的职责。孩子幼小的心灵就像一张白纸，我们可以在上面涂画任何我们想要的东西；孩子的心灵又像一块未经开采的顽石，我们可以将它打磨成任何我们想要的样子；孩子的心灵还似一条青枝，我们可以将它弯折成任何形状。[③] 总之，孩子接受什么样的教育，就会变成什么样子。教育可以让孩子变成天使，也可以让孩子变成恶魔。从这段描述中可以看到洛克（Locke）“白板说”的影子。

第三封信作者论述了榜样的力量，耶稣是父母的榜样，父母是孩子的榜样。[④] 父母的温和、谦逊、耐心、包容、对真理的执着、自律和责任感等品质，会让孩子不知不觉地去模仿和学习。相反，如果父母

---

① ARMITAGE. Parental responsibility[J]. The parents' review, 1893, 4(1): 36-40.

② A Clergyman. Letters on the moral and religious duties of parents[M]. London: Boston: Abel Tompkins, 1846: 12.

③ A Clergyman. Letters on the moral and religious duties of parents[M]. London: Boston: Abel Tompkins, 1846: 13.

④ A Clergyman. Letters on the moral and religious duties of parents[M]. London: Boston: Abel Tompkins, 1846: 19.

品行不端，就很难教育出品行端正的孩子。在第四封信中，作者探讨了父母如何教给孩子《圣经》中的教义。作者认为，仅对孩子进行道德教育是不够的，良好的习惯应建立在正确的原则之上，这个正确的原则就是基督教教义。① 《家长评论》杂志中，也有作者撰文分享《圣经》教育的方法：应从孩子四五岁的时候开始进行《圣经》教学，母亲应把《圣经》放在腿上，找一个矮凳子坐下来，这样就可以和孩子的视线保持齐平，然后母亲可以开始给孩子讲《圣经》中的故事，也可以给孩子读《圣经》中的内容，但注意要用自己的话来表达，要注意“画面感”的营造。②

基督教教义是一个神圣的系统，能够启发和拯救人类，人生的每个阶段我们都能从基督教教义里得到启发。基督教教义不仅是年老体弱者的精神寄托，也是年轻力壮者的精神食粮，基督教教义还非常适合用来开启孩子的心智。基督教教义能够为每个人指明正确的方向，能够按照上帝的形象塑造人的道德品质。牧师告诫家长，宗教教育开始的最佳时期是孩子的心灵还没有被错误的观念所占据之前。③《圣经》里的所有教义都很浅白，即便是没有受过很多教育的人也能够理解。只要能够理解善良、同情、力量、智慧和公正的人，就能够理解上帝的本性。在孩子们看来，上帝不仅是父亲、法官、统治者、救世主，也是哲学家。让孩子尽早接受宗教观念，有助于防止其在成长过程中被偏见所奴役。

对孩子的宗教教育可以分为家庭和学校两个主要的场所，且对男孩的和女孩的教育有所不同。这一时期学校对孩子的宗教训练情况有

---

① A Clergyman. Letters on the moral and religious duties of parents[M]. London: Boston: Abel Tompkins, 1846: 26.

② DAVIS H. Early Bible-reading[J]. The parents' review, 1893, 4(7): 497-501.

③ A Clergyman. Letters on the moral and religious duties of parents[M]. London: Boston: Abel Tompkins, 1846: 27.

较高的要求。有证据表明，学校会在男孩入学之际对孩子的宗教学习情况进行考核，但结果发现，许多男孩没有掌握基本的宗教教育。① 之所以会出现这种情况，主要责任在于家长。通过对这些孩子的家长进行考察不难发现，他们大致可以分为三种类型：第一，家长非常繁忙。父亲每天忙于工作，早出晚归，结束一天的工作之后回到家时已异常疲惫，无暇顾及孩子的教育问题；孩子的母亲可能要操持大量的家务，“确实没有时间”关注孩子的精神需求。第二，父母非常时尚。父亲常常外出打猎、射击、钓鱼或参加俱乐部的活动等，没有时间陪伴孩子，他们倾向于把对孩子的教育责任抛给孩子的母亲、保姆或家庭教师。简言之，谁来教育孩子都可以，只要不是他们自己。而这些孩子的母亲可能忙于张罗家庭聚会的晚宴、组织或参加舞会、拜访他人或接受客人的来访。因此这些孩子的宗教教育就被搁置了。第三，持怀疑论的父母。这类父母区别较大，有的父母可能会被杂志上的不可知论者文章所困扰，有的被反基督教小说所动摇，还有的可能被一些批判者粗鲁的攻击所影响，他们倾向于让孩子过一种“没有偏见的”人生，对他们来说宗教教育是可憎的事情。上述三种父母都会教育出不幸的孩子。他们离开家庭的庇护之后，难以面对新的人生，他们缺乏宗教知识，也不知道以何种原则来指导自己的行为。②

父母是责无旁贷的家庭早期宗教实施者。父母是孩子的第一任教师，在家庭宗教教育中，没有人能取代父母在孩子早期宗教教育中的角色。孩子对宗教的虔诚态度首先是在家庭里形成的，父母在这一过程中扮演重要角色。孩子的宗教训练不能留给学校来完成，在家庭中，父母对孩子的影响是无价的，如果父母忽视了对孩子的宗教教育，在

---

① DONALDSON S A. Higher religious education[J]. The parents' review，1892，V3(1)：1-9.

② DONALDSON S A. Higher religious education[J]. The parents' review，1892，V3(1)：1-9.

今后将很难再实现。[1] 所有负责任的母亲都希望自己能够教育好孩子，她们会在孩子身上倾注耐心和关注，乐于成为孩子的第一任教师，不仅教孩子读写知识，还会给予孩子更广泛意义上的“教育”。孩子的宗教职责主要由母亲承担。父亲通常忙于自己的工作，他们对家庭的付出常常以其他的形式进行，因此不能期望父亲在孩子的宗教教育方面投入过多的时间。幸福的男人往往乐于参与孩子的宗教教育，而自私和短视的男人则常常会忽视孩子的宗教教育。

没有人能够取代父母在孩子早期宗教教育中的角色，除非上帝另有安排。发自内心、真挚地爱孩子的保姆也能够成为孩子宗教教育的引导者，她们在一定程度上扮演着母亲的角色，对孩子真诚、无私地付出，和孩子建立起一种亲密、持久的关系。当然，并非所有保姆都能胜任这一角色，事实上，许多保姆因玩忽职守而备受诟病。

普洛曼在回忆录中指出：“关于宗教，我最早的记忆是坐在母亲的旁边，听她给我朗读和解释《圣经》中那些‘古老而又甜蜜的故事’。那些故事紧紧地揪住了我的心，让我第一次形成了一种信念，这种信念始于对一个遭受痛苦的人的强烈同情。但故事所蕴含的福音意义以及救世主为我们所做的牺牲是多么伟大，直到很久以后我才慢慢理解。我对上帝的第一印象是审判者的形象，那时我非常害怕地狱，因此也非常害怕这位审判全人类的审判者。我的母亲是一位老派的福音派教徒，她从小就生活在一个宗教非常严格的家庭，这也意味着她必须恪守信条，任何偏离行为都可能会遭受到可怕的惩罚。但我的母亲也是一位心地善良、温柔宽厚、乐于奉献的女人，她甚至不会故意伤害一只苍蝇。”[2] 从这段表述中可以看出，母亲是普洛曼宗教教育的启蒙者，

---

① JELF G E. Mother，home and heaven[M]. London：A. D. INNES & Co.，1891：22.

② PLOWMAN T F. In the days of Victoria：some memories of men and things[M]. London：John Lane，1918：334-335.

母亲会通过讲故事和朗读的形式，对普洛曼进行宗教教育。在母亲给普洛曼阅读的内容中，除了《圣经》中的故事，还有著名的《天路历程》。

在普洛曼的宗教教育道路上，父亲所起的作用也非常重要。普洛曼回忆起克里米亚战争期间（1853—1856），著名的宗教人士卡明博士（Dr. Cumming）按月发行了一些宗教小册子，这些小册子里面有许多关于世界末日的论断，这些论断足以让成年人产生巨大的恐惧心理。当时普洛曼的母亲经常会给普洛曼朗读这些小册子里的内容，让普洛曼小小的心灵感受到了巨大的恐惧，他晚上甚至不敢安然睡去，因为害怕自己一觉醒来世界就毁灭了。后来有一次朗读被父亲撞见了，父亲要求母亲尽快烧掉这些小册子，并且向普洛曼保证世界末日不会到来，至少在他们生活的时代。父亲的话语安抚了普洛曼恐惧的心灵。

二、家庭宗教教育的内容

家庭宗教教育总是以具体的活动为载体进行。在家庭宗教活动中，又可以大致分为日常的家庭宗教活动和安息日宗教活动两个大类。礼拜日是专门为宗教活动安排的日子，自然是家庭宗教活动的主体。尽管如此，日常的家庭宗教活动如祷告、阅读《圣经》等也是重要的家庭宗教活动。

（一）日常的家庭宗教活动

日常的家庭宗教活动是相对于安息日家庭宗教活动而言的概念，发生于非礼拜日，主要包括祷告、阅读和讨论《圣经》等活动。

1. 祷告

祷告是非常重要的家庭宗教活动。牛津大学的欧曼教授回忆起自己儿时的家庭生活时指出：“我们家每天都会进行家庭祷告，安息日这天会进行两次祷告，届时会有传教士和教堂的姐妹来访，对于他们我都非常熟悉了。此外，我们还会向一些慈善组织捐款。”① 祷告是家庭宗教活动中最为常见的一种形式，许多孩子从小就耳濡目染，形成了宗教概念。

2. 阅读《圣经》与教义问答

阅读和讨论《圣经》也是家庭宗教活动的重要内容。1892 年的《家长评论》杂志指出，《圣经》作为教材在欧洲学校教育中大约有 1800 年的历史，不管是以直接还是间接的方式，《圣经》或多或少都是学校教育的重要内容，其不仅具有宗教教育价值，还具有道德教育价值，此外，《圣经》在一定程度上还具有文学价值。②

有学者建议，可以通过读《圣经》来对孩子进行宗教教育。诵读《圣经》是清教徒家庭宗教教育的最基本内容，另一主要教导形式是教义问答（catechisms），大量印刷出版的教义问答手册，也为家庭进行这种活动提供了条件。③ 家庭教义问答的最大优点在于以一种积极的、互动的方式开始了孩子的早期教育，它无形中培养了让孩子受惠一生的积极思考的习惯。

在《父母的道德与宗教职责：一位牧师写给家长的书信》第七封信中，作者提出，宗教是令人愉快的活动。每一个虔诚的基督教家庭都应开展一些宗教活动，包括祈祷和阅读《圣经》。家庭宗教活动不仅能够加深孩子对上帝及其语录的印象，还能够培养孩子专注的习惯，培养他们对宗教的信念。但在现实中，很多家庭的宗教活动适得其反。作者曾经在一个家庭借住过几个月，这个家庭开展的宗教活动就非常不恰当，至今作者还能清楚地记得当时的那种恐惧心理。首先，他们

---

① OMAN C. Memories of Victorian Oxford and some of early years[M]. London: Methuen & Co. Ltd.,1942:4.

② Faith and duty[J]. The parents' review,1892(9):745-755.

③ 傅新球. 近代英国人口、婚姻与家庭［M］. 南京：南京师范大学出版社，2020：287.

以一种哀悼的语调读很长一段《圣经》，然后祈祷者以同样的哀悼语调祈祷十五分钟到二十分钟。这样的祈祷日复一日、年复一年地不断重复。这种无聊而又极端的宗教活动令人感到十分害怕，也让人对家庭祈祷产生了强烈的厌恶感。然而，如果家庭宗教活动能以适当的方式进行，就能够变成一项令人愉悦的活动。以自然的语调朗读《圣经》，以自如的语气进行祈祷，穿上整洁、漂亮的衣服，这不仅能够引人向善，还能够培养人们对周围人们保持一种友善和礼貌的习惯。因此牧师告诫家长们千万记住不要让孩子认为宗教是一种悲伤的事情。切记清醒和悲伤完全是两码事，虔诚和沮丧也是两码事。家长应像崇敬一本圣书一样阅读《圣经》，语气不能悲伤，态度不能严厉，要用一种恳切的语气，让孩子们对宗教产生向往和渴求。父母所安排的一切宗教活动，都要契合孩子们青春而又热情的心灵、清新而又强烈的情感，这样孩子们才会爱上家庭的宗教氛围，以一种积极的心态对待家庭宗教活动。①

家长们对待安息日的态度也常常对孩子造成不良影响。尽管安息日是一周中自然的一天，但人们会让这一天变得与众不同。许多家长会在这一天换上安息日的表情、语气和步调，并且希望孩子们也模仿他们的表情、语气和步调。久而久之，孩子们就会对这一天产生厌恶情绪，认为安息日是漫长、枯燥而又疲倦的一天。对许多孩子来说，这一天就像在监狱服刑一样难受。安息日固然重要，也需要被神圣对待。《父母的道德与宗教职责：一位牧师写给家长的书信》的作者认为，这一天应放下一切不必要的工作，停止骑马、散步、串门等娱乐活动，不去阅读除道德和宗教外的其他书籍，将大部分时间用来休息和祈祷。家长应担负起责任，不要让孩子在这一天进行一些虚无的娱

① A Clergyman. Letters on the moral and religious duties of parents[M]. London: Boston: Abel Tompkins, 1846: 65-66.

乐活动，也不要让他们到处闲逛。

尽管如此，家长也不能为避免亵渎神圣而走向另一个极端，不要让孩子以为，微笑、用自然的语气说话、以自然的步调走路是错误的事情。家长应让孩子阅读《圣经》、参加祈祷，让孩子们参与宗教对话、阅读一些有用的书籍、去教堂或者上安息日学校。要尽可能地让孩子感到愉快，让他们有事情可做，这样他们才会爱上神圣的宁静，认为这一天是令人愉快的，所从事的活动是神圣的。有许多家庭的孩子无限向往安息日，在这一天结束时感到恋恋不舍。这一天他们在父母的陪伴下，坐在父母的身边，听父母朗读或对话，和父母一起去圣所，过得很充实。

有人认为宗教是冰冷和刻板的，难以触动心灵，祷告更多是停留在嘴上，没有触及灵魂；还有人认为宗教可能是沉闷和毫无感情的，通常表现为抱怨和唠叨。针对上述情形，牧师指出，这些都不是基督教的本质。真正的宗教应该是喜悦的、善良的、幸福的。所罗门（Solomon）曾经说过："幸福就是人们洞见智慧的过程，幸福就是人们获得理解的过程。对于商人来说，幸福莫过于用白银交换黄金。幸福比红宝石更珍贵，所有你所渴望的一切都不能与之媲美。幸福的左手托着时间，右手攥着财富和荣誉。幸福的道路充满了喜悦，幸福的脚下遍布和平。"① 对于年轻人来说，宗教应该用充满爱的声音传递，将他们引向和平与安全的道路。宗教不仅是悲伤者和疲劳者的慰藉，也是充满希望和具有远大理想的年轻人的能量。真正的基督教家庭充满了幸福和喜悦，夫妻间相互信任、友善，各司其职，在他们周围环绕着一群可爱的孩子，一家人在一起唱着充满幸福、感恩的歌，整个家

① A Clergyman. Letters on the moral and religious duties of parents[M]. London: Boston: Abel Tompkins, 1846: 67.

沉浸在喜悦的歌声中。① 如果父母能够以幸福的方式对孩子进行宗教教育，孩子将会很容易接受。

（二）安息日家庭宗教活动

安息日占据了人们七分之一的生命，因此人们也把安息日称为主日。安息日是非常重要的家庭宗教教育时间，家长也会为孩子安排密集的家庭宗教活动。安息日这天，有的家庭会带孩子去教堂做礼拜，但在孩子年纪尚小，且不能遵守教堂的纪律时，不建议父母带孩子去教堂，这时候更应在家庭中开展一些宗教活动。

1. 安息日家庭宗教活动的开展原则

关于家庭活动的开展情况，当时存在一些误区。如有的家庭会在这一天营造一种庄严肃穆的氛围，让孩子感到非常压抑；还有的父母会对孩子进行大量的宗教教义问答，让孩子感到害怕。针对这些误区，有学者指出，在对孩子进行安息日训练前，家长必须了解三点：第一，安息日是主日；第二，安息日和平常必须有所不同；第三，安息日不能在枯燥中度过。②

关于安息日是主日这一点，父母必须自己有深刻认识，才能引导孩子了解什么是主日。“我记得童年时期的安息日是非常严肃的一天。这一天总是让人觉得漫长和疲惫。一上午的活动下来，孩子们感到非常饥饿。”③ 要让孩子知道什么是主日，父母就必须让孩子知道上文所提及的第二条原则，即主日和平日有所不同。在如何才能让孩子知道这二者的区别的问题上，有学者指出，星期六和星期日代表了孩子自

① A Clergyman. Letters on the moral and religious duties of parents[M]. London: Boston: Abel Tompkins, 1846: 67.

② DONALDSON S A. Religious training of children at home[J]. The parents' review, 1892, V3(1): 81-92.

③ BLAIR D H. In Victorian days and other papers[M]. London: Longmans, Green and Co., 1939: 20.

然天性中两个截然不同的面。在星期六，孩子们可以尽情地欢笑、游戏和吵闹，然而在星期天，他们必须安静下来。① 如此安排经过多次强化，孩子们自然就会知道主日和平日的不同之处。

关于第三点，安息日不能在枯燥中度过。有学者提出了许多有针对性的建议供家长参考。上述观点在育儿书中也得到了呼应："父母不应在安息日营造一种庄严肃穆的气氛，安息日应是一周中最快乐和开心的一天，安息日应被视作教堂的节日，上帝也希望所有子民在这一天能够幸福、开心！然而许多家庭都把这一天变成了阴郁、沉闷的一天，让安息日变成幸福、愉悦的一天吧！据我观察，许多人成年后就不再虔信宗教，往往是因为儿时经历了许多极其严苛和令人沮丧的安息日。阴郁的禁欲主义并不能让孩子虔信宗教。"② 综上可见，家庭宗教教育应以孩子们能够接受的方式进行，要让孩子们在这个过程中既能感受到神圣与庄严，又能感受到幸福和喜悦。

2. 安息日的家庭宗教活动安排

安息日不宜为儿童安排日常游戏。有一位母亲为孩子准备了一副棋作为安息日的游戏，但事实上，下棋是一项极具伤害性的游戏，会让孩子在安息日的早上醒来后就开始希望教堂的祈祷快点结束，这样他们就可以早些下棋。这样一来，安息日的本质就失去了意义。父母不应为孩子准备安息日游戏，而应引导孩子在安息日做一些慈善活动。③ 孩子在安息日不应玩日常玩的游戏，除非他们生病了。有时候，天气非常差，安息日一整天都必须待在室内，这样一来，确实有很多

---

① DONALDSON S A. Religious training of children at home[J]. The parents' review, 1892, V3(1): 81-92.

② CHAVASSE P H. Advice to a mother on the management of her children[M]. London: Chrchill, 1878: 137-138.

③ DONALDSON S A. Religious training of children at home[J]. The parents' review, 1892, V3(1): 81-92.

无聊的时间无处打发，这时候母亲可以带领孩子玩一些字母游戏、纸币游戏或诗歌游戏。[①] 布莱尔在回忆录中指出："好在安息日的午餐后我们可以和父母一起愉快地散步，我们会到河边看瀑布，有时还能看到鲑鱼高高地跃出水面；有时我们会和保姆待在一起，看小树苗壮成长；还有的时候，我们会被带到果园里去摘果子。下午茶过后是阅读时间，安息日这天，我们的故事书都会被锁起来，我们只能读一些安息日杂志，如《良言》（*Good Words*）、《箭筒》（*The Quiver*）、《闲暇时光》（*The Leisure Hour*）等。有时母亲会把我们召集在钢琴前为我们弹奏简单的旋律，我们兄弟姐妹们都遗传了母亲对音乐的爱好。"[②]

父母在安息日这一天应确保在孩子身上投入足够的时间和精力。这一天父母不应全天出门工作，也不宜拜访或招待朋友。父亲不能把对孩子的宗教训练责任全部丢给母亲，在这一天父亲应陪伴在孩子身边。父亲对孩子进行宗教训练效果甚至要好过母亲对孩子进行宗教训练，因此父亲在周日这天应放弃一些外出的机会，专注于孩子的宗教训练。[③] 有学者回忆起自己童年时父亲在安息日给予的高质量陪伴："当我回想起童年时期度过的每一个安息日，我发现给我带来无限喜悦的是我的父亲。他平常非常忙碌，周日是他唯一的休息日。但这一天，他常常会带着我去散步，去哪里散步并不重要，重要的是在散步时他给我讲的故事给我带来了巨大的喜悦。父亲也常常给我读《圣经》，我还记得《比勒与大龙》是我最喜欢的故事。此外，在安息日我可以唱

---

① DONALDSON S A. Religious training of children at home[J]. The parents' review, 1892,V3(1):81-92.

② BLAIR D H. In Victorian days and other papers[M]. London:Longmans,Green and Co.,1939:20-21.

③ DONALDSON S A. Religious training of children at home[J]. The parents' review, 1892,V3(1):81-92.

我喜欢的赞美诗，还可以读一些书。”①

对孩子进行适度的宗教教义问答。安息日是休息日，但这一天孩子们也有许多的东西要学。孩子们在每个安息日还必须进行教义问答。但有学者也指出，无须对孩子进行一整天的宗教教义问答，因为宗教教义问答仅仅提供了框架，其深层次的内涵必须要经过阐释才行。② 一整天的填鸭式宗教教义问答会让孩子产生对安息日的恐惧。

阅读是重要的安息日活动。《圣经》当然是孩子们必须要阅读的最重要书籍，但也可以让孩子们去阅读一些月刊，让他们了解一些有关历史、社会的知识，还可以让孩子们去读一些故事书，如《大大的世界》和《兰顿牧师住宅》。在读的同时，鼓励孩子们将文本以图画的形式画下来。圣诞节和复活节卡片的制作会占用很多个安息日。安息日是一个专属于家人交流的日子，在这一天，孩子们从父母那里听到关于老一辈的事情以及家庭的过往。③ 家长应对孩子进行《圣经》教学。给很小的孩子讲《圣经》故事是非常困难的，但可以让他们看《圣经》中的图片，在此基础上来给他们讲故事。应让孩子们尽早接触《圣经》原文，这不仅是为了让孩子们知道《圣经》里的内容，更是为了让他们学习到原汁原味的《圣经》故事。④ 这一时期出版了许多为家长们写的宗教教育书籍，如《教师的祈祷书》《宗教学习指南》《主日学校课程》《如何教授〈旧约〉》《如何教授〈新约〉》《如何教授祈祷书》

① DONALDSON S A. Religious training of children at home[J]. The parents' review, 1892,V3(1):81.

② DONALDSON S A. Religious training of children at home[J]. The parents' review, 1892,V3(1):81-92.

③ DONALDSON S A. Religious training of children at home[J]. The parents' review, 1892,V3(1):81-92.

④ DONALDSON S A. Religious training of children at home[J]. The parents' review, 1892,V3(1):81-92.

《如何教授宗教教义问答》等。①

对孩子的宗教教育要考虑孩子的身心特点。家长们必须考虑如何让安息日成为快乐而又有趣的一天。孩子们在这一天不需要早起，在吃早饭之前不需要学习任何课业，但也有孩子在早上八点之后就开始玩耍或唱赞美诗。吃过早饭后，孩子们可以看一小会儿《圣经》中的图片，也可以唱一会儿赞美诗。然后年纪大一些、自律性强一些的孩子可以跟随父母去教堂听牧师讲经，一些有经验的牧师会把非常晦涩的教义讲得非常生动有趣。从教堂出来之后，孩子们可以进行一些户外活动。如果赶上下雨，就可以让孩子们在家里阅读一些宗教书籍，之后可以安排他们写信或阅读。吃过午饭之后，孩子们会去上安息日学校。孩子们喜欢和其他的孩子在一起学习，因此把孩子们聚在一起学习效率更高。安息日学校的上课时间为三个小时，这期间可以安排一个小时让孩子们去看望老人或那些卧床不起的人。在天气晴好的情况下，可以安排孩子们进行户外活动，也可以把阅读活动安排在户外进行。但是安息日下雨的情况非常多，这时候就得妥善安排孩子们的活动，年龄比较小的孩子可以玩积木，但五岁以上的孩子就应开始思考宗教问题了。清晨时孩子们已经进行过宗教教义学习，下午时可以让孩子们复述或大声朗读。家长要让孩子学会唱赞美诗，在安息日这天，家人们常常要聚在一起唱赞美诗，这有助于发展孩子们的心智。阅读诗歌也是一样，父亲给孩子们朗读诗歌，也可以让孩子们自己选择要朗读的诗，让孩子们分享自己的学习体会。②

（三）教堂宗教活动

受洗是孩子宗教生活中的重要活动之一。吉普森在回忆录中讲述

---

① DONALDSON S A. Religious training of children at home[J]. The parents' review, 1892,V3(1):81-92.

② DONALDSON S A. Religious training of children at home[J]. The parents' review, 1892,V3(1):81-92.

了自己受洗的故事："虽然我的父母经常去教堂做礼拜，但我是十岁时才受洗。我记得当时和大约七个兄弟姐妹们一起受洗，我们站成一排，其中还包括一名年龄特别小的孩子。我还记得当牧师抚摸他时，他发出了哇哇的哭声。我有一位年轻貌美的教母，她是当地最富有的五金商的女儿，住在凯尼尔沃思，仪式结束后她送给我一块当时非常稀有的不用上发条的手表。我们还举行了盛大的洗礼派对，这可能是凯尼尔沃思有史以来最盛大的一次洗礼派对。"① 虽受洗不是严格意义上的家庭宗教活动，但孩子受洗是在家长的见证下进行的，家人会作为主导为其举行一定的仪式，因此是父母和孩子共同参与的活动，从这个意义上看，其应属于家庭宗教活动。

在孩子大一些时，许多父母会带孩子一起去教堂参加礼拜活动。至于这种决定是否合理，在普洛曼的回忆录中有这样的记载："我很小的时候就被父母带去教堂，为了坐在长椅上能看到前方，父母不得不在我身下堆叠两个垫子。做礼拜的过程对我来说太漫长、乏味了，对一个孩子来说难以忍受，因此在当时我是不被周围的大人们所接受的。但我也清楚地记得大人们在牧师说话时，并不是在安静地聆听，他们时不时也会交头接耳。当我被告知在教堂里要一直保持安静时，我非常不理解为何他们自己说话就可以，而我不行。当我对此表示抗议时，父母还不能理会我的意图。"② 从上述描述中可看出，对于儿童时期的普洛曼来说，参加教堂礼拜活动无疑是一种折磨。孩子的身心发展阶段决定了其不能忍受长时间的沉默与静坐，因而他们的行为表现与教堂庄严肃穆的氛围格格不入。相比之下，在家庭进行宗教活动更适合年幼的孩子。

---

① JEPSON E. Memories of a Victorian[M]. London: Victor Gollancz Ltd., 1933: 32-33.

② PLOWMAN T F. In the days of Victoria: some memories of men and things[M]. London: John Lane, 1918: 337.

从另一方面说，教堂庄严肃穆的氛围对孩子本身就具有一定的精神陶冶作用，也让孩子养成了对神灵的敬畏心理。普洛曼在回忆录中还记载："在教堂这个神圣的场合，我非常害怕自己的行为不合礼仪，害怕自己犯下亵渎神灵的罪。有一个下着雨的安息日，进入教堂后，我一只手紧紧抓着雨伞，一只手抱住《圣经》，径直沿着教堂中间的过道就走到了我们的长椅上，直到就座后我才发现自己没有摘下帽子。尽管我是无意识的，但当我意识到这个行为可能冒犯了神灵时我感到非常恐惧。"① 尽管在随父母参加教堂礼拜活动中，普洛曼感受到了不安、恐惧，但他自己也坦言，这种宗教活动对他同情心的养成产生了重要影响。

"大约在我六岁时的一个安息日晚上，我和哥哥第一次被带去教堂。当时的传教士是一位从事肥皂贸易的绅士的祖父。他的传教主题是'上帝的全知'，他给我们这些单纯的小家伙们讲述了上帝是如何创造万物的。这次传教对于小孩子们来说是非常印象深刻的，至今我还记得当时的许多细节。传教士的一席话让我哥哥了解了宇宙起源的理论，但也让他心生疑惑——如果上帝创造了万物，那么是谁创造了上帝呢？他认为可能是一个警察创造的。当时我对他的观点深信不疑，而且很快我就锁定了那个创造上帝的目标人物，那是一个身高六英尺四英寸，脸色灰白的警察。我曾有过一次和他说话的机会，当我仰望这位创造了全知的上帝的人物时，我感觉他的身高甚至超过了喜马拉雅山。我不记得我当时向他问了什么问题，也不记得他回答了什么，但这个情景一直印刻在我的脑海中。"② 从这段回忆录中可以看出，孩子的精神世界和成人的有很大不同。孩子们有质疑精神，但也有一些在成人看来非常荒谬和有趣的推断。家长在对孩子进行宗教教育时，

---

① PLOWMAN T F. In the days of Victoria: some memories of men and things[M]. London: John Lane, 1918: 337-338.

② MURRAY D C. Recollections[M]. London: John Long, 1908: 22-23.

必须要考虑孩子的心理。

（四）其他宗教教育活动

普洛曼在回忆录中还记载了童年时期被父母带去参观宗教画作展览的情形："后来我还被带去看了一个宗教展览，我记得当时看到了三幅大尺寸的画，作者是古怪的天才约翰·马丁（John Martin）。这三幅画的主题分别是《审判日》（*The Judgement Day*）、《令神愤怒的一天》（*The Great Day of His Wrath*）、《天堂的平原》（*The Plains of Heaven*）。尽管马丁的想象力很丰富，画作也很生动，但这些画作充满了灾难性，令人感到敬畏。这些画作当时在许多城镇进行展览，吸引了许多观众。通过印刷术，这些画作的副本也广为流传开来。但我认为，这些画作存在病态的倾向，会对尚未受过教育和年幼的孩子造成不利影响，因而年幼的孩子最好不要看到这样的画作。"① 从普洛曼的描述中可以看出，儿童时期他所看到的一些宗教画作充满了恐怖色彩，对他年幼的心灵造成了伤害。结合他的经历不难看出，父母在给孩子安排宗教教育活动时，须考虑孩子的身心发展特点。

三、家庭宗教教育的方法

前文已述，家庭宗教活动要考虑儿童的身心发展特点，教育方法也不例外。有学者指出，在给十二岁左右的孩子进行宗教教育时，必须遵循三个原则：有趣、确切和触及心灵。② 有效的方法往往能起到事半功倍之效，而不当的方法则可能会事倍功半。

---

① PLOWMAN T F. In the days of Victoria：some memories of men and things[M]. London：John Lane，1918：336.

② MASON A. How to give religious instruction[J]. The parents' review，1893，4(1)：41-44.

（一）直观展示

在《父母的道德与宗教职责：一位牧师写给家长的书信》第五封信中，作者论述了教给孩子宗教教义的方法。作者认为，在向孩子传授真理时，不应教给他们抽象的理论知识，而应通过故事、实物、演示等直观展示。[①] 经过长期的认真观察，作者发现形而上学的方法在儿童宗教教育方面收效甚微。总的来说，应让孩子知道上帝的存在，但不宜解释上帝如何存在；应让孩子知道上帝是造物主，但不要试图展示精神如何控制行为；应让孩子知道上帝是世界的主宰，但不要试图揭示上帝主宰世界的奥秘；应教给孩子一些明确和关键的东西，而不要教给他们抽象和次要的东西。[②] 只要了解了孩子的特点，就能够迅速掌握教授孩子《圣经》中真理的方法。孩子们喜欢故事、实物，喜欢用自己的感官去感受这个世界，要根据孩子的特性，用能够吸引他们注意力的方式进行宗教教育。

为了浅白地阐明深刻的意义，作者给出了案例。约翰·托德(John Todd）在给孩子们进行宗教教育时说："你们来看下教堂的内部，这里所有的东西都是精心设计的，里面所摆放的任何东西都有特殊的用途。圣坛、楼梯、窗户、座椅，你们知道它们的用途是什么吗？窗户是为了让光线射进来，座椅是为了让祈祷者坐下而设计的，楼梯是为了登上圣坛，圣坛也就是我现在所站的这个地方，它会比较高，这样站在上面的人能够被屋子里所有的人都注视到。再来看看这些门，它们的作用是为了隔绝外部世界的噪音，在天冷时确保屋内的暖和。这根长长的管道是为了排烟。前面的走廊是为唱赞美诗者设计的。你们再仔细看看，教堂里是否有供玩耍的物品？没有！这说明教堂不是

---

① A Clergyman. Letters on the moral and religious duties of parents[M]. London: Boston: Abel Tompkins, 1846: 35.

② A Clergyman. Letters on the moral and religious duties of parents[M]. London: Boston: Abel Tompkins, 1846: 36.

玩耍的场所。再来看看教堂里是否有沙发、床等寝具？没有！这说明教堂不是用来睡觉的地方。教堂里的所有东西都是被设计来向上帝祈祷的。”①

假如父母打算向孩子说明上帝的善良，可以给他们讲述这样一个故事：“有一个父亲，他有一个很坏的儿子，儿子总是和父亲对着干，无视父亲的一切乞求，他所做的一切都让父亲感到不幸。父亲对这一切感到悲伤，每当想起儿子时就会潸然泪下，但他仍然为儿子提供衣物，真诚地为儿子提供他所需要的一切。有一天，儿子从父亲那里偷了一大笔钱之后消失了。父亲感到十分难过，以至于辗转反侧、难以入眠。他到四面八方去打听孩子的去向，但几个月过去了仍然没有任何消息。后来他听说儿子在很远的地方进了监狱，并欠下一大笔债，他立马派人去接儿子回家。他帮儿子还清了所有的债务，以让他从监狱里被释放。当儿子回到家中，父亲接纳了他，继续为他提供锦衣华服，善待他，就像他是一个一直很顺从的儿子一般。”② 听完这个故事，孩子们可能会感慨：“真是一位好父亲！他是如此善良和包容！”通过描述一位善良的父亲，父母可以将孩子们的心灵导向上帝，上帝为我们提供了食物和衣物并保护我们，尽管我们有时候会玷污上帝的名声；上帝给了我们阳光、雨露和美好的四季，尽管我们可能恨过他；上帝让自己的孩子受难致死，以拯救堕落的人们。③

（二）榜样示范

在《家庭祈祷的职责、益处与模式》一书中，作者指出，最好的

① A Clergyman. Letters on the moral and religious duties of parents[M]. London: Boston: Abel Tompkins, 1846: 36-37.

② A Clergyman. Letters on the moral and religious duties of parents[M]. London: Boston: Abel Tompkins, 1846: 38-39.

③ A Clergyman. Letters on the moral and religious duties of parents[M]. London: Boston: Abel Tompkins, 1846: 39.

宗教教育方法是家庭祈祷。[1] 家庭祷告在孩子的宗教教育里发挥着重要作用，儿童非常善于模仿，家长在进行祈祷、忏悔时，他们的内心也会受到触动，在日复一日的耳濡目染中，就像学语言一样一句一句、一段一段地学会了宗教教义，知道如何向上帝进行祷告和忏悔，也从内心产生了对人类的爱、对教堂和国家的爱。他们善良的天性被唤醒，成为追求真善美的人。考虑到上述因素，当时的宗教书建议在家中设置圣坛。[2] 家庭圣坛不仅可以为家人提供一个共同祈祷的环境，也可以为附近的邻居提供一个共同祈祷的场所。在家庭圣坛前，男主人充当着牧师和神父的角色。家庭圣坛前的宗教活动主要包括吟唱圣歌、阅读《圣经》、教义问答、祈祷、忏悔等，参与的人员包括全体家庭成员、仆人、邻居或朋友等。在对孩子的宗教教育方面，家庭圣坛的设立和家庭宗教活动的开展旨在营造一种虔诚和充满爱的宗教氛围，让孩子在耳濡目染中成为追求真善美、爱上帝、爱国家的人。

父母应以身作则，为孩子们树立正面的榜样。现实中，也有一些父母没有尽到自己的职责，给孩子带来非常坏的影响。在一则父子之间的对话中可以看到。

> 孩子：父亲，下雨时，母亲不让我出门；如果没有穿上最好的衣服，母亲也不会让我出门；如果外面风很大会吹乱我的头发，母亲更不会让我出去。上周日，我听你说因为理发师没有把你的新假发送来，因此你就不去教堂了。还有一个周日，你说因为要买一双手套没有去教堂，但那天你其实是在家里和我玩，玩累了之后就躺在沙发上睡着了。

---

① The family altar: or the duty, benefits, and mode of conducting family worship[M]. Boston: Gould, Kendall & Lincoln, 1844: 22.

② The family altar: or the duty, benefits, and mode of conducting family worship[M]. Boston: Gould, Kendall & Lincoln, 1844: 24.

父亲：不，孩子，那是因为我还有很多其他的事情要做。

孩子：父亲，出门难道就是为了看别人穿什么衣服吗？我记得姐姐们去教堂不是为了别的，只是为了观察别人的穿着打扮。回到家后，母亲和姐姐们会花一整晚的时间讨论别人的穿着。我是不是也应该像她们一样，但是我老是记不住别人穿了些什么。

父亲：她们应该不只是观察别人穿什么，亲爱的。

孩子：是真的，父亲，这就是她们去教堂的唯一目的，当我发现母亲也这么做时，我在想我是不是也应该像她们一样。因为母亲是我最爱的人，我相信她做的事情都是对的。①

从上面的案例可看出，父母的虚荣、懒惰会给孩子造成很坏的影响。父母是与孩子接触最多的人，也是孩子最信任的对象，如若父母的行为不端，对尚且没有是非对错判断能力的孩子产生的不良影响将会更加严重。因此，在对孩子的宗教教育方面，父母的榜样示范十分重要。

（三）处理好安息日学校和家庭教育的关系

对孩子进行宗教教育是一项大的工程，对于父母来说是一个巨大的挑战。在对孩子进行宗教教育时，有时父母会需要他人的帮助，安息日学校就是这样的存在。针对安息日学校成立后父母不再承担对孩子的宗教职责的现象，有人强调，安息日学校只是父母对孩子进行宗教教育的辅助，父母不得将对孩子宗教教育的全部责任推卸给安息日学校。② 孩子的心灵就像一块柔软的蜂蜡，我们可以将它塑造成任何我们想要的样子，因此如果要对孩子进行宗教教育，就必须在他们的思维尚未固化且未受不良因素影响之前。拿破仑在他儿子七岁时，就把

---

① DE FOE D. The family instructor[M]. Vol. Ⅰ. Oxford：D. A. Talboys，1841：31.

② A Clergyman. Letters on the moral and religious duties of parents[M]. London：Boston：Abel Tompkins，1846：45.

他当作一名普通士兵，送他到前线去担任哨兵；迦太基大将汉尼拔（Hannibal）在他孩子十二岁之际就让他在祭坛前向上帝发誓他将永远会是罗马的敌人。①

童年时期是开始进行宗教教育的最佳时期。童年时期所形成的美德和习惯将会对今后习性的养成产生重要影响。童年时期养成的习惯会深入骨髓，对后续的思维方式和生活习惯产生持续的影响。安息日学校正是基于这个考虑而成立。安息日学校能够教给孩子一些宗教知识，就像普通学校教给孩子日常的知识一样。

安息日学校的教师会在教堂等各方的支持和配合下对孩子进行宗教教育。此外，阅读是一种最佳的心灵和道德训练方式。让孩子养成阅读的习惯，有助于其习得各类知识，包括宗教知识。每所安息日学校都设有图书馆，里面的图书都经过了精心挑选，既适合孩子们阅读，又具有一定的教育意义。再者，音乐也是一种很好的宗教教育方式。人的灵魂是由音乐构成的，音乐会让蛮荒的人变得文明。当一个乐队演奏着穿过街道时，每个家庭都会在窗前驻足观看；当悠扬的长笛声划破夏日的夜空，印第安人会收起在水中滑动的浆，任小船在溪流中无声地漂移。最后，祈祷是安息日学校的重要教育方式之一。祈祷具有净化心灵的力量，当人们在向上帝祷告时，精神得到了放松，灵魂得到了升华。②

四、宗教信仰习惯的培养

在《母亲的最后一课》中有这样一个小故事：失去父亲的小罗伯

① A Clergyman. Letters on the moral and religious duties of parents[M]. London: Boston: Abel Tompkins, 1846: 47.

② A Clergyman. Letters on the moral and religious duties of parents[M]. London: Boston: Abel Tompkins, 1846: 51-52.

特难以入眠，他来到母亲的房间，跪在母亲的病床前，请求母亲和他一起祷告。苍白无力的母亲用最后的力气教给了小罗伯特最后一课："父母抛弃了我，但上帝会收留我。"小罗伯特反复复述着这句话，母亲也随之离开了人世。罗伯特长大之后成为一名虔诚的宗教徒，过着有意义的生活。①

信仰的习惯被认为是最重要的习惯。所有的信仰都与职责有关，其中宗教职责是最高的职责。当时很多个体并不清楚自己的信仰是什么。对于一个国家来说，拥有一群能独立思考的人是梦寐以求的事情。海丽叶特·马蒂诺（Harriet Martineau）在书中指出："我曾经见过异教徒、伊斯兰教徒、犹太教徒，还有许多不同分支的天主教徒，我发现他们信仰的都是在学会质疑之前被教过的东西，并将之奉为真理，而他们的老师也是以同样的姿态学习并接受了这些信条。"② 居住在美洲湖畔的印第安人，他们在大草原上被抚养长大，从他们可以听得懂语言开始，就相信在湖的那一边或在森林的尽头有一个圣灵，如果人们不向他供奉自己最喜欢的东西，他便会嫉妒和发怒；圣灵还会阻止他们触碰他们想要的东西；圣灵喜欢勇士，尤其喜欢那些能够经得起身体考验、展示出英勇品质的人。与之不同的是，印度人非常相信内在精神，认为是内在精神在促使他们向善或向恶，更多地认为自己的日常事件是受自己的内在精神的影响，而不是受圣灵影响。这是印度人的思维方式，每位印度孩子都是在这种思维的影响下长大的，所有人对此习以为常，并没有任何异议。③ 犹太人也是如此，每个犹太人都

---

① Religious Tract Society. The mother's last lesson[M]. London: Religious Tract Society, 1859.

② MARTINEAU H. Household education[M]. London: Smith, Elder & Co., 1876: 242.

③ MARTINEAU H. Household education[M]. London: Smith, Elder & Co., 1876: 242-243.

是犹太教意义上的犹太人，他们对自己的教条、传统和迷信深信不疑。[①] 从上面的例证可以看出，人们往往把从小接受的一些教育视为庄严和神圣的东西，对此深信不疑，并不容许他人的质疑。因此，孩子的宗教信仰应从小就开始培养。当时有一句很有名的话："你希望一个孩子变成什么样子，就要从这个孩子小的时候开始塑造。"父母的示范对孩子的影响非常深刻，当孩子观察到父母赖以生存的信仰，便会逐渐明白这也将是自己今后的精神支柱。当一个孩子从小被告知世界上最美好的事情是善，且每天所见和所听的都是要向善，他们就会养成善的习惯。在善的价值观的引导下，他们对于获得知识、获得声望等所有追求善的事情更有热情和期望，同时他们也相信有某种力量会引导他们向善。

在孩子的宗教习惯培养过程中，父亲的认真负责和对孩子的爱十分重要。父亲对孩子教育所投入的时间与精力非常宝贵。他们用自己的热情和智慧感染孩子，用自己的经验现身说法。父亲必须具有对孩子的热爱之情，这有助于他们形成关爱孩子的习惯，如从孩子出生到长大的每个夜里，父亲都要起身查看孩子是否安稳入睡；再如即便每天工作非常忙，不得不为家庭的生计奔波，但仍然坚持每天接送孩子上下学。有人曾经说过："每个智力正常的孩子都有可能被培养成温和、仁慈和虔诚的成人。"[②] 这一观点对维多利亚时期的英国人产生了重要影响。在这一观点的影响下，许多家长能够积极热情地将时间和精力倾注于婴儿的情感训练和孩子的行为塑造上。

孩子的宗教信仰习惯要尽早养成，因此母亲、保姆或教师等要尽早培养孩子的宗教信仰习惯和道德情感。在孩子的道德情感激发方面，

---

① MARTINEAU H. Household education[M]. London: Smith, Elder & Co., 1876: 243.

② MARTINEAU H. Household education[M]. London: Smith, Elder & Co., 1876: 247.

母亲、保姆和教师的作用不容忽视。孩子们的心灵持续不断地受习惯影响，它的枝干就是行为习惯。

除了信仰之外，另一个要尽早培养的习惯是习性。关于此，海丽叶特·马蒂诺讲述了一个故事。北美一个印第安人部落袭击了白人的居住地并屠杀了许多白人。部落里一个女人带走了一个白人婴儿并将其抚养长大。这个白人孩子和印第安孩子生活在一起，除了肤色不同之外，他在其他所有方面和印第安人的孩子无异。和印第安人一样，他也认为世界上最荣耀和最幸福的事情莫过于剥去敌人的头皮。待他长大后，有一天被一些白人商人发现，这些白人商人将他带回教育，让他回归了文明生活。他对新生活表示出极大的兴趣，尤其是对知识产生了强烈的向往，对白人的宗教表示出极高的崇敬，并希望自己能成为神职人员。在完成神学院的所有课程并修满相应学分后，他被任命为牧师。他很好地行使了自己的职责，看起来十分幸福与满足。几年后，他去一个英美战争爆发地附近送和解协议。不久之后，那里也爆发了战争。不知道当时他是否意识到战场上有一些印第安人（当时英国和一些印第安部落结成了同盟）。他到达战地时，仍然穿着黑色大衣，里面搭配着干净的白衬衫并戴着领带。当他返回时，一位熟人认出了他，但很快就被他身上发生的变化所震惊——他的眼睛里冒着火焰，脸颊上燃起红晕，在行为上表现出不同于往常的闪躲和仓促。在询问有关战况后，这位熟人惊呼："你受伤了吗？你没有受伤！但你的衬衫上却染了鲜血！"这位年轻人听到之后，将双手紧紧地交叉握着，急忙地捂住了自己的胸口。他的朋友急于检查他的伤口，于是拉开了他的衬衫一探究竟，在他的衬衫和胸口之间，他的朋友扯出了一个血淋淋的头皮。这一举动让这位年轻人绝望地垂下了双手。"我没法控制自己。”这位年轻人用痛苦的声音说，这是他从小养成的习惯。①

从上面的故事可以看出，一个白人孩子在婴儿期就开始和印第安人生活在一起，印第安人的价值观对他产生了深刻影响。尽管他长大之后回归了白人的文明生活，学习了知识，接受了教育，并成为一名牧师，但在某种机缘之下，他早年间形成的习性又被唤醒，尽管身着文明服装，但他仍然无法控制自己，并做出了残暴的举动。如不是经历这场战争，或许他会一直过着一种虔诚、仁爱的生活，也不会有人质疑他的善良品质。但这场战争唤起了他早年间形成的习惯和破坏性倾向，在瞬间推翻了所有后来形成的信念和再生的情感。鉴于此，我们必须要警惕早期习惯的力量。作为父母，要尽早帮助孩子形成良好的早期习惯，因为这些习惯和倾向性将伴随孩子的一生。

第三节　家庭审美教育

维多利亚时期的英国人非常重视美育，尤其是在女孩的培养方面，美育是非常重要的组成部分。“就像在我们眼前徐徐展开的一副巨大的画卷一样，它虽然气势磅礴、让人震撼，但如果不对其艺术细节进行细细品味，人们很难从中找到乐趣。女性也是一样，尽管在智力开发方面已有较多投入，但如果不在音乐、绘画或诗歌方面有所涉猎，则很难展示自己的个人魅力。”② 爱丽丝夫人在《英国的女儿们：其社会地位、性格与责任》一书中，用类比的方式告诉人们女孩学习诗歌、绘画的重要性。

① MARTINEAU H. Household education[M]. London：Smith，Elder & Co.，1876：249-250.

② ELLIS. Daughters of England：their position in society，character & responsibilities[M]. London：Fisher，Son，& Co.，1842：106.

一、审美运动中的家庭

维多利亚时期，英国兴起了一场影响巨大的审美运动。这场审美运动对戏剧、文学、家装、服饰等各个领域都产生了巨大影响。从家庭美育的角度来看，其影响力主要体现在家庭装饰和儿童文学两个方面。

（一）审美运动中的家庭装饰

家是人们每天生活的地方，家庭居室的美观程度对人的审美会产生潜移默化的渗透性的影响。在维多利亚时期之前的很长时间里，艺术品位是富裕和有闲阶层的专利。在那时的中产阶级人士心目中，艺术意味着奢侈，奢侈意味着要耗费大量的金钱，不满足经济条件的人最好避免谈艺术。如果人们认为艺术美只是社会上层阶级的特权，那么他们就会自觉地把艺术排除在生活之外。普通人士可能会欣赏美景、佳作，但对美的追求仅限于此，他们绝不会在家中践行艺术原则。此外，那时的中产阶级人士还认为，审美需要大量的时间与精力，是有闲阶层的特权，追求美的意识会分散他们对赚钱谋生的注意力。

此外，在审美运动兴起之前，大部分的中产阶级家庭的装饰仍非常朴素简单。一些中上阶层家庭会进行装饰，但在装饰风格和品位上缺乏艺术性。1851 年伦敦世界博览会评审团（Jurors for the Great Exhibition）的一份关于英国家具的报告中指出："许多平纹织物上的图案过于夸张，如地毯上装饰着漂浮在水面上的睡莲花，其果实和花朵的颜色非常俗艳；壁炉旁地毯上的狮子和豹子身上的斑点非常浮夸，甚至有点吓人；棕榈树和风景画被用在了窗帘装饰上。"① 普洛曼在这

① PLOWMAN T F. In the days of Victoria：some memories of men and things[M]. London：John Lane，1918：265-266.

段描述上加入了自己的观察："墙上贴着白色和金色的壁纸，家中摆放着一套翠绿色或绿松石蓝色的家具，中间摆放着一张盖着桌布的桌子，上面摆放着一些装订精美的图书，书与书之间的距离经过了精确计算。一位女士正在向书店店主咨询一套诗集，店主问她是否有自己喜欢的作者，她的回答是：'至于是哪位作者都没关系，我买它是为了搭配家中的红色桌布。'夏天时，人们会用各种颜色鲜艳的物品来遮盖壁炉。在审美运动流行开来之前，老式的英国客厅的主要特征是精致却给人一种严厉的礼仪感，给人一种国宾室的感觉。舒适在当时是不被人们所认可的装饰理念。"① 餐厅本应是一个放松的地方，但在审美运动之前，英国家庭餐厅的家具和装饰给人一种庄严肃穆的感觉，在这种环境之下，吃喝仿佛变成了非常严肃的事情。从上述描述中不难看出，审美运动开始之前，中产阶级家庭装饰要么简单朴素，要么夸张俗艳，再或者是刻板老套。总之，一切与舒适和艺术无关。

维多利亚时期兴起的这场审美运动的目的之一是把艺术品位推向更广阔的人群，而不局限于某一小众，进而阻止艺术的排他性。② 维多利亚时期著名的室内设计师威廉·莫里斯是这场审美运动的核心人物。在《大地上的天堂》（*Earthly Paradise*）一书中，他专门对室内装饰的许多问题进行了探讨。莫里斯提出："我不希望艺术只属于某些少数人，就像不希望教育和自由只属于某些少数人一样。"③ 在莫里斯看来，美不应是社会上层阶级的特权。这一观念逐渐对维多利亚时期的英国中产阶级产生了重要影响。尽管在这场运动实施之初，莫里斯本人和

---

① PLOWMAN T F. In the days of Victoria：some memories of men and things[M]. London：John Lane，1918：265-266.

② PLOWMAN T F. In the days of Victoria：some memories of men and things[M]. London：John Lane，1918：264.

③ PLOWMAN T F. In the days of Victoria：some memories of men and things[M]. London：John Lane，1918：264-265.

他的一些追随者遭受了许多人的嘲笑和谩骂。

维多利亚时期，审美运动蔓延至家庭内部，在上层和中产阶级中产生了巨大影响。有人说安妮（Anne）女王的风格最适合英国人的居所，其房间内部的装饰非常精美。居室审美思想迅速流行起来，人们开始在自己能力范围内尽可能让自己的家变得美观宜居，家居装饰成为一个巨大而有吸引力的经营领域。从这一时期起，人们开始通过装饰来改变家里的壁炉，石榴护墙板、向日葵饰带、波斯瓷砖、威尼斯玻璃和青花瓷开始进入家庭，有人称之为艺术中的“幸运与珍贵”和“新文艺复兴的黎明”。[①] 在审美运动的影响下，人们更加注重家庭装饰，注重改善生活环境，客厅也变成了精致的雅室。人们对于便宜实惠的家庭装饰物的需求日益高涨，雅致的古玩和精致的小摆件以及从印度、中国、日本或其他地方进口的大量的物品，取代了之前的玻璃花瓶、假石等，成为家庭装饰的重要构成。[②] 在这场审美运动的影响之下，家庭装饰的成本也逐渐降低，收入不那么高的家庭也可以提升居所的艺术品位。

随着中产阶级家庭装饰变得越来越美观，生活在其中的人们也接受了越来越多的美的熏陶，人们的艺术品位普遍得到较大提升。此外，这场审美运动还对绘画艺术、女性服饰造成了影响。[③] 画作成为许多家庭的重要装饰物，女性的服饰更不用多说了，中产阶级女性追求的高品质生活，就体现在对服饰潮流的追随中。

---

① PLOWMAN T F. In the days of Victoria：some memories of men and things[M]. London：John Lane，1918：262.

② PLOWMAN T F. In the days of Victoria：some memories of men and things[M]. London：John Lane，1918：267.

③ PLOWMAN T F. In the days of Victoria：some memories of men and things[M]. London：John Lane，1918：267-268.

（二）审美运动中的儿童绘本

维多利亚时期，中产阶级家庭经济较为富裕，对儿童的重视程度也非常之高，许多家庭会为儿童购置一些适合他们阅读的绘本，一些家庭甚至会建立家庭图书馆。有些父母也会从公共图书馆为孩子借一些适合其阅读的书籍。在孩子生日、圣诞节等重要节日，父母和其他长辈也会选择送孩子图书作为礼物。阅读是当时儿童重要的休闲生活方式之一。对于儿童来说，这场审美运动最大的意义莫过于儿童绘本质量得到巨大提升。沃尔特·克莱恩（Walter Crane）和伦道夫·卡尔德科特（Randolph Caldecott）等儿童绘本作家以优美的线条和色彩为孩子们绘制了大量的绘本，而这些画质精美的绘本取代了以往那些颜色俗艳的绘本。[①] 儿童绘本质量的提升意味着儿童审美品位的提升，艺术家们针对儿童心智可塑性强的特点，在提升儿童审美品位方面做出了卓越的贡献。以美启智，这场审美运动带来了儿童绘本质量的大幅度提升，为儿童提供了丰富的精神养分。

二、家庭审美教育内容

除在家庭装饰、阅读材料等方面提升儿童的审美水平外，维多利亚时期的英国中产阶级家庭也会设法为孩子们提供音乐、绘画等方面的教育。

（一）音乐

布里奇斯在回忆录中指出："维多利亚时代早期，英国有一项不成文的规定，那就是各家的女儿们必须学音乐，不管她们是否在音乐方面有天赋，声乐和钢琴是她们必须要学习的内容。男孩们在当时被认

---

① PLOWMAN T F. In the days of Victoria：some memories of men and things[M]. London：John Lane，1918：268.

为和音乐无关，因此不需要学习这些内容。我不确定我的姐妹们在费尽千辛万苦、耗费了大量的钱财之后所学习的音乐，是否让她们收获了快乐，也不确定她们是否给别人带来了快乐。”① 前文已述，当时主流的价值观是：“尽管女孩们在智力开发方面已有较多投入，但如果不在音乐、绘画或诗歌方面有所涉猎，则很难展示自己的个人魅力。”② 关于是否所有女孩都必须学习音乐，学者们莫衷一是。有学者认为，女孩应学习一些音乐基础知识。由于学习音乐非常费时，成本也很高，因此如果女孩们没有这方面的天赋，只需要掌握一些基础知识即可。但如果其在音乐方面表现出一些天赋，则可以继续让其学习一些古典音乐以及更深的音乐知识，学习一些最新的曲子，以取悦家人和来访的客人。精通音乐的淑女们在宗教盛典时能大展身手。可以让她们专注于一门乐器的学习，也可以让她们学会如何指挥合唱。③ 此外，女孩们的演奏或歌唱可以让劳累了一天的父亲得到放松，让兄弟们感到愉悦和振奋。应让女孩们多听一些好音乐，以让她们了解自己在学习什么，也让她们知道自己所要达到的标准。④ 布里奇斯在回忆录中也提到，他的姐妹们学习钢琴最主要的目的就是取悦家里的长辈。

演唱或演奏固然是音乐教育的重要内容，但用耳朵感受音乐的美也十分重要。梅森曾经说过，鉴赏音乐与创造音乐一样具有教育意义，一样会“创造欢乐”，而且只要花足够的经历在乐感培养上，这种能力也许可以在每个人身上发展起来。⑤ 因此，家长应让年轻人尽可能多地听好音乐，最好能完整地听完一个作曲家的整套作品。育儿书中也建

① BRIDGES J A. Victorian recollections[M]. London: G. Bell & Sons, Ltd., 1919: 25.

② ELLIS. Daughters of England: their position in society, character & responsibilities [M]. London: Fisher, Son, & Co., 1842: 106.

③ YONGE C M. Womankind[M]. London: Walter Smith & Innes, 1889: 53.

④ YONGE C M. Womankind[M]. London: Walter Smith & Innes, 1889: 54.

⑤ 梅森. 性格的培养：让孩子具有良好的个性 [M]. 刘扬，等译. 北京：中国发展出版社，2013：128.

议，歌唱应成为儿童教育的组成部分。歌唱可以拓展胸腔，增强肺功能，让孩子的声音变得更美妙，还能改善孩子的发音。此外，歌唱让人感到愉悦，能给孩子带来许多乐趣。①

（二）绘画

用眼睛感受美、欣赏美，进而创造美，是维多利亚时期英国家庭教育美育的重要内容。女孩们学习绘画在维多利亚时期的英国中产阶级家庭非常常见。画直线、阴影、静物素描是当时比较常见的学习内容。与创作能力相比，当时人们更重视培养孩子们的艺术欣赏能力。如果不是天赋使然，很多人并不懂得如何去欣赏风景或画作。艺术欣赏能力往往比艺术创作能力更重要。② 这一点在夏洛特·梅森的书中也得到的了印证。梅森认为，艺术教育是由欣赏能力组成的，而不是由创作能力组成的。③ 一些绘画教师只是让孩子们去模仿一些简单的画作，练习一些简单的绘画技艺，这会禁锢孩子们对艺术的想象力和创造力。这种绘画课程还不如不学。④

为了培养孩子的艺术欣赏能力，梅森认为，父母应注重培养孩子的品位。一个人的品位是其个性最精确的表达，人的品位是在可爱和相宜的环境中得以培养的。为了培养孩子的品位，父母应注重对家庭建筑、装饰物、家具陈设进行认真考量，还要根据场合来安排穿着。⑤在家庭装饰方面，为了让孩子了解艺术家的创作理念，应通过用某个艺术家的系列画作来装饰单个房间，并认为这样的房间对于孩子来说

---

① CHAVASSE P H. Advice to a mother on the management of her children[M]. London:Chrchill,1878:142.

② YONGE C M. Womankind[M]. London:Walter Smith & Innes,1889:54.

③ 梅森. 性格的培养：让孩子具有良好的个性［M］. 刘扬，等译. 北京：中国发展出版社，2013：128.

④ YONGE C M. Womankind[M]. London:Walter Smith & Innes,1889:54.

⑤ 梅森. 性格的培养：让孩子具有良好的个性［M］. 刘扬，等译. 北京：中国发展出版社，2013：127.

就是真正的艺术学校。①

除在家中营造艺术教育氛围外，家长还可以通过让孩子阅读艺术书籍以及带孩子参观公共艺术机构，开阔孩子的视野，增长他们的见识，培养他们的艺术欣赏水平和鉴赏能力。欧文（Owen）小姐所著的《基督教的艺术》（*Christian Art*）和詹姆森（Jameson）太太的一系列书籍，能很好地帮助孩子获得艺术知识。居住在伦敦的孩子有机会到公共画廊参观，参观国家画廊（National Gallery）的经历对于培养孩子对美和伟大的感受十分重要。当时已有摄影艺术的存在，通过摄影，人们可以把这些伟大的画作的照片带回家中静静欣赏。孩子既需要感受真正的艺术，也需要对美丽的事物怀有一些感性，如果能够接触到一些好的书籍，能够了解伟大艺术家的作品和生平，那么孩子将能够获得非常好的艺术知识。② 在孩子的艺术欣赏能力培养方面，家长首先要让孩子有机会看到真正的艺术作品，然后还要通过提示性的语言来引导孩子。③

许多孩子在很小的时候就展示出非凡的绘画天赋，但随着年龄的增长和一些技艺的习得，艺术品位反而丧失了。一些在绘画技巧方面看起来不那么高超的画作，却饱含精神和情感，很难被模仿。画盒子、鸡蛋这种极度程式化的技艺训练会让孩子产生对艺术的厌恶情绪，过于追求绘画技巧也会影响孩子的艺术表达力。④ 有人把一个小女孩画的简单且完整的画和另一幅复杂但不完整的画进行比较后发现，小女孩的画作展现出艺术天赋，而另一幅复杂的画却有许多缺陷。

---

① 梅森．性格的培养：让孩子具有良好的个性［M］．刘扬，等译．北京：中国发展出版社，2013：127.

② YONGE C M. Womankind[M]. London: Walter Smith & Innes, 1889: 55.

③ 梅森．性格的培养：让孩子具有良好的个性［M］．刘扬，等译．北京：中国发展出版社，2013：128.

④ YONGE C M. Womankind[M]. London: Walter Smith & Innes, 1889: 56.

（三）审美教育和职业的关系

学习音乐、绘画等艺术，是否必然地与孩子今后所从事的职业相关联，这是当时人们思考的一个重要问题。有学者提出这样的疑问，年轻的女孩们应学习音乐、绘画和舞蹈，以充实休闲生活，没有什么对她们来说比这些更好。为何人们要把愉快的休闲活动变成沉重与痛苦的任务？为什么要让女孩们把愉快的事情变成职业？① 从上述发问中不难看出，在当时，有人认为艺术熏陶、美育并不必然与孩子今后要从事的职业相关联。据悉，当时有条件的中产阶级家庭都会聘请教师，让孩子学习一些音乐或绘画课程，有的家庭在招聘家庭教师时，就明确要求对方能教音乐或美术方面的课程。尽管大部分的孩子都学习过相关的艺术课程，但真正以此为职业的孩子少之又少。

三、在智育中渗透美育

除了艺术课程的学习外，在智育中渗透美育也十分重要。梅森认为，对孩子的审美能力培养要贯穿于智育过程中，要培养孩子欣赏、享受，在思想和言语表达中的正义、真实和美丽的能力。② 在智力熏陶的方法中，诗歌排在第一位，梅森还引用了歌德的名言："我们应每天看一幅好画，听一首好曲子以及读一些好诗。"③ 但是不同的人以不同的方法读同一首诗，会有不同的感受，有的人只能获取一些干巴巴的信息，而有的人却能从中感受到诗意与美好。以这样一首诗为例：

---

① MARTIN M A，LEE E. The education of mothers of families[M]. . London：Whittaker & Co. ，1842：34.

② 梅森. 性格的培养：让孩子具有良好的个性［M］. 刘扬，等译. 北京：中国发展出版社，2013：116.

③ 梅森. 性格的培养：让孩子具有良好的个性［M］. 刘扬，等译. 北京：中国发展出版社，2013：122.

"……他斜倚着/在一棵露出了根的桀屈的橡树下/溪水冲过树木发出哗哗的声音/水一直流到树林深处一只可怜的母鹿处/它带着伤感逃脱了猎人的追捕/它疲惫得快要枯萎……"有的人读这首诗仅仅读出了几个字，而有的人却能够捕捉到令人愉悦的想象画面以及由这种想法的表达、这种纯粹的单词顺序而产生的喜悦。第二种人读这首诗所感受到的快乐是第一种人的百倍。[①] 读诗从本质上看属于智育，但其中又蕴含着美育的元素，梅森所强调的在智力训练过程中培养孩子欣赏、享受美的能力就体现于此。

梅森认为，在家中大声朗读是增进亲子关系、融洽家庭氛围、让全家人都能感受到文学作品的美和语言文字的美的一项重要活动。"很少有比在冬天的夜晚偶尔花上一个小时大声朗读更能融洽家庭氛围的了。"[②] 梅森建议，每个家庭每周至少应安排一个或两个晚上的大声朗读活动，这会让全家人都获得纯粹的快乐，得到道德和智力方面的文化熏陶。首先，家长应引导孩子选择好的读物。结束了一天的劳累，晚上家人们聚在一起朗读的作品应是真正的"书"，即质量上乘的书，此外应尽量挑选那些能够引人注意、有趣或能够引起共情的书，不能选择那些内容过于深刻、表达晦涩的书。[③] 然后，父母应引导孩子用清楚、从容、充满感情的语言为家人朗读。一开始可由父母来示范朗读，然后逐渐让孩子参与其中。要使自己的朗读让他人感到愉悦，有必要预先熟悉要朗读的内容。在孩子的大声朗读中，父母可以察觉和纠正

---

① 梅森. 性格的培养：让孩子具有良好的个性［M］. 刘扬，等译. 北京：中国发展出版社，2013：116.

② 梅森. 性格的培养：让孩子具有良好的个性［M］. 刘扬，等译. 北京：中国发展出版社，2013：120.

③ 梅森. 性格的培养：让孩子具有良好的个性［M］. 刘扬，等译. 北京：中国发展出版社，2013：122.

孩子的方言，让孩子的朗读更加完美。①

众所周知，维多利亚时期英国文学十分繁荣，当时的许多小说都在杂志或报纸上连载，条件好的家庭会直接购买书籍，而一般的家庭大多会阅读杂志或报纸上连载的小说。冬日的晚上，一家人充满仪式感地围坐在一起，轮流用清楚、从容、充满感情的声音大声朗读文学作品，其他人则侧耳倾听，感受文学艺术和语言文字的美，这是多么赏心悦目的场景！

孩子们对于智力训练过程中美的感受并非与生俱来，正如梅森所言："孩子们并不会自发地从表述得很好的精妙思想中感受到快乐。"②而且，学校教育的节奏通常非常快，学校会教给孩子们知识，但很少让孩子们体会和感受知识学习过程中的美。梅森还指出："知识可能会成为能力，但不会成为快乐，也不会是获得快乐的途径。"③ 在知识学习过程中感受美、体会美，会让孩子们感受到知识学习的愉悦。

---

① 梅森．性格的培养：让孩子具有良好的个性［M］．刘扬，等译．北京：中国发展出版社，2013：121．

② 梅森．性格的培养：让孩子具有良好的个性［M］．刘扬，等译．北京：中国发展出版社，2013：117．

③ 梅森．性格的培养：让孩子具有良好的个性［M］．刘扬，等译．北京：中国发展出版社，2013：117．

第四章　维多利亚时期英国中产阶级家庭的生活教育

维多利亚时期的英国，随着工作与家庭日益分离，中产阶级家庭的生产性功能日渐消退，消费功能逐步凸显，吃、穿、住、用、行等成为家庭生活的重要内容。家庭教育发生在现实家庭生活中，发生于父母（传统家庭还有祖辈等更多亲属）与子女之间，根据社会要求实施直接的教育训练以及根据家庭环境、家庭气氛、生活方式等对子女成长产生间接影响和熏陶。后者作为间接的教育更具空间性。家庭空间为家庭成员提供了互动场景，家庭活动场景又是限定、制约互动情境性的重要因素。现代工业化和城镇化发展，给家庭生活带来改变，面对现代生活引发的挑战，教育空间为家庭教育研究提供了新的视角。[①] 有学者指出，幸福是家庭教育的必要前提。[②] 这一时期，从一些人的回忆录、自传等有关史料可以看出，幸福且丰富的家庭生活对儿童的成长有重要影响作用。

第一节　家庭休闲活动中的生活教育

休闲是指在工作之余的娱乐和消遣活动，它通过时间和精力的消

---

① 陈炜．教育研究的空间转向：基于社会理论空间转向的视角［J］．教育研究，2022（9）：150-159.

② TAYLOR I. Home education[M]. New York：D. Appleton & Co.，1838：31.

耗来调节身心。[①] 人们大多数休闲时间是和不同家庭成员度过的。家庭是休闲的主体或主导，休闲也是家庭生活的一项主要内容与形式。[②] 广义的家庭休闲是在休闲时间与家庭成员共同参与的活动，也包括与家庭成员不一起参与的共同活动（但这些活动是和家庭成员相关联的，如孩子参与休闲活动，家长在旁陪同）；狭义的家庭休闲只包括家庭成员共同参加的同一类型的活动。[③] 还有学者认为，家庭休闲是通过父母计划、促进和实施的一种有目的的休闲方式，不仅可以增强家庭功能，包括在短期内增强家庭成员之间的互动和沟通以及在强烈的家庭团结仪式上达到增强家庭凝聚力的长期目标，而且可以教导孩子拥有健康的生活方式和道德价值观，使他们未来能成为有模范作用的成年人和好父母，从而传承他们父母的家庭价值观。[④] 总的来说，家庭休闲是家庭生活的重要组成部分。积极的家庭休闲有助于提升个人和家庭幸福感，增强家庭凝聚力和适应性，促进社会和国家经济稳定。[⑤] 维多利亚时期的英国，家庭休闲是中产阶级生活中不可或缺的部分。根据扎布里斯基（Zabriskie）和麦考密克（McCormick）提出的家庭休闲功能的核心和平衡模型（见图 2），从核心家庭休闲模式和平衡家庭休闲模式出发，对两种家庭休闲模式下儿童生活教育问题进行探析。

---

① 贺鹭．维多利亚时期伦敦社会分层研究［M］．镇江：江苏大学出版社，2015：94.

② 韩东屏，罗会宇．休闲于人生的意义［J］．湖北社会科学，2010（2）：88-90.

③ LARSON R W，GILLMAN S A. Divergent experiences of family leisure：fathers，mothers and young adolescents[J]. Journal of leisure research，1997，29(1)：78-97.

④ SHAW S M，DAWSON D J. Purposive leisure：examining parental discourses on family activities[J]. Leisure sciences，2001，23(4)：217-231.

⑤ 李琼，林岚，郑颖玲，等．国外主要家庭休闲模型研究述评［J］．旅游学刊，2022，37（10）：131-148.

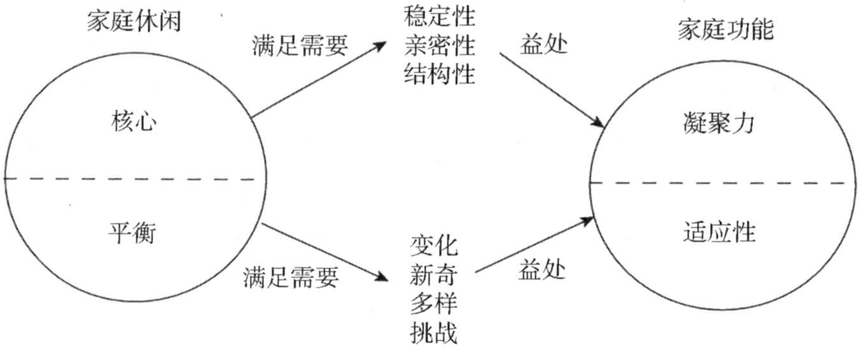

图 2　家庭休闲功能的核心和平衡模型

一、家庭核心休闲活动中的儿童生活教育

核心家庭休闲模式（core family leisure patterns）是发生在家里最常见的、低成本的、相对容易获得的、经常做的居家活动，包括家庭成员一起玩棋牌游戏、在庭院玩耍、做园艺、在树叶堆边玩耍等。这些活动只需要很少的计划和资源，且是自发的、非正式的，这种核心家庭休闲体验提供持续的安全和积极乐观的环境，有助于促进家庭成员的人际关系和谐与融洽。①

（一）饲养动物：打发儿时的无聊时光

饲养动物是人类寄托情感的一种重要方式。有研究表明，作为人类的忠实伙伴，宠物为人类的身心健康带来了多种积极影响。宠物并非单纯的动物，而是具有独立社交功能的伙伴，它是人际支持系统外

① 李琼，林岚，郑颖玲，等. 国外主要家庭休闲模型研究述评［J］. 旅游学刊，2022，37（10）：131-148.

的补充，通过激发人类的照料行为，为人类带来快乐和安慰。[①]

从所收集的史料来看，维多利亚时期的中产阶级喜欢将家安在郊区，那里空气清新、空间宽敞，因而有条件饲养一些小动物。从孩子们所饲养的动物来看，家禽是其中最为常见的一种。“1869 年，我们搬到了一栋漂亮的小别墅，这是我童年时期最喜欢的一处住所。尽管面积不大，但它有一块小小的草坪，厨房外有一个小花园，外墙旁边有一棵挂满了果实的无花果树。房子边有一个小院子可以用来饲养家禽。我们养了很多鸡，我最喜欢一只好斗的西布赖特公鸡和两只母鸡，母亲则更喜欢那些麻花鸡。当时我非常热衷于研究母鸡的心理和饮食，我还做了许多奇怪的实验来观察家禽吃什么和不吃什么。我不记得我的尝试是否导致了母鸡们的死亡，但我记得我曾经让它们吃过葡萄叶、荨麻、草、沙砾等，经常在杀害它们的边缘试探。那些聪明的母鸡在觉察到情况不对时，会赶紧把喙从食物上移开。”[②]

狗是人类最好的朋友之一，在布莱尔的回忆录中可以看到，那时候人们开始饲养宠物犬，并且还会举行一些聚会。“那时猎犬刚由一位富有且热心公益的人士引进到我们郡，一下就得到了大家的欢迎。有时狗主人们会在我们家的草坪上聚会——这对于我们这些孩子来说犹如一个欢乐的节日。我们骑在我们的小马身上，追着猎犬奔跑，玩得很开心。我们的骑马技术是由一个稳重的老马车夫教的，后来他和全家移民到了新西兰。”[③] 在这种聚会中，孩子们收获了快乐和满足。狗聪明且忠诚，是当时人们饲养的最常见的宠物之一。大型犬是孩子们

---

① 张茂杨，彭小凡，胡朝兵，等. 宠物与人类的关系：心理学视角的探讨［J］. 心理科学进展，2015（1）：142-149.

② OMAN C. Memories of Victorian Oxford and some of early years[M]. London: Methuen & Co. Ltd.,1942:16-17.

③ BLAIR D H. In Victorian days and other papers[M]. London: Longmans, Green and Co.,1939:16.

的玩伴，它们平时很温顺，但在游戏中变得非常活泼，拉布拉多是当时英国人喜欢饲养的品种；也有一些人比较喜欢小型犬，小型犬适合在室内饲养。此外，当时人们还喜欢养猫、养鸟等。

除家禽和犬类外，一些家庭也会饲养一些牲畜。吉普森就曾回忆起自己饲养山羊的经历："我记得家里曾经养过一只名叫比利（Billy）的山羊，在它身上，我性格中关于坚韧的那一部分得到了强化。比利是一个非常具有维多利亚时期特色的物种，可以说它是那个时代的象征，一想起它，我就会想到格拉德斯通先生（Mr. Gladstone）。比利很贪吃，但不善于赌博。我的姐妹们非常喜欢喂它吃面包、胡萝卜、牛奶，以至于它长成了英国最傲慢、最凶恶的公羊，且经常试图攻击人类。同时，它把自己讨厌的对象全部赶出了它的领地。它的领地是一个有两个门的羊圈，每当我在乡间小路上追逐蝴蝶，或用弹弓射杀小鸟时，我就会想到那只孤独的羊。这时我会跑过去，坐在羊圈的一个门上，它看到我之后会飞奔来到门口，然后停下来，若有所思地盯着我，以一种邪恶的方式朝着我跺脚，然后开始颇具维多利亚时期特色的仇恨与贪婪之间的伟大战争。一方面，它想要杀死我，另一方面它又想吃东西。慢慢地，它贪婪的牙齿会把它带到离门较远且有食物的地方。这时我会抓住机会，进入羊圈，冲向另一个门。比利发现后会全力追赶我，我的目标是要在它追上我之前冲出离他大约十英尺远的大门。比利不是出色的短跑运动员，因此它会在我到达之后头朝下撞在门上，然后头昏眼花地摇摇头。这种危险而又刺激的追逐游戏让我感到非常兴奋，因此游戏一遍遍地进行着，但比利似乎不像我那么喜欢这个游戏。有一天，上帝给比利送来一个园丁，那是一位热情友善的爱尔兰人，比利从此多了一个新的玩伴。我所拥有的苏格兰式的谨慎让我时刻牢记比利在那片羊圈里，但园丁却忘记了。有一天他走进比利的领地，比利发出了捕获的颤音，向园丁扑去，将他推出了八英尺远。园丁设法站稳脚跟，并回到羊圈门口。我看到他转过身来和比利说话，具体说了些什么我没有听见，但这个场景让我笑了好久。”①

尽管这种凶恶的山羊并非典型意义上的温顺的宠物，但给儿时的吉普森带来了许多的快乐，也帮助他打发了许多无聊的时光，在吉普森心中留下了深刻的印象。“比利在我的心中留下了深刻的印象，当我忘记了《婆罗奔尼撒战争史》中的许多细节，甚至忘记我参加过每一场板球赛中投手的名字后，我竟然还记得这件事情。后来，这一颇具维多利亚时期特色的物种成为我们的大餐。正如我父亲说的那样：‘我们不吃掉它，其他人也会的。’我的姐妹们因小时候喂养过这只贪婪的羊而拒绝食用它，家里给她们准备了当时人们认为并没有多少营养的鱼肉。比利因满足自己的嗜血欲望所做过的那些疯狂的努力，也让它的肉变得十分紧实，就像我们在餐馆里吃到的羊肉一样美味。但自从比利成为我们的食物后，凯尼尔沃思又变成了那个最无聊的年代里的最无聊的村庄中的最无聊的地方。”②

“宠物”比利离去之后，吉普森又陷入了无聊和失落中：“暑假里，户外生活足够愉快，田野、树篱和沟渠里，到处都充满了活力，但短短几天之后我就变得无聊起来。槌球、射击等我都不感兴趣。如果不打猎的话，乡村生活里唯一的娱乐活动就是茶话会和八卦聊天了，这些我也不感兴趣。另外，钓鱼我也不喜欢。”③ 可见，对于孩子来说，饲养动物是非常重要的情感寄托和精神安慰。

除上述常见的家禽与牲畜外，当时也有一些家庭会饲养一些“另类”的动物，如猫头鹰。“六岁那年，我们从又暗又窄的伯克利街搬到了金斯霍姆圣玛丽郊区的一座带花园的房子。在那里我有了自己独有的宠物——一只名叫雅各布（Jacob）的棕色猫头鹰。起先我把雅各布

---

① JEPSON E. Memories of a Victorian[M]. London: Victor Gollancz Ltd., 1933: 65-67.

② JEPSON E. Memories of a Victorian[M]. London: Victor Gollancz Ltd., 1933: 67.

③ JEPSON E. Memories of a Victorian[M]. London: Victor Gollancz Ltd., 1933: 67.

养在地窖的一个角落里，后来我们在花园里用常春藤给它搭建了一个棚屋。我为它那炯炯有神的目光感到着迷，我试着和它对视，看谁先眨眼。”[①]《家长评论》杂志指出，当时英国孩子们饲养的宠物还包括公鸡、蟾蜍、乌龟、鱼、豚鼠等，饲养宠物能够培养孩子们的责任心，但在饲养宠物的过程中，孩子们可能会出现一些不当行为而造成动物的死亡，如忘记喂食、拿动物做实验、以大欺小等。[②] 父母发现这种现象时，应对孩子进行及时与正确的引导。另外，饲养宠物还可以培养孩子们的观察能力，每个动物都有自己的特点和喜好，在与宠物相处的过程中，孩子们必须学习去观察和掌握宠物的生活习性。再者，童年时期饲养宠物的经历会让孩子们养成对动物的感情，在他们长大成人后，会成为有爱心、同情心和自律的人，更善于经营友谊。[③] 可见，饲养宠物对于孩子们来说益处非常多。

（二）与自然为伴：乡村儿童得天独厚的休闲生活

布里奇斯在回忆录中指出：“生活在海边的孩子比生活在内陆地区的孩子有更多的乐趣。在城市里，经常可以看到年轻人在剧院外不耐烦地等待好戏上演。海边的乡村虽然没有剧院，但有花园，从家里的窗户望出去，可以看到半英里宽的沙滩，远处的海面上，有一千艘到一千五百艘船等待着扬帆起航。当风起时，成百上千艘船一起扬起风帆，那场面令人永生难忘。海边小商店的橱窗里，摆满了各色各样的从沉船上打捞起来的物品。我还记得有一次看到有人在海滩上晾晒从沉船上打捞上来的几箱手套，遗憾的是这些手套都不是成对的。”[④] 从这段回忆录中可以看出，乡村虽然没有城市里的休闲娱乐设施，但有

---

① FRANCILLON R E. Mid-Victorian memories[M]. London：Hodder and Stoughton，1914：8.

② PRIDHAM C. Children's pets[J]. The parents' review，1892，3(9)：762-765.

③ Animals as playmates[J]. The parents' review，1893，4(11)：850-853.

④ BRIDGES J A. Victorian recollections[M]. London：G. Bell & Sons，Ltd.，1919：20.

自身得天独厚的条件，生活在沿海乡村的孩子，能在海边找到许多生活乐趣。

生活在山区的孩子眼中则有另一番别有趣味的景象。布莱尔在回忆录中指出："在童年时期，我们有各种接触大自然的机会。在荒原上、在高高的青山下，有松鸡和黑色猎物。我记得当时还发生了一场悲剧：一条可爱而又聪明的小狗被一条蝰蛇咬破喉咙，几分钟后窒息而死。我们在树桩上看到过鹧鸪；在大树林里，看到过野鸡、野兔、鹿和山鸡；在河边沼泽地里，看到过鹬和野鸭；最重要的是，一条河流蜿蜒数英里，穿过山谷和公园，我们在那里钓过许多粉色的海鳟、黄色的河鳟和鲑鱼。"①

维多利亚时期中产阶级的乡村生活节奏舒缓，给孩子们带来一种恬淡寡欲的感觉。"我一生从未去过舞厅或剧院，这辈子我从没为没有去过这些虚荣愚蠢的娱乐场所而感到过遗憾。我们的乐趣来自乡村生活。那时候乡村孩子们会举行茶话会，我们有自己的茶托、黑色的小茶壶、小茶杯和小茶碟。此外，我们还会经常在乡间漫步，这些活动在当时非常受孩子们的欢迎，是当今同龄孩子们无法体会到的快乐。"②去舞厅或歌舞剧院是城市青少年常见的休闲方式，但对于乡村青少年来说，由于缺少类似的休闲场所，他们更多与自然为伴。这种在大自然中进行的休闲活动，对儿童的身心发展大有裨益。前文提到，参加舞会是维多利亚时期青少年常见的休闲活动，但这类活动对青少年的健康弊大于利。首先，在拥挤的室内环境中，空气不那么新鲜；其次，舞会通常在夜间举行，并且会持续到深夜，在舞池中青少年衣着单薄，但在舞会结束后的深夜，室内外温差让许多身体虚弱的青少年受寒且

---

① BLAIR D H. In Victorian days and other papers[M]. London:Longmans,Green and Co.,1939:21-22.

② The autobiography of an English governess[M]. Montreal:John Lovell,ST. Nicholas ST.,1868:11-12.

生病，严重的话则可能患上当时还是不治之症的肺病。相比之下，乡村青少年和儿童的休闲生活更有利于健康，他们在大自然中呼吸新鲜空气，在乡间田野里散步、奔跑，四肢得到充分舒展和活动，身体变得更加健康。

牛津大学的欧曼教授在回忆自己儿时的经历时指出："父亲身体状况好时，经常会带我去乡间散步。但后来父亲的身体每况愈下，我记得他最后一次带我去乡间散步是1869年夏天，那次我们去了克林汉姆树林（Cranham Woods）附近的一个大池塘钓鱼，还在伯德利普（Birdlip）的山脚下租了一栋小木屋。"① 去乡间散步、钓鱼等这种活动是当时选择住在郊区的中产阶级非常常见的休闲方式。

此外，儿童茶话会也是维多利亚时期英国儿童常见的休闲方式，这在布里奇斯的回忆录中也可以看到。儿童茶话会模仿成年人的下午茶活动进行，是这一时期青少年和儿童重要的社交休闲活动。这里的活动通常在家中进行。从上文可以看出，青少年和儿童拥有自己的下午茶器具，这也体现了家长对青少年和儿童社交休闲活动的肯定与支持。

（三）休闲阅读：丰富儿童的精神世界

在工业革命的影响下，印刷技术得以改进，使得英国出版业日益繁荣，特别是在19世纪下半叶，出版机构得到迅猛发展，阅读（不管是诗歌、小说或宗教方面的小册子）成为一般中产阶级可以负担得起的爱好。同时，由于中产阶级人士普遍受教育程度较高，娱乐式阅读成为中产阶级的日常休闲方式。在英国中产阶级家庭中，连续出版物比较受欢迎，当时大部分中产阶级家庭有晚上大声朗读的习惯。当家庭中的女性进行针织或者拼图游戏时，男性则在舒适的椅子上休息，

---

① OMAN C. Memories of Victorian Oxford and some of early years[M]. London: Methuen & Co. Ltd., 1942: 17.

这时家中便会有人坐在靠近灯的位置，为大家读连载小说或者其他孩子们喜欢的连载故事。[①]

维多利亚中后期，各类儿童读物开始流行。19 世纪 60 年代之后的 50 年被称为英国儿童文学的黄金时期，读物主要以促进孩子们智力或者塑造儿童道德观为主。随着审美运动的推进，从 19 世纪 40 年代便开始出现设计精美的插图版神话故事，但是发行量较小。19 世纪中叶之后，作家们逐渐开始增加一些真实的故事或者历史人物小说创作。这种类型的书籍主要是教导中产阶级家庭中的孩子们要有良好的行为和高尚的品德。维多利亚时期较为经典的儿童书籍有《爱丽丝漫游奇境记》（*Alice's Adventures in Wonderland*）、《丛林日记》（*The Jungle Books*）、《小瘸腿王子》（*The Little Lame Prince*）等。[②] 普洛曼在回忆录中指出："要问我儿时印象最深刻的一本书是什么，我会毫不犹豫地回答是《汤姆叔叔的小屋》(*Uncle's Tom's Cabin*)，不光是我，维多利亚时期许多英国儿童都是如此。《汤姆叔叔的小屋》一经出版，就获得了巨大成功。当时许多书店店员早上在橱窗里摆满《汤姆叔叔的小屋》，晚上时就全部卖光了。"[③] 此外，19 世纪 90 年代初期，以家庭教育为主体的杂志《家长评论》开辟了图书推介专栏，为孩子们推荐适合阅读的图书。以 1892 年第 4 期为例，这一期的图书推荐专栏给十岁至十二岁的孩子推荐了斯科菲尔德博士的《学校生理学》，以让孩子们更好地了解自己的身体。此外，《家长评论》还开设了"儿童时间"专栏，连载儿童文学作品。

在布里奇斯的回忆录中，记载了自己过生日时父母给自己买书作为生日礼物的往事："我记得有一年我过生日，家里给我举行了生日派

---

① 贺鹭. 维多利亚时期伦敦社会分层研究［M］. 镇江：江苏大学出版社，2015：94.

② 贺鹭. 维多利亚时期伦敦社会分层研究［M］. 镇江：江苏大学出版社，2015：99.

③ PLOWMAN T F. In the days of Victoria: some memories of men and things[M]. London: John Lane, 1918: 306.

对，当时我被带到附近的一个镇上，并被邀请在那里挑选礼物。我从小就有文学方面的爱好，于是我挑选了一本童谣书，当时我们就买下了这本书，但过了一两天它才到我手上。其间有人（大概率是我的家庭教师）仔细地把这本书上可能存在不良暗示的粗俗词汇全部擦掉了，这个工作做得非常彻底，导致我这本新书几乎没有可读性了。对我来说，这有些太过分了。”① 从这段话可看出，维多利亚时期，儿童读物已经成为儿童休闲生活中的重要组成部分，但从童书的质量来看，部分内容在成年人看来貌似不适合儿童阅读，因而才有了家庭教师对图书进行的“严格审核”。尽管父母的这一安排招致了小布里奇斯的强烈不满，但实属无奈之举。

《圣经》仍然是当时孩子的重要阅读材料，有人回忆起儿时经历指出：“我最早的关于阅读的记忆是我七岁时候的一天早上，我在母亲的帮助下，阅读了《圣经》中的语言故事。母亲向我进行了解释，并回答了我提出来的许多问题。那天我读了两遍那些语言故事。对我来说，这是一次非常愉快的经历，尽管这还不能被称为一堂课。”②

牛津大学教授欧曼在回忆录中指出：“我小的时候，家里有一个藏书非常丰富的家庭图书馆，十二岁前我就已经读完了沃尔特·司各特所有的书。我还读了狄更斯（Dickens）所有的书，但我只喜欢《匹克威克外传》和《双城记》，其他的书如《荒凉山庄》《小杜丽》我都看不下去。萨克雷（Thackeray）的作品我也都看过，包括他所写的一些滑稽故事和圣诞故事。虽然我那个年纪的男孩还不适合读《名利场》《新来的人们》，但我还是读了。哈里森·安斯沃斯（Harrison Ainsworth）的所有历史小说我也都读过。我不仅读小说，也读一些关于战争的图画书，还读一些有关历史的书籍。此外，旅行和冒险类的

---

① BRIDGES J A. Victorian recollections[M]. London: G. Bell & Sons, Ltd. , 1919: 33

② BRINE. Childhood: an appeal[J]. The parents' review 1893, 4(8): 612.

书籍我也非常喜欢。”① 从上文可看出，维多利亚时期，条件稍好的家庭会购置大量的图书，为家人的阅读营造良好的氛围。

欧曼教授在回顾自己的阅读和写作经历时，经常会提到的一个人便是自己的父亲。他的父亲是一名商人，早年间曾在印度开办过工厂，后来将所有资产变现处理后回到英国和合伙人一起运营了一家远洋运输公司。在商业世界中打拼的父亲，一有闲暇便会读书写作，也曾将自己在印度的经历和见闻写成小说和短文，并且还公开出版。在欧曼教授的识字量还不足以流畅阅读时，父亲偶尔会读一些体育方面的文章给他听。欧曼的母亲也是一名阅读爱好者，家里购置了许多的图书。在父母的耳濡目染和亲身示范下，欧曼很小就养成了良好的阅读习惯，而这个习惯让他在学校的成绩总是名列前茅，最后也顺利进入牛津大学学习。

家庭氛围对儿童阅读习惯的养成十分重要。一位出生于 1847 年的作家在自己的回忆录中分享了家庭环境对自己阅读习惯养成的影响：“我的父亲是一名印刷商兼文具店老板，此外还兼任当地的书商。在店里那布满灰尘的货架上，有许多没有卖出去的书。我记得有《国富论》《帕利的基督教证据》《洛克论人类的理解》，还有一长排的 17 世纪的戏剧书。我对这些无人问津的书充满了极大热情，因此我在童年时期就养成了涉猎各种书籍的兴趣，而这一爱好也从未离开过我。”② “在我发现了阅读的力量后，我重新读了《曼丹的复仇》(*Mandan's Revenge*)这本书。那时候我读过的让我印象深刻的书还有托马斯·卡莱尔(Thomas Carlyle)的《英雄和萨托尔·雷萨图斯》(*Heroes and Sartor Resartus*)。我父亲的印刷厂雇佣的一个有文学头脑的排版工人把这本

① OMAN C. Memories of Victorian Oxford and some of early years[M]. London: Methuen & Co. Ltd. ,1942:21-22.

② MURRAY D C. Recollections[M]. London:John Long,1908:14.

书放在样书架子上。这本书许多页面上都有北方一个城镇的基督教青年协会（Young Men's Christian Association）的印章，那个排版工人可能想把这本书据为己有。这么多年来，我一直珍藏着这本书。尽管我知道我应将其归还给印章上所注明的那个机构，但我却没有这样做。在父亲的印刷厂里，我还读过莎士比亚、萨特（Sartre）等作家的书。"①

19世纪五六十年代，许多图书馆不允许十六岁以下的青少年、儿童入馆，因此购书在家中阅读对于年龄较小的孩子来说是非常好的选择，但对于年龄稍大的孩子来说，去公共图书馆看书也是非常重要的休闲方式。以牛津市免费公共图书馆（Oxford City Free Public Library）为例，该图书馆就明文规定不允许十六岁以下的青少年、儿童入馆，图书管理员会对入馆的每个人进行严格监督，一旦发现有不符合要求的青少年、儿童入馆，便会立刻将其"请出"。普洛曼在回忆录中分享了自己第一次悄悄潜入牛津市免费公共图书馆的经历。他在进入图书馆后，马上就被管理员发现并被逐出。这次经历让普洛曼感到非常挫败和无力，他向父亲寻求帮助，看父亲能否向管理员打招呼，让他进入图书馆看书。父亲对普洛曼说，图书馆之所以不允许十六岁以下的青少年、儿童入馆，是担心他们会扰乱图书馆的秩序，打扰其他人学习，因此只要普洛曼做出安静、守序的姿态，管理员便不会再驱逐他。普洛曼遵照了父亲的建议，管理员果然没有再驱逐他，因此他在图书馆度过了许多幸福的阅读时光。②

阅读开阔了孩子的视野，增长了他们的见识，在与作者的对话中，孩子的自我意识也得到唤醒。在阅读中，孩子养成了良好的学习习惯和内省习惯，阅读是丰富儿童精神世界的重要活动。

---

① MURRAY D C. Recollections[M]. London：John Long，1908：34.

② PLOWMAN T F. In the days of Victoria：some memories of men and things[M]. London：John Lane，1918：49-50.

二、家庭平衡休闲活动中的儿童生活教育

与核心家庭休闲模式相比，平衡家庭休闲模式（balance family leisure patterns）不常见且不频繁，这些活动通常需要更多的资源投入（如时间、精力和金钱），且不发生在家里，能为家庭成员提供新颖体验，包括家庭度假、户外活动（如野营、钓鱼、划船等）、参观主题公园、观看体育比赛和打保龄球等活动。这些活动通常需要实质性规划，因而少一些自发，多一些正式。平衡家庭休闲模式主要满足家庭变化、新奇、多样和挑战的需要，从而促进家庭功能适应性的提升。[①] 维多利亚时期的英国中产阶级父母为孩子安排了许多的家庭平衡休闲活动，非常具有教育意义。

（一）家庭外出旅行度假：身心放松

维多利亚时期的英国国力日益强盛，老百姓生活逐渐富裕，经济实力的提升带来了家庭生活方式的改变，外出旅行便是其中一个非常重要的变化。

1. 交通发展为家庭外出旅行提供了条件

维多利亚时期，中产阶级地位的变化使他们渴望像贵族一样过上田园式的安静生活，另外在交通技术革新的条件下，他们纷纷向郊区搬迁，选择了往返于工作区和生活区的通勤方式。[②] 中产阶级的郊区化进程在一定程度上促进了英国旅游业的发展，许多中产阶级家庭经过一段时间的忙碌，在假期会选择户外运动、旅游或休闲娱乐活动。

交通技术的革新为家庭外出旅行提供了条件。有学者指出，没有一种 19 世纪的发明比铁路更能让维多利亚时代的人感到他们是生活在

---

① 李琼，林岚，郑颖玲，等. 国外主要家庭休闲模型研究述评［J］. 旅游学刊，2022，37（10）：131-148.

② 贺鹭. 维多利亚时期伦敦社会分层研究［M］. 镇江：江苏大学出版社，2015：82.

一个改天换地的时代。[①] 在蒸汽火车被发明之前，英国人出行的交通工具主要是马车。“那时候我们主要是通过公路出行，由于铁轨离我们有一段距离，因此我们几乎不乘坐火车出行。我现在还记得我们家有两辆马车，一辆是家庭马车，它很舒适，能够容纳四个人同时乘坐——通常是我的父亲、母亲和两个女儿，马车后面还有一个空间供仆人乘坐，行李通常放在马车顶上；除了家庭马车外，我们家还有一辆敞篷马车，下雨时可以把雨棚打开来挡雨。我母亲有时候会乘着它兜风，有时候也会邀请邻居一同乘坐。”[②]

乘坐马车出行有诸多不便：首先，马车的载客量非常有限，不能容纳多人同时乘坐；其次，马儿的体力有限，行驶一段时间后就不得不停下来休息。在马车时代，人们的行动范围非常受限，许多人可能一辈子都没有离开过自己所生活的乡村。人们天然向往外部更大的世界，期望能够跨越乡村的边界去参观他们在故事里听说过的另一个大城市。在那个年代，对于普通人来说，去伦敦旅行是非常困难的事情，因为无法确保马儿有足够的马力。但对于富人来说，舒适的出行仍是可以实现的事情。那时候人们出行的途中可能需要到马厩去换马，这是非常麻烦的事情。对于一匹马来说，常年负重长途奔袭对它们健康的损耗非常大。蒸汽火车的发明对于劳顿的马儿来说无疑是一种解脱，对于人类来说更是一种巨大的福音。自从有了蒸汽火车，人们出行变得更加便捷了。

维多利亚时代早期，英国乡村许多地方开始兴建火车站。1833 年出生的英国人在回忆录中指出：“我到伦敦附近的一所学校就读一年到两年后，东南铁路（South Eastern Railway）就修好了，从丹佛到伦敦

---

① 盖伊．施尼兹勒的世纪：中产阶级文化的形成，1815-1914［M］．梁永安，译．北京：北京大学出版社，2006：172．

② BLAIR D H. In Victorian days and other papers[M]. London: Longmans, Green and Co., 1939: 15.

就不再需要乘坐马车出行了。我还记得大约在克罗伊登（Croydon）郊外，每两英里到三英里就建有一座外形看起来像教堂的红色砖房。后来我打听到，这些小房子都是新建的蒸汽铁路线（Atmospheric Railway）上的火车站。但蒸汽铁路线的运行时间不长，很快它们就被新的更先进的火车替代了。”① 从这段回忆录中可看出，随着工业化程度的加剧和技术的发展，维多利亚时期英国的交通变得越来越发达了。交通的发达带来的是出行的便利，从而也为家庭旅行奠定了基础。

尽管如此，布莱尔在回忆录中也提到，当时火车上的条件是非常艰苦的：“当然，生活方面的诸多不便不仅体现在家庭生活中，在外也是一样的，尤其是在旅行中。学生时代我曾经坐夜间火车从苏格兰到英格兰上学，我们会随身携带两根棍子，把它插在车厢的座椅中间，上面覆上一个备用的垫子，就成了一张床。车厢里非常昏暗，唯一的光源是车顶上一个洞里漂浮在油上的灯芯。大多数乘客会携带精巧的蜡烛灯，并把它固定在座位的侧面。冬季里，来自北极的寒风吹来，我们在毯子、大衣和被子底下瑟瑟发抖，唯一的取暖方式是热水罐，一个垫在屁股下，一个踩在脚下。我的一个朋友告诉我，他有一次和一个意大利人一起乘坐英国火车旅行，这个意大利人对我朋友脚下的容器感到非常吃惊，因为意大利人从不使用暖脚器。当他弯下腰感受到暖意袭来时，他的惊愕变成了恐慌；当火车冲过一个亮着灯的车站时，他抓住这个神秘的锡罐，大叫一声，把它从打开的窗户扔到了站台上。这一举动让我的朋友大吃一惊，因为暖壶被那位意大利人当成了地狱般的器物！”② 类似的情况也出现在另一个英国人的回忆录中：“19 世纪 60 年代的旅行条件是非常艰苦的，浓烟和灰尘令人害怕。我和姐妹们会用毛巾包住头，到达目的地后，我们要做的第一件事情就

---

① BRIDGES J A. Victorian recollections[M]. London: G. Bell & Sons, Ltd., 1919: 3-4.

② BLAIR D H. In Victorian days and other papers[M]. London: Longmans, Green and Co., 1939: 23-24.

是洗头发。”①

当然，关于乘坐火车出行究竟算不算旅行，不同的人有不同的看法。拉斯金（Ruskin）在《现代画家》（*Modern Painter*）一书中说道：“随着速度的提升，所有的旅行开始变得枯燥。我认为乘坐火车出行不能被称之为旅行，因为这把人当作了‘包裹’，从一个地方‘寄送’至另一个地方。”② 时至今日，交通工具不断提速，乘坐高铁、飞机出行已成为人们理所当然的选择。在科技的发展、交通的提速、人们观念的改变等大背景之下，拉斯金的担忧似乎也显得苍白无力。

2. 旅行度假成为中产阶级家庭的重要休闲活动

在圣诞节过后的第六个月是核心家庭单独在海边度过暑假的时间（经常是一名仆人跟着），布兰顿（Brighton）、坦布里奇温泉（Tunbridge）、斯卡伯勒（Scarborough）等原来都是贵族绅士休闲的地方，19 世纪中期成为中产阶级固定的休闲场所，还有伯恩茅斯（Bournemouth）、伊斯特本（Eastbourne）、福克斯通（Folkstone）等因中产阶级需求新发展起来的度假胜地，这些都是他们可选择进行短期休闲娱乐的地方，有时兴趣相近的家庭会相约一起去旅游。③ 维多利亚时期的中产阶级家庭十分重视旅行这项家庭活动。有研究指出，对于家庭主妇来说，这一活动甚至比圣诞庆祝活动的工作更加繁重，因为她们要安排度假的酒店和其他事项。④ 由此可见，家庭旅行在维多利亚时期成为中产阶级家庭的重要休闲活动。

---

① Walford L B. Memories of Victorian London[M]. London: Edward Arnold, 1912: 1-2.

② PLOWMAN T F. In the days of Victoria: some memories of men and things[M]. London: John Lane, 1918: 22-23.

③ 潘迎华. 19 世纪英国中产阶级女性研究［M］. 北京：社会科学文献出版社，2021：78.

④ 潘迎华. 19 世纪英国中产阶级女性研究［M］. 北京：社会科学文献出版社，2021：78.

欧曼在回忆录中指出："每年的夏天，有三周到四周的时间，我们全家人都会到乡村去度假。在那里，我们会散步、钓鱼。我没有在德文郡和肯特郡度假的记忆，但我父母说曾经带我去过那里。我还记得一两岁时，父母带我在泰晤士河边的一所小房子住了几天，还在南威尔士住过几个星期。我还记得从布里斯托尔乘汽船到彭布罗克，在那次旅行中，我有了第一次晕船的经历，船舱里令人作呕的气味至今我还记得。"① "八岁时，父母带我跨越英吉利海峡，到巴黎去旅行。对于一个八岁的小男孩来说，巴黎的一切都让人充满期待、令人神往。那是 1868 年，当时的情形清晰地印刻在了我的脑海中。"②

有的父母在选择度假地点时会充分考虑孩子们的喜好。《家长评论》杂志中也有关于度假的文章。"家中最大的儿子（十四岁）爱好收集化石，正准备去自然历史博物馆（Natural History Museum）参观；最大的女儿（十二岁）画画画得相当好，准备画下她所看到的所有的花，受一位朋友的影响，她还准备收集藓类植物标本；二儿子（十岁）准备收集一些蝴蝶和飞蛾的标本；二女儿（八岁）和小儿子（五岁）对小动物情有独钟，他们正准备在家里养一些淡水生物和咸水生物。考虑到孩子们的喜好，父母将度假的地点定为科尔维尔湾（Colwell Bay）附近的一个农场，在那里孩子们能够尽情地在纯粹的大自然中玩耍。"③

此外，在家庭成员的生日等重要日子，有的家庭也会安排短期旅行。布里奇斯在回忆录中记载："在生日和其他一些重要日子，我们常常会进行短途旅行，最常去的地方是位于兰斯盖特附近的佩格维尔湾

---

① OMAN C. Memories of Victorian Oxford and some of early years[M]. London: Methuen & Co. Ltd. ,1942:7.

② OMAN C. Memories of Victorian Oxford and some of early years[M]. London: Methuen & Co. Ltd. ,1942:18.

③ PERRIN H. Holidays[J]. The parents' review 1893,4(7):522.

(Pegwell Bay)，那里有一片潮湿的沼泽地，还有一条叫作斯托尔(Stour)的小河，我们在那里可以找到各式各样的贝壳。”①

在吉普森的回忆录中，记录了一个中产阶级家庭的暑期度假故事：“夏天我们通常会在海滨的度假胜地待上一个月到六周的样子。我记得有一年的夏天，我们在斯卡伯勒、圣莱昂纳德（St. Leonards）和拉姆斯盖特（Ramsgate）各待了两个星期。漫长的假期让我非常想家，我想我的父亲也是一样，从不读书的他居然在斯卡伯勒读了《格里菲斯·高特》(*Griffith Gaunt*)。后来我们还去泽西岛度过假，在那个快乐的小岛上，我度过了最快乐的时光。在那所有一个可以俯瞰圣赫里尔（Helier）的露台的房子里，住着我的曾叔父梅尔（Mel）和他的妻子、我的曾姑母玛格丽特·纽曼（Margaret Newman），假期里我们就和他们住在一起。那一年我父亲赚了四千英镑，但精神状况却非常糟糕，变得十分多疑。在那个满是他珍视的奶牛的岛上，他很快就恢复了健康。他每天赶着奶牛从这一头到那一头，仔细研究它们，和奶牛主人讨论有关奶牛的话题，乐此不疲。我们还去戈里（Gorey）度过假，在那里我们和父亲在爱丁堡结识的苏格兰朋友汤姆·怀特（Tom White）一家住在一起，他们可能是世界上最好客的人了，在那里父亲经常和他们一聊就是几个小时。……那时候，泽西岛还是一个令人愉快的、没有游客的岛屿。当时需要经过八小时的航行才能穿越那片世上最危险的海域。自从我们发现了泽西岛这个度假胜地后，就再没去过别的地方。我曾经往返过泽西岛十七次，其中只有两次航行是在舒适中度过，我曾遇到过船长、军官、船员、乘客、乘务员和偷渡者集体生病的情况。”②

从上面这段回忆录中可以看出，典型的中产阶级家庭每年会抽出

① BRIDGES J A. Victorian recollections[M]. London: G. Bell & Sons, Ltd., 1919: 21-22.

② JEPSON E. Memories of a Victorian[M]. London: Victor Gollancz Ltd., 1933: 76.

一段时间，带着孩子去外地度假，通常亲戚、朋友家所在的海滨地区是他们度假的首选。外出旅行、度假，变换居住环境，对于人的身心确实具有疗养功效，但交通不便、卫生条件不佳等导致的疾病不容忽视。尽管如此，维多利亚时期人们对旅行度假这项活动的热情并未消退。外出度假也成为维多利亚时期英国中产阶级崇尚的生活方式之一。

3. 旅行度假对于儿童来说有利有弊

维多利亚时期的英国中产阶级家庭崇尚旅游这项休闲活动在其他的文献中也得到印证。自从欧洲大陆向英国开放以来，几乎所有能够负担起旅游费用的英国人，或多或少都有过出国旅游的经历。许多父母会带孩子去法国、德国等国家旅游，一是为了拓展他们的视野，增长他们的见识，加深他们对外国文学、艺术、教育方式等的认识；二是为了学习语言。[①] 旅游这项活动让父母对孩子的教育走出了家庭的屋舍空间，去到更广阔的领域。

布里奇斯在回忆录中指出："19 世纪 40 年代初期，我大约八岁的样子，我们全家人从法国布洛涅（Boulogne）出发，在欧洲大陆进行了一次长途旅行。当时我们有一个由七八匹马组成的两辆马车的车队，第一辆马车载着我的父亲和母亲，第二辆马车乘坐了两名保姆和多名孩子。我们还雇了一个导游——一名名叫迈克（Mike）的法国年轻人。迈克时而坐在第一辆马车上，摇响车铃，时而和我们一起搭乘第二辆马车。我很喜欢他，想向他学习法语，但他学习英语的热情似乎比我更高。"

布拉尔（Blar）在他的回忆录中指出："1860 年的家庭生活从本质上看就是一种家庭生活。所有人都在家里待着，且大部分时间都在家里度过。这里的'所有人'指的是父母和我们十一个子女，其中七个

---

① MARTINEAU H. Household education[M]. London: Smith, Elder & Co., 1876: 288.

男孩、四个女孩。有时我们会去爱丁堡小住几天，每年孩子们有一到两个星期可以到海边尽情地享受海水浴。那时候我们并不渴望改变，也不向往现代意义上的旅行。”① 从这段回忆录中可以看出，维多利亚时代中期，部分家庭已经开始有外出度假的意识，但对于旅行所带来的意义，当时部分家庭的思考还不够深入。

关于旅行的意义，一名家庭女教师在自传中指出：“旅行是教育的一部分。教育不应只有书本学习，书本在很大程度上可以让我们学到男人、女人、孩子的生活、言论和行为，但旅行可以为我们翻开另一本书，这不是一本印刷版的书，而是一本以男人、女人和孩子敏锐的眼光研究世界的书。在旅行这本书里，我们的视野会得到拓展，可以看到世界上那些和我们一样或比我们知识更渊博的人，可以让我们从他国学习到一些先进的经验来改造我们的制造业、提升我们的素质或使我们变成更好的自己。对于一名学者来说，旅行大有裨益。通过旅行，我有机会看到英国安息日和欧洲大陆安息日的区别。”②

旅行度假给孩子带来的益处自然不必多说，但凡事具有两面性，因此也不能忽视它的弊端。有孩子在旅行的过程中染上了传染病，给身心健康带来了毁灭性的影响。此外，孩子的可塑性强，对于一切事物都感到新奇，在他们的性格和习惯还没有完全成型之前，长时间的旅游会改变他们的饮食习惯和生活方式。有人认为，这是违背自然规律的做法，并认为相比起经常外出旅行的人，不外出旅行的人对于生活的反思更深入、敏感性更强，对于生活的准备也更好。当然也有人对此有不同意见，认为不出去旅行的人收获和见识不如那些经常出去旅行的人。在不旅行带来的视野狭窄和经常旅行导致的认识肤浅之间，

① BLAIR D H. In Victorian days and other papers[M]. London：Longmans，Green and Co.，1939：14-15.

② The autobiography of an English governess[M]. Montreal：John Lovell，ST. Nicholas ST.，1868：14.

到底孰是孰非，人们争论不休。[①]

有学者认为，家庭生活中的偶尔变化对于孩子们的成长来说是有益处的，比如对房子进行重新粉刷，更换一些家庭必需品，一家人一起到海边去游玩，或者去乡村住几个月。这些经历会刺激孩子们的心智发展，在他们今后的人生中，这些回忆永远不会褪色。相比在国外旅行一整年，家庭生活的偶尔变化对孩子们来说更有价值。[②] 太阳下山、灯塔亮起、双脚踩在波涛中、行走在鹅卵石上、眺望远方的舰队、路边开满了野花、微风拂面、道路旁边的小木屋等，这些景象会牢牢地印刻在孩子们的脑海中。生活中的偶尔变化对孩子们来说非常有益，有的家庭中会有一个孩子意志消沉、精神涣散、情绪低落、脸色苍白、生长发育缓慢，这就是家庭生活需要改变的信号了。如果这个孩子被送到亲戚或朋友家居住一段时间，其状态很可能就会发生很大改变。人的心灵需要放松，因此需要不同的环境和新鲜的经历。在新的住所、新的环境中，和不同的人待在一起，接触一些新的理念，孩子郁闷的心情会一扫而空。一段时间后，他就会格外地想家，对于家庭的情感会被重新激活并得到加强。当孩子回到家中，回到父母的身边，在兄弟姐妹们的陪伴下，他所收获的喜悦远远超过旅行本身带来的愉悦。这种变化是非常好的，也有一定的教育作用，但有人认为它只能是生活的“营养补品”，而不能作为“日常饮食”。[③]

（二）观剧和参观美术馆：艺术启蒙

在艺术教育的启蒙方面，有史料表明，到剧院观剧、参观美术馆

---

① MARTINEAU H. Household education[M]. London: Smith, Elder & Co., 1876: 289-290.

② MARTINEAU H. Household education[M]. London: Smith, Elder & Co., 1876: 291.

③ MARTINEAU H. Household education[M]. London: Smith, Elder & Co., 1876: 291-292.

等是当时中产阶级家庭儿童艺术教育启蒙的重要活动。吉普森指出，自己儿时所接受的艺术启蒙教育比19世纪末许多儿童接受的要更好，至于19世纪末英国中产阶级儿童所接受的艺术启蒙教育究竟呈现为何种特点，笔者暂时没有找到有关资料。

1. 到剧院观剧以感受戏剧氛围

普洛曼在回忆录中指出："我的父亲不仅是一位公认的戏剧迷，还是一位公认的作家。他尤其擅长创作序曲和尾声，在那个时代算得上是非常多产的戏剧作家。在父亲的影响下，我很早就对戏剧产生了兴趣。有一年的生日，父母依照《米勒和他的朋友们》的剧情，按照小人国里的玩具屋，给我打造了一个模型剧院。作为这个剧院的管理者，我非常自豪地给每个角色分配了表演任务，其中包括我的母亲、弟弟和一些和我年龄相仿的朋友。"① 父母的爱好和职业会对孩子产生耳濡目染的影响，童年时期的普洛曼在父亲的影响下，早早就体会到了戏剧的魅力，就连父母送给他的生日礼物，都是剧院模型。但真正走进戏院观剧，是在普洛曼十岁时。"1854年的冬天，我才第一次观看了真人上演的戏剧，那一年我正好十岁。"② 在剧院中，普洛曼第一次真切地感受到了那种让人热血沸腾的氛围。

吉普森回忆了自己在艺术方面的启蒙过程："伦敦旅行是减轻假期里枯燥乏味感的良药。我们曾住在城堡大街（Great Castle Street）的一所非常干净的房屋内。"③ "在伦敦度假的那些日子里，我接触到了戏剧与美术，这也是我在美育方面的启蒙教育。我首先接触到的是戏剧。

① PLOWMAN T F. In the days of Victoria: some memories of men and things[M]. London: John Lane, 1918: 158.

② PLOWMAN T F. In the days of Victoria: some memories of men and things[M]. London: John Lane, 1918: 159.

③ JEPSON E. Memories of a Victorian[M]. London: Victor Gollancz Ltd., 1933: 70-71.

每次去伦敦，家人们都会带我去剧院。我看的第一场戏剧是在位于阿尔罕布拉的一个剧院上演的《黑色钩子》（*The Black Crook*）。当时我是跟母亲和姨妈一起去的，我们预定了一个包厢，包厢前面是一个半圆形的空间，里面挤满了女性观众。这是一部壮观的浪漫喜剧。我记得舞台上一根大柱子的底部突然被打开，一位衣着华丽的深肤色女士，挥着长矛从柱子里走了出来。人们对于戏剧的审美趣味很健康，在观剧时疾恶如仇。在我幼稚的心灵中，最好的演员非内莉·法伦（Nellie Farren）莫属，现在她的形象还深深印刻在我的脑海中。我第一次见到她是在滑稽剧《阿拉丁》（*Aladdin*）中，观众们的热情回应是对这位天才表演者的致敬。我还记得大家曾哄堂大笑，尽管我不知道他们在笑什么，但带着孩子般的礼貌，我也跟他们一起笑了。”①

由此可见，感受美、欣赏美是创造美的重要基础。带孩子到剧院观剧，近距离和演员、观众接触，身临其境感受戏剧艺术氛围，对于儿童来说是非常重要的艺术启蒙活动。

2. 沉浸式体验美术馆中的艺术氛围

同样，在美术教育方面，在创作技能技巧学习之前，对美的感知和欣赏能力培养非常重要。吉普森回忆起自己童年时期在家人的带领下参观美术馆，并尝试购买和收藏一些画作，这对于其今后在艺术方面发展产生了重要影响。

“在美术教育方面，我记得很小的时候，家人带我参观过皇家艺术学院（Royal Academy）的一次展览。奇怪的是，尽管我记得这些展览中有许多引人入胜的关于儿童和宠物的画作，但我完全记不清楚具体的儿童和宠物的形象了。我对第一次在伯灵顿庄园（Burlington House）看到的一幅画印象深刻，那幅画上有一只体型巨大、性格温顺

---

① JEPSON E. Memories of a Victorian[M]. London: Victor Gollancz Ltd., 1933: 72-73.

的雄鹿，我非常喜欢它。”①

“古斯塔夫·多尔（Gustave Dore）的画作对我的艺术教育产生了主要影响，春夏秋冬，无论家人什么时候带我去伦敦，都会带我去参观多尔画廊（Dore Gallery）。多尔的画作不仅给人技艺方面的影响，还能唤醒孩子关于美的意识，激发孩子的想象力。在他的名画《月光下的斗兽场》（*Colosseum by Moonlight*）中，一名小女孩在凝视着一只想要吃掉基督徒的狮子。在《无辜者大屠杀》（*Massacre of the Innocents*）中，每一个无辜的人都留着金色头发，具有德意志人的某种特点，每个人都有四英尺高、十八英寸宽。在《基督离开疗养院》（Christ Leaving the Pratorium）中，无人居住的耶路撒冷疗养院和水晶宫一般宽敞，看起来比埃菲尔铁塔还要高。还有一幅《普拉提妻子的梦》（*Pilates's Wife's Dream*），画面中普拉提的妻子穿着罗马睡衣，搭乘长长的火车，在睡梦中走在一座又大又高的宫殿的露台上。这些伟大的画作令我感到着迷和敬畏！后来我得知这些令我印象深刻的画作，有一些被卖去了美国。我的家人也买了一些画作，如《基督离开疗养院》《普拉提妻子的梦》《灵魂的觉醒》（*The Soul's Awakening*）等，现在就挂在家里的客厅墙上。参观艺术馆、欣赏和收藏一些优秀的画作，这就是我最初所受的美育，我认为比 19 世纪末的孩子们所受的艺术启蒙教育要好很多。”②

吉普森的艺术教育启蒙经历和他对自己的反思给了我们很大的启示，即对于儿童来说，在功利化的艺术创作技艺学习面前，对美的感知力、欣赏力、想象力的培养才是更难能可贵的。在儿童的艺术启蒙过程中，各种艺术场所发挥的作用不容小觑。儿时经常被家人带去皇

① JEPSON E. Memories of a Victorian[M]. London：Victor Gollancz Ltd.，1933：73.

② JEPSON E. Memories of a Victorian[M]. London：Victor Gollancz Ltd.，1933：74-75.

家艺术学院参观艺术展览的吉普森就曾说过："皇家艺术学院对我的艺术品位产生了巨大影响。"[①] 吉普森对艺术的热爱，从儿时的单纯欣赏，发展为自己尝试临摹、创作；从对具象的动物绘画转向了难度更高的版画。"上五年级时，我临摹了画作中的狗来装饰我的书房，它的可爱之处毫不亚于儿时我在伯灵顿庄园所看到的埃德温·兰西尔爵士（Sir Edwin Landseer）所画的那只雄鹿。年龄大一些后，我的兴趣从现代画转向了巴托洛齐（Bartolozzi）的版画。"[②] 吉普森的个人经历告诉了我们，过早进行艺术创作技能技巧训练对于儿童来说也许不是好的选择，对美的感知与欣赏，才能为儿童今后创造美打下基础。

此外，父母对艺术的兴趣和爱好以及他们在家庭氛围中所营造的艺术氛围，对孩子来说也是艺术教育启蒙的重要内容。吉普森在回忆录里指出："我父亲非常热爱艺术，这也是他热爱乡村生活的很大原因。他收集了沃里克郡（Warwickshire）画家托马斯·贝克（Thomas Baker）的风景画，在我看来，他比大卫·考克斯（David Cox）对这个树木繁茂的国家的泥泞精神和氛围有更深刻的理解。"[③] 由此可见，父亲对艺术的热爱、父亲所收集的大量的画作、父亲对艺术作品的理解与评价，在孩子看来也是艺术启蒙教育的重要组成部分。

3. 观看全景画中的知识与艺术教育

维多利亚时期有一种备受推崇的娱乐方式，那就是观赏全景画（panorama）和立体画（diorama）。全景画由一系列徐徐展开的连续的图片组成，立体画的背景则是有特殊风景效果的单张图片，这些画通常用来展示国家或战争等。这些画通常还会随附一些指南性的解说，非常具有知识性。后来阿尔伯特·史密斯（Albert Smith）对这种展览进行了改进，在其中融入了人物，增加了其文学与戏剧色彩，也使得

---

① JEPSON E. Memories of a Victorian[M]. London: Victor Gollancz Ltd., 1933: 75.

② JEPSON E. Memories of a Victorian[M]. London: Victor Gollancz Ltd., 1933: 75.

③ JEPSON E. Memories of a Victorian[M]. London: Victor Gollancz Ltd., 1933: 47.

其呈现方式变得更加吸引人。他所创作的作品包括《陆上路线》(*Overland Route*)、《勃朗峰》(*Mont Blanc*)和《中国》(*China*)等。透过这些画作，展示者向人们展示各地最值得了解的地方以及那里所生活的人和事。著名的文学家、艺术家、歌手、钢琴家约翰·帕里(John Parry)通过绘画和音乐相结合的方式，向人们讲述了《阿里巴巴和四十大盗》的故事。在介绍人物角色时，他会在身边的画板上用彩色粉笔描绘出角色形象。他的表演集钢琴、声乐与绘画为一体，堪称一场精彩的晚会。19 世纪 50 年代，创作了《干杯，男孩们，干杯》(*Cheer, Boys, Cheer*)、《到西方去，到西方去》(*To the West, to the West*)、《遥远的海上》(*Far, Far on the Sea*)等流行歌曲的亨利·拉塞尔(Henry Russell)在当时也会给人们展示一些关于美国的画作。在他的讲演中穿插着绘画和歌曲。尽管他没有阿尔伯特·史密斯和约翰·帕里那样多才多艺，但他的声音非常具有感染力，因此也很值得欣赏。这种展览由一个人完成，一展示就是一整晚，只可惜这些优秀的艺术家们后继无人。后来在科尼·格林(Corney Grain)和格罗斯史密斯(Grossmith)身上能够看到约翰·帕里的一些影子，但他们终究还是无法超越前辈。①

这类展览集知识性与艺术性为一体，以艺术为载体，向孩子们传递了丰富的知识。普洛曼在回忆录中指出，他在儿童时期通过这种愉快的方式，学习了大量关于欧洲城市、殖民地、印度和一些军事行动的知识。

（三）参加世界博览会：开阔视野

1851 年，英国伦敦举办了第一届世界博览会，这次载入史册的世界博览会的展区占地九万六千平方米，展览用的桌子总长达到十三公

---

① PLOWMAN T F. In the days of Victoria: some memories of men and things[M]. London: John Lane, 1918: 287-288.

里，展期二十三个星期，吸引了 6 039 195 人参观。在笔者所挖掘到的史料中，一位名叫普洛曼的人在自己的回忆录中回忆起自己七岁时参加这次世界博览会的经历。

1. 参展前：父亲作为当地的世界博览会秘书

普洛曼的父亲是当地的世界博览会秘书，主要职责是在当地做好宣传工作，一方面让当地的人们知道有关世界博览会的有关信息，另一方面是广泛收集参展物品。在父亲的影响下，在世界博览会召开前的很长时间里，普洛曼就已经知道了这次博览会。根据普洛曼的回忆，当时家里经常有人来访，有的是来咨询有关世界博览会信息的，有的则是来送参展品的。在这些展品中，普洛曼回忆，他见过许多稀奇古怪的东西，因为那时候人们有一种共识，即参展的物品越是奇特，越能够引起人们的注意。根据普洛曼的回忆，当时人们对此次博览会的热情空前高涨，一些年老的妇人都积极参与其中。“在我们收集到的展品中，有一个六便士的硬币，上面刻着主祷文全文；还有老太太们送来的各式各样的针线活，比如用几百种不同材质拼接而成的被子。当时每个人都在谈论‘世界博览会’，可以说没有哪次博览会能像这次世界博览会一样引起人们的兴趣。”① 因在这次世界博览会中做出了贡献，普洛曼的父亲获得了阿尔伯特亲王的表彰，获得了铜牌和证书。此外，普洛曼的父亲本人也是一两项发明的展览者，为此也受到了表彰。普洛曼表示，1862 年，他参加了第二届伦敦世界博览会，但对那次展览的印象远不如童年时期这次深刻。②

2. 参展中：各种物品琳琅满目

普洛曼直言，参加世界博览会对他来说是一次非常难忘的旅行经

---

① PLOWMAN T F. In the days of Victoria: some memories of men and things[M]. London: John Lane, 1918: 8-9.

② PLOWMAN T F. In the days of Victoria: some memories of men and things[M]. London: John Lane, 1918: 14-17.

历。他和父母以及父母的一对朋友夫妇一起去伦敦参加世界博览会，在那里，他第一次见识到了伦敦的街道，并认为伦敦的街道并不像之前他所想象的那么富丽堂皇、五光十色，甚至还比不上他所生活的城镇街道。此前他关于伦敦的一些不切实际的想象也因这次旅行而破灭。在这次博览会上，普洛曼坦言自己最想参观的物品有三件：第一件是光之山钻石（Koh-i-noor diamond），第二件是一张会自动把睡懒觉的人赶下床的床，第三件是水晶喷泉。在参观光之山钻石时，父亲请求拥挤的人群为其让道，并把他举过头顶，好让他看得更加真切。[①] 在这次博览会上，普洛曼看到了许许多多的新鲜事物，包括之前在书上读到过的寺庙、喷泉、石窟、雕塑和装饰物。

在1851年世界博览会上，还有一件让普洛曼印象非常深刻的事情。一位八十四岁高龄的康沃尔（Cornwail）女士为了参加此次博览会，耗时五个星期，从距离伦敦三百英里外的彭赞斯（Penzance）步行而来。她的事迹在当时引起了轰动，她本人也受到了女王的亲自接见。市长先生邀请她到市政厅做客，并为她提供了返程的火车票。后来父亲给普洛曼买过一本彩色图画书，里面描述了一位无所畏惧的公爵夫人向自己的猫咪告别，奔赴一场冒险经历的故事。当他读这本书时，很容易把故事中的人物形象和博览会上那位八十四岁高龄的女士联系起来。[②]

3. 参加世界博览会的教育意义

对于孩子们来说，参加世界博览会具有重要的教育意义。博览会能够丰富孩子们的见识，正如博览会的核心策划人员亨利·科尔（Henry Cole）指出的："我们可能会展示来自非洲和亚洲的巨大象牙，

① PLOWMAN T F. In the days of Victoria: some memories of men and things[M]. London: John Lane, 1918: 9-10.

② PLOWMAN T F. In the days of Victoria: some memories of men and things[M]. London: John Lane, 1918: 18.

来自摩洛哥和俄罗斯的皮革，来自巴芬湾的海狸，来自澳大利亚、约克郡和蒂贝特的羊毛，来自亚洲和欧洲的丝绸以及来自爱斯基摩群岛的羊皮。……东印度公司的董事会打算展现印度所能生产的最好的一切……除此之外，还有来自加利福尼亚的金子，来自墨西哥、康沃尔的银子……”① 普洛曼在回忆录中指出：“因为有了参加世界博览会的经历，我认为自己童年的见识比大多数孩子都要广。见多识广并非我个人的优点，这一切都要归功于父母为我提供的条件，他们在力所能及的范围内让我见识了尽可能多的东西。这不仅让我感受到了极大的乐趣，也激活了我的思维，为我提供了新的思考世界的方式。这次经历对我来说就是最好的教育，它激发了我的好奇心，激励着我更多地了解这个世界，促使我朝着正确的方向去思考问题。”②

从普洛曼这段话中可以看出，参加世界博览会至少有如下几个方面的教育意义：第一，开阔了孩子的眼界。在世界博览会上，孩子们能看到许多平时在书本上看到或者看不到的物品，这种丰富的视觉体验能给孩子们很大的冲击，也给孩子们带来了许多的乐趣。第二，让孩子见识了不同的人和事。在普洛曼的回忆录中，那位八十四岁高龄的老妇人耗时五周步行三百英里前来看展，其事迹让他印象非常深刻。第三，为孩子提供了一个认识和思考世界的新视角。世界博览会上丰富的物品让孩子了解到天外有天，在自己所生活的小天地之外，还有更大、更丰富的世界，从而让孩子养成一种认识和思考世界的新视角。

（四）参加运动项目：强健体魄

直到 19 世纪 80 年代，英国乡村才开始有了正式的运动项目。“草地网球确实始于 70 年代中期，但我们当时都是使用奇形怪状的球拍和

---

① 赫弗. 高远之见：维多利亚时代与现代英国的诞生［M］. 徐萍，汪亦男，译. 北京：社会科学文献出版社，2020：328.

② PLOWMAN T F. In the days of Victoria：some memories of men and things［M］. London：John Lane，1918：19.

覆盖着羊毛布料的球进行比赛。当时还有一个运行时间很短暂的草地网球俱乐部，我和妹妹伊迪斯（Edith）就曾经在那里和乡村牧师们在一片未经开垦的草地上打球。我们见证了槌球发展成一个运动项目的过程，我们也见证了那片未经开垦的草地变成了整洁的网球场，我们还见证了高尔夫俱乐部的成立和曲棍球俱乐部的诞生。也正是这些运动俱乐部的成立，让英国乡村的冬天变得明亮起来，运动也让许多年轻女性摆脱了法兰绒衬裙的束缚，让她们变得更健康。1893 年我从巴巴多斯（Barbados）回到乡村的家里时，发现业余园丁也变得非常普遍了。”① 吉普森列举了运动给他所居住的乡村——凯尼尔沃思带来的许多好处：当地的许多派系被打破，人们开始变得斗智斗勇；1893 年凯尼尔沃思人的阅读量大约是 1873 年的七倍，人们对于外部世界的兴趣比以前更浓厚了；去教堂的女性没有减少，但男性却少了很多；教堂也不再是乡村社会的中心，牧师也不再是社交圈中的关键人物，凯尼尔沃思的人们变得比以前更聪明了。②

比起乡村，城市的运动设施会更完善，在前文中有提及维多利亚时期儿童参与的运动项目，包括游泳、骑马、槌球、板球等。在参与运动项目的过程中，儿童的四肢得到了锻炼，身体素质得到了增强；运动需要儿童坚持、奋勇拼搏，有的项目能训练儿童的团队协作与沟通能力，也让儿童的心理变得更健康。

此外，去公园玩耍等也是当时居住在城市的儿童的重要休闲活动。“我曾经去过四五次海德公园（Hyde Park）。这是一个非常开阔的公园，从中午十二点一直到晚上，贵族们聚集在这里进行各种娱乐活动，如骑马、散步或开车等。海德公园也是人们晚上散步时最喜欢去的地方，在这里家人和朋友可以聚在一起度过一个愉快的夜晚。这个地方

① JEPSON E. Memories of a Victorian[M]. London: Victor Gollancz Ltd., 1933: 68.

② JEPSON E. Memories of a Victorian[M]. London: Victor Gollancz Ltd., 1933: 68.

的一个独特之处是，它不问等级和出身，来自各社会阶层的人们自由地在一起娱乐。”①

第二节　家庭仪式活动中的生活教育

有研究表明，19 世纪英国中产阶级家庭生活获得了重要的象征意义，变得高度仪式化，家庭物品、形象和礼节都有了新的内涵和意义，这是中产阶级生活方式的一个典型特征，而且日益成为当时整个英国社会的典范。② 高度仪式化的家庭生活对儿童来说具有重要教育意义。

一、家庭圣诞聚会

圣诞节本是纪念耶稣诞生的基督教节日，但 19 世纪的英国中产阶级赋予了它更多的意义，使其成为一个象征着团聚和幸福的家庭节日，装饰圣诞树、赠送礼物、圣诞游行等活动也被仪式化。布里奇斯在回忆录中指出：“1867—1874 年的每年圣诞节，我们都会到伦敦的祖母家住一个星期。就在那时，我第一次看到了著名的德鲁里巷童话剧（*Drury Lane Pantomimes*）。其中许多剧情至今还深深印刻在我的脑海中。圣诞节派对是我们孩子心中最愉快的时光，在圣诞节，所有家庭都会举行圣诞聚会，这是人们期盼已久的活动，也深深地留在人们的记忆中。”③ 童话剧并非英国的首创，而是源于意大利，但自其传到英国后被广泛传播，成为圣诞节期间的热门休闲活动。在童话剧中，通

---

① NAIDOO C Y. A visit to Great Britain[M]. Madras: Hingginbotham and Co. , 1888: 25.

② 李宝芳. 19 世纪英国中产阶级家庭生活仪式化研究 [J]. 历史教学问题，2009 (1)：62-64，93.

③ BRIDGES J A. Victorian recollections[M]. London: G. Bell & Sons, Ltd. , 1919: 22.

常舞台被分为三层，最上面一层属于上帝，因此常常会设有一个宝座；中间一层属于天使，因此会营造出类似于天堂的氛围；最下面一层则属于人类。[①] 圣诞节到剧院观剧也是当时许多中产阶级家庭的选择。

在家长的重视下，圣诞节也成为儿童最盼望的节日。“圣诞节时，学校会举行宴会，这是令人非常期待和兴奋的活动。我母亲常常是学校圣诞宴会的安排人。有一年，我们粗心的苏格兰厨师把布丁弄坏了，要知道宴会没有布丁，就像《哈姆雷特》里没有丹麦王子一样。圣诞节的前一个晚上，人们发现这些布丁处于流体状态。我母亲得知后马上下床，来到厨房，在仆人的帮助下，她魔术般地把布丁调制到合适的稠度，第二天这些布丁就可以像往常一样搭乘农用车去学校了。”[②]

有的父母还会安排一些别出心裁的家庭装饰和节日表演，来烘托节日氛围，给孩子们制造惊喜。“为了让孩子们过一个愉快的圣诞节，我母亲总会想出一些新奇的主意，来改变仅仅装饰圣诞树来庆祝节日的单调。有一年，她在一楼的大厅后面建造了一幅微缩的瑞士风景景观，那里的山脉和山谷都很完整，中间甚至还建造了一个小湖。我们的园丁为此忙碌了好多天，他带来了各种必需的材料，其中包括用手推车装载的泥土和微型景观所需要的其他材料。为了塑造出山峰和山谷，还需要大量的棕色纸张。在大家的共同努力下，这幅微缩的瑞士风景景观非常精致，当时在小范围内引起了轰动。在派对结束后的几天里，我姐姐的绘画老师专程从多佛（Dover）赶来参观，他是一位出色的艺术家，用水彩颜料画了一幅草图，这幅图至今依然在我的收藏品之中。还有一年，母亲安排我们那位身材高大的家庭教师扮演一位在全国各地以卖针线活谋生的法国侏儒，她的双手裹在一双拖鞋里，当作是侏儒的脚。她的演出是那么逼真，尽管大家都认识这位家庭教

① ESQUIROS A. The English at home[M]. London: Chapman and Hall, 1862: 169-170.

② BRIDGES J A. Victorian recollections[M]. London: G. Bell & Sons, Ltd., 1919: 23.

师很多年了，但大家都把她当作了一位不会说英语的法国侏儒，对她表示出深切的同情。后来我听说一些穿着礼服的人知道自己被欺骗后还有些生气。”①

圣诞节期间，亲子游戏也是当时中产阶级家庭的常见活动。《家长评论》杂志为人们推荐了几种圣诞节游戏，其中室内游戏包括角色扮演游戏、猫鼠游戏、丢手绢、法庭游戏等；室外游戏包括追逐游戏和奥利弗·克伦威尔（Oliver Cromwell）游戏、哥伦比亚（Columbia）发现新大陆游戏。② 在游戏中，孩子们能收获成长，亲子间的情感纽带也可以得到增强。

在一个维多利亚时期英国人的回忆录中，记载了这样的画面："我记忆中的第一个画面是在 1866 年 12 月，那时我的弟弟西德尼（Sidney）在盖恩斯伯勒（Gainsborough）一栋石头地板的房子里，坐在保姆的膝盖上哭喊。小时候我们常常会去祖父家过圣诞节，祖父家的房子是典型的维多利亚式：餐厅的家具上铺着一层马毛织物，吃饭时我必须很小心，否则可能会从光滑的椅子上滑下来，还要提防我的双腿被那些多刺的东西划伤。我还记得某一个圣诞节，那是一个周日的早上，我们刚从教堂做完礼拜回来，桌子上放着蛋糕，我们坐在厨房的大火前（直到 19 世纪 70 年代，中产阶级才放弃在厨房里用明火烤肉，改为用烘焙的方式烹饪），厨房的窗户下方有一个马毛屏风，透过这个屏风，屋内的人可以饱览窗外的景色，但屋外的人看不到屋内的景象。我记得我的父母和叔叔阿姨们坐在屏风前对路过的行人的衣着、身材和容貌评头论足。我的祖父是一名医生，我还记得他做手术所用的那些药物所发出的令人感到愉快的芬芳气味（当今那些药物早已被废弃）；我还记得盛大的圣诞节游行，一家人一年来努力工作所攒下的

---

① BRIDGES J A. Victorian recollections[M]. London: G. Bell & Sons, Ltd., 1919: 23-24.

② Some christmas games[J]. The parents' review, 1892(10): 794-796.

积蓄仿佛就是为了这场游行，虽然我现在也没法理解举办这种游行的目的到底何在。我总认为我的姑姑艾伦（Allen）——一个红鼻子的老处女，是我见过的最令人讨厌的教会女性之一，也是这场游行的发起人。”①

从上文可看出，维多利亚时期的英国人赋予了圣诞节深刻的意义，使得这个原本属于宗教的节日变成家人团聚、儿童狂欢的节日。一位在圣诞节期间来英国旅行的法国人惊奇地发现，在整个英国圣诞节是属于儿童的节日。整整六周的时间里，孩子们是一切的主宰，不仅家庭在营造属于孩子们的氛围，公共场所也是一样。② 一些家庭会选择在圣诞节去海边旅行，比较热门的地方包括布莱顿、丹佛、怀特岛，人们会到海边去看新年的第一次日出。③

从上面几位维多利亚时期英国人的回忆中可看出，圣诞节在当时已成为象征着家人团聚的重要家庭节日，在这一天会有一些充满仪式感的传统活动，如装饰圣诞树、圣诞游行等，但有的家庭也会为孩子们安排一些别出心裁的活动，为他们制造惊喜。由此可以看出，圣诞节在当时是非常仪式化的家庭节日。

二、家庭社交晚宴

19 世纪英国中产阶级通常会在家里招待亲朋好友。布莱尔的回忆录中指出：“父母总是会在家里招待他们的朋友，有时也会去拜访周围

---

① JEPSON E. Memories of a Victorian[M]. London: Victor Gollancz Ltd., 1933: 13-14.

② ESQUIROS A. The English at home[M]. London: Chapman and Hall, 1862: 167.

③ ESQUIROS A. The English at home[M]. London: Chapman and Hall, 1862: 168.

的邻居，他们会一起去打猎、跳舞或进行其他的娱乐活动。”[①] 前文已述，维多利亚时期的中产阶级崇尚美好的乡间生活，因此选择把家安在乡村。在这种相对隔绝的环境下，人们仍然通过举行家庭晚宴这种社交活动来与朋友们联络情感。在维多利亚时期，家庭晚宴也充满了仪式感，从主人和宾客的服饰、餐具的使用，到上菜的顺序和用餐规矩以及主人和宾客的发言等，各个环节都充满了仪式感。

在这种社交性质的晚宴中，主人和宾客都会盛装出席。“家里会举行盛大的晚宴，大多数男士都穿着粉红色的衣服，而女士都穿着宽大的裙子，头上戴着从温室里摘来的鲜花制成的花环，如茶花等。”[②] 维多利亚时期的英国中产阶级物质生活逐渐丰富，服饰便是一个非常重要的体现。针对不同的场合，中产阶级会穿上不同的服饰。另外，在饮食方面，有研究表明维多利亚时期的英国人对饮食方面的开销毫不吝啬。此外，晚餐的仪式感也非常强，这在布莱尔的回忆录中就得到了体现：“晚餐非常丰盛，整个过程就是一场隆重的仪式。所有的食物都被巨大的银色盖子盖着，由老管家按顺序带进来，摆在我父亲和母亲面前的桌上。女主人会为坐在旁边的客人切肉，然后所有的男士都开始启动刀叉，开始切烧鹅、野兔、鸭肉或者其他神秘的肉类。有时会有意外发生，如烧鹅从盘子上滑落，落在女士的粉红色绸缎裙子上，这会被认为是非常失礼的行为。”[③]

由于家庭晚宴是极具仪式感的家庭活动，因此通常情况下，年纪很小的孩子在无法遵守餐桌礼仪的情况下，是不允许参加这种仪式感

---

① BLAIR D H. In Victorian days and other papers[M]. London: Longmans, Green and Co., 1939: 15.

② BLAIR D H. In Victorian days and other papers[M]. London: Longmans, Green and Co., 1939: 16-17.

③ BLAIR D H. In Victorian days and other papers[M]. London: Longmans, Green and Co., 1939: 16-17.

极强的晚宴的，但懂得遵守餐桌礼仪的青少年会被允许参加。“宴会结束后，我们这些孩子会进入餐厅，脸上干干净净，头发卷曲得很好，在倾听大人们进行愉快的谈话后，会得到水果和蛋糕，然后孩子们和女士们一起退场。”① 从上面这段回忆中可以看到，主人家的孩子在年纪很小时不参加晚宴，这一时期他们要么在保姆的照顾之下，要么在家庭教师的照管之下。但晚宴结束后，孩子们会被允许进入餐厅吃一些水果和蛋糕。维多利亚时期的英国，男女有别的理念深入人心。餐后男人们会聚在一起饮酒、抽烟、谈话，而这一场合被认为是女性不宜参加的，因此女人和孩子往往在晚宴结束后就自动退场。

卡登（Cardone）女士在回忆录中指出，每当有家庭晚宴，她和兄弟姐妹都得从头到脚清洗一遍，穿上白色水手装，用餐时孩子们必须静静地坐着，腰背挺直，手放在桌子边，手肘靠着两肋，保证银餐具不会发出咔嗒咔嗒声。要是我们谁犯了这些规定，就会招来家庭女教师的狠狠一瞪眼，如果是妈妈的话，这一瞪会更严厉。② 可见，中产阶级家庭晚餐的仪式感非常强，对孩子们的表现有非常严格的要求。通过这种仪式化的家庭活动，中产阶级将生活方式和文化传递给下一代。

在这种家庭晚宴中，年纪大一些的男孩会和父亲、男宾们一起，开始参加一些饮酒和吸烟活动。“在我后来上学后，就会和绅士们继续待在一起，我常常对他们的酒量和他们对酒的评价感到惊讶。19 世纪 60 年代，饭后饮酒是一件严肃的事情。当然，波尔图葡萄酒从来没有出现在我们的餐桌上，但几瓶稀有的红葡萄酒却被老管家摆在我父亲面前。他会低声介绍‘这是 1848 年的玛歌城堡’，然后会有宾客低声表示赞叹。有时会有精选的马德拉，这是一种享誉世界的雪利酒。在特

---

① BLAIR D H. In Victorian days and other papers[M]. London: Longmans, Green and Co., 1939: 17.

② 盖伊. 施尼兹勒的世纪：中产阶级文化的形成，1815-1914 [M]. 梁永安，译. 北京：北京大学出版社，2006：54.

殊场合，还有一种美妙的帝国托凯，这是俄罗斯亚历山大一世送给我的一位叔祖父的。叔祖父是一位享有盛名的将军，曾为亚历山大一世做过一些家庭服务。当品尝完葡萄酒，男人们会来到客厅喝几大杯茶，这些茶是由女主人用一个大银瓮泡好，用一整套茶具端出来。”①

此外，布莱尔在回忆录中也有较为详细的关于吸烟的记载：“维多利亚时代中期的一些中产阶级家庭会设立专门的吸烟区。男人们往往喜欢晚餐后在餐厅里吸烟，然后将这一习惯蔓延到整个家里的所有房间。我祖父特别允许他的长子（我的大伯，一名陆军上校）在房间的屋顶上安装通风设备，这样他就可以在自己的房间里抽雪茄了。八十年过去了，这个通风装置仍然存在。但祖父的其他儿子或客人如想在夜间吸烟，必须要穿过院子，到存放马具的房间。”②“几年后，家里在楼上的客厅旁专门设置了一个吸烟室，但除此之外，家里的其他房间都不允许吸烟。后来我父亲年纪稍微大一些之后，开始在书房吸烟，很快这个坏习惯就蔓延至家里的所有房间，就连客厅他都没有放过。”③从上面这段话中可以看出，男性吸烟在当时的英国中产阶级家庭是一种比较常见的现象，部分家庭会设置专门的区域。

此外，在布莱尔的回忆录中，记载了当时中产阶级还有专门的吸烟服：“在我上中学和大学期间，就开始在家中参与男士们的吸烟活动。通常在晚餐过后，女士们退场，男士们脱下正装，换上‘吸烟服’（我的吸烟服是淡紫色配伊顿蓝色的）。换好衣服后，大家会依次穿过

---

① BLAIR D H. In Victorian days and other papers[M]. London：Longmans，Green and Co.，1939：17-18.

② BLAIR D H. In Victorian days and other papers[M]. London：Longmans，Green and Co.，1939：18.

③ BLAIR D H. In Victorian days and other papers[M]. London：Longmans，Green and Co.，1939：19.

地下室的走廊，来到宽敞舒适的管家室，在那里可以尽情吸烟和饮酒。”①

从上面的描述中可看出，富裕的中产阶级家庭在晚宴及饮酒、吸烟等活动方面都具有很强的仪式感。

三、家庭音乐晚会

前文已述，维多利亚时期英国中产阶级家庭有一种观念，即女孩们必须学习音乐，不管其是否具有音乐天赋。女孩们学习音乐的目的除了锻炼自己的肺活量，丰富自己的精神生活之外，取悦家人也是她们学习音乐的重要目的。维多利亚时期的英国中产阶级喜欢居住在郊外或乡村，平日里难以享受到城市的音乐会，因而会以家庭为单位举行家庭音乐晚会，有时也会邀请左邻右舍参加。对于这种家庭音乐晚会，一些性格比较内向的孩子并不认为是值得提倡的事情。

“维多利亚时代早期，那时候每隔一小段时间，各家就会轮流举办音乐晚会（musical evenings），对于这种晚会，我经常会找各种理由避开，但轮到我们家举办时，我就不得不露面了。在这种家庭音乐晚会上，附近的女孩们会轮流歌唱和演奏。我记得当时有一个女孩在弹奏钢琴，她那训练有素的手指在琴键上游走，但音乐中没有一丝灵魂。我在想她们可能应该做一些更适合自己的其他事情。不管怎样，她们还是赢得了大家的掌声。不管好坏，她们的表演还会继续，这种娱乐活动还会成为几代乡村观众的消遣。”② 尽管如此，还有一些孩子非常享受在家庭音乐晚会上为家人和邻居们演奏。

---

① BLAIR D H. In Victorian days and other papers[M]. London：Longmans，Green and Co.，1939：18-19.

② BRIDGES J A. Victorian recollections[M]. London：G. Bell & Sons，Ltd.，1919：25.

尽管孩子们对家庭音乐晚会的意见不一，但家庭音乐晚会毫无疑问是家庭美育的重要活动。为了在家庭音乐晚会上演奏，孩子们必须学习声乐或乐器演奏，还要通过不断的练习，才能“登台”。作为观众，孩子们可以通过家庭音乐晚会欣赏到音乐，这对于培养他们感受美、欣赏美的能力具有重要意义。

第三节　家庭劳动活动中的生活教育

在《父母的道德与宗教职责：一位牧师写给家长的书信》一书中，作者谈论了家长对孩子的劳动教育问题。该书的作者建议，父母在对孩子进行劳动教育时，首先要培养孩子正确的劳动观，即劳动很光荣，劳动没有高低贵贱之分，所有类型的劳动都值得被尊重；其次，父母应培养孩子勤劳的品质，把勤劳当作一种必备的美德来进行培养；最后，不同性别的劳动分工也有所不同，女性应做好家庭事务劳动。

一、让孩子树立正确的劳动观

让孩子树立正确的劳动观是这一时期中产阶级家庭的重要职责，家长应让孩子明白，劳动没有高低贵贱之分。针对现实中许多人对不同劳动形式存在偏见，认为体力劳动不如脑力劳动高贵的现象，《父母的道德与宗教职责：一位牧师写给家长的书信》一书的作者指出，劳动没有高低贵贱之分，农民和工人的工作是光荣的，体力劳动者也应受到尊重。正是因为人们对体力劳动存在偏见，许多家长对孩子今后所从事的职业表现出焦虑情绪。父母应教育孩子，劳动没有贵贱之分，要尊重农民和工人的劳动。他们从上帝那里获得原材料，并把它加工成人们所需的物品，为人们提供舒适和便利。如果没有他们，人们将食不果腹、衣不蔽体、居无定所、行无交通工具等。富人们走过的地毯、蜷曲其中的沙发、居住的豪宅，无一不是出自体力劳动者之手。①

体力劳动和脑力劳动一样重要，家长应引导孩子正视体力劳动者。由于中上阶层的人们对体力劳动存在偏见，所以体力劳动者往往对自己所从事的工作妄自菲薄。他们对自己粗糙的双手、强壮的胳膊、沾满了泥土且朴素的衣着感到羞愧。他们试图模仿那些看不起他们的人的言行和生活方式。他们对自己的身份缺乏认同，而总是去追求中上阶层人们的生活方式，他们对自己的劳动价值没有正确的认识，贬低了自己的价值。《父母的道德与宗教职责：一位牧师写给家长的书信》的作者认为，体力劳动者应对自己所从事的工作感到光荣，只有这样才能赢得他人的尊重。② 父母可以通过举例说明的方式，让孩子们自己去判断体力劳动和脑力劳动之间的区别和联系，以消除孩子们对体力劳动的偏见。

《父母的道德与宗教职责：一位牧师写给家长的书信》一书的作者还指出，对不同的劳动进行比较以分出高低贵贱的做法是大错特错的。所有劳动都是有用且值得尊敬的。农民离开商人就无法过上好日子，商人离开农民也无法过上好日子。所有人的生活都离不开商人，商人也离不开其他人。不同劳动者之间存在互助的关系，他们没有任何理由嫉妒或轻视对方。所有劳动者都应默默地、勤劳地做好自己的工作，不应对从事其他劳动的人们抱有任何不好的想法。商人和农民，一个从事的是买卖工作，一个从事的是生产工作，买卖工作和生产工作之间并没有高低贵贱之分，因此商人不应对自己的工作持有盲目的自信，而看不起从事生产工作的农民。农民也不应妄自菲薄，认为自己的工

---

① A Clergyman. Letters on the moral and religious duties of parents[M]. London: Boston: Abel Tompkins, 1846: 109-110.

② A Clergyman. Letters on the moral and religious duties of parents[M]. London: Boston: Abel Tompkins, 1846: 110.

作低人一等。[①] 此外，除了那些功成名就的专业人士，大部分的专业人士所从事的工作和工人、农民是一样的，他们的工作往往是不间断性的，且大部分时候是默默无闻的。[②]

针对当时有些父母因孩子身体瘦弱而不让他们进行体力劳动的现状，《给母亲管理孩子的建议》一书作者指出，适度的工作可以振奋神经、清新头脑、锻炼肌肉、增强体质。可怜之人必有可恨之处，在所有可怜之人中，最悲惨的莫过于那些游手好闲、好吃懒做的人。不管贫富，明智的父母应让孩子学会劳动技能。工作是多么幸福的事情！对于身体瘦弱的男孩们来说，没有什么比懒惰能给他们带来的伤害更大了。[③] 培养儿童正确的劳动观，对于其今后的职业选择和人生规划具有重要的奠基作用，父母在儿童早期帮助其养成正确的劳动观方面责无旁贷。

二、培养孩子勤劳踏实的品质

在孩子很小的时候，父母就应开始培养孩子勤劳的品质。有些家长忽视了这一点，并认为这不是自己的职责，但只要仔细反思一下，就会明白让孩子养成勤劳的品质，父母责无旁贷。“懒散的父母是罪恶的，人生来就要过一种积极向上的生活，我们不能抱着胳膊干坐着，并以此为荣。如果我们的双手或大脑不从事任何工作，我们将会滑向邪恶的深渊。没有什么比让一个人连续几周不劳作更具有毁灭性了。

---

① A Clergyman. Letters on the moral and religious duties of parents[M]. London: Boston: Abel Tompkins, 1846: 111.

② A Clergyman. Letters on the moral and religious duties of parents[M]. London: Boston: Abel Tompkins, 1846: 112.

③ CHAVASSE P H. Advice to a mother on the management of her children[M]. London: Chrchill, 1878: 283.

让那些抱怨学习或劳动任务过重的孩子连续几天不学习和劳作，他们就会发现自己是如此空虚，并会乞求重新回到当初他们所抱怨过于繁重和琐碎的事务中去。不管老少，人都不能一直闲着。你会发现那些长期不劳作的人都是邪恶的，不管年龄大小，不劳作都是不道德的。我曾经怀疑过，在真正的闲人中是否存在道德的人。但后来我发现，勤劳是如此重要，它是一个人必须养成的美德，也是必须履行的职责。因此父母在教育下一代时，不能只注重智力教育，还必须让孩子养成勤劳的品质。”① 人们对于各种不同劳动所产生的偏见应被彻底根除。我们不能因所从事的职业把人划分为三六九等，敌视一些职业。所有人都应在爱的前提下生活在一起，并相互帮助。家长们在教育自己的孩子时要特别注意这一点，要告诉孩子劳动是光荣的。如果做到了这一点，你就会发现，毫不费力就能够培养好孩子的勤劳品质。②

即便家长有大量的钱财让儿子们继承，也要培养他们勤劳的品质。否则，对于他们来说生活就是负担，他们会很容易就沾染上一些不良习气。此外，所有人都无权整天无所事事，因为上帝创造人是为了让人劳动，好吃懒做、虚度光阴是罪恶的行为。③ 条件允许的情况下，父母应为每个孩子准备一小块地用于耕种。在这里，孩子们能够学会挖土、种植和培土。维多利亚时期英国中产阶级许多父母不允许孩子在衣服和双手上沾染泥土，这种做法是不妥的，不符合孩子的天性。④ 条件允许的情况下，要让孩子尽可能多地亲近大自然。这个过程也有利

---

① A Clergyman. Letters on the moral and religious duties of parents［M］. London：Boston：Abel Tompkins，1846：108-109.

② A Clergyman. Letters on the moral and religious duties of parents［M］. London：Boston：Abel Tompkins，1846：112-113.

③ A Clergyman. Letters on the moral and religious duties of parents［M］. London：Boston：Abel Tompkins，1846：112-113.

④ CHAVASSE P H. Advice to a mother on the management of her children［M］. London：Chrchill，1878：134.

于孩子形成“一分耕耘一分收获”的劳动观念。

三、通过劳动以促进心理健康

参加劳动不但可以让孩子树立正确的劳动观，学习一定的劳动知识，培养孩子勤劳踏实的品质，还能够促进孩子的心理健康。

有一个年纪很小的女孩，她对大自然中的许多现象都持有强烈的惧怕心理。她生长在一个城镇，很少有机会去野外，最多也就是去散散步。她对自己所看到的一切事物都表示出惊奇，她认为树木、小溪、玉米田等都是有生命的，并且不敢靠近它们。有一天，家中一位成员带回来一些野草莓根，准备种在家里的小花园里，并劝她也一起来种植。她怀着极大的恐惧心理做了这件事。在开始种植草莓根前，她已经喜欢上了这些植物，她在土地里倾注了温柔和爱。时间快到中午了，她发现野草莓的叶子在阳光下耷拉着，仿佛就要枯萎了。接下来她做了一个大胆的决定，她从屋子里搬来一把小椅子，用椅子遮住顶上的阳光，然后找来一些草，挡住其他几个可能会有阳光照到的方向，接下来她给野草莓根浇水。日落时分，她再次来到小花园，她清除了覆盖的草、搬开小椅子，惊喜地发现野草莓的叶子新鲜、嫩绿而又结实。对于一个胆小且迷信的孩子来说，这简直是一个令她欣喜若狂的时刻，她感到自己成功地救活了一个小生命。这对于孩子来说是一次非常好的经历。从此之后，这个小女孩爱上了种植，积累了更多的园艺知识，并在种植的过程中获得了自尊感。[①]

从上面这个小女孩的案例可以看出，种植劳动让孩子克服了对大自然的恐惧心理，也让她在种植的过程中获得了成就感和自尊感，对

---

① MARTINEAU H. Household education[M]. London: Smith, Elder & Co., 1876: 138-139.

于其心理健康发展大有裨益。

四、针对不同性别的劳动教育

所有男孩都应学会一些体力劳动。[①] 让男孩学会一些体力劳动大有裨益。首先，在体力劳动中，男孩能对生活产生更好的观点。通过体力劳动，男孩能学会自食其力，学会靠自己的双手创造和赚取生活物资，能更懂得珍惜而不挥霍。[②] 其次，体力劳动可以增强男孩们的体质。整日从事学业的男孩们如果每天能抽一点时间从事体力劳动，一段时间后就会发现自己的健康状况会得到改善，整个人的活力会得到增强，还会有利于智力的发展。各级各类学校里有许许多多体弱多病的男孩，都是因为缺少体力劳动。身体的虚弱会影响智力的发展，因此家长应让男孩们从事一定的体力劳动。[③] 最后，男孩们从小就熟悉一些体力劳动对其今后的谋生有重要作用。如果他们长大之后没能成功进入自己选择的职业领域，还可以靠体力劳动谋生。[④]

如果一个年轻人身体比较瘦弱，父母通常会让他做一些室内的工作，如果其能力允许，则会从事需要学问的职业。然而这种做法是荒谬且充满危险的。室内工作让年轻人长期待在屋内，对身体健康尤为不利。一些有学问的工作，如神职工作，要求从业者必须经历寒窗苦读，这会使得年轻人的身体变得更加脆弱。律师的工作需要久坐，也

---

① A Clergyman. Letters on the moral and religious duties of parents[M]. London: Boston: Abel Tompkins, 1846: 113.

② A Clergyman. Letters on the moral and religious duties of parents[M]. London: Boston: Abel Tompkins, 1846: 113.

③ A Clergyman. Letters on the moral and religious duties of parents[M]. London: Boston: Abel Tompkins, 1846: 115.

④ A Clergyman. Letters on the moral and religious duties of parents[M]. London: Boston: Abel Tompkins, 1846: 114.

对身体健康不利。医学职业则更甚，需要从业者克服焦虑、不安等情绪，需要适应不能按时进餐的习惯，还要经受紧张的学习，可以说医学职业对健康的危害比法学、神学或任何室内工作更大。正如沃尔特·斯科特爵士（Sir Walter Scott）所言，除了他的马，乡村外科医生比整个教区里的任何生命都吃得更差，工作更辛苦。①

一些作家在谈及医生生活时说道："没有职业比医学职业能更快地消耗人的生命，因为没有哪个职业比医学职业需要更大的体力和脑力劳动。医生必须忍受不断变化的天气、持续的疲劳、不规律的饮食和时刻被中断的休息时间，并且生活在瘴气和传染病之中。他们必须骑马经过相当长的距离，长期暴露在寒冷和风暴中，勇敢面对一切危险，去拯救受苦受难的人类。卡萨帕博士（Dr. Caspar）在《英国评论》（*British Review*）上发表的一篇文章用数据告诉了人们医务人员所面临的可怕事实。在 1000 名医学工作者中，600 人在六十二岁前就去世了，而生活安宁的人，如农学家或神学家，1000 人中六十二岁前去世的人数是 347 人。如果从各职业中各抽取 100 人，43 名神学家、40 名农学家、35 名文员、32 名士兵能够活到七十岁，然而 100 名医生中，只有 24 人能活到七十岁。医生给人们带来了健康，为人们指出一条延年益寿之道，但他们自己却很少能踏上。"②

如果年轻人身体比较瘦弱，建议从事户外的工作，如农场主、制革商、土地测量师等，如果其社会地位不高，建议从事屠夫等职业。制革工和屠夫很少因肺病而死亡。③

---

① CHAVASSE P H. Advice to a mother on the management of her children[M]. London:Chrchill,1878:281.

② CHAVASSE P H. Advice to a mother on the management of her children[M]. London:Chrchill,1878:282.

③ CHAVASSE P H. Advice to a mother on the management of her children[M]. London:Chrchill,1878:281-282.

对于父母要把孩子培养成某个职业的从行业者的愿望，我们无法谴责。然而如果他们的愿望落空，他们所经历的焦虑和心路历程有可能会损害他们的身体。要知道当许多人去竞争某个职业的岗位时，不可能每个人都成功。艾迪森（Addison）曾说过："我经常感到奇怪，许多父母宁愿为儿子们选择一些稳定但并不赚钱的行业，也不愿意让他们从事那些技术含量高、待遇好，但不那么稳定的工作。许多乡村牧师，宁愿花一些小钱到伦敦去当市政官，也不愿意通过教育来改善自己的现状。持重、节俭、身体瘦弱、思维迟钝的年轻人，尽管身体素质不佳，但有可能在经商中发光发热。瓦盖利乌斯（Vagaelius）是一个细心、勤奋、负责，但有点脸皮厚的年轻人，虽然他没有一个固定的大客户，但有很多很多的顾客。不幸的是，父母往往会对某一职业心有独钟，而希望自己的儿子从事这一职业。然而，在职业选择这个人生重大抉择中，父母应更多地考虑孩子的天赋和能力，而不是自己的意愿。在一个贸易发达的国家里，那些不喜欢从事沉闷工作的人也有机会获得发财致富的机会。"①

除了体力劳动，男孩们还必须进行脑力劳动。如果不进行脑力劳动，男孩们就不能成长为专家学者。对于那些能掌握某种科学知识，或能在某个职业发光发热的人，上帝会对他们委以重任。获取知识没有捷径，人必须努力攀登，才能达到真正的顶峰。人的大脑要获取知识，就必须不断运转，必须学习、反思和质疑。知识就像宝藏一样蕴含在人的大脑之中，人们必须不断深挖，才能获得。他人可以为我们提供衣食和物品，但不能代替我们学习和思考。大脑不劳动，智力就不能得到开发。② 因此，家长们必须教育自己的孩子，学习要勤奋和坚

---

① CHAVASSE P H. Advice to a mother on the management of her children［M］. London：Chrchill，1878：282.

② A Clergyman. Letters on the moral and religious duties of parents［M］. London：Boston：Abel Tompkins，1846：114.

持。要尽早培养孩子规律的学习习惯，要让他们知道世界上没有不劳而获的事情，不要让孩子觉得学习是占用他们玩耍时间的事情。

关于女性进行劳动的偏见一直存在，其结果导致许多母亲认为女孩们必须悠闲地长大。母亲不会传授给女儿们任何关于家政方面的知识，也从不要求她们用精致的双手去做任何家务。因此有成千上万的年轻女孩从未做过任何家务。她们连最简单的食物都不会烹饪，也不知如何进行最简单的摆盘。她们只知道打扮自己、唱歌、跳舞、弹琴、画画，或在街上闲逛。[①] 当时人们普遍认为，教女孩子做家务是粗俗的事情。[②] 这种女孩教育观在维多利亚时期的中产阶级家庭曾风靡一时。《父母的宗教与道德职责：一位牧师写给家长的书信》的作者认为，这是一种愚蠢的偏见，不利于下一代的培养。当一个女孩不懂得任何家政时，今后如何操持一个家庭？她如何才能管理好家庭事务？如何使唤好家里的仆人？不经过训练的话，在向仆人发号施令时，她们就会暴露自己的无知。当她们离开父母，组成自己的家庭时，如果不懂得家政，又不能从别人那里马上获得帮助的话，那么夫妻两人恐怕都要挨饿了。这对于一位妻子来说是多么悲哀的事情！[③]

此外，假如女孩今后所生活的家庭并不富裕，她们不能履行自己的职责，也无法从丈夫那里获得任何的帮助，她们将会面临生存的险境。有许多家庭原本很富裕，但没过多久就走向了贫穷。这是因为生意是有起伏的，一个家庭的财富也不会一直处于稳定状态。如果每个女孩都能具备勤劳的品质，那么在遇到困难时，家庭抵抗风险的能力

---

① A Clergyman. Letters on the moral and religious duties of parents[M]. London: Boston: Abel Tompkins, 1846: 115.

② A Clergyman. Letters on the moral and religious duties of parents[M]. London: Boston: Abel Tompkins, 1846: 116.

③ A Clergyman. Letters on the moral and religious duties of parents[M]. London: Boston: Abel Tompkins, 1846: 116.

就会大大提高。那些忽视对女儿进行家政教育的母亲，实则是在女儿身上种下了邪恶的种子，使她们无力对抗家庭风险。① 总之，并非所有女孩都能嫁入富有的家庭，即便能够嫁入富有的家庭，也不能保证一直富裕下去。因此所有的母亲都应让女孩们尽早接受家政教育，这样她们成家之后就能够操持好家务，管理好家庭财产，即便家庭变得贫困，她们也能够实现自助。

《给母亲管理孩子的建议》一书中指出，女孩们可以通过做家务来改善身体健康。到一定的年龄后，女孩们就要学会自己铺床，铺床可以锻炼女孩们的手指，塑造其形体。要让女孩们动手整理自己的房间，要让女孩们在很大程度上学会自理，做到自我服务。这些实用的生活技能一点也不粗俗。针对当时许多中上阶层女孩无所事事的现状，作者发问："当今女孩有什么用？她们一无是处。她们幸福吗？非也，在家务活面前，她们无从下手。当今许多女孩将精致的面容、美丽的衣服和奢华的用品视作生活的全部，当她们成为妻子和母亲后，她们将会变成懒散的妻子和无用的母亲。"②

不难看出，这时期男孩的劳动教育主要包括体力劳动和脑力劳动两大方面。劳动教育不仅可以塑造男孩的品德、使其养成健康的生活方式，还能为其今后的谋生奠定基础。关于女孩的劳动教育则聚焦在是否要对女孩进行家政教育这个问题上。可以看出，关于不同性别的劳动教育，体现了这一时期的男主外、女主内的社会性别观。

有史料记载了一个中产阶级家庭父亲对男孩们进行的劳动教育。他们的父亲把家中的一些事情教给男孩们来负责，并根据市场行情给他们付费，男孩们在收费的情况下为家庭做一些小事情，并乐此不疲。

---

① A Clergyman. Letters on the moral and religious duties of parents[M]. London: Boston: Abel Tompkins, 1846: 116.

② CHAVASSE P H. Advice to a mother on the management of her children[M]. London: Chrchill, 1878: 234.

首先父亲对家务进行了分工。一个男孩负责家里的燃气管和台灯，他要负责确保它们状态良好，只要做到了他的工作，父亲就会按照付给工人的价钱为他付费。另一个男孩负责家里的锁、钥匙、门把手、窗框线、窗户螺钉、门铃和门铃线，父亲同样也会按照市场行情给他付费。对于父亲的分工和付费，男孩们的积极性非常高，为了达到自己的目的，同时证明自己的能力，他们会遵守自己的职责，确保所负责的东西保持良好状态，因而也避免了家中的物品出现大的故障，而父亲也省了大修的费用。[①] 这位父亲的做法既培养了孩子们的劳动能力，也培养了他们的责任心。每个家庭都有大量的家务可以分配给男孩们来完成，前提是他们足够勤奋和可靠。为确保他们能有效履行自己的职责，有必要事先对他们进行教育和训练。

有人认为，女孩们天生就有做家务活的兴趣，应在她们很小的时候就开始做家务。[②] 但在一些富有的家庭，父母会聘请仆人来从事家务劳动，这在很大程度上剥夺了女孩们锻炼的机会，也让她们的积极性受挫。女孩们在家务中获得的快乐和满足要超过任何事情。她们非常喜欢铺床、生火、铺桌布、清洗陶罐、烘焙面包、储藏水果、上浆和熨烫。[③] 为什么不让女孩们拥有自己的熨斗？为什么不让她们熨烫自己的手绢？女孩们在做这些家务活中能够收获巨大的快乐，聘请仆人来做这些事情无异于剥夺了女孩们快乐的权利。[④] 中产阶级家庭通常会聘请仆人来做清洗和熨烫，实际上父母可以将这些事情交给女孩们来完

---

① MARTINEAU H. Household education[M]. London: Smith, Elder & Co., 1876: 281-282.

② MARTINEAU H. Household education[M]. London: Smith, Elder & Co., 1876: 282.

③ MARTINEAU H. Household education[M]. London: Smith, Elder & Co., 1876: 282.

④ MARTINEAU H. Household education[M]. London: Smith, Elder & Co., 1876: 283.

成。此外，铺桌布、从酒窖里取黄油、烤面包、清洗与擦拭餐具等工作都可以让女孩们来承担。让女孩们做家务活好处非常多，包括让她们获得劳动的技能，同时养成耐心的习惯。

父母应为女孩们创造锻炼的机会。当有客人来访时，应让女孩们有机会制作奶油蛋糕和蛋挞、切水果、铺上最好的桌布。在女孩们可以单独去市场购物前，父母购物时可以带她们一起去。在这个过程中，女孩们能学会砍价，学会察言观色以及学会挑选最新鲜的食材。家庭采购是一件让人焦虑的事情，如果没有事先的训练，将会很难适应，但如果经过了最初的迷惘期，就会从中找到许多的快乐。①

父母不能因经济条件好就剥夺女孩们做家务的权利。做好家务活对于女性来说百利而无一害。父母应为女孩们提供学习做家务的机会，只有接受过好的教育，她们在做家务的过程中才不会犯错误。女孩们之所以对自己所要做的事情知之甚少，以至于不能做好家务活，是因为没有接受过适当的教育和训练。富裕家庭的女儿们年少时都在学校度过，根本没有机会学习做家务，因此这方面的能力也不佳，相比之下，中产阶级和下层阶级的女孩们情况要更好。对于一位忙碌的母亲来说，教女孩们做家务，让她们从新手慢慢成长起来，还不如自己亲自来做更节约时间。但如此一来，女孩们并没有得到训练，能力无法得到发展，等需要自己亲自动手时就会束手无策。凡事都是看起来容易做起来难，女孩们要学会做家务，首先要学会流程，只有清楚地掌握家务活的流程和各环节的注意事项后，才有可能顺利实施。在这个过程中，母亲必须要保持一定的耐心，因为在学做家务的过程中，女孩们可能会浪费一些面包和蛋糕，会烫坏一些棉布，把羊肉里脊错认为颈肉等。在成为母亲值得信赖的助手前，女孩们往往都要经历一个

---

① MARTINEAU H. Household education[M]. London: Smith, Elder & Co., 1876: 283-284.

笨拙、缓慢的训练过程。称职的母亲往往会耐心地包容女孩们的这些小错误，父亲也不会因女孩们烤焦了面包、浪费了物品而生气，相反，他会给女孩们一些鼓励，希望她们下次能够做得更完美。①

从事家务劳动有助于女孩们的身体健康，且能帮助其适应今后的贤妻良母生活。"包办一切不但不能培养出优雅的淑女，还会让她们变得更加弱小、无助、无精打采和悲惨。在女孩小的时候，让她是其所是就好了，但到了一定的年龄，就应让她学会整理自己的床铺。整理床铺能很好地活动手指和塑造形体，让女孩们清洁自己的房间，让她们使用自己的手和胳膊，让她们在最大限度上自己动手、自我服务。不幸的是，她们都只重视美容、服饰或学习成绩，并将这些视为她们唯一需要的东西。然而，当她们成家后，会发现作为妻子她们是如此不合格，毫无疑问她们也将成为一无是处的母亲。"②

许多人认为缝纫是一项对身体有害的工作，因为缝纫时要一直保持静坐和弯腰的姿势，胳膊要一直做单调的动作，这确实对身体和神经都非常不好。但这仅仅是对于那些以此为职业，每天要持续进行数小时缝纫的人而言的。对于年轻的女孩们来说，她们的工作量并不像职业的裁缝那样大，她们只需要做一些简单的针线活，这并不会伤害她们的身心。在女孩们做针线活的过程中，可以安排一些令人愉快的朗读或对话。但是如果女孩们出现焦躁不安、脸色苍白、精神状况不佳、脾气暴躁等情况，就需要停下来进行调整，到户外呼吸下新鲜空气，或和年幼的弟弟妹妹们玩耍一阵子。③

---

① MARTINEAU H. Household education[M]. London: Smith, Elder & Co., 1876: 285.

② CHAVASSE P H. Advice to a mother on the management of her children[M]. London: Chrchill, 1878: 280-281.

③ MARTINEAU H. Household education[M]. London: Smith, Elder & Co., 1876: 286.

维多利亚时期的英国正处于工业化过程中，缝纫机的发明与运用已在很大程度上解放了女性的双手，也保护了她们的身体健康，这是时代的发展给家庭生活带来的便利。诚然，时代的变迁对于家庭生活的内涵影响非常大，当今我们生活在数字化的时代里，家庭生活较之以往在很大程度上也发生了巨大变化，家庭生活变得越来越便捷、智能，人们逐渐从繁重的家务活中抽离出来，将时间投入更有意义的事情中去。毫无疑问，这是时代给家庭生活带来的巨大便利。但不管时代怎样变迁，总有一些家庭会因各种原因要滞后于时代的发展，因此在维多利亚时期的英国，尽管已有缝纫机存在，但手工缝纫的工作仍然存在，女孩们仍然需要学习这项家务活。

第四节 家庭成员交往中的生活教育

父母对孩子的影响是巨大的，但生活在家庭中的孩子，除了受父母的影响，他们还同时会受其他人的影响。正是通过与不同的家庭成员进行交往，孩子在家中完成了社会化的第一步。

一、手足关系

（一）兄弟姐妹的手足情深

多子女家庭在维多利亚时期的中产阶级中比较常见，兄弟姐妹们的手足情深在儿童的社会化发展过程中起到非常重要的奠基作用。在欧曼的回忆录中，作者的母亲回忆起自己儿时和兄弟姐妹们相处的情景。不难看出，哥哥姐姐给弟弟妹妹们树立了非常好的榜样。此外，哥哥姐姐的陪伴，也给弟弟妹妹们带来了情感上的慰藉。“在树林里，我们有自己的花园，我的哥哥爱德华（Edward）有一个非常大的工程，那就是挖一条通往地球另一端的隧道，这也让我们乐此不疲。爱德华和查理斯后来去沃灵顿（Warrington）上学，再后来他们分别去了伊顿公学和拉格比公学。他们假期也是我最快乐的时光，爱德华经常会把我抱起来放在他的腿上逗我笑，还会给我讲辛巴德和阿里巴巴的故事。我们家习惯在下午三点吃午餐，晚上九点吃晚餐。周日的晚上，如果哥哥们在家，我会被允许坐在桌前和哥哥们一起共进晚餐，然后和他们一起进行教义问答。当爱德华把他在学校学到的释义说给我们听，并用赞美诗来结束他的发言时，在我们心中他无疑就是智慧和知识的榜样。周日的晚上，我的姐姐基蒂（Kitty）也会在家，她会演奏一首海顿或莫扎特的奏鸣曲，供乔治（Gorge）叔叔消遣。基蒂也尽心尽力地教给我许多知识，尽管在她给我上课的过程中我流过很多的眼泪。”①可见，在多子女家庭中，兄弟姐妹们之间的情谊难能可贵。

与年龄差距更大的兄弟姐妹们相比，孩子与年龄相仿的兄弟姐妹们之间的情谊更深厚。吉普森回忆起往事时，提到其大弟弟西德尼去世之后给他带来的忧伤：“我们在桑比庄园住了才几个月，我可怜的大弟弟西德尼就因患白喉后心力衰竭去世了。当时给他看病的庸医并没有意识到这一点，后来这名庸医和另一名庸医对西德尼进行了尸检，称他死于肠系膜疾病。19 世纪 70 年代，我们周围到处都是庸医，他们谁也没有传承到我祖父的医术。”② “女仆们和村民们都笃定西德尼肯定会病逝，因为在他生病之前不久，一只不祥之鸟——猫头鹰在房屋周围的树林里发出了女人般的尖叫声，声音是那般令人毛骨悚然，以至于我父亲当时立刻站起来拿起左轮手枪到处去寻找声音的来源。女仆们和村民们的推测可能是对的，因为此前以及此后从未有猫头鹰在桑比庄园周围尖叫过。西德尼的离世让我变成了一个非常孤单的孩子，因为二弟年龄太小了，还不能成为我的伙伴，周围也没有和我年纪相

① AUGUSTUS J C. Memories of a quiet life[M]. London: W. Isbister & Co., 1874: 4-5.

② JEPSON E. Memories of a Victorian[M]. London: Victor Gollancz Ltd., 1933: 47.

仿的男孩。我只好把自己投入阅读中，我想应该就是在这段时间里，我接触到《英格兰男孩》这本周刊。”①

（二）独生子女的孤单寂寞

维多利亚时期的英国人也有关于独生子女问题的探讨。有人认为独生子女是孤单寂寞的，也是非自然的。孩子们喜欢和同龄人在一起玩耍，这是他们的天性。独生子女大部分时间只能和成年人待在一起，无法感受到和同龄人一起玩耍的快乐。独生子女的父亲会在有空的时候尽可能多地陪孩子一起嬉笑玩闹，独生子女的母亲则会全身心关心爱护孩子，但即便如此，也不能替代和小伙伴一起玩耍给孩子们带来的快乐。考虑到上述原因，独生子女达到一定年龄后就应被送往学校，尤其是对于男孩来说，和同龄人在一起学习和生活的经历非常重要。为孩子选择一所好的日校，将会弥补独生子女缺乏同龄人陪伴的不足。有人指出，独生子女对父母的付出熟视无睹，不懂得感恩。根据观察，这种情况确实存在。如果家里的每个人都把独生子女看作家中最重要的人，母亲对他百般怜爱，家人十分宠爱他，那么他自然而然就会觉得自己很重要，他能感受到父母的焦虑和不安，并做出一些相应的行为。焦虑往往会让父母冲昏头脑，让他们做出一些不理智的事情来，从而不利于孩子的发展。②

孩子不应过一种孤独的荒漠生活。每个孩子都渴求和同龄人一起玩耍，也希望能够与同龄人建立持久的伙伴关系。如果独生子不被送去学校，他的玩伴只能是成年人。在这种情况下，独生子总是扮演麻烦制造者的角色，陪伴他的成年人往往会成为他焦躁不安的受害者。独生女的情况和独生子类似，她们也渴望陪伴，父母要么为她们提供

---

① JEPSON E. Memories of a Victorian[M]. London: Victor Gollancz Ltd., 1933: 47-48.

② MARTINEAU H. Household education[M]. London: Smith, Elder & Co., 1876: 293.

自然的玩伴，要么自己充当她们的玩伴。独生子女容易养成自私的性格和脾气，独生子女的自然社交需求被满足得越充分、越自然，坏习惯和自私性格养成的可能性就越小。①

（三）新生儿出生蕴含的教育意义

前文已经提及，孩子的出生在中产阶级家庭是备受重视的事情，尤其是对于初为人母的年轻妈妈，随着新生儿的到来，生活重心和家庭角色发生了改变，如若不处理好和丈夫之间的关系，可能会对家庭关系带来无法弥补的创伤。当时有人撰文建议，初为人母固然值得庆贺，但新手母亲也应注意协调与丈夫之间的关系，管理好家庭。如果丈夫下班后发现家中不再清洁，也没有一位渴望和欢迎他回家的妻子，而是一堆婴儿用品和忙于照顾孩子的妻子，这将会让他感到自己备受冷落，久而久之会对家庭关系带来无法修复的伤害。② 新生儿的到来，不仅丈夫可能受到冷落，家中年长的孩子的心理状态也不容忽视。

1. 对新生儿的嫉妒心理及其疏导

如果新生儿不是家中的第一个孩子，那么父母需要特别留意其他孩子的情绪，尤其是在新生儿出生前家中最小的孩子的情绪。父母总是很难控制住自己对最年幼的孩子的喜爱之情，然而这种自然而然的感情会招致其他孩子的嫉妒。新生儿出生前家中最小的孩子一直占据着家庭的中心地位，他已经习惯了母亲温柔的怀抱，父亲每天回来第一个打招呼的也是他，但随着新生儿的到来，他的待遇发生了巨大变化。他被要求自己坐到小凳子上，被交给女佣照顾，或被交给哥哥姐姐照顾，家人们不再将他视作家庭的中心，而是簇拥在新生儿的身边。这种地位上的落差很容易在幼小的心灵中激起愤怒和嫉妒的情感，如

---

① MARTINEAU H. Household education[M]. London：Smith，Elder & Co.，1876：294.

② MARTINEAU H. Household education[M]. London：Smith，Elder & Co.，1876：49.

不对其进行及时的安抚，将会发展成非常可怕的心理。明智的母亲应对此保持警惕，要给予他更多的关注，保持孩子内心的平静，并请他一起来照顾新生儿。明智的母亲会继续拥抱和亲吻稍大一些的孩子，向他们展示如何逗宝宝微笑，如何温暖宝宝的双脚，让稍大一些的孩子尝尝婴儿的食物，请他帮忙确认摇篮里的宝宝是否睡着了。当小婴儿睡着后，母亲应张开自己的双臂拥抱小帮手，像以前一样爱抚他。①

从上面这段话不难看出，在多子女家庭中，如何平衡对不同孩子的爱是一门学问。父母不能因新生儿的到来而冷落和忽视稍大一些的孩子，如放任为之，将会影响家中稍大一些孩子的身心健康。母亲应密切留意稍大一些孩子的情绪，将有敌对情绪的孩子变为自己的小帮手，要巧妙地化解多子女之间的矛盾，维护家庭的和谐，促进孩子的身心健康发展。我国目前已进入“三孩”时代，多子女家庭中，父母也应认真思考如何平衡对年长的孩子和年幼的孩子之间的关注。

孩子们可能会问父母新生儿是从哪里来的？这是一件严肃的事情，但许多父母往往会欺骗孩子说是医生送来的，等等。有学者认为，对孩子进行这种欺骗是不可取的。有些聪明的孩子会打破砂锅问到底，比如说医生是在哪里发现婴儿的，等等。孩子在很大程度上也能感受到父母在欺骗他们，这时候，父母应以合适的方式向孩子说实话，这样才能让孩子接受这个事实，并将注意力放到其他感兴趣的事情上去。

新生儿出生的第一个月往往是家庭最快乐的日子，每个人都会忍受一些不便来迎接新生命的到来。丈夫会忍受妻子不在桌边和炉边，自愿扮演孩子们的保姆和玩伴的角色，陪伴和照顾孩子。孩子们的奶奶虽然不能做很多家务，但她会把孩子们聚在自己的椅子边上，给他们讲比平时更长的故事，以让他们保持安静。孩子们会竭尽全力保持

① MARTINEAU H. Household education[M]. London：Smith，Elder & Co.，1876：49-50.

安静；即使是两岁的幼儿，在新生儿哭时也会努力克制不哭。当他们发现女佣或保姆在夜里一直在照顾母亲和新生儿，但早上却看起来很高兴，好像休息得很好时，他们会对她投去尊敬的目光。当年长一些的孩子观察到新生儿抽动自己幼小的四肢时，他们会发现新生儿不会理会他们说的话，但当他们听说他们高大强壮且事业成功的父亲曾经也是这样一个无助的小生命时，他们就会学会尊重这个弱小的婴儿。这种尊重也是对自己的一种尊重，是一种难以言喻的感情。

2. 与新生儿共同成长的收获

《家庭教育》一书的作者分享了自己儿时的经历——我清楚地记得我九岁时妹妹出生的情景，迄今为止，我觉得自己人生中没有什么事情比妹妹出生那件事情对我的教育影响更大。那种激动的情绪在我心中持续了超过两年的时间。现在我的妹妹也成了母亲，当我看到她把自己的孩子抱在怀里时，过去的记忆一下子又被唤醒了。我非常感谢上帝能让我有机会看到一个人生命中最初的模样，并能让我看到她一路的成长。每天早上，当阳光照进窗户时，我愉快地从床上跳起来。好几个月的时间里，我一字不漏地学习了所有的功课，这样我就有资格在我的玩耍时间照看她。她睡着时，我常常坐在她对面的凳子上，膝盖上放着一本《圣经》，试图弄清楚这样的生物是如何“从一种力量上升到另一种力量”，直到变得像基督。

我想象不出来，这么柔软、可爱的四肢怎么才能学会走路，我也很好奇她怎样才能学会说每个字。我翻阅了《约翰逊大辞典》，但仍然百思不得其解。我在想，九岁的我学习这本词汇书都是如此的困难，眼前的这个小婴儿要怎么做才能学会说那么多的话呢？很多时候，我担心她永远不能学会说话。当我想到她必须认识所有的植物、所有的星星、所有人的脸，还要学习所有的功课，我就感觉压力很大，我甚至会希望她从没来过这个世上。后来，我发现她可以一步一步地走路了，而且还很轻松；再后来，她可以自然而然地与人交流了，一开始说话是一个字一个字的，然后突然有一天她就学会了许多新词。当她说出一些有意思的词语，并且犯一些可爱的小错误时，学习语言这项恐怖的任务突然就变成了饶有趣味的事情，这让我感到了莫大的欣慰。这也给我上了一堂永生难忘的人生课，那就是我们必须要去尝试做所有事情，因为面前总有一条路可以走，无论它事先看起来多么不可能和可怕。我在想一个婴儿都能学会说话，那么只要依据自然法则行事，一切都不会令我失望。

接下来，她饱受孩提时期疾病所带来的痛苦，我清楚地记得她接种疫苗时痛苦的哭声，当时的我既不想眼睁睁地看到她如此痛苦，又不忍心离开她；我记得她害怕楼梯，害怕摔倒；记得她发现自己的脚时的那种惊奇；记得她第一次知道阳光、花儿和春天到来时的那种喜悦表情；我还记得她做了粗鲁的事之后的羞耻表情，还有她做了正确的事情时所表现出的那种自豪的样子。妹妹的早期生活让我经历了一个漫长且强烈的情感过程，我确信这是我所受过的教育中最重要的一部分。[①] 作者还表示，之所以会分享自己的故事，是为了告诉大家，在家庭教育经验方面，最好的也许就是自己的经历。实际上，当一个小生命来到一个家庭时，年长一些的孩子内心会有很多的想法，只不过他们还无法准确地倾诉自己的所思所想，父母应意识到这一点，及时关注他们的情绪变化，并加以正确的引导。

二、祖孙关系

布莱尔在回忆录中描述了自己和祖父之间相处的情形："我最早的记忆大约是在七十三年前，那时我大约四岁，坐在祖父的膝盖上，祖

① MARTINEAU H. Household education[M]. London: Smith, Elder & Co., 1876: 52-54.

父是一个头发花白的八旬老人。我还记得他看着我时那慈祥的目光，还记得他用手抚摸我的头，给我唱歌。”① 在布莱尔的笔下，祖父慈祥、温和的形象跃然纸上。

吉普森在自己的回忆录中，也详细地描述了自己眼中祖父伟大的形象：“祖父家的房子是我童年记忆的中心，祖父也是我儿时心中的杰出人物。我对祖父的记忆甚至比对父母的记忆还要清晰许多。我第一次注意到祖父时，他已经八十岁了。据说他一直有打猎的习惯，七十四岁那年因痛风才放弃这一爱好。祖父的腿脚因痛风而有些残疾，但他依然站得非常直，后来痛风夺去了他的生命。痛风似乎是我们家族的遗传病，据说祖父的父亲也是因为痛风离开人世的，而后来我的父亲也因通风去世。我的祖父多年来一直鳏居，他性格开朗，是一个非常善良的人。我还记得他带我去看特伦特河上的轮船。祖父对盖恩斯伯格勒的每个人都很友好，他是一名优秀的医生，盖恩斯伯格勒的许多人以及他们的父母都是经祖父之手来到这个世上的。祖父常说，在他们那个年代只有三种药物：鸦片、汞和奎宁，而他对这三种药物都持保留态度。这也是为什么在他从业期间，因他治疗去世的人比当今医生治疗后去世的人还要少的原因，尽管现在的医学知识较之他从业时更丰富，设备也更先进。”②

维多利亚时期的英国，医生需要骑马到各地去看诊：“最忙的时候，祖父需要养四匹马才能跑得过来。当然因为喜欢打猎，祖父还会多养几匹马。在冬天的凌晨两三点出门需要极大的勇气，但这却是祖父的工作日常。他常常顶着从北极穿过海吹过来的寒风，骑着他的马或驾驶马车，走十英里到十二英里的路去看病人。只有在大雪封路的

---

① BLAIR D H. In Victorian days and other papers[M]. London: Longmans, Green and Co., 1939: 19.

② JEPSON E. Memories of a Victorian[M]. London: Victor Gollancz Ltd., 1933: 14-15.

情况下，他才不得不折回。”① 正是因为在当时当医生需要极大的体力和意志力，并且对健康的消耗非常大，因此当时育儿书上也建议身体羸弱的孩子不要选择从医。

除医术精湛，吉普森的祖父还是一位非常有生活品位的人：“祖父在红酒、马方面很有品位。他最喜欢的红酒是波尔图葡萄酒，一直喝了三十多年，痛风之后他仍然在喝。在他年老时，倾慕过一位名叫罗宾逊（Robinson）太太的女性。罗宾逊太太六十来岁，一头浅色头发，即便在当时作为孩子的我看来都是一名非常迷人的女性。曾经有很多个下午和傍晚，她都会来到祖父家和祖父一起读书、交谈。直到有一天我那令人讨厌的老处女姑姑艾伦阻止了这一切，我想她是出于对宗教的虔诚，把罗宾逊太太请出了家门，并且拒绝她今后再踏入门内。对于两位老人来说，这是非常残忍的事情，但他们已经太老、太弱，无力抗拒这种安排。此后每个下午，不论刮风下雨，祖父都会步履蹒跚却无比英勇地去往罗宾逊太太家，这一习惯一直持续到罗宾逊太太去世，所幸的是罗宾逊太太的家并不远。罗宾逊太太去世的短短几个月后，祖父也离开了人世。”②

姑姑艾伦之所以会做出这样的决定也不完全是出于对宗教的虔诚，可能还包括担心仆人们的非议。那时候条件好一些的中产阶级家庭一般都会雇佣四五个仆人，主人会出于对仆人意见的考虑而决定去做或不做一些事情。吉普森小时候经常听到家人们用恐惧的声音说：“仆人们知道了会怎么想?”现如今人们雇佣一个不太好仆人的工资在当时可以雇佣三个优秀的仆人，20 世纪 30 年代的仆人也不像以前的仆人那样对主人忠心耿耿，因而如今中产阶级家庭很少再雇佣仆人，这也让中产阶级摆脱了一种暴政，因为他们在做任何决定时无须再去考虑仆人

---

① JEPSON E. Memories of a Victorian[M]. London: Victor Gollancz Ltd. ,1933:15.

② JEPSON E. Memories of a Victorian[M]. London: Victor Gollancz Ltd. ,1933:15.

的想法。但姑姑艾伦从小所受的教育让她不得不去考虑仆人的感受，从而做出这样的决定。[①]

“让我感到非常诡异的是我那崇尚自由且善良的母亲，尽管她非常喜欢我祖父，但也仍然对姑姑艾伦的行为表示赞赏。也许她的态度代表了女性共济会的观点，也或许是与家庭的神圣性（这也是许多卑鄙行为的借口）有关。但无论如何，把两个老人强行分开是一种残忍的行为。我想我的姑姑可能也因自己残忍的行为付出了巨大代价，因为直到去世她都是一位没有朋友的孤独老妇人。”[②]

祖父是吉普森在阅读方面的启蒙者：“在我八岁那年，普法战争结束了，那个夏天我们去了盖恩斯伯勒，在从盖恩斯伯勒去克莱索普（Cleethorpes）的路上，我第一次接触到流通图书馆（Circulating Library）。19 世纪 70 年代的流通图书馆条件非常简陋。我们在盖恩斯伯勒住了好几天，回家时，祖父送给我几本书：《鲁滨孙漂流记》（*Robinson Crusoe*）、《天方夜谭》（*Arabian Nights*）和《大师准备就绪》（*Masterman Ready*）。那真是一个收获满满的暑假！”[③]

“我那世故的父亲经常怼我的一句话是：‘你为什么不停止读那些垃圾书，而带狗去散下步呢？’我很少从父亲的经历中获益！我的父亲喜欢打猎、打造花园、饲养动物，但不喜欢阅读。在我童年时期，有一个非常盛行的说法：‘学生时代是一个人一生中最幸福的日子。’我父亲对这一说法深信不疑，但他似乎没有从学校的书本教育中获得任何东西，我从未听到他像我的叔叔奥克塔维（Octavius）那样引用《荷马史诗》，或像叔叔乔治（George）那样引用贺拉斯（Horatius）的话。

① JEPSON E. Memories of a Victorian[M]. London: Victor Gollancz Ltd., 1933: 15-16.

② JEPSON E. Memories of a Victorian[M]. London: Victor Gollancz Ltd., 1933: 16-17.

③ JEPSON E. Memories of a Victorian[M]. London: Victor Gollancz Ltd., 1933: 39.

除了《圣经》，他读的书非常少。有一年的暑假，雨下个不停，我们被困在斯卡伯勒的住处，在极度无聊的情况下，他读了查尔斯·里德（Charles Reade）的《格里菲斯·高恩特》（*Griffith Gaunt*）和《嫉妒》（*Jealousy*）。”①

从祖父那里习得的阅读习惯让吉普森受益终身：“这么多年来，我一直坚持每天晚上读书。如果可以选择的话，我一点都不想靠近狗，我一点都不喜欢‘人类之友’身上的味道。我更倾向于认同我的老朋友——著名的博物学家 W. H. 哈德森（W. H. Hudson）的说法，小猪是更干净的宠物。但在维多利亚时期，狗在人们心中扮演的角色比书籍要重要得多。”②

“假如当初祖父送给我的不是三本书，而是三条狗，或许我的爱好和习惯会发生改变。阅读习惯在一定程度上限制了我在体育运动方面的发挥。我的姐妹们常说，我所读过的这些书和我去牛津上大学，在很大程度上毁了我。如果我什么书都不读，而多去打板球，或者去剑桥上大学，我可能会成为一名社交之星。”③ 从这里可看出当时人们对于阅读持有偏见，相比起安静地阅读，人们认为运动、社交可能更重要。

阅读的益处非常之多，在阅读内容方面，吉普森的涉猎非常广泛：“如今中产阶级家庭男孩们读过的书我都读过，从想象力的角度看，我认为《鲁滨孙漂流记》是一本非常好的书，也是有史以来对青少年来说最具有教育意义的书之一，这本书是名副其实的自然宝库。从这本书中，我学到了许多的自然知识。”④ 吉普森通过阅读学习了许多的自然

---

① JEPSON E. Memories of a Victorian[M]. London: Victor Gollancz Ltd.,1933:46.

② JEPSON E. Memories of a Victorian[M]. London: Victor Gollancz Ltd.,1933:41.

③ JEPSON E. Memories of a Victorian[M]. London: Victor Gollancz Ltd.,1933:41-42.

④ JEPSON E. Memories of a Victorian[M]. London: Victor Gollancz Ltd.,1933:42.

知识，这也为其后续升入牛津大学奠定了基础。“玛里亚特（Marryat）所写的大部分故事，如《赫里沃德》（*Hereward the Wake*）、《无头骑士》（*The Headless Horseman*）、《艾芬豪》（*Icvanhoe*）和《点灯人》（*The Lamplighter*），我读了很多遍。巴兰坦（Ballantyne）的几个故事我也多了很多遍。斯科特（Scott）和费尼摩尔·库珀（Fenimore Cooper）的大部分作品如《埃里克》（*Eric*）和首部研究现代性的自传作品《一点一点》（*Little by Little*），我认为都非常枯燥、乏味。”①

除了书籍，维多利亚时期英国也发行了许多杂志，这也为孩子们的阅读提供了资源。“我当时喜欢读的是一本19世纪70年代面向无产阶级男孩发行的周刊《英格兰男孩》（*The Boys of England*）。这本周刊充满了热血，我的家人绝不允许我订阅这样的刊物，但我们的马夫是这本周刊的订阅者，每周我都会在他和他的家人之前抢先阅读。我的激情被这本周刊点燃了，我曾义无反顾地在乡村里收集《英格兰男孩》，后来在一位寡妇家里找到了，他的儿子曾是《英格兰男孩》的订阅者，彼时已出海，家里有一堆《英格兰男孩》过刊。虽然我力气不大，但我还是想办法把这些周刊扛回了家。我把它们藏在了存放干草的阁楼上，我母亲从未踏足那里。后来阁楼上堆满了干草，我花了好长时间才重新找到我的宝贝周刊。”②

大弟弟西德尼的去世让吉普森陷入了忧伤，一时间他只能通过阅读来安慰自己。“也就是在这个时候，父亲不顾我的喜好，给我买了利明顿小型流通图书馆里的大部分书，这让我迷上了乔治·艾略特（George Eliot）的《罗莫拉》（*Romola*）和《米德尔马奇》（*Middlemarch*）等书。那时候我以一种非常粗略的方式读完了这些书，我想如果十年后再读这些书，我可能会更容易理解和消化。但尽管如此，我还是尝试读了

---

① JEPSON E. Memories of a Victorian[M]. London: Victor Gollancz Ltd., 1933: 43.

② JEPSON E. Memories of a Victorian[M]. London: Victor Gollancz Ltd., 1933: 43.

下去。”①

前文已述，核心家庭是维多利亚时期的英国中产阶级常见的家庭模式，孩子们平时虽不与祖父母居住在一起，但在重大节假日，他们会经常见面，祖父母对孩子的影响非常大。

三、与其他家庭成员的关系

19世纪英国中产阶级崇尚小家庭制。尽管是小家庭制，但中产阶级家庭还是随时准备好为堂表兄弟姐妹、叔父叔母、姨父姨母、外公外婆、祖父祖母敞开大门；遇到施洗礼、成年礼、纪念日或守灵这些重要事件（婚礼更是不在话下），整个亲族就会聚一堂，很多往往是远道而来。② 欧曼在回忆录中还提到了自己和外婆、姨妈、姨外婆等家庭成员之间的关系。“会走路后，我最喜欢越过缙庭山，到山那边去走亲戚。十岁之前我一直是整个大家庭里唯一的孩子，我外祖父家这边的表弟表妹们都比我小很多，小时候我得到了亲戚们的许多宠爱。我的外婆、姨妈、姨外婆都非常喜欢孩子，我成为她们宠爱的对象。那时候我开始有了金钱意识。外婆喜欢从银行里支取新铸造的银币给我当零花钱，那些精美的银币看起来是那么精致，以至于我常常用非常不舍的态度将它们花出去，用来买图画书或者零食。”③

在回忆起自己的姨外婆时，欧曼写下了这样的段落：“我的姨外婆生于1811年，与她的姐妹们和同时代的女性相比，她的喜好非常前卫，她不但善于油画，还非常爱好写作，她写过许多未发表的诗歌和小说。

---

① JEPSON E. Memories of a Victorian[M]. London: Victor Gollancz Ltd., 1933: 48.

② 盖伊. 施尼兹勒的世纪：中产阶级文化的形成，1815-1914 [M]. 梁永安，译. 北京：北京大学出版社，2006：55.

③ OMAN C. Memories of Victorian Oxford and some of early years[M]. London: Methuen & Co. Ltd., 1942: 3-4.

她还有一个爱好，那就是读一些民间故事，如《大自然的深夜》《迷信史》《恶魔与鬼魂》《另一个世界边界的足迹》等，其中有许多超自然和迷信的内容。在我十岁到十二岁时，姨外婆开始给我讲那些书中的内容，那些神秘的故事令我着迷。大约十五岁时，姨外婆大部分书我都借来看过了。我对这方面的主题非常感兴趣，因此在我大学期间，会有意识地去读弗雷德里克·梅耶（Frederick Myers）和安德鲁·朗（Andrew Lang）的其他书籍。也正是因为这段经历，我后来成为牛津大学灵社（Phasmatological Society）的一员，在那里我花了很多时间和社团朋友们研究和探讨我们所知道的关于闹鬼、预感和幽灵的故事。姨外婆培养了我对神秘现实主义的兴趣，她于 1885 年去世，并把所有的藏书都留给了我，这些书我至今还保存着。当我翻开这些书，就会想起她那热情、真挚的脸庞以及她给我讲过的那些激发了我无限想象的故事。姨外婆的兴趣爱好在维多利亚时代早期可谓是特立独行。待我成人之后，我才意识到姨外婆当时的处境非常艰难。她的丈夫在她很年轻时就去世了，没有给她留下任何财产，她从父亲那里继承的财产也非常少。尽管在经济上非常贫穷，但她在给年轻人的建议方面非常开明，直到很久以后我才意识到她拥有如此慷慨的灵魂。”①

吉普森也回忆起父亲和兄弟们之间的关系以及他们之间的相处方式给自己产生的影响。“我们家人非常排外，我父亲和他的兄弟们在一起时比和任何家庭之外的朋友相处都要幸福得多。他们乐此不疲地聚在一起讨论各种爱好，如马、狗、红酒等。我的叔叔乔治是剑桥大学毕业的，后担任克莱肯威尔监狱牧师（Chaplain of Clerkenwell Prison），平时有收集青花瓷的爱好，但当和我父亲在一起时，他仍热衷于讨论有关马、狗和红酒方面的话题。”② 从父亲和叔伯们之间的相

① OMAN C. Memories of Victorian Oxford and some of early years[M]. London: Methuen & Co. Ltd. ,1942:5-6.

② JEPSON E. Memories of a Victorian[M]. London:Victor Gollancz Ltd. ,1933:18.

处方式和交流主题，吉普森也接触到了家人的价值取向。“尽管他们交谈的主题很单调，但代表了这个家庭所崇尚的价值，也象征着他们的自负。尽管他们各自都有自己擅长的职业，但仍更重视狩猎活动。他们非常蔑视商人这一职业，一位堂兄在北方的某个城市成为一名纽扣制造商，家人们总是厌恶地说他玷污了整个家庭的名声。”①

欧曼还回忆起叔祖父对自己兴趣爱好的影响。“我的爱好是收集硬币，尤其是古罗马硬币。我的叔祖父理查德·查德威克（Richard Chadwick）在我八岁那年给了我一枚精美的罗马硬币，这枚硬币由上等黄铜铸成，当时我还看不懂上面所印刻的图文，后来我还是借助《银币收藏手册》（*Coin-Collectors Manual*）才看懂了上面的文字，直到现在我还保留着这枚硬币。19 世纪 60 年代，我所生活的切尔滕纳姆（Cheltenham）的每个小珠宝店都有一些古罗马硬币出售，我的零花钱也都花在了收集古罗马硬币上面。有一年的圣诞节，父亲送给我他从一家古董店里淘来的六十枚古罗马硬币，其中有十五枚银币、四十五枚铜币。随着所收藏的硬币数量增多，我开始对它们进行编目，我学生时代所绘制的手稿目前还保留在家里。我有一枚上等黄铜铸造的刻有康茂德（Commodus）大帝头像的硬币，还有十几枚古罗马便士。从那开始，我越发沉迷于收集硬币，每到一个新的地方，我都会去那里的珠宝古董店逛一逛，看看那里的橱窗中所展示出来的硬币。就像随身携带笔和小刀一样，我的口袋里随时都装着古罗马硬币。收集硬币是我一生的爱好，硬币本身就是关于历史最有价值的证明，这个爱好也激发了我对历史研究的兴趣。”②

① JEPSON E. Memories of a Victorian[M]. London: Victor Gollancz Ltd., 1933: 18-19.

② OMAN C. Memories of Victorian Oxford and some of early years[M]. London: Methuen & Co. Ltd., 1942: 19-20.

四、主仆关系

维多利亚时期英国中产阶级家庭通常会聘用仆人，普通家庭可能会聘请一名至两名仆人，富裕家庭可能聘请的更多。因此在家庭生活中，孩子不可避免地要和仆人交往，在这过程中，孩子也有收获与体会。

吉普森在回忆录中指出："19世纪70年代，自从我弟弟西德尼去世后，我一直都很孤单，这让我养成了思考的习惯，也诱发了我的自我意识，让我以自我为中心。我父亲专注于打猎和园艺，而我对这两者都不感兴趣。我母亲的精力则全部倾注于家务和小一些的孩子们身上。我非常缺少父母的陪伴，在没有书可以读的晚上，我常常会和女仆们做伴。家里常年拥有四名到五名女仆，她们都是些二十岁左右的乡村女孩，此外家里还有一名年长一些、身材肥胖的厨师，她们友好地生活在一起，当然相互间也不乏一些世故。在我年幼的心灵中，维多利亚时代的女仆往往比欺负她们且自命不凡的情妇更友善、讨人喜欢。尽管她们迷信坊间传闻，缺少有关的知识，但我还是愿意和她们成为朋友。"① "和女仆们成为朋友的一个好处是，当她们受到压迫和欺负时，我会站出来为她们抗议，因为她们全身心为我服务，像母亲一样照顾我，尽可能地帮我适应外部世界。"②

哈尔在回忆录中也提到了和保姆一起度过的那些快乐的日子。"我的保姆无微不至地照顾我、关心我。许多年后，她结婚了，也有了自己的儿子，她对我说：'玛丽亚小姐，我爱他就像爱你一样。'她在年

① JEPSON E. Memories of a Victorian[M]. London: Victor Gollancz Ltd., 1933: 68-69.

② JEPSON E. Memories of a Victorian[M]. London: Victor Gollancz Ltd., 1933: 68-69.

纪很小的时候随着我的舅妈进入我家工作，我的舅妈对仆人非常严格，只要她们犯错误就一定会给予惩罚，在这样的环境下，莎莉（Sally）得到了非常好的训练。我和我亲爱的保姆莎莉一起度过了许多快乐的时光，在春天的傍晚，我们一起去散步，去野外看小羊、采野花。”①

欧曼的回忆录中也描述了自己忠心耿耿的保姆。“我的保姆伊莉莎·布莱克曼（Eliza Blackman）在我家从1861年一直工作到1897年，她陪着我的母亲走过了光明和黑暗的日子。她为我们家忠心耿耿地服务了三十七个年头，直到去世那一天。起初她是我的保姆，后来成了我们家的管家。伊莉莎来自一个偏远的农村，会唱很多民俗歌曲，在她给我唱过的歌中，我最难忘的是那首‘Sutton代表羊肉，Carshalton代表牛肉，Croydon代表漂亮女孩，Mitcham代表小偷’。伊莉莎不是文盲，她能读书识字，她最喜欢的读物是《伦敦周刊》(*London Journal*)。她自费购买了这本周刊，每期三便士。《伦敦周刊》主要刊登的是一些小说。”②

当然，保姆留给孩子们的不只有快乐的回忆，在穆雷的回忆录中提到保姆给他带来的阴影。“我很小的时候，母亲从当地济贫院领回来一个肌肉发达的大块头女孩，她最主要的工作似乎是通过各种方法制造恐惧来吓唬我和我的兄弟姐妹们。她给我们讲了许多恐怖故事，如三百多年前，我们所居住的那个地区，人们沉迷于巫术不能自拔。再如在我们附近，有一个魔鬼，它可以蛊惑奶牛，使奶牛产血。这个魔鬼萦绕在我心里许多年，那段日子里，我感觉那个可怕的魔鬼无处不在。”③

聘请仆人是维多利亚中产阶级非常崇尚的生活方式，也是他们对

---

① AUGUSTUS J C. Memories of a quiet life[M]. London: W. Isbister & Co., 1874: 4.

② OMAN C. Memories of Victorian Oxford and some of early years[M]. London: Methuen & Co. Ltd., 1942: 3.

③ MURRAY D C. Recollections[M]. London: John Long, 1908: 17.

自身社会地位的彰显，因家庭经济情况而异，每个家庭聘请的仆人数量不一，在谈及维多利亚时期的英国中产阶级家庭时，就跳不过仆人这个群体。从上文可看出，孩子们在主仆关系中收获了爱与关怀，充满爱心、忠心耿耿的仆人也安抚了孩子们焦躁不安的内心，让他们终身难以忘怀。

五、主客关系

维多利亚时期的英国中产阶级非常好客，有的家庭会接受客人在家里长住，如此一来，处理主客关系也成为当时孩子不可避免的问题。吉普森回忆起自己童年时期的经历，提到一位旅居于家中的客人。"1870年普法战争（Franco-Prussian War）爆发，我看过一些关于战争的图片，虽然对于战争的具体情况我并不是很了解，但当时我们家里来了一位名叫罗伯特·法灵顿（Robert Farrington）的法国年轻雕刻家，整个战争期间，他都住在我们家。这听起来非常不可思议，但他亲手制作了我父亲的半身像，这座雕像现在还保留在我们利明顿家里餐厅的基座上。他还给我和妹妹伊迪斯雕塑了象牙色的小半身像，目前我们俩的雕像都放在我一个姐姐家的客厅里。这一切就像做梦一样，一位法国雕塑家，在普法战争期间因流亡住在我家里，和我们一起生活。他留着中等长度的胡须，实际上他只有一半的法国血统，他是我母亲一个名叫法灵顿（Farrington）的英国朋友和他的法国妻子所生的儿子，但他一直生活在巴黎，作品经常在各种沙龙展出。他的腿走起路来有点跛，因此无法参加战争。"①

"他默默地忍受着流亡生活，我猜想他一定很沮丧，但他从未表现

① JEPSON E. Memories of a Victorian[M]. London: Victor Gollancz Ltd., 1933: 36-37.

出来。他对我们这些孩子们很友善，我很喜欢他。我想我喜欢他的原因是他经常和我的大弟弟西德尼对着干，西德尼是一个长得像天使一般的孩子，有着一头金色的头发和非常漂亮的脸蛋，他从小就是保姆们的最爱，而他在很大程度上也被保姆们宠坏了。相比之下，因为身体虚弱、性格忧郁，我一点也不被保姆们喜欢。战争结束后，罗伯特·法灵顿回到了巴黎，两年后就因肺病去世了。我多么希望他不是在我们家感染的病症，但我想他大概率是在我们这里感染的。”①

从上面的描述中可看出，在和来自法国的客人相处期间，吉普森接受了来自这位雕刻家的艺术熏陶。同时，雕刻家也是吉普森在和弟弟、仆人相处时候的平衡支点。

除长期居住的客人外，维多利亚时期的英国中产阶级家庭也经常会举行一些家庭晚宴、家庭晚会等社交活动，会邀请宾客参加，在这类活动中，孩子们可以接触到除家庭成员之外的客人，父母也会教会他们基本的礼仪，这也是他们社会化的重要环节。

① JEPSON E. Memories of a Victorian[M]. London: Victor Gollancz Ltd., 1933: 37-38.

第五章 维多利亚时期英国中产阶级家庭的社会属性

亨利·A. 梅斯（Henry A. Mess）在《现代英格兰的社会群体》（*Social Groups in Modern England*）一书中指出："人在家庭生活中学会了许多重要、基本且必要的东西。在家庭中，人知道了什么是个体性，即我是我，而你是你。我们有相似之处，却是不同的个体。我喜欢的你可能也会喜欢，我讨厌的你可能也会讨厌，但我们的喜恶也有可能完全相反。在家庭生活中，人学会了与他人相处与合作，学会了服从、礼貌与相互尊重，知道什么是权利、责任和忠诚。人在家庭中所学会的这些东西，将会迁移到今后更广泛的社会关系中。"① 父母不但要确保孩子在身体方面的健康成长，还要负责对孩子进行社会化的教育，帮助他们适应外部世界。父母不但以自己所处时代的要求来完成孩子的社会化过程，而且努力让孩子接受正规的学校教育，以利于孩子长大成人后的发展。尽管如此，家庭还是维多利亚时期英国非正式教育的重要场所。即使在被称为"教育革命"的时期，也没有削弱家庭的教育功能和影响。此后出现的其他教育机构，如修道院、各类学校等，在相当长的时间内都是作为家庭教育的补充和替代方式存在

---

① MESS H A. Social groups in modern England［M］. London, Edinburge, Pari, Melbourne, Toronto and New York: Thomas Nelson and Sons Ltd., 1940: 22-23.

的。[①] 在这一时期，家庭作为学校，在孩子的社会化过程中发挥了重要作用。

第一节 作为学校的家庭

维多利亚时代早期，父母没有义务送孩子上学，因此许多孩子在很早的时候就开始进入工作队伍行列。如果父母希望自己的孩子接受教育，则必须自己付费。[②] 考虑到学校教育质量良莠不齐，1870 年《初等教育法》颁布之前，英国中产阶级家庭的子女大多在家庭学校接受教育，家庭学校是当时最主要的基础教育形式。《初等教育法》颁布后，所有适龄儿童都必须上学，一直到十四五岁才能离开学校，家长不需要为孩子的教育缴纳学费。普洛曼指出，对于工薪阶层来说，1870 年《初等教育法》的颁布无疑是维多利亚时期英国的大事件。[③] 但对于经济条件富足的中上阶层，该法案的影响力则不那么大。尽管国家要求所有五岁以上的儿童必须到学校接受教育，但家长仍然可以通过缴费的形式，免除该项义务。因此 1870 年《初等教育法》颁布后，家庭学校仍然存在，且继续在中产阶级儿童的初等教育方面发挥重要作用。

---

① 侯建新，张晓晗．家庭教育：英国近代初等教育的催生剂［J］．天津师范大学学报（社会科学版），2010（6）：17-24．

② MESS H A. Social groups in modern England［M］. London, Edinburge, Pari, Melbourne, Toronto and New York: Thomas Nelson and Sons Ltd., 1940: 28.

③ PLOWMAN T F. In the days of Victoria: some memories of men and things［M］. London: John Lane, 1918: 106.

一、家庭承担着基础教育的职责

维多利亚时期英国学校教育的质量令人担忧，普洛曼在回忆录里指出："当回忆起学生时代，我开始意识到，那时候我们所受的教育水平真的非常有限。那时候的教学方法、教师的资格水平等和当今无法同日而语。甚至可以说，那时的教育对于老师和学生双方来说都是在浪费时间，所学的内容对于学生后续的生活没有任何用处。那时候的中产阶级学校质量非常糟糕，当教师的门槛非常低，既没有能力方面的要求，也没有文凭方面的要求，因此当时的许多校长和老师都是由在生意场上失意的人来担任。那时的教育方法也非常别扭，似乎一切都是以让孩子感到无趣为标准。教师照本宣科，按照书本上的内容向学生提问，学生必须按照书本上的答案进行作答。如果学生的答案与课本稍有出入，便会受到惩罚。在这种教育方法之下，我学习了许多无用的知识，我还记得这样一个问题：'古代英国人是指哪些人?'答案非常愚蠢：'是指那些居住在岛屿之上，用一种叫作靛蓝色的水草遮蔽身体的人。'当时的教育给孩子传递了许多类似于这种毫无意义的信息。此外，那时的教育还有一个非常荒谬的地方，那就是在历史学习中，历史事件的日期非常重要，此外的其他内容都不值得一提。总之，那时的教育只注重死记硬背，而忽视了启发智慧。"①

从普洛曼的描述中可看出，当时的学校教育质量低下，教师队伍质量不佳，教学内容枯燥乏味，教学方法机械死板。普洛曼回忆道："我记得我们的地理课由校长亲自教授，他的教学流程是这样的，在教室里悬挂一张地图，然后让同学们排好队，前一位同学报出地图上的

---

① PLOWMAN T F. In the days of Victoria：some memories of men and things[M]. London：John Lane，1918：98-99.

一个地名，然后让下一位同学在地图上找出它，如果后一位同学成功找到位置，则可以担任新的提问者，继续向下一位同学提问；如果没有找到，则继续由第一位同学担任提问者。最后的胜者会获得奖励——一个还未成熟的苹果。这种教学方式非常荒谬，为了能获胜，同学们往往会在地图上挑选那些最不起眼的地名来进行提问。在这样的课堂上，我们几乎学不到真正的地理知识。”①

正是因为学校教育质量令人担忧，因此有条件的家庭仍然会选择让孩子在家接受教育，由母亲或家庭女教师来进行教学，这种教育形式在当时也被称为家庭学校。为确保家庭学校的教学质量，当时有一些社会机构致力于为家长和家庭女教师提供指导与帮助，《家长评论》就开设了有关学校，提供家庭教育指导服务。《家长评论》学校提供的服务包括如下方面：让母亲或家庭女教师了解教育对象特定的身心发展水平；针对孩子的年龄，提供教学计划方面的建议；提供管理孩子方面的建议与意见；提供教学方法、图书资料方面的指导；在学期结束后对孩子进行测试。②《家长评论》学校所提供的服务是收费的，针对十岁以下孩子，每家每年收取 1 几尼③；考虑到十岁以上的孩子的课程内容更多，需要由更高资质的教师提供服务，因此每家每年收取 3 几尼。此外，《家长评论》还会刊登一些有关教学方法和孩子管理方面的文章，针对如何进行宗教教育、知识教学等提出建议，其读者来信专栏会分享一些读者在家庭教育方面的经验与体会，为读者们提供借鉴。同时，这一时期也有一些学者出版了专门的家庭教育指导书，从教育理论、儿童身心发展规律、儿童管理、各科教学法、学习进程等方面为家长和家庭女教师提供建议。

---

① PLOWMAN T F. In the days of Victoria: some memories of men and things[M]. London: John Lane, 1918: 100.

② P. N. E. U. notes[J]. The parents' review, 1892, 3(7): 560.

③ 几尼为英国旧时金币或货币单位，1 几尼价值 21 先令，现值 1.05 镑。

二、家庭学校的教育原则

众所周知，家庭教育的随意性比较强，如果让孩子在家接受教育，保证教育效率是所有家长必须审慎对待的问题。《家长评论》杂志主编撰文为家长提供家庭学校管理的建议与意见。《家庭学校》一文的作者首先肯定了家长让孩子在家接受教育的真诚和决心，但家庭学校有一些弊端，如孩子们所接受和遵守的规则仅来自父母。尽管存在诸多难题，但家庭学校教学内容和方式灵活、教学质量在一定程度上可控，仍然具有其独特且鲜明的优势。此外，对于信仰宗教的家庭来说，在家庭教育中，《圣经》教学具有最重要的教育价值，能够把道德教育、精神教育和智力发展有机结合在一起。①

从维多利亚时期的育儿书和家庭教育建议书中可以看出，卢梭的自然教育法则在当时的影响十分深远，自然教育法则也是当时家庭教育方法的重要依据。梅森在写给家长的家庭教育书中提出了这样的建议：第一，孩子们（在正确的引导下）通过自己的眼睛、耳朵和手指在户外所获得的知识最有价值。第二，孩子在书房学习不能侵占日常的锻炼与探究权利。第三，条件允许的情况下，应每天带孩子去户外探究，包括沼泽地或草地、公园、公共场所或海岸等，在那里孩子们能够发现一些让他们感兴趣的新事物，也能够丰富他们的知识。通过这种经历，孩子们会有意识地对花朵、卵石、小鸟、树木等进行观察，从中所获得的知识可成为其科学知识的基础。第四，游戏，特别是那些充满活力的体能游戏，这和书本学习具有同样重要的作用，既有利于身体健康，也能激发大脑的活力。第五，在父母的监护下，孩子应有足够的私人时间，这既有利于他们基于所接受的观念，按自己的方

① The home school[J]. The parents' review, 1892, 3(4): 279-284.

式行事，也能让他们更亲近大自然，接受大自然的影响。第六，幸福是孩子获得成功的重要条件，因此孩子的学习应是快乐的，书本学习中应避免各种冲突发生。①

从上述六条建议中可以看出，梅森所提出的家庭教育原则主要基于如下几个方面的考虑：第一，重视儿童的日常经验。有学者将儿童的经验分为核心经验和日常经验，日常经验是儿童个体在平常的一日生活、游戏、学习中通过亲身实践积累的对事物的认识，日常经验具有个体性、零散性、随机性等特点，虽不及核心经验的聚焦、连贯和适应，却是与儿童真实成长相伴相随的财富。② 儿童的日常经验对后续知识积累和全面发展具有重要的奠基作用。

第二，注重孩子与大自然的亲密接触。“儿童是大自然之子”，儿童从大自然中来，携带者天真、质朴、纯净的气息，因此与大自然有着灵魂上的契合与天然的和谐关系。儿童在对自然世界的坦率开放中获取教益，在与自然事物打交道的过程中获得“看”的深刻意义，在“看”自然世界中提升思维能力。③ 大自然就是一本活教材，为儿童提供生命的源泉。

第三，重视游戏对孩子的价值。游戏是个体自发地对自身潜能的开发获得，儿童通过游戏来展现其潜在的精神。④

第四，给孩子自我活动与探究的空间。正如梅森所言，给孩子足够的空间，才能让孩子基于自己所接受的观念，按自己的方式行事。给孩子自我活动与探究的空间也是儿童意义世界生成的重要基础，儿

---

① MASON C M. Home education：a course of lectures to ladies[M]. London：K. Paul，Trench，1886：132.

② 黄小莲，包丽丽，许丽芬. 儿童经验的课程之维 [J]. 教育发展研究，2019（24）：48-54.

③ 陶志琼，夏承谦. 关系中的儿童与教育 [J]. 教育发展研究，2015（24）：58-67.

④ 孙爱琴，李梦婕. 让儿童积极地游戏：基于社会加速批判理论的反思 [J]. 学前教育研究，2021（11）：62-69.

童意义世界的生成建立在儿童富于感受性和敏感性的人性能力、周遭意义世界的彰显和意义的连接建立的方式之上。[①] 因此父母对孩子的监督与约束不能过紧，要给孩子自我活动与探究的空间。儿童的学习不仅在于学到了什么，还在于在什么意义下学习。

第五，时间管理必不可少。如果孩子在家接受教育，时间的管理非常重要。梅森认为，父母首先要给孩子制定学习时间安排表，让孩子知道什么时候该学习什么科目。让孩子在规定的时间学习规定的科目有许多好处，既能督促孩子养成遵守秩序的习惯，又能训练孩子勤奋的学习态度。时间管理是训练孩子专注力的重要途径。八岁以下的孩子专注时间比较短，因此对于八岁以下的孩子，每门课程的单元学习时间最好不要超过二十分钟。此外，为让孩子保持清醒的头脑，学习科目也应交替安排，如可以先安排计算课，再安排写作或阅读课等，其原则是先安排需要动脑筋的科目，再安排需要活动身体的科目。[②] 在家长为孩子安排的每日活动中，有一项必不可少，那就是每天下午必须安排一个到两个小时的户外游戏时间。[③] 开展下午户外游戏的目的是让孩子的肌肉、骨骼得到充分锻炼，让孩子能吸收到足够多的新鲜空气。孩子跑得越多、喊得越大声、胳膊得到越充分的锻炼，游戏的效果就越好。

家庭学校教育的灵活性强，如若不加强管理，则可能会影响学习进度。针对这一现象，《家长评论》杂志认为，在学习进度方面，让孩子在家接受教育的家长必须要确保自己的孩子和在学校接受教育的孩

① 刘向辉. 儿童意义世界的生成及其对现代儿童教育的启示 [J]. 湖南师范大学教育科学学报，2020 (4)：42-48.

② MASON C M. Home education：a course of lectures to ladies[M]. London：K. Paul, Trench，1886：102.

③ MASON C M. Home education：a course of lectures to ladies[M]. London：K. Paul, Trench，1886：57.

子的进度同步，甚至还要赶超他们。《家长评论》建议每个家庭学校都应制定规则：孩子每天醒着的十三个小时中，应让孩子自由支配五个小时。例如每天下午两点到五点，只要天气情况允许，就应让孩子到户外活动。要给孩子安排学习、休闲和自由活动时间，让孩子在规定的时间里做规定的事情。不应随意占用孩子的自由活动时间，应让孩子形成时间观念和规则意识，在规定的时间里做好规定的事情，不占用其他的时间。[①] 时间观念和规则意识是家庭学校教育能够顺利开展的重要保证，要尽早让孩子习得与遵守。

在管理家庭学校的问题上，《家长评论》主编认为，经验非常重要。在好教师的引导下接受一年的训练，要强过自己苦苦摸索十年的经验。经验能够让一个愚蠢的人变得明智，因此该杂志也呼吁家长们通过杂志这个交流平台，向他人学习优秀的家庭学校管理经验。

三、家庭学校的目标与内容

作为孩子社会化的重要场所，家庭学校的目标不仅在于让孩子学习基础的文化知识，还应让孩子养成良好的习惯，塑造孩子良好的品格。

（一）家庭学校的教育目标

M. B. 卢滕（M. B. Lutene）在论述德育与智育的关系时提出，智力训练的首要目标并非知识的获取，而应该是品格的塑造。这一观点听起来似乎有些唐吉坷德式，但实际上却具有非常重要的实践意义。我们所熟知的一些职业，如医生、士兵、商人、木匠、园艺师、学者等，我们不能否认这些职业都需要特殊的知识和能力，但不管从事什么职业，一个人都必须具备三种品质：毅力、观察力和专注力，而这

① The home school[J]. The parents' review，1892，3(4)：279-284.

三种品质往往都是在初等教育阶段形成的。因此家长在给孩子布置学习任务，或为孩子选择学习任务时，不应过分强调孩子必须获得什么知识，而应关注孩子的毅力、观察力和专注力是否得到发展。[①] 卢滕还指出，宗教教育、道德教育和智力教育三者相互交融、密不可分。道德品质的发展取决于宗教教育，智力发展建立在毅力、观察力和专注力等形成的基础之上。[②] 如《圣经》教学的教育价值不仅在于让学生了解宗教主张，还能通过名言警句的强调和案例的阐释，让学生了解一套完整的道德准则。[③]

（二）家庭学校的教育内容

与学校教育不同，家庭学校的教育内容可能会因父母和家庭教师的原因，差异性较大，鉴于许多中产阶级家庭选择让孩子在家中接受基础教育，因此也有一些学者撰文为父母提供教学科目和教学方法方面的建议。这一时期有许多写给父母或孩子的家庭教育书籍和文章，如《家庭教育：给女士的课程建议》《家庭的书房》《家庭学校教学建议》等。

在《家庭教育：给女士的课程建议》一书中，梅森基于自然法则，从童年期、学龄期、青少年期三个教育阶段，向家长们提出了一套关于自然教育方法的建议；此外，还对母亲自身的训练与发展提出了建议。梅森建议，九岁以下的儿童在家庭中学习的课程应包括阅读、写作、算术、自然哲学、地理、历史、语法、拉丁语、法语和音乐。[④] 在《家庭的书房》一书中，作者给孩子们写了六封信，每一封信的主题都

---

① LUTENER M B. The correspondence between moral and intellectual education[J]. The parents' review, 1892, 3(3): 176-181.

② LUTENER M B. The correspondence between moral and intellectual education[J]. The parents' review, 1892, 3(3): 176-181.

③ The home school[J]. The parents' review, 1893, 3(4): 279-284.

④ MASON C M. Home education: a course of lectures to ladies[M]. London: K. Paul, Trench, 1886: 125-166.

与一个特定科目相关，实则是对在家庭中开展学校教育的内容进行了建议。在写给中产阶级母亲、家庭教师的家庭教育指导书《家庭学校教学建议》中，伦敦城市学校的校长艾伯特提出了一套系统的教学内容，主要包括道德训练、心智训练和宗教教育三大方面，其中道德训练包括习惯、专注力、观察力、记忆力、精确性、想象力、秩序、责任、欲望、意志力、孝顺、善良与乐于助人、朴素、敬畏、惩罚等内容；心智训练包括阅读与拼写、算术、英语写作与语法、法语、拉丁语、地理、历史和几何等内容。

1. 语言

孩子们必须学会一些语言知识，这样孩子们才能学会用母语准确地表达自己。孩子们应学习一些语法知识，能够用正确的语法写作。语法知识比较抽象和枯燥，在如何高效率地学习语法方面，有人建议可以通过阅读一些语法正确的故事书来增加教学的趣味性；也有建议称，可以通过学习其他语言来强化对母语的语法学习。① 在选择要学习的外语方面，有学者建议学习法语。巴黎口音的法语非常优雅和动听，也非常实用，只有通过和当地人进行充分交流才能学会。学会了法语之后，孩子们就可以读懂法语著作，并且能够全面地掌握语法知识。②

有的家庭会聘用来自德国的保姆，她们通常很善良、真诚，不会伤害孩子们，因此孩子们可以向她们学习一些德语。但有学者认为，不宜将德语纳入学习科目，一个很重要的原因是德语非常难学，会耗费孩子们大量的学习时间。建议孩子们学习拉丁语，英语、意大利语、法语等都是从拉丁语演变而来的，学习拉丁语有助于加深孩子们对母语的理解。③

① YONGE C M. Womankind[M]. London: Walter Smith & Innes, 1889: 40.
② YONGE C M. Womankind[M]. London: Walter Smith & Innes, 1889: 41.
③ YONGE C M. Womankind[M]. London: Walter Smith & Innes, 1889: 41.

2. 阅读与写作

阅读是维多利亚时期英国儿童最重要的休闲活动之一，在漫长的夜晚里，孩子们可以通过阅读来打发无聊的时光。前文已述，维多利亚时期的英国中产阶级家庭经常会在结束一天的工作后，围坐在壁炉前，轮流朗读文学作品。对于孩子们来说，夜晚无法在户外的空地进行游戏，阅读是有利于身心的重要休闲活动，因此在家庭教育中，也是重要的一项内容。生活在乡村的孩子，有很多事情可做，因此阅读可以从晚上六点开始；其他孩子则可以从下午四五点开始。① 在对孩子进行阅读教学时，艾伯特校长建议在学习阅读之前不必先学习拼写。孩子的写作教育不宜过早开始，在对孩子进行作文教育之前，首先要让孩子学会清楚有序地表达句子。孩子们生来就具有语言天赋，许多四岁的孩子就掌握了大量的词汇，能够准确地使用一些新的词汇来逗乐长辈。孩子们具有清楚地表达的潜力，因此家长要引导孩子们讲故事，让他们学会按照顺序描述环境，引导他们增加或删除一些内容等。

3. 数学

数学是女孩们必须要学习的科目。从使用的角度看，女孩们学习数学主要是为了记好账。从智力训练的角度看，数学也是一门非常好的学科。数学是一门比较抽象的科目，很多孩子对数学学习表示出无能为力。实际上，孩子们对数学的厌恶往往是因为刚开始学习数学时，教育者就用错了方法。孩子们的大脑构造有很大不同，有的孩子在计算方面非常快，有的比较慢，还有的孩子根本无法理解数学。在算术学习的基础上，女孩们还应学习一定的代数知识。② 女孩们学习数学不仅是为了能够算数记账，还能为将来的学习打基础，也能更好地为她

① ABBOTT E A. Hints on home teaching[M]. London：Seeley，Jackson，and Halliday，1883：59.

② YONGE C M. Womankind[M]. London：Walter Smith & Innes，1889：41.

们的兄弟、父亲、丈夫或儿子提供帮助。[①]

4. 历史

女孩们还应掌握一些历史知识。但现实中有许多人并不关心历史，既不关心国家曾经发生过的大事，也不关心著名的历史人物。历史是一门很重要的科目，孩子在开始学习阅读时就应学习历史。有人建议要让孩子们学习《改革法案》颁布以来的历史。[②] 但也有人认为，孩子幼小的心灵无法消化选举等国家大事方面的历史，孩子更关注一些个人化的小事情，因此最好能帮助孩子形成知识框架，要根据孩子已有的知识和观念来建构知识，让孩子在快乐中学习。[③] 如学习《小亚瑟王朝的历史》（*Little Arthur's History*）对孩子们来说非常困难，而《夏洛特阿姨讲述的英格兰历史故事》（*Aunt Charlotte's Stories of the History of England*）更能让孩子们接受。对于五岁至八岁的孩子来说，在初步具备阅读能力时就应学习一些简明英国历史。如果孩子的阅读能力尚不足以理解历史知识，应采用讲故事和出示图片的形式让孩子更好地理解。[④] 在学习古代历史方面，可以将人类的童年阶段和国家的童年阶段进行类比，以帮助孩子更好地学习。到了八九岁，孩子的心智发展更加成熟了，这时其就会开始从历史的视角来审视现实问题。经文中的一些事件在一定程度上能够帮助孩子形成历史的框架。如果孩子尚且年幼，《玛丽亚·哈克关于古代历史的真实故事》（*Maria Hack's True Stories from Ancient History*）和《夏洛特阿姨讲述的希腊与罗马历史》（*Aunt Charlotte's Grecian and Roman History*）一类的书籍能引起孩子们的学习兴趣，大一些的孩子可以阅读《古代历史

---

① YONGE C M. Womankind[M]. London：Walter Smith & Innes，1889：45.

② YONGE C M. Womankind[M]. London：Walter Smith & Innes，1889：46.

③ YONGE C M. Womankind[M]. London：Walter Smith & Innes，1889：46.

④ YONGE C M. Womankind[M]. London：Walter Smith & Innes，1889：46.

的地标》(*LandMarks of Ancient History*)。[①] 等孩子再长大一些，就可以开始学习更精深的历史知识，如英格兰王朝的历史和英格兰的历史等。可以利用地图来帮助孩子学习，通过地图，孩子可以认识到港口的形状、山川的分布以及河流的走势是如何导致战争发生的。

学习了一些精深的英国历史知识后，孩子们可以继续学习古希腊和古罗马的历史。神话故事能够吸引孩子们的注意，因此在孩子们做针线活时，可以给她们读一些神话故事，以促进她们的学习。[②] 学完古代史后，就可以让孩子们阅读《中世纪与现代历史》(*Landmarks of the Middle Ages and of Modern History*)，以帮助孩子们形成对欧洲历史的印象。可以在孩子们干活或画画时，给她们朗读一些历史故事或诗歌，如 G. P. R. 詹姆士(G. P. R. James)的一些小说，小说里的故事都很纯粹，人物的性格和态度也刻画得很深刻；莎士比亚的古代或现代历史戏剧也值得阅读；再者，阅读斯科特的诗歌也能起到同样的效果。[③]

上述历史学习进程可以持续到女孩们十三四岁的样子，此后，如果她们的学习能力足够强，也可以让她们阅读历史原著，而不是读一些删减或改编的版本，如《祖父的故事》(*Tales of a Grandfather*)。学习过编年史后，对于历史的主要发展脉络已有一定了解，这有助于孩子们读懂历史原著。阅读历史著作的习惯要多年才能养成，因此要培养孩子阅读长篇历史著作的兴趣。[④]

5. 自然科学

可以让孩子阅读一些天文学著作，在此基础上带领孩子在晚上观察星座，或运用天体仪、星象图等来帮助孩子学习天文知识。阅读威

---

① YONGE C M. Womankind[M]. London: Walter Smith & Innes, 1889: 47.

② YONGE C M. Womankind[M]. London: Walter Smith & Innes, 1889: 48.

③ YONGE C M. Womankind[M]. London: Walter Smith & Innes, 1889: 48.

④ YONGE C M. Womankind[M]. London: Walter Smith & Innes, 1889: 48.

尔逊（Wilson）的《五大类知识》（*Five Gateways of Knowledge*）等能让孩子掌握一些关于人体的知识。另外，孩子还应阅读一些关于植物学、海洋学、机械学、地质学的书籍。要培养孩子对自然科学的兴趣，根据他们的兴趣来提供学习材料。① 女孩们也有必要学习一些自然科学知识，以防止陷入无知的窘境。

收集标本非常受孩子们欢迎，但家长和家庭女教师要让孩子们感受到生活的神圣性，不应因为自己的收集喜好，去杀害蝴蝶或其他的昆虫。虽然人类具有杀害动物为己所用的权利，但在科学学习方面，要引导孩子们不要去伤害小动物，在收集标本时不能给小动物造成痛苦，应收集动物自然死亡后的尸体。但十四岁以下的孩子往往还不懂得区分收集标本和贪婪地占有之间的区别。有些家长或家庭女教师会引导孩子们观察毛毛虫破茧成蝶的过程，并让孩子们把每个发展阶段画出来，这种观察方式非常值得推荐。②

无目的性的随意阅读也能让孩子们受益匪浅。梅森曾经举过一个例子，一位年轻人，像米格尔·德·塞万提斯（Miguel de Cervantes）一样狂热地痴迷于读书，常常会去读一些零星的资料或残篇，也会花钱淘一些"地摊文学"，亲手把它们装订成册。从这些随意阅读中，他经常受益匪浅，一段历史、一段语言，都在充实、丰富着他的思想意识。梅森认为，一个人的品行是由孩童时代的随意阅读决定的，这一点很多人知之甚少。许多人盲目而又固执地追随着学校课程，忽视了孩子们在学校课程之外的阅读。③ 从托伊费尔斯德克的例子可以看出，阅读习惯对于年轻人的成长非常重要，从书中，年轻人可以得到无穷的安慰和满足。梅森还说英国有这样一句话："如果教育没有使年轻人

---

① YONGE C M. Womankind[M]. London: Walter Smith & Innes, 1889: 52.

② YONGE C M. Womankind[M]. London: Walter Smith & Innes, 1889: 52-53.

③ 梅森. 性格的培养：让孩子具有良好的个性［M］. 刘扬，等译. 北京：中国发展出版社，2013：153.

发现读书的力量、养成读书的习惯或形成读书的兴趣，那就太令人遗憾了。”①

6. 宗教

前文已述，宗教教育是维多利亚时期英国中产阶级家庭的重要教育内容。孩子们的宗教教育很多源于对《圣经》的学习。有学者指出，《圣经》是世界上最纯粹的经典文学，所有孩子都应学习《圣经》。许多著名的演说家和最优秀的作家都把自身发展的动力和自己的精神财富归功于《圣经》的措辞与意向。②《家长评论》鼓励家长带领孩子阅读《圣经》。具体的教学方法包括家长先从容、仔细地向孩子大声朗读部分句子，并进行简单的解释，然后要求孩子尽可能地用《圣经》中的词汇，来复述他们所听到的内容。家长可以向孩子阐释《圣经》的内容，并尽可能地加入一些现代的研究和批评观点。当孩子真正熟悉《圣经》的文本后，他们就能够更好地复述了。此外，在孩子学会复述后，家长还应对孩子进行考试，如“让孩子讲述……的故事”等。③《家长评论》的大部分家长读者和教师读者会让一、二年级的孩子复述《圣经》里的故事、英国历史、希腊历史。在未满十岁前，孩子还不能清楚地通过写作来表达自己，因此在此之前，不要让孩子以错误的方式拼读、书写和表达。④

《圣经》教学的教育价值从未被夸大过，它不仅能让孩子获得宗教知识，还能通过名言警句的强调和案例的阐释，让孩子获得一套完整的道德准则。通过案例和名言警句，孩子知道了慷慨与吝啬、真诚与虚伪、简单与复杂、优雅与粗鲁以及对朋友的爱、对父母的爱、对孩

① 梅森. 性格的培养：让孩子具有良好的个性［M］. 刘扬，等译. 北京：中国发展出版社，2013：155.

② The home school[J]. The parents' review,1892,3(4):279-284.

③ The home school[J]. The parents' review,1892,3(4):279-284.

④ The home school[J]. The parents' review,1892,3(4):279-284.

子的爱、对兄弟姐妹的爱等；还知道了主人与仆人的关系、信徒和教师的关系、买家和卖家的关系、国王和臣子的关系。

与男孩相比，当时女孩所学习的很多知识比较浅显，这是因为在当时，人们普遍认为女人是男人的助手，没有必要学习过深的知识。[①]梅森认为，女孩们至少要学会朗读，学会写信，能够算数记账，懂一些语法知识，能找出拼写错误，能管理好自己的形体，懂一些法语，掌握一些历史知识以不至于混淆罗马和希腊，懂一些地理知识以不至于犯一些可笑的低级错误，能够灵巧地做针线活，具备一些常识和文学知识以听得懂他人的谈论。[②] 当然，也有的家庭非常重视女孩的教育，斥资为女孩聘请了优秀的家庭教师，安排了丰富的教育内容。

四、母亲作为家庭教师

梅森曾说过："成为父母是一件伟大的事情，任何荣誉都不能与之媲美。"[③] 父母承担着对孩子的教育责任，但梅森也指出，父母对孩子的教育职责并非完全平分，相比之下，母亲在孩子童年时期的教育中扮演的角色最为重要。这也是为什么伟人们都有好母亲，好母亲不会把自己对孩子的教育责任转嫁给他人。梅森认为在九岁之前，母亲在孩子的身体养育、习惯培养、品质塑造方面责任重大。

（一）母亲作为孩子教师的优势

前文已述，维多利亚时期的英国，女性主要扮演的是"家庭天使"的角色，母亲的主要职责是负责照料家人的饮食起居，其中也包括孩子的教育问题。在对孩子的教育问题上，母亲具有天然的优势。首先，

---

① YONGE C M. Womankind[M]. London: Walter Smith & Innes, 1889: 38.

② YONGE C M. Womankind[M]. London: Walter Smith & Innes, 1889: 39.

③ MASON C M. Home education: a course of lectures to ladies[M]. London: K. Paul, Trench, 1886: 1.

母亲长时间和孩子生活在一起，因此她们是最熟悉和了解孩子的人，这一优势是他人不可企及的。

此外，母亲在对孩子进行教育时，能做到身体养育和心智开发相结合。在身体养育方面，梅森认为，空气、阳光、营养、运动、服饰对孩子来说非常重要。为确保孩子的身心健康，梅森建议母亲应多带孩子去户外活动，让孩子的四肢得到充分舒展，让他们的肺部能呼吸到足够多的新鲜空气，让孩子的天性能得到充分释放。此外，多在户外活动，孩子才能晒到足够多的阳光，这有利于孩子的骨骼发展。在营养方面，梅森指出，为了促进孩子的身心健康发展，要给孩子提供足够多的食物，确保孩子能够吃饱。在此基础上，还要考虑食物的多样性。只有做到这两点，孩子的饮食才能称之为健康。在孩子的运动方面，梅森指出，孩子天性好玩，他们喜欢各类追逐游戏、攀爬游戏等，母亲应让孩子能够尽情地跑跑跳跳、尽情地喊叫、尽情地出汗。此外，父母还要给孩子准备宽松且保暖的服饰，羊毛、棉质、法兰绒、尼龙等材质是当时非常常见的衣服材质，梅森指出，羊毛材质的衣物保暖性能最佳，最适合孩子穿着。

在梅森的书中，有一段关于母亲带孩子们到户外进行观察的记录。母亲对孩子们说："到山脚下的小木屋去看看那里有什么，但记得不要进入屋子哦。"很快孩子们就回来了，他们的小脸上写满了兴奋和惊奇，七嘴八舌地分享起自己的所见所闻。"我看到了很多蜜蜂窝。""我看到许多蜜蜂钻进了一个蜂窝。""那里有一个大大的花园。""是的，里面种了许多向日葵。""里面还有母鸡和小鸡。""还有许多蓝色的花，叶子上有很多绒毛，妈妈你知道那是什么花吗?"　"那是玻璃苣(borage)，蜜蜂很喜欢这种花。"妈妈回答。孩子们接着说："那个小木屋的一边种了苹果树、梨树和李子树，中间有一条小路。"妈妈问道："小木屋的哪一边种了果树?""右边，哦不，是左边。等等，是哪只手戴顶针来着？是的，右手，它们在我的右边。""在小木屋的另一边，种了土豆、白菜、薄荷和一些其他的东西。”妈妈又问道：“那花儿种在哪个位置?”孩子们回答道：“就在小路的两旁。”“我们还没有告诉妈妈关于苹果树的事，那棵苹果树上起码结了一百万个苹果呢！所有苹果都熟了，红红的。”“有一百万个吗?”妈妈又问道。“我也不确定，但真的非常多。”①

这是一个妈妈带着孩子们在户外游戏的场景，在这个游戏中，妈妈训练了孩子们的观察能力和语言表达能力。当孩子们问“是什么”“有什么用”这类问题时，他们的知识和词汇量也相应得到了增长。

观察是儿童绘画的基础，梅森在书中分享了这样一个案例。可以带孩子去看风景，然后遮住孩子的眼睛，让孩子回忆画面的内容。如孩子表示还需要继续观察时，就让其再观察一会儿。待孩子观察完毕后，让其回忆自己所看到的画面。“我看到一个池塘，这个池塘一边比较浅，另一边比较深。池塘边有一些树，树叶和树枝垂到了水面上。在水面上可以看到一片蔚蓝的天空，上面飘着几朵松软的白云。再抬头，看到的也是同样的蓝天白云，由于不受树枝树叶的遮挡，它更加开阔、完整。在池塘的远处，开了一些黄色的水仙花。水面上有两片到三片大大的圆叶，就像小船一样。离我所站不远的地方，有三只小羊在喝水，其中一只把头深深地埋进了水里，水已经没过了它的脖子。”② 这种观察训练方式非常受孩子们欢迎。但在一开始，孩子们需要在母亲的指导下进行观察，如母亲会提醒孩子：“你可以观察下树的倒影。水下面可能还有树的一部分。看到那些叶子你还想到了什么?”这种训练方式不但可以培养孩子更为细致的观察力，还可以让孩子养成一种观察世界的习惯，这种观察习惯一旦养成，孩子将会终身受益。

---

① MASON C M. Home education：a course of lectures to ladies[M]. London：K. Paul，Trench，1886：34-35.

② MASON C M. Home education：a course of lectures to ladies[M]. London：K. Paul，Trench，1886：36-37.

大自然中的花鸟鱼虫都是天然的活教材，父母可充分利用大自然中的生物，培养孩子的各种能力。“在我还不会走路、还在咿呀学语时，父母就会带我到大自然中，让我感受周围的世界……父亲通常会陪在我的身边，带我去看鸟和花，他让我看到了小鸟的动作是那么优雅，羽毛是那么美丽和柔软，高兴时是那么欢快，感到危险时是那么警觉。父亲还会给我讲述鸟儿会随着季节变化飞走又飞回来，它们还会换毛。这一切都吸引着我去观察研究它们。”①

在梅森看来，尽管幼儿园和其他类型的学校有各种优点，但对于九岁以下的孩子来说，家庭学校是最适合他们成长的场所。如此一来，母亲必须承担起教育孩子的职责，但她们可能会分身乏术，因此必须聘请家庭女教师。但要聘请一个既熟悉所有需教授的科目，又了解孩子天性和教育艺术的家庭女教师并非易事。②

母亲作为教师的另一个优势是将生活与教育紧密结合起来，在生活中对孩子进行教育。一位维多利亚时期的英国人在回忆起自己的经历时指出：“我母亲是一个精明的女人。我离开学校后，还不知道金钱的价值，也不知道如何花钱。在整整一年的时间里，母亲为我添置所有的物品，并让我详细记录在账本上，第二年开始，我就知道该如何支配开销了。多年来我一直保留着记账的习惯，这也让我能够清晰地看到每一笔开销是否正确。是母亲让我学会了花钱，也让我养成了记账和不乱花钱的好习惯。”③

---

① MASON C M. Home education: a course of lectures to ladies[M]. London: K. Paul, Trench, 1886: 44.

② MASON C M. Home education: a course of lectures to ladies[M]. London: K. Paul, Trench, 1886: 106.

③ SOULSBY L H M. Talks to mothers[M]. London: Longmans, Green and Co., 1916: 69.

（二）母亲作为孩子教师的弊端

母亲作为孩子的教师固然有其无可比拟的优势，但也有其不可避免的劣势。首先，部分母亲的文化素养不高，难以胜任教师角色。要担任孩子的教师，母亲自身必须要掌握大量的各科目知识，还要掌握把这些知识教给孩子们的方法。但掌握多个科目的知识并非易事，维多利亚时期的中产阶级家庭的男性受教育的程度普遍高于女性，母亲自身在受教育方面就不像父亲那样能掌握较好的资源，受教育的机会也不那么多。因此，要求母亲自身具有较高的受教育水平本身就是一件非常难的事情。《家长评论》杂志中有一篇文章对受过良好教育的母亲进行了界定，受过良好教育的母亲应是一个有思想的人，具备生理学、卫生学、生命科学、技术科学方面的知识，懂得缝纫和烹饪技术，并具备一定的家庭经济学知识。[①] 此外，即便是母亲自身具有较高的受教育水平，把自己所掌握的知识传递给孩子们也是一件具有挑战性的事情。要成为一名好教师，一年的训练要赛过十年的经验。[②] 如若没有接受过系统训练，按照自己摸索的方法教育孩子将会事倍功半。通常情况下，母亲没有机会接受系统的教学训练，尽管当时有许多的书籍为母亲教育孩子提供了建议，但要将书本上的理论知识转换为实践知识仍有一定的难度。

其次，难以将教育规则落到实处。在家庭中，母亲兼任着母亲和教师的双重角色，则可能会面临着角色界限模糊的情况。在家庭学校中，母亲既是母亲，也是教师；孩子既是儿子或女儿，同样也是学生。由于双方都承担着双重角色，则很有可能会出现角色界限模糊的情况，母亲有可能会忘记自己的教师身份，而孩子也有可能会忘记自己的学生角色，在教育教学问题上，许多原则难以实施。另外，家庭生活的

---

① BOOTH A. The influence and teaching of the educated mother[J]. The parents' review,1893,4(2):81-90.

② The home school[J]. The parents' review,1892,3(4):279-284.

结构比较松散，如若不坚持原则，则很有可能会出现教育规则难以落实的情况。艾伯特校长强调，父母绝对不能把教育孩子当成自己的休闲活动，或者作为一种偶然和不规律的事情。[①] 如果孩子学习时间不规律，则会减慢学习进度，还会让孩子滋生懒惰的心理。艾伯特校长指出，不规律的一流教学还不如二流的规律教学，如果父母的职业不允许其对孩子进行规律的教学，那么最好能按时对孩子的学习情况进行测试，以督促孩子保持学习进度。他还建议，家长应排除万难以关注孩子的学习问题；如果家长确实无法对孩子进行规律的教学，那么就不应把孩子的教育问题全部揽在自己身上。[②]

从教学时间的角度看，家庭生活有可能吞噬孩子的学习时间，比如说在孩子本应学习的时间，住在远方的亲戚突然来访，这样母亲就不得不停下手中的教学工作，来招待亲戚。相应地孩子们的学习进度也很有可能被中断。一位母亲在自己的日记中写："我打算不再聘请家庭女教师，而是自己亲自来教孩子们。当然这一决定需要得到韦斯特福德（Westford）学校的专家们的帮助。他们会写信给我，把他们所学习的课程和时间安排发给我，我参照他们的计划来制订自己的计划。"[③] 但很快这位母亲就发现自己遇到了难题，孩子在家庭环境中很难像在学校一样按部就班，当母亲要求孩子严格遵守规则时，遭到了孩子的反抗。

正是因为母亲亲自担任孩子们的教师存在上述困难，她们才不得不求救于家庭女教师这一以教育教学为本职的专业角色。

---

① ABBOTT E A. Hints on home teaching[M]. London: Seeley, Jackson, and Halliday, 1883: 50.

② ABBOTT E A. Hints on home teaching[M]. London: Seeley, Jackson, and Halliday, 1883: 50.

③ SEWELL E M. The Journal of a home life[M]. London: Longmans, Green, and Co., 1867: 27.

五、女教师是家庭学校的主体

家庭女教师在维多利亚时期英国的家庭教育中是一个不可或缺的角色，这是因为在当时普通家庭能够负担得起的学校教育大多质量不高，而质量较好的学校学费又高昂得令普通家庭望而兴叹，因此聘请家庭教师到家中对孩子进行教学，在维多利亚时期的英国家庭中非常流行。家庭教师这个职业并非维多利亚时期的新生事物，但在这一时期发展十分鼎盛。许多维多利亚时期的英国小说中都留下了家庭女教师的身影。家庭女教师究竟是一个怎样的职业，家庭女教师的资质如何，其在家庭中扮演的角色和地位如何，值得一探究竟。

（一）家庭女教师的资质要求

在 1870 年《初等教育法》颁布之前，中产阶级的子女大多在家里接受教育，因此家庭承担着教育子女的职责，并为子女的社会化做准备。这也催生了一个职业群体的壮大，即家庭女教师。

1. 成为家庭女教师：迫不得已或心甘情愿

作家李孟苏在《三联生活周刊》2023 年第 16 期上发表了一篇题为《超级游艇上的家庭教师》的文章，其中指出："家庭女教师是英国最早出现的职业女性群体之一，受过教育、家境不那么好的中产阶级女性选择当家庭教师，多多少少有些不得已，直到今天仍然如此。……她受过教育，说明家庭出身还不错，但是父母给不了嫁妆，让她没法嫁入好人家，又不甘心和劳动阶层男子结婚，才来做家庭教师。"在小说《家庭女教师》（*The Governess*）中，主人公克拉拉·莫当特（Clara Mordaunt）是一位因投资失败而自杀的商人的独生女，时年二十岁，形象气质佳。莫当特从小生活富足，父亲在她的教育上投入了大量的成本。她本人也是一名非常聪明的孩子，学习非常优异，令父亲和老师们感到非常自豪。然而父亲投资失败自杀之后，莫当特成了孤儿，不得不和姑妈沃勒太太（Mrs. Waller）生活在一起。沃勒太太是一名上校的遗孀，仅靠非常微薄的抚恤金度日。对于自己的窘境，莫当特感到非常无奈，但又一直想尽自己所学赚取体面的收入，而不是靠侵占姑妈微薄的收入度日。

像莫当特这样因家道中落而不得不用自己所学的知识去养活自己的家庭女教师在当时的英国不在少数，但也有一些中产阶级家庭的女孩选择把担任家庭女教师作为自己婚前的职业。有研究指出，19 世纪 60 年代以前，体面妇女想就业的话，只有三个选择：当教师、家庭女教师和作家。[①]

在维多利亚时代早期的一位家庭女教师的自传中可以看到这样一段话："我们家世世代代都是英国人。我的父亲是一位律师，他曾经接受过通识教育，是我出生的那个郡第一个从事法律职业的人；我的母亲温柔、聪明、勤劳，是一位受人尊敬的地主的后代。在父母的共同努力下，我接受了很好的早期教育。作为他们的孩子，我觉得自己应好好利用他们遗传给我的才能来确保自己的独立。在那个年代里，良好的教育是非常奢侈的事情，因为那时的孩子们要么被过度宠坏，要么被放任不管，惹出许多麻烦。十五岁时，我被送往法国接受教育，为未来的发展做准备。我那明智的父母深知在他们离世之后，他们留给孩子们的遗产不应是金银财宝，而应是让孩子们接受良好的自由教育，确保他们今后能在世上找到一份适合自己的工作。"[②]

从上文中可以看出，这位家庭女教师出生于律师家庭，父母品行良好，重视子女的教育，而且都非常爱她。她也曾经到法国留学一年，在那里学习了法语，之后返回英国担任家庭女教师。由此可见，有的

① 盖伊. 施尼兹勒的世纪：中产阶级文化的形成，1815-1914 [M]. 梁永安，译. 北京：北京大学出版社，2006：245.

② The autobiography of an English governess[M]. Montreal:John Lovell,ST. Nicholas ST.,1868:10-11.

女孩自愿成为家庭女教师，并为此主动做准备。

2. 百科全书式的知识结构

小说《家庭女教师》中有一个细节，那就是有一天《早报》上刊登了一则家庭女教师的招聘广告。仔细研读这则招聘广告，就可以看到维多利亚时期英国社会对家庭女教师各个方面的要求。

> 招聘家庭女教师，工作地为一个声名显赫的家庭，工作对象为三名女孩，年龄分别是九岁、七岁和五岁。要求具有美丽的外表、优雅的举止，精通音乐，能用法语、意大利语和英语教学，能教孩子们地理知识和如何使用地球仪，还要教音乐、绘画和舞蹈，最好能胜任各科目的教学。要求脾气平和、性格开朗、身体健康，要懂得裁剪和制作女孩们的裙子。年薪 25 几尼。地址：格罗夫纳广场布鲁克街。面试时间为下午两点到四点之间。

从这则招聘广告中可看出，当时的英国社会对家庭女教师的知识能力、形象气质、身体素质等方面都提出了非常高的要求。首先，家庭女教师必须具有广博而又扎实的专业知识。文中提到，家庭女教师必须精通母语和几门外语，还要精通音乐知识与技能，最好能胜任各科目的教学。其次，家庭女教师要内外兼修。文中提到，家庭女教师必须脾气性格好、身体健康。最后，家庭女教师还要具备一定的裁缝技术，能够裁剪和制作孩子们的裙子。

上述广告来自当时的一本小说，其中对家庭女教师的要求可谓源于生活、高于生活。在维多利亚时代早期的一位家庭女教师的自传中，有这样一段话：“我认为我不能教孩子们所有的科目，因为我不懂德语、意大利语，也不懂吉他和绘画，我只懂英语和法语，还有一些音乐知识。"[①] 该家庭女教师还指出，家庭女教师在当时教育市场上供大于求，因而雇主会对家庭女教师挑挑拣拣，也会刻意去压低家庭女教师的薪资。此外，有的雇主会让家庭女教师一天跑两趟，这会加重家庭女教师的身心负担。一些雇主还会提一些无礼的要求，如维多利亚时代早期的一位家庭女教师在自传中指出："我所工作的家庭聘请了保姆，但雇主却要求我在孩子们进餐时承担一些保姆的工作，我断然拒绝了。女主人对我的拒绝感到十分生气，还说了许多难听的话来羞辱我，尽管我已经忘记她当时具体说了什么，但她失礼的形象已深深印刻在我的脑海之中了。尽管她的外表看起来是一位美丽、优雅的女士，但她的思想远远配不上她的外表。"[②] 从上文可以看出，有的雇主会要求家庭女教师做一些教书育人之外的工作，而在家庭女教师看来，这些工作应由保姆来完成。雇主要求她们承担这些工作，无疑是将她们视作保姆。

3. 文凭成为薪资水平的重要依据

李孟苏指出："在奥斯汀时代（1775—1817），工作意味着'不体面'，英国下层女性可以去富人家帮佣或进工厂做工，中产阶级女性想自立几乎没有什么可以选择的'体面'职业，只能足不出户，接受'被强加的闲暇'。到夏洛特·勃朗特时代（1816—1855），复兴的清教主义赋予'工作'以职责和天职的意义，维多利亚女王也在日记中提及'工作'，多少扭转了社会对工作的态度，相应地出现了'家庭教师'这一女性职业，为中产阶级中下层的女性，如简·爱（Jane Eyre），获得经济独立提供了通道。"在维多利亚时期的英国，家庭教师是许多受过教育的女性的第一选择，尽管也有一些女性会选择担任

---

① The autobiography of an English governess[M]. Montreal:John Lovell,ST. Nicholas ST.,1868:46-47.

② The autobiography of an English governess[M]. Montreal:John Lovell,ST. Nicholas ST.,1868:49-50.

女校长、保姆或从事一些对受过教育的女性越来越开放的职业。①

有史料表明，在1876年的英国，有一批持有大学毕业证的家庭女教师专门为女孩们授课，但这些教师的收费比较高，能够聘得起她们的常常是一些经济实力比较雄厚的家庭，有时候两三个家庭会凑钱合请一位家庭女教师为她们的女儿授课。② 对于一些年长的家庭女教师来说，在她们的成长过程中，颁发文凭的教育机构尚未成立，因此她们往往需要通过一些考核才能证明自己的实力；而对于年轻一些的家庭女教师来说，她们必须出示文凭来证明自己的优秀。当然，也有一些暂时没有拿到大学毕业证的家庭女教师，在没有获得大学毕业证书前，她们会选择教一些年纪更小的孩子，在担任家庭教师的过程中她们会继续学习，以便今后能够另谋其他职业。③

4. 对家庭女教师的职业期望

一名受过良好训练的家庭女教师应该能有效地教育孩子，但实际上，年轻的家庭女教师们既没有教育孩子的实践技能，也没有太多的理论知识，因此《家长评论》杂志专门开设了“教育之屋”（House of Education），为家庭女教师开展指导与培训。该杂志的主编认为，提升家庭教育水平的重要途径就是让这些年轻的女士们学会教学、管理和陪伴五岁至十三岁的孩子。④ “教育之屋”的家庭教育课程为期一年，理论与实践各占一半，通过学习后，学员可以掌握教学的原则与方法，并能运用于实践。家庭女教师和学校教师所面对的教学对象不同，当时的学校教师面临的是年龄相仿、性别相同、学习水平相当的一大群孩子，而家庭女教师的教育对象是几个年龄不同、性别不同、学习进度不一样的孩子。教育对象的不同决定了其教学方法也应有区别。《家

---

① YONGE C M. Womankind[M]. London: Walter Smith & Innes, 1889: 34.

② YONGE C M. Womankind[M]. London: Walter Smith & Innes, 1889: 33-34.

③ YONGE C M. Womankind[M]. London: Walter Smith & Innes, 1889: 34.

④ Our work[J]. The parents' review, 1892, 3(11): 874-876.

长评论》作为一本致力于家庭教育服务的期刊，在家庭女教师培训方面做出了一定的努力。

尽管当时有相关的培训机构，但也会有一些待遇比较低的家庭女教师以敷衍和应付的态度对待教学，她们的行为让这个职业蒙羞，也让这个职业的社会地位在人们心中下降。[①] 针对这一现象，有学者强调，家庭女教师是职业女性，这是一个神圣的职业，从事这一职业需要认真和坚持。诚然，对自身的准确定位，有助于家庭女教师将孩子们的福祉放在首位。[②] 另外，社会对家庭女教师的宗教信仰也提出了要求。家庭女教师应坚持宗教信仰，在给孩子们教授历史和地理时，要心怀对上帝的虔诚，并要像对待教会的姐妹一样，把知识教给女孩们。[③] 对于那些不信仰宗教的家庭，家庭女教师可以选择离开，也可以带着上帝赋予的使命感，坚持留下来，感化孩子们。[④]

家庭女教师的宗教信仰会影响到家长们的决策。在《高远之见：维多利亚时代与现代英国的诞生》一书中，作者用几个关键词勾勒出维多利亚时代的思想，分别是神圣的信念、怀疑的心、理性思维、政治头脑、进步的思想、英雄精神。19 世纪 40 年代，英国的国家制度建立在新教基础之上，国王是英国国家的最高统治者。但在英国国教会之外，还存在许多持不同意见的新教教派，如循道公会、浸礼会、一神教以及这些教派中的不同宗派。[⑤] 教派林立，皈依不同教派或宗派的人们的观念存在差异甚至是冲突，这一现象也折射在家庭教育中。在聘请家庭女教师时，家长们往往会对家庭女教师的宗教信仰进行考虑。

---

① YONGE C M. Womankind[M]. London: Walter Smith & Innes, 1889: 34.

② YONGE C M. Womankind[M]. London: Walter Smith & Innes, 1889: 35.

③ YONGE C M. Womankind[M]. London: Walter Smith & Innes, 1889: 35.

④ YONGE C M. Womankind[M]. London: Walter Smith & Innes, 1889: 36.

⑤ 赫弗. 高远之见：维多利亚时代与现代英国的诞生 [M]. 徐萍，汪亦男，译. 北京：社会科学文献出版社，2020：149.

当时有一种观点是，在聘请家庭女教师时，选择英国本土的家庭女教师要比选择外国家庭女教师更好，其首要原因是宗教信仰的一致。由于来自瑞士或德国的新教教徒和英国人的宗教信仰有很大不同，聘请这类人士来担任家庭女教师，将会对孩子的宗教信仰培养造成影响。但也有史料表明，聘请外国家庭女教师并不会对孩子的宗教信仰造成任何影响。

此外，有人认为，在学习有关历史、价值观等内容时，来自其他国家的家庭女教师的观点可能和英国人有很大不同，如法国人关于真理的标准和英国人有很大不同，尤其是在对待罗马天主教的问题上。当然，来自其他国家的家庭女教师也有不少优秀人士，但总的来说，当时人们所奉行的观点是，选择来自本土且宗教信仰一致的家庭女教师会更好。①

（二）家庭女教师的社会地位

维多利亚时期，有学者专门撰文对家庭女教师的职业角色和社会地位进行明确。从已有的史料中可看到，针对家庭女教师的社会地位，存在着理想与现实的矛盾。从理想的角度看，有学者撰文呼吁雇主要尊重家庭女教师，肯定家庭女教师的专业地位和职业角色。但在现实中，从当时的一些小说、回忆录和自传中可以看到，家庭女教师的社会地位并不高，她们只是有知识但不穿制服的高级女仆。

1. 应然角色：帮助女主人育儿的职业女性

有学者指出："雇主和家庭女教师都应认清家庭教师的地位。家庭女教师是拥有职业的女性，就像成为律师的男性一样。她们的职业是帮助母亲教育孩子。出于职业特性，她们通常住在雇主家中，但这并不意味着她们的身份卑微。她们的工作是在母亲不在孩子身边时陪伴他们。到了晚上，如果所工作的家庭规模比较大，或来往的客人比较

---

① YONGE C M. Womankind[M]. London: Walter Smith & Innes, 1889: 38.

多，那么她们应继续陪伴孩子。但如果她们所工作的家庭父母有足够的时间陪伴孩子，那么在夜晚她们就不必陪伴在孩子身边，甚至可以住在另外的地方。晚上的这段时间，她们可以用来阅读或写信。”① 此外，“女主人在对待家庭女教师时，应持尊重的态度。一名优秀的家庭女教师就像从事法律或医学职业的男性一样，因此要将她们视作职业女性来对待。家庭女教师和主人的地位应是平等的。要给家庭女教师看书读报的条件，允许其参加一些有趣的活动”②。再者，“家中年长一些的女孩通常能和家庭女教师做朋友，分享彼此的经历。仆人对待家庭女教师的态度往往取决于主人，因此主人对待家庭女教师的友善态度非常重要”③。

从上面的史料可以看出，当时已有学者撰文呼吁雇主要尊重家庭女教师的工作，肯定其职业角色和专业水平，要给予家庭女教师一定的自由时间和空间。在当时典型的中产阶级家庭中，一个家庭除了聘用家庭女教师，可能还会雇佣一些仆人，仆人对家庭女教师的态度往往取决于雇主的态度，因此家庭女教师如果要得到仆人的尊重和认可，首先必须取得雇主的肯定和尊重。雇主对家庭女教师的地位认同将会直接影响家庭女教师在所工作家庭的地位，也会影响其自我认同感和归属感。

2. 实然状况：有知识但不穿制服的高级女仆

从上面的史料中可看出，有学者撰文呼吁提升家庭女教师的地位，但现实中，无论是在薪资待遇、职责要求，还是在情感层面，家庭女教师在雇主家庭中的地位都并不高。

---

① YONGE C M. Womankind[M]. London: Walter Smith & Innes, 1889: 35.

② YONGE C M. Womankind[M]. London: Walter Smith & Innes, 1889: 37.

③ YONGE C M. Womankind[M]. London: Walter Smith & Innes, 1889: 37.

（1）微薄的薪资待遇

经济基础决定上层建筑，从小说《家庭女教师》的招聘广告可看出，这个家庭给女教师开出的年薪是 25 几尼。相比起对家庭女教师知识能力结构和个人综合素养提出的高要求，雇主给家庭女教师提供的年薪可以说是非常微薄了。《家庭女教师》的女主角的姑妈对这个待遇很不满，认为这个薪资水平和侄女受教育所花费的代价不成正比。从已有资料来看，维多利亚时期英国的女教师大致可以分为三类：住家家庭女教师（resident governess）、只在上午工作的家庭女教师（morning governess）和在日间工作的家庭女教师（daily governess）。不同的用工类型，待遇有所不同。住家家庭女教师因享受雇主家提供的食宿，因而年薪要低于不住家的家庭女教师。有史料表明，住家家庭女教师的年薪是 15—20 英镑，而当时最普通的技工的年工资大约是 12 英镑。社会上有许多人认为，为家庭女教师提供食宿后就没有必要再给付工资了。① 日间家庭女教师因不享受雇主提供的食宿，薪资水平稍高，年薪为 30—50 英镑，前提是必须工作满一整年。②

（2）难以言说的屈辱

收入低下的一个自然而然的后果就是其社会地位的低下，家庭女教师在当时并不是令人尊敬的职业，家庭女教师所受的屈辱多到难以言说。因此，有家庭女教师建议："相比起那些在别人家里担任家庭教师的女性，在自己父亲的商店担任柜员可能会受到更多的尊重。因此，如果不是万不得已，女孩们最好能待在自己的家里。在自家待着，可以永远得到父母的爱和照顾，找到如意郎君的可能性也比到别人家担任家庭教师更大。要成为一名家庭教师，必须要控制住自己的脾气，

① The autobiography of an English governess[M]. Montreal:John Lovell,ST. Nicholas ST.,1868:26.

② The autobiography of an English governess[M]. Montreal:John Lovell,ST. Nicholas ST.,1868:45.

要默默地、耐心地忍受一切。"①

当时在家庭女教师和雇主家庭之间，有专门从事信息交流的机构。这些机构会把家庭女教师的信息提供给雇主，雇主会对家庭女教师进行面试，进而做出决定。当时英国有 2 万名家庭女教师②，在教育市场上，家庭女教师可谓供过于求，正是因为供求关系的不平衡，导致家庭女教师受到雇主家庭的挑剔。维多利亚时代早期的一位家庭女教师在自传中分享了自己参加雇主家面试的失败经历："那是一个非常炎热的夏天，我被安排前往几英里外的一个乡村参加面试。当我到达目的地时，我发现已经有一些年轻的女士在那里等候了。很快我就被叫到了客厅，几分钟过后，这家的女主人就告诉我们，她不会聘用我们中的任何一位，因为有一家中介机构已经为她推荐了一位合适的家庭女教师人选。"③ 这次不公平的应聘经历让这位家庭女教师感到愤愤不平，她对当时的家庭女教师中介制度提出了质疑，同时也对雇主表示了强烈不满。"我还到西部大酒店（Great Western Hotel）参加过一个面试，当时的雇主是一名牧师的妻子，她待人接物都很有礼貌，但她最后强调她不会把家庭女教师当成姐妹，也不会将其当作朋友。能够把所有人都当成兄弟姐妹的牧师妻子，却不能把家庭女教师当作姐妹和朋友，这对我来说是多么大的屈辱！"④

由此可看出，家庭女教师在求职面试和从业过程中都可能会遇到一些屈辱的事情，这也反映了当时家庭女教师在雇主家庭中并不受尊

---

① The autobiography of an English governess[M]. Montreal:John Lovell,ST. Nicholas ST.,1868:26-27.

② The autobiography of an English governess[M]. Montreal:John Lovell,ST. Nicholas ST.,1868:26.

③ The autobiography of an English governess[M]. Montreal:John Lovell,ST. Nicholas ST.,1868:56.

④ The autobiography of an English governess[M]. Montreal:John Lovell,ST. Nicholas ST.,1868:57.

重的客观事实。

（3）教书育人之外的要求

从小说《家庭女教师》的广告要求可以看出，家庭女教师的职责非常广，除了要给孩子们教学，还要给孩子们制作裙子。制作裙子这样的手工技艺仿佛和教书育人的工作毫不相干，但赫然地出现在家庭女教师的招聘广告中，实则也反映出家庭女教师在雇主家中的地位。在实际生活中，维多利亚时期的英国家庭女教师在许多家庭中的地位并不高，在当时家庭女教师遭受无礼的待遇是一种常见的现象。① 正如作家李孟苏在《超级游艇上的家庭教师》中所指出的那样："进入社会后，家庭教师发现她在主人家里的位置很尴尬。她受过教育，说明家庭出身还不错，但是父母给不了嫁妆，让她没法嫁入好人家，她又不甘心和劳动阶层男子结婚，才来做家庭教师。主人家有楼上楼下，她可以在楼上起居，可是在别人看来，她和住在楼下的仆人没有实质的区别，只不过没有穿制服，却同样必须致力于一个简单的目标：以各种可能的方式让雇主夫妇和他们的孩子生活得更轻松。"李孟苏的一席话深刻地揭露了家庭女教师的真实地位。

（4）不住家家庭女教师的尴尬

住家家庭教师因享受了雇主家提供的食宿条件，因而需要承担更多的职责，所获得的薪水也相对较低。由于其在雇主家中扮演的角色是"不穿制服的女仆"，因而她们在情感层面受到的伤害很大。在维多利亚时代早期的一位家庭女教师的自传中，有这样一段话："……我从住家家庭女教师变成了在日间工作的家庭女教师。在他人家中担任住家家庭教师对我的情感伤害非常大，因此我选择和父母住在一起，在日间担任家庭教师。"②

---

① YONGE C M. Womankind[M]. London: Walter Smith & Innes, 1889: 34.

② The autobiography of an English governess[M]. Montreal: John Lovell, ST. Nicholas ST., 1868: 44.

尽管与住家家庭女教师相比，不住家家庭女教师在时间和空间上有更大的自由，在情感层面所受伤害更小，但她们仍然需要面临各种困难。首先，日间家庭女教师需要考虑更多生活费用问题。住家家庭教师不需要考虑生活成本，不用担心肉价、油价，但这些却是日间家庭教师必须考虑的现实生活问题。日间家庭教师的年薪为30—50英镑，前提是必须工作满一整年。① 为了维持生活，有的日间家庭女教师会忍受辛劳，选择打两份工。当然也有的家庭女教师声称自己选择这份工作并非为了收入，而只是为了展示自己的才华。还有的家庭女教师选择这份工作是为了赚取一点零花钱。

其次，日间家庭女教师还必须面临通勤的麻烦。虽然维多利亚时期英国的交通运输业有了长足的发展，但和今日的便利相比仍有很大差距，这也让日间家庭女教师面临着沉重的通勤压力和不守时的风险。维多利亚时代早期的一位家庭女教师在自传中指出："不论春夏秋冬、不论刮风下雨，家庭女教师都必须赶往自己所工作的家庭。有一天早上，天降暴雨，如果我坚持赶路，肯定会从里到外淋成落汤鸡，因此我不得不停下脚步，找了一个屋檐避雨，这也让我没有按时赶到所工作的家庭。这家的男主人平时看起来是一名典型的绅士，但那天早上他却对我说：'你已经迟到很久了，身为教师，你应守时才对。'我当然知道'守时是生意的灵魂'，但我不能为了守时而去冒生命危险。从此之后，这位男主人在我心中的形象一落千丈。……我还遇到过有的雇主会以家庭女教师迟到为由，拒绝给付工资。"②

综上所述，尽管在理论上有学者肯定了家庭女教师的职业女性角色，但现实中，家庭女教师所面临的薪资待遇、工作地位和生活压力

① The autobiography of an English governess[M]. Montreal:John Lovell,ST. Nicholas ST.,1868:45.

② The autobiography of an English governess[M]. Montreal:John Lovell,ST. Nicholas ST.,1868:51.

等都在向世人诉说，她们只是有知识但不穿制服的高级女仆。

（三）家庭女教师和母亲分工协作

家庭女教师在维多利亚时期的英国中产阶级家庭中扮演重要角色，那其是否可以完全替代母亲在孩子教育中的角色呢？针对这个问题，当时有学者进行了探讨。

1. 母亲不能把教育孩子的职责推卸给家庭女教师

有学者认为，母亲对孩子的影响无处不在，她影响着孩子的情感、观念和品位，甚至她还决定了孩子的命运。拿破仑就曾说过："一个孩子未来的命运往往取决于母亲的付出。"① 拿破仑经常自豪地宣称，他之所以能达到如此高度，都是拜其母亲所赐。康德（Kant）也经常将自己所拥有的一切归功于母亲无微不至的付出，尽管其母亲没有受过教育，但教会了康德最伟大的科学——美德。康德在老年时经常说："我永远不会忘记，是我的母亲让我心中的善开花结果。"② 法国自然科学家居维叶（Cuvier）曾经说过："在我小的时候，母亲教会我画画。在我大一些之后，母亲培养了我对阅读的兴趣，我开始阅读一些历史和文学书籍，对一切事物充满了好奇心，这也是我人生的源泉。"居维叶把在研究中所获得的乐趣以及所取得的荣耀，全都归功于自己的母亲。③ 诗人拜伦（Byron）和拉马丁（Lamartine）的成功在很大程度上也是拜他们的母亲所赐。

总的来说，对于教师来说，孩子是有待教化的无知个体；对于母亲来说，孩子则是精神和灵魂需要被塑造的个体。好教师能教出好学

① MARTIN M A, LEE E. The education of mothers of families[M]. London: Whittaker & Co., 1842: 8.

② MARTIN M A, LEE E. The education of mothers of families[M].. London: Whittaker & Co., 1842: 8.

③ MARTIN M A, LEE E. The education of mothers of families[M].. London: Whittaker & Co., 1842: 8.

者，但只有好母亲才能塑造出好人格，因此教师和母亲的使命有所不同。母亲的职责是对孩子进行抚育和教育，以让孩子长大成人。人们很容易把教育（education）和教学（instruction）搞混，但实际上二者有很大不同。教学可以中断，也可以由其他人接替，但教育应具有延续性，最好能由同一个人来实施。当一个孩子的教育被中断，或因对其实施教育的人中途放弃，孩子将会陷入痛苦的窘境，甚至会走向极端。①

因此，一个家庭不能只依靠家庭女教师来对孩子进行教育。孩子的教育是大自然赋予母亲的职责，在所有的家庭中，不论贫富，我们都能看到，母亲在孩子的教育问题上做出了巨大牺牲。年轻的母亲们、年轻的妻子们要时刻牢记自己的使命，这一切都是为了家庭的幸福。母亲们要了解并充分行使自己的权利，这一切都是为了世界的和平、家庭的秩序、孩子的荣耀和人类的幸福。② 母亲要履行自己的使命，要承担起塑造孩子灵魂的高级教育职责。③ 女人扮演着母亲、爱人和妻子的角色。在过去的很长时间里，她们扮演的都是被统治的角色，但随着其母亲身份的获得，她们必须要适应新的角色。要扮演好新的角色，母亲们需要多多学习，也需要不断进行反思。④

2. 家庭女教师必须坚守自己的教育原则

在与雇主如何相处方面，维多利亚时代早期的一位家庭女教师提出了自己的见解："在牧师家工作期间，我第一次发现父母和家庭教师

---

① MARTIN M A, LEE E. The education of mothers of families[M]. . London: Whittaker & Co., 1842: 11.

② MARTIN M A, LEE E. The education of mothers of families[M]. . London: Whittaker & Co., 1842: 11.

③ MARTIN M A, LEE E. The education of mothers of families[M]. . London: Whittaker & Co., 1842: 12.

④ MARTIN M A, LEE E. The education of mothers of families[M]. . London: Whittaker & Co., 1842: 12.

之间必须针对孩子错综复杂的教育问题达成共识。父母最了解自己的孩子，因此他们是孩子兴趣的最佳评判者，相比之下家庭女教师的判断可能不那么准确，但家庭女教师必须保持自己的权威，要对孩子进行必要的管理。在具体的实践中，家庭女教师可能会尽量顺应家长的期许，但很多时候却不得不坚持原则，与家长的意愿相违背。出于许多原因，家长也许不适合教育自己的孩子，他们承担着多种角色和职责，很难以恰当的方式来教育孩子。家长可能也知道自己的方式不对，但缺乏矫正孩子行为所需的道德勇气。在这种情况下，家庭女教师必须明确自身的职责，坚持教育原则。家长可以和家庭女教师一起讨论什么对孩子最好，但不能过度干预家庭女教师的工作。家长对家庭女教师的教育进行不当的干扰将对孩子和家庭女教师造成不利影响。他们无权在孩子面前纠正家庭女教师的错误，也没有任何理由对家庭女教师指手画脚。否则，家庭女教师就会丧失自己的权威，孩子也会经常威胁家庭女教师'我要告诉妈妈'。如果母亲能自己教育好孩子，当然前面所述的小冲突都不存在，但母亲很难做到独自教育好孩子，因此家长和家庭女教师就孩子的教育问题应尽早达成共识。家长应给予家庭女教师'特殊许可证（a special license）'，让家庭女教师以最好的方式来教育孩子。"①

从上面的内容不难看出，当时已有人对母亲和家庭女教师的工作职责、教育角色进行了深入思考。家庭女教师的职责更多是传授知识，而母亲的职责更多是人格的塑造。母亲应履行自己对孩子的教育使命，且不能把教育的职责完全托付给家庭女教师。

（四）家庭女教师与孩子们的关系

前文已对家庭女教师的资质要求、社会地位、与雇主家庭女主人

---

① The autobiography of an English governess[M]. Montreal: John Lovell, ST. Nicholas ST., 1868: 19-20.

的关系进行了探讨，但作为教师，家庭女教师的主要工作对象是孩子，她们和孩子之间的关系才是家庭女教师工作的最大影响因素。由于每个家庭的实际情况有所不同，每位家庭女教师的情况也有所不同，且每个家庭女教师在不同的从业阶段工作也会有所不同，因此关于当时家庭女教师和孩子们之间的关系，很难有一个准确一致的评价。但总的来看，有的家庭女教师和孩子们相处很好，结下了终身友谊；有的家庭女教师和孩子们很难相处，最后不得不离开雇主家庭，另谋高就。

“少年时期我最主要的陪伴者就是我的家庭女教师艾格尼丝·伦茨(Agnes Lentz)，在她身上我不仅学习到了一些让我终身受用的知识，她还让我养成了强烈的道德与宗教观念。她于 1855 年即我十三岁那年开始担任我的家庭教师，一直到 1860 年，我们相处了五年的时光。后来她离开了我们家，但依然在伦敦工作，我还可以经常看到她。1885 年，她在自己的祖国德国退休，我一直和她保持着书信联系，1907 年，我还到汉堡去拜访过她。”① 由此可见，上述叙述者和她的德国家庭女教师相处愉快，并且保持了几十年的友谊。

但并非所有的家庭女教师都能和孩子和谐相处。维多利亚时代早期的一位家庭女教师分享了自己在一个牧师家担任家庭女教师的经历：“牧师家有三个男孩，都很调皮。A 是一个非常难相处的男孩，粗鲁且叛逆。我当时也没有太多的工作经验，因此很难在他们面前维持我的权威。每天的晚餐是我最难熬的时间。有一天，孩子们的祖母来访，她是一个非常挑剔的人，对缺乏工作经验的我感到非常不满。她对我的指责令我几度落泪，因此我决定辞掉这份工作。我搭上了那辆把我送到这里来的马车，回到了家。尽管善良的牧师对我的离开表示非常

---

① CRATWRIGHT J. The journey of Lady Knightley of Fawsley[M]. New York: E. P. Dutton and Company, 1917: 4-5.

遗憾，并试图挽留我，但最终我还是选择离开。”①

在英国，自都铎王朝起，一些受过良好教育的男性和女性在贵族家庭里担任教师，几个世纪以来，家庭教师的职业一直存在。家庭教师这一职业以前只存在于贵族家庭，普通人家的女孩往往跟随母亲或年老的仆人学习一些简单的生活知识与技能。18 世纪开始，人们对儿童福利越来越重视，家长们也越来越重视对女孩们的读、写、算教育。在这一需求之下，家庭女教师这一职业变得越来越常见，寻常人家也开始聘请女教师。彼时英国还是一个农业国家，交通尚且不便，因此孩子们在家接受教育可行性较大。随着工业的发展，大城市随之建立起来，交通变得越来越方便，城市和农村的界限逐渐被打破，家庭女教师这一职业也随之被取代。②

第二节 作为社会组织的家庭

家庭作为社会组织对孩子的影响，包括家庭的结构、社会经济地位、代际传统、角色分配、文化氛围以及家庭对孩子在家庭生活以外经历的选择和支持。③ 维多利亚时期的英国中产阶级家庭在上述方面都发挥着积极作用。

---

① The autobiography of an English governess[M]. Montreal: John Lovell, ST. Nicholas ST., 1868: 22-23.

② NEFF W F. Victorian working women: an history and literary study of women in British industries and professions, 1831-1850[M]. New York: Columbia University Press, 1929: 152.

③ 吴重涵，张俊，刘莎莎. 现代家庭教育：原型与变迁 [J]. 教育研究，2022 (8): 54-66.

一、家庭教育的社会再生产功能

在社会再生产功能方面，维多利亚时期的英国中产阶级家庭发挥着重要作用。尽管中产阶级并没有有产阶级那样大量的遗产可供后代继承，但他们通过教育，把文化传统、道德品质、良好习惯等传递给了下一代。

前文已述，维多利亚时期的英国中产阶级家庭生活是高度仪式化的，通过节假日仪式、家庭晚宴等生活仪式，中产阶级把文化传统传承下去。通过家庭宗教活动，中产阶级让孩子传承宗教信仰与道德观。家庭祷告和安息日之举扮演着让子女传承父母的信仰与道德观的机制。另外，尽管大部分中产阶级小孩都会上学，但父母仍然会继续灌输他们道德理念、社交技巧、餐桌礼仪和婚姻策略。正因为这样，家庭功能的萎缩才会保持，甚至促进了家庭与社会的关系。对家的膜拜不一定会让人疏远社会。①

前文还提到，维多利亚时期的英国中产阶级家庭生活非常丰富多彩，他们会为孩子安排许多的平衡休闲活动和一些核心休闲活动。通过家庭阅读、家庭晚会、假期出游、参观美术馆、到剧院观剧等丰富的家庭休闲活动，中产阶级父母用自己对生活的热情感染着下一代。

维多利亚时期的中产阶级崇尚勤奋、善良、自律等优秀品质，当时一些知识分子自发组织在一起进行知识交流，一开始规模很小，后来慢慢扩大。随后还邀请一些有影响力的知识分子发言。1845 年，塞缪尔·斯迈尔斯（Samuel Smiles）被邀请发言。斯迈尔斯此前是一名外科医生，后转行为《利兹日报》（*Leeds Times*）的编辑。他的主张

---

① 盖伊. 施尼兹勒的世纪：中产阶级文化的形成，1815-1914［M］. 梁永安，译. 北京：北京大学出版社，2006：55.

是人在生前身后的幸福必须主要依靠自己，依赖于自己勤奋的自我修养、自律和自我控制，最重要的是依赖于诚实正直地履行个人责任。① 斯迈尔斯在讲座中以自己和前辈伟人的生活为例，展示了勤奋和毅力是如何带来成功和财富的。在总结自己主张的基础上，斯迈尔斯于1859年出版了一本书《自助，以行为和毅力为例》（*Self-Help, with Illustrations of Conduct and Perseverance*），这本书后来经过多次再版，成为许多中产阶级家庭的“圣经”。

通过身体养育，中产阶级将科学健康的生活方式传递给后代；通过精神陶冶，中产阶级按照自己所崇尚的品格，培养和塑造着下一代；通过生活教育，在潜移默化中，中产阶级把自身的生活方式和文化认同传承给下一代。

二、《初等教育法》带来机遇与挑战

1867年，曼彻斯特教育援助委员会（Manchester Education Aid Society）的一份报告显示，1672名父亲中有465人不识字，1857名母亲中有815人不识字，1660名十二岁到二十岁的青少年中，759人不识字。② 从这个比例来看，当时大约有三分之一的父亲不识字，约一半的母亲不识字。1870年，英国颁布了《初等教育法》。《初等教育法》颁布之前，父母基于道德的基础对孩子进行教育，但自《初等教育法》颁布后，送孩子接受教育成为父母的法定职责。③《初等教育法》的颁布对于英国全面受教育水平的提高具有重要作用，对于社会的整体进

---

① 赫弗. 高远之见：维多利亚时代与现代英国的诞生［M］. 徐萍，汪亦男，译. 北京：社会科学文献出版社，2020：229.

② CAMPELL D. Compulsory education[M]. London: J. Myrray, 1870: 4.

③ DEANS R S. The law of parent and child, guardian and ward and the rights, duties and liabilities of infants[M]. London: Reeves & Turner, 1895: 31.

步也有非常重要的推进作用。正如当时发行的一本有关该法案的小册子的前言所言："一个人的受教育程度越高，在行使特定职责时，对自己和社会会更有利。"[①]《初等教育法》规定，每个地区必须设立小学，父母必须送五岁至十四岁的儿童入学，如父母不按规定送孩子上学，当地教育行政部门有权对其进行罚款。

从历史的角度来看，《初等教育法》颁布的主要目的是为下层社会的儿童带去福音。有研究表明，下层社会的许多儿童不但没有机会接受教育，就连基本的家庭温暖也很难保证，所以《初等教育法》对于下层社会的人来说无疑具有颠覆性的历史意义。但对于本身占据了较好教育资源的中产阶级来说，《初等教育法》的颁布又意味着什么，这个问题值得深思。

1870 年《初等教育法》的颁布给中产阶级家庭教育带来了机遇与挑战。从机遇的角度来看，《初等教育法》的颁布意味着家庭教育支出从家庭转移到国家，在《初等教育法》颁布之前，孩子的教育是家庭的事情，父母必须为孩子接受教育支付费用，而《初等教育法》颁布之后，孩子可以到公立学校接受教育，家庭不需要承担费用。从这个角度看，《初等教育法》的颁布在很大程度上减轻了家长的经济负担。

与《初等教育法》颁布随之而来的问题是教育质量的问题，《初等教育法》的颁布表明，健全的国民教育系统还没有建立起来，更谈不上对高质量教育的追求了。学校教育质量低下，学生家庭背景多样化，这给原本在家庭接受较高质量教育的学生带来了巨大挑战。前文也提及过，有人在回忆录中提到自己因家道中落被迫到质量更差的学校就读的经历，那种混杂的教育环境令他十分不满。当中产阶级对高质量教育的追求得不到满足时，《初等教育法》显然就成为摆在他们面前的绊脚石。

---

① CAMPELL D. Compulsory education[M]. London：J. Myrray，1870：1.

三、书本知识和身体健康之间的平衡

维多利亚时期，医学有了长足的发展，但离发达还有漫长的距离。当时的中产阶级选择把家安在郊区，为的是新鲜的空气和开阔的田野以及由此带来的安宁和卫生。当时肺病仍是儿童的第一杀手，很多孩子都因肺病而夭折。书本学习与身体健康犹如鱼和熊掌不可兼得，客观来看，身体健康高于一切，是书本学习的前提，在繁重的书本学习面前，健康显得更为迫切，因此当时人们普遍认为过多的书本学习会消耗健康。当时的育儿书也指出，当孩子有患病的迹象时，家长首先要做的就是停掉孩子的书本学习。

欧曼的赶考经历生动地说明了当时的部分孩子因学业压力较大而导致身体出现状况。1872 年 11 月，父母带着欧曼住进了位于圣彼得街的皇家大酒店（Royal Hotel），准备参加温彻斯特公学的招生考试。根据欧曼的回忆，当时有来自世界各地的 150 名考生齐聚温彻斯特公学，参加为期三天的考试，每位考生都由父母或家庭教师陪同，这也让当时公学附近的街道拥挤不堪。考试当天，身着正式服饰的公学老师从监护人手中接过了考生们，将他们送到一个能够同时容纳 150 名考生的大厅参加考试。考生们在年龄和体格方面有较大差异，大致可以分为三类：十二岁以下、十三岁以下（欧曼是其中一员）和十四岁以下。[①] 温彻斯特公学会在学校外的商店门口张贴告示，公布第二天有资格继续参加考试的名单。因此三天的考试下来，每天早上参考的人较之前一天要减少许多。第三天时，参考人数只剩下 30 人。能够入围 30 人的名单对于陪同考生参考的家长或老师来说都是莫大的鼓舞。整个考试

---

① OMAN C. Memories of Victorian Oxford and some of early years[M]. London: Methuen & Co. Ltd. ,1942:24.

过程中，父母一直在校门外焦急地徘徊。欧曼称已记不起试卷上的具体问题，但模模糊糊记得自己的答题情况很好，除了数学科目稍微有些不足之外。笔试结束后，30 名考生排队参加面试。欧曼感到非常紧张，整个面试过程非常漫长，面试结束后，他已虚脱倒地。工作人员迅速将他扶起送往另一个房间，在服下一杯雪利酒后，被送到父母手中。[①]

尽管父母早上因为欧曼的晕倒受到惊吓，但在看到欧曼榜上有名时非常高兴，他们给了欧曼非常多的赞扬，并且为欧曼准备了丰盛的晚餐。由于在考试中耗费了大量的精力，再加上返程途中受凉，舟车劳顿之后欧曼生了一场大病，父母迅速将其送回了家，并请来了医生进行诊断，医生建议欧曼卧床休息六个星期，这也让欧曼直到 10 月 20 日才到温彻斯特公学上学，比开学整整推迟了一个月。[②]

由上可见，身体健康是第一位的。繁重的书本学习在一定程度上会对身体健康造成威胁，在医学不够发达时，病痛很容易夺去人的生命，因此在书本学习和身体健康方面，鱼和熊掌难以兼得。在医学高度发达、卫生条件也有了很大改进的今天来看，顾此失彼的选择显然有其局限性，但回到历史环境中，貌似又是合理的。

第三节　作为宗教机构的家庭

维多利亚时期英国中产阶级的家庭生活和宗教生活密不可分，从前文提到的小说《家，甜蜜的家》中就可窥见一斑。宗教是英国国民生活的重要组成部分，宗教将人们联系在一起，也将人们分开，人们

---

① OMAN C. Memories of Victorian Oxford and some of early years[M]. London: Methuen & Co. Ltd.,1942:25.

② OMAN C. Memories of Victorian Oxford and some of early years[M]. London: Methuen & Co. Ltd.,1942:26-27.

通过宗教信仰来决定是否接纳他人，信仰宗教不仅是这个国家的传统，也是人们生活的力量。① 19 世纪的英国国教制度建立在新教的基础之上，尽管当时存在许多不同教派，不同教派下面又存在许多不同的宗派，但宗教信仰仍然是当时社会生活的重要组成部分。

一、宗教在家庭生活中的地位

1851 年的人口普查首次对宗教崇拜做了调查。人口普查的前一天是礼拜日，隶属英国国教的 14 077 处礼拜场所和不信奉国教的 20 390 处教堂提供了详细的礼拜出勤记录。这次调查发现，自 1831 年开始，教会修建了 2029 处礼拜堂。兰开夏郡的教堂数量从 292 处增至 521 处，当地人口数量在 20 年间增加了一倍。米德尔塞克斯的情况也是如此，平均每 4658 人拥有一座教堂，而 1831 年时平均每 5522 人拥有一座。这次全国性调查估计，英国国教 14 077 处礼拜场所参加礼拜的人数达 5 317 915 人次，其中调查当天礼拜日的早晨有 2 541 244 人次，中午有 1 890 764 人次，晚上有 860 534 人次。一个家庭每个礼拜日可能去教堂做礼拜三次，所以这些数字不应计算在内。② 从这次人口调查的数据不难看出，宗教在当时英国人的家庭生活中占据重要地位。因此有学者断言，如果不考虑宗教的压力和去教堂的责任，就无法理解英国人的家庭生活。③

有史料表明，教堂是维多利亚时期英国人进行社会休闲活动的主要场所，教堂的许多活动如主日学校的野餐、丰收节、庆祝茶会、年

① COLLOER R D. English home life[M]. Boston: Ticknor and Company, 1886: 116.

② 赫弗. 高远之见：维多利亚时代与现代英国的诞生 [M]. 徐萍，汪亦男，译. 北京：社会科学文献出版社，2020：160.

③ COLLOER R D. English home life[M]. Boston: Ticknor and Company, 1886: 116.

度庆典等充实了当时英国人的休闲生活。[1] 不考虑宗教因素，就无法深层次理解维多利亚时期英国人的家庭生活，当时英国的家庭教育也深深地渗透着基督教的神圣理想。《母亲、家庭与天堂》一书的作者乔治·爱德华·杰夫（Goerge Edward Jelf）在前言中指出，母亲（mother）、家（home）、天堂（heaven）是英语中最美丽的三个词。家庭被当时的中产阶级视作逃离外部肮脏世界的避难所。

牧师在当时的所有阶层都享有非常高的社会地位，他们代表着最高品质的精神生活。在英国人的眼中，神职人员都是出身良好且受过良好教育的人，也是有教养和智慧的人，与普通人相比，他们见多识广、富有学问、心灵纯洁。[2] 在当时的家庭重要活动、社会乃至国家的重要场合，都会邀请神职人员出席。如果一个活动没有邀请牧师出席，那将会让人们很失望。尽管当时也有一些不信教的人士，还有一些人从不去教堂，但他们对宗教都持有尊敬的态度。尽管他们自己不信教，但也会邀请牧师共进晚宴，并向牧师们虚心请教。在所有的家庭中，牧师都是非常受欢迎的宾客。

二、基督教圣诗中的家庭图景

圣保罗描绘了一幅和谐的家庭图景："妻子们，服从你们的丈夫，就像服从上帝一样；丈夫们，爱你们的妻子，就像耶稣爱教堂一样；孩子们，服从你们的父母，就像服从上帝一样；父亲们，不要迁怒于孩子，要按照上帝的旨意抚养和训诫他们；仆人们，服从你们的主人，要心怀敬畏，忠心耿耿；主人们，要克制自己的行为，要知道你们的

---

① COLLOER R D. English home life[M]. Boston：Ticknor and Company，1886：117.

② COLLOER R D. English home life[M]. Boston：Ticknor and Company，1886：117.

主人是上帝。”① 这段话对家庭关系和各成员应尽的义务进行了规定。妻子是丈夫的助手（helpmeet），她们必须全身心地为丈夫服务；丈夫是家庭的主人（house band），是家庭团结的纽带，他们既要在外努力工作，也要无私地为家人奉献自我；孩子是家庭幸福的纽带，服从父母是他们的本分；仆人要恪尽职守、心怀敬畏；主人要善待仆人，克制自己的言行。

这一时期出版的圣诗《我的父亲》《我的母亲》对父亲与母亲在孩子成长过程中所扮演的角色进行了诠释。

我的父亲

是谁微笑地在母亲的轻声提醒下，从母亲手中接过了我，向我展示这个世界和大自然的美好？是我的父亲。

是谁让我感受到大海和陆地的奇妙，让我了解出自造物主之手的这个世界？是我的父亲。

是谁带我爬到山顶，注视着我惊恐的脸庞，当旭日初升时？是我的父亲。

是谁让荒芜的岩石变得亲切，是谁指着远方告诉我“我的孩子，在那里有一个国家”，并流下珍贵的泪水？是我的父亲。

是谁从每一朵花和每一根茎那里收集甜蜜的话语，陪伴我走过长长的路？是我的父亲。

是谁从不踩死昆虫，也不割断刺人的荨麻，同时滋养了我的心灵和头脑？是我的父亲。

是谁微笑着听我说出自己的愿望，看着那来自伊萨卡家庭的袅袅的炊烟？是我的父亲。

是谁用基督教教义教导我，用训诫的方式教育我，从不抛弃

① JELF G E. Mother, home and heaven[M]. London: A. D. INNES & Co., 1891: 131.

我？是我的父亲。

是谁在我的心上写下佩迪娅刻在德行的神殿上，让人类变得神圣的那句话？是我的父亲。

是谁在我的心中燃起《荷马史诗》之火，让我认识那一夜在我的梦中闪现的崇高的英雄人物？是我的父亲。

在木筏上，在泡沫中，谁和尤利西斯一起看见我漫步，抬起头寻找家的方向？是我的父亲。

还是让您学者的心欢欣吧，用您天使般的声音说出您的动机和选择，我的父亲。

是谁带我到田野散步，倾听我咿呀学语，鼓励我蹒跚学步？是我的父亲。

是谁带我放风筝，拉拽着线让风筝飞起来，是谁看见我眼中闪烁的喜悦？是我的父亲。

我们之间还有一点空间，直到我与您面对面，而不是像现在那样徒劳地拥抱，我的父亲。

当疾病侵袭您，我的关心将缓解一切痛苦，抚慰您的内心，我的父亲。

是谁命令我永远不要关闭心门，不要漠视穷人的痛苦，也不要怀疑我的力量能治愈许多的痛苦？是我的父亲。①

这首诗首先描绘了父亲在培养孩子对大自然的热爱之情中的作用，热爱自然、崇尚自然的观念在维多利亚时期英国中产阶级中广为流行。卢梭的《爱弥儿》在当时的中产阶级家庭中广为流传，对当时的家庭教育产生了重要影响。其次，这首诗提到，父亲不仅关心孩子的大脑，

① TAYLOR G A. My father: to which is added, my mother[M]. Edinburgh: James Clarke and Co., between 1824 and 1844: 1-8.

也关心孩子的心灵，通过向孩子进行宗教教育，用宗教的训诫方式教育孩子，引导孩子向善向美。父亲培养孩子对穷人的善良和同情心，让孩子在接受父爱的同时学会反哺，在父亲年老或疾病缠身时，给父亲送去关心和抚慰。最后，父亲在培养孩子勇敢、坚毅的品质方面扮演重要角色。诗歌中的父亲通过讲述《荷马史诗》中的英雄故事，培养孩子勇于探险的精神。这一方面是由于大英帝国在海外发展殖民地，需要大量具有冒险精神的资产阶级新人。强健的体魄是资产阶级新人所必备的素质，父亲带孩子到户外徒步、登山、放风筝，锻炼孩子的身体。

我的母亲

是谁坐在我的身边，注视着我小小的脑袋，眼中饱含甜蜜的泪水，当我在摇篮里熟睡时？是我的母亲。

当疾病和痛苦侵扰我，是谁凝视着我沉重的眼皮，害怕我将死去？是我的母亲。

是谁用甘美的乳汁哺育了我，让我在她的臂弯里栖息，在我的脸颊上印上甜甜的吻？是我的母亲。

如果我敢轻视我的母亲，上帝将会用仇恨的眼神看着我。

是谁让我在儿时学会了祷告，爱上帝，爱礼拜日，走上充满智慧和喜悦的道路？是我的母亲。

当我从睡梦中惊醒，是谁轻吟浅唱来抚慰我，让我不再哭泣？是我的母亲。

当我摔倒时，是谁跑过来扶起我，向我诉说美好的故事，亲吻我的伤口？是我的母亲。

是谁让我穿上漂亮的衣裳，是谁教会我如何游戏，是谁留意我说过的每一句话？是我的母亲。

是谁让我真正爱上阅读，高兴地听我朗读她已倒背如流的故事？是我的母亲。

您是如此善待我，我岂能停止对您的深情和善良，我的母亲。

当您老了，头发花白，我强健的臂弯将会成为您的支柱，我将抚慰您的痛苦，我的母亲。

您总是如此善良，我可以向您倾诉我的心声，从您的双唇之间寻求甜蜜的慰藉，我的母亲。

当您垂下头，就轮到我守在您的床边，眼中饱含深情的泪水，我的母亲。①

从这首诗不难看出，母爱和父爱的表现形式有很大不同，父亲的爱指向外部更广阔的大自然和整个世界，母亲的爱则无限包容、直达我们的内心。母爱的首要表现方式是无条件的慈爱，哺育孩子、照料孩子、关注孩子，用温柔的话语和关爱的行为抚慰孩子身体与心灵的创伤。其次，母亲是孩子宗教教育的启蒙者，在儿时就教会孩子祷告、爱上帝，引导孩子走上信奉宗教的幸福之路。最后，母亲是孩子智育的第一任教师，通过倾听孩子的阅读，鼓励孩子爱上书本、爱上学习。此外，善良是母亲传递给孩子的一大重要品质。与父爱一样，孩子在接受母爱的同时，也要学会反哺。

三、家是基督徒心灵的避难所

在基督教徒的心中，家是伟大神圣的地方，是心灵的避难所。

每个人都有家，每个人都能感受到家。从家里，我们获得了

① TAYLOR G A. My father: to which is added, my mother[M]. Edinburgh: James Clarke and Co., between 1824 and 1844: 9-15.

智慧、常识、对世界的经验。在家中，我们能最大限度地被认识。家是我们的住所，在这里我们认识和我们同住的人，也被他们所熟知。家能够包容我们的错误和失败，让我们成长得更好，家人理解我们的处事方式、习惯，接受我们的外貌。这意味着在家里，我们有自己关心和感兴趣的人，有值得我们学习和保持联系的人，从他们身上，我们能够获得纯粹、高贵和真诚。认识家人和被家人认识是家庭幸福的秘密。

不仅如此，家还是爱的栖居地，我们从家中能够获得爱，尽管我们会犯错误，也会有很多不足，在家中“我们能够真诚、深情地爱对方”。

尽管我们也会从其他地方获得爱，但我们会感觉到没有地方像家一样能够给我们美好、幸福和无私的爱，因为外部世界的很多人都是受各自利益的驱使。

根据上帝创造的法则，家是心灵的避难所。

关于家人之爱的回忆是那么的美丽！当我们回忆起长辈时，即便很多人都已经离开，但世界上仍会有家人将他们牢记在心中。这种爱是我们每个人立足于世界的根，它缠绕在父母的身上，顺势而上，它在我们的回忆中善良，让人生的苦果变得甘甜。这就是为什么穷人的家和国王的家一样幸福的原因。

在家庭中，父母是孩子幸福的奴隶，因为爱是一切的国王。家是我们的栖息所，是我们逃离不真实、不和谐、吃力不讨好的劳作、令人失望和不满的外部世界的避难所。在家中，和孩子相处，做一些简单的家务，与兄弟们一同散步，即便不说一句话，我们也能够找回心灵的宁静与平和。当我们生病、陷入麻烦、感到不适时，我们从家人身上能够获得莫大的安慰。当罪恶要毁灭我们时，父亲悲伤的脸上投来的慈祥目光能够让我们获得希望。家是让人放松的地方。

家是维系家人感情的纽带。通过家，我们和家人联系在一起。童年时期已经离我们远去，但家人关于我们童年的记忆常常能让我们重回当时的场景，让我们追忆往事，就像沙漠中即将消失的一条涓涓细流，最终导向广阔的大海。①

从上面这段文字可以看出，维多利亚时期的英国基督教徒把家庭置于一个至高神圣的位置。家是幸福的港湾，是爱的神殿，在这里人们可以从外部世界的不堪中抽离，全身心地投入幸福甜蜜的家庭生活之中。

① TAYLOR G A. My father：to which is added，my mother[M]. London：A. D. INNES & Co.，1891：115-119.

第六章　维多利亚时期英国中产阶级家庭教育的审思

作为英国历史上的光辉岁月，维多利亚时期是英国的政治、经济、文化的鼎盛时期，国力的繁荣与中产阶级这股重要的力量分不开。研究这一时期中产阶级崇尚的家庭理念和中产阶级践行的家庭教育实践对于认识这股新生的力量具有重要作用。维多利亚时期的英国中产阶级重视家庭，注重孩子的身体养育和精神陶冶，并为孩子安排许多有意义的家庭生活活动，其许多经验在今天看来，仍然具有一定的借鉴意义。但囿于历史背景，维多利亚时期英国中产阶级的家庭教育也有其局限性。

第一节　家庭是理想人格塑造的重要场所

古往今来，几乎所有的社会在特定历史时期都会有特定的理想人格，教育则围绕培养具有理想人格的人来进行展开，维多利亚时期的英国也不例外。前文已述，维多利亚时期的英国中产阶级希望男性在外能应对各种残酷挑战和各种不确定性，在内能爱家恋家，成为好丈夫、好父亲；维多利亚时期的英国中产阶级希望女性能成为善良、虔诚、贞洁的“家庭天使”。围绕着社会对男女不同性别角色的期许，教育徐徐展开。有研究指出，作为社会化的组织，家庭的第一个重要功能是让孩子学会最基本的社会规范，包括了解什么是个体性、学会相互尊重与合作、学会服从等。第二个重要功能是让孩子传承世世代代传下来的社会遗产，包括人类在漫长历史中积累下来的知识和经验、处理事情的传统、各种各样的习俗、对待人与事的态度和情感等。[①] 维多利亚时期的英国中产阶级家庭正是通过有意识的教育活动和无意识的生活，从身体养育和精神陶冶两大方面，塑造男性和女性的理想人格。

一、身体养育与精神陶冶并重

身体养育和精神陶冶是维多利亚时期英国中产阶级家庭教育的两大重要方面。强健的体魄是维多利亚时期英国中产阶级理想人格的重要组成部分，不论男性还是女性，身体健康是维多利亚时期英国人关注的焦点。维多利亚时期的英国中产阶级男性是家庭的顶梁柱，他们在外部世界打拼，甚至要远渡重洋开展对外贸易，要承受各种事业压力，应对风险和不确定性，因此健康的身体十分必要。作为"家庭天使"，维多利亚时期的英国中产阶级女性承担着操持家务、管理仆人、生儿育女等重要职责，身体的健康必不可少。此外作为母亲，母体的身体健康是后代身体健康的重要前提。家庭是孩子身体养育的第一场所，为培养具有强健体魄的男性和女性，维多利亚时期的中产阶级家庭从清洁卫生、衣着服饰、饮食营养、居所环境、体育锻炼等诸多方面入手，养育儿童的身体。

维多利亚时期英国中产阶级理想人格的精神层面内涵十分丰富。对于男性来说，为了适应在外部世界打拼的需要，他们必须要具备节俭、谦卑、服从、节制、秩序、真诚、正义、勤奋等优良品质，以遵

① MESS H A. Social groups in modern England［M］. London, Edinburge, Pari, Melbourne, Toronto and New York: Thomas Nelson and Sons Ltd., 1940: 24-25.

守社会规范；对于女性来说，为履行“家庭天使”的角色，她们要具备无私、纯洁、虔诚、温柔、优雅、贤惠等优良品质，以成为贤妻良母。上述针对男性和女性的优良品质需要在孩子的成长过程中慢慢养成，家庭是塑造孩子上述优良品质的重要场所。维多利亚时期的英国中产阶级家庭重视道德教育和宗教教育，通过宗教教育与道德教育，把社会对理想人格的品质要求传递给下一代。此外，通过劳动教育和审美教育以完善其人格。

二、有意识的教育和无意识的生活相结合

在 1870 年《初等教育法》颁布之前，维多利亚时期的英国中产阶级家庭的孩子几乎都是在家中接受基础教育，《初等教育法》颁布之后，考虑到学校教育质量，许多中产阶级家庭仍选择通过各种方式让孩子在家中接受教育。家庭是孩子养成学习习惯、学习基础文化知识的重要场所。为此，这一时期有许多写给家长的家庭教育书，家庭学校是这一时期的重要教育场所。为确保教育成效，许多家庭会借鉴教学指导书或在参考有关专业人士的建议下，按照学校教育的组织形式，在家中对孩子进行科学文化知识教育。在学习时间、教学内容的安排上，家庭学校都有较为固定的模式。家庭学校的教育无疑是一种有意识的教育，旨在开发孩子的智力、提升其科学文化水平。此外，有的家庭会对孩子进行宗教教育，通过阅读《圣经》、教义问答等方式，将宗教要求传递给孩子，这也是一种有意识的家庭教育。上述所提到的有意识的教育都是显性的家庭教育，它有组织、有主体、有计划、有控制，是儿童社会化过程中必不可少的一部分。

除有意识的教育外，无意识的家庭生活尽管结构更加松散，但所蕴含的教育意义却十分丰富。前文已述，维多利亚时期英国中产阶级家庭生活非常仪式化，圣诞节等重大节日、家庭晚宴、家庭晚会等日

常生活都被高度仪式化，其中的环境创设、活动流程、语言表达、衣着服饰等，都是长期积累下的传统和习俗，在这种仪式活动的熏陶下，父母将家庭习俗以文化资本的形式传递给下一代。此外，在旅行度假、参观场馆、饲养宠物、日常阅读等家庭休闲活动中，父母以潜移默化的方式将时代积累下来的生活方式传递给下一代。

有意识的教育活动是显性的家庭教育，无意识的家庭生活是隐性的家庭教育，家庭在个体社会化的过程中以显性和隐性相结合的方式，全方位地塑造着儿童。

三、以完备的教育内容体系塑造理想人格

从维多利亚时期英国中产阶级家庭教育来看，其内容体系较为完备。在身体养育方面，维多利亚时期的英国中产阶级家庭重视户外活动，重视阳光、新鲜空气、营养食物等在孩子身体健康方面的重要作用。此外，维多利亚时期的英国中产阶级家庭也注重培养孩子的运动技能，在城市地区有为青少年专门设置的运动场馆，维多利亚时代晚期乡村运动俱乐部的兴起为居住在郊区和乡村的孩子们提供了更好的体育运动条件。在品质塑造方面，维多利亚时期的英国中产阶级家庭通过宗教教育与道德教育，把虔诚、节制、服从、勤奋等优秀品质传递给下一代。在智力开发方面，母亲或家庭女教师在家庭学校内将语言、算术、历史、地理等文化基础知识教给孩子们。在美育方面，通过有意识的钢琴、声乐、绘画课程教学和无意识的参观美术馆、歌剧院、举行家庭晚会等活动，培养孩子感受美、欣赏美的意识，培养其创造美的基本能力。在劳动教育方面，通过对孩子进行正确的劳动观教育，引导孩子正视体力劳动和脑力劳动，通过家务活和家庭园艺等活动培养孩子基本的劳动技能，根据孩子自身的性格特征和身体素质，对孩子进行职业启蒙教育。从上面的内容可看出，维多利亚时期英国

中产阶级家庭教育的内容较为完备，对于塑造理想的人格具有重要的奠基作用。

第二节　卢梭自然教育思想的影响

在维多利亚时期英国的育儿书和家庭教育指导书中可以看出，卢梭的自然主义教育观深入人心。卢梭的理论就像一把钥匙，开启了维多利亚时期英国中产阶级父母们的心灵，他是为数不多的能够唤醒父母本能的教育家之一。在维多利亚时期的英国，卢梭有一大批的追随者。梅森在她的书中指出："欧洲受过教育的父母中曾有成千上万的人狂热地追随他，他的教育理念已经渗透到许多普通的家庭。"①

一、卢梭唤醒了英国中产阶级父母的育儿本能

卢梭曾经说过："父母们，这是你们的工作，而且只有你们才能做这个工作。拯救社会，使之万代传承的任务就靠你们这些年轻的父母们了。再没有什么比这更重要的事情了。培养子女、使他们长大成才是非常严肃的事情。和这些相比，那些让许多人呕心沥血、辛苦经营的职业就如同幼稚的儿戏一样。"② 这段话在当时的英国中产阶级中被广泛传颂，他们十分重视对孩子的教育与陪伴。母亲亲自教育孩子、父亲在休息日带孩子远足或旅行，聘请优质的家庭教师、为孩子挑选优质的学校等是当时中产阶级父母的重要职责。

在卢梭教育理念的感召下，当时英国的许多家长远离尘世，带着

① 梅森．父母与孩子：父母在孩子教育中的角色［M］．赵昌荣，等译．北京：中国发展出版社，2013：1.

② 梅森．父母与孩子：父母在孩子教育中的角色［M］．赵昌荣，等译．北京：中国发展出版社，2013：2.

自己的孩子们到安静的地方，把他们所有的时间用来履行父母的职责。许多的母亲努力钻研古典文学、数学、科学等，为的是亲自教育孩子。人们普遍意识到教育子女是身为父母最为重要的一项工作。[①] 卢梭的教诲激起了父母们的教育热情，他是家庭教育事业的布道者，他让父母们意识到教育孩子是一项神圣的使命，也让许多父亲们把心思用到了孩子们的身上，为造物主造就合格的子民。

在卢梭教育理论的感召下，原本把孩子交给保姆抚养的母亲开始自己承担起孩子的养育职能。“那些美貌的母亲摆脱了喂养婴儿的累赘，高高兴兴地在城里寻欢作乐，她们可曾知道在襁褓中的孩子在乡村里受到怎样的对待?”[②] 卢梭的一席话在很大程度上唤醒了母亲们的良知，亲自抚养孩子、教育孩子在维多利亚时期英国中产阶级家庭中成为风尚。同样，卢梭也对父亲的育儿职责提出了要求：“一个做父亲的，……他对人类有生育人的义务；他对社会有培养合群的人的义务；他对国家有造就公民的义务。凡是能够偿付这三重债务而不偿付的人，就是有罪的，要是他只偿付一半的话，也许他的罪还要大一些。不能借口贫困、工作或人的尊敬而免除亲自教养孩子的责任。”[③] 在维多利亚时期的许多回忆录中都可以看到孩子所记录的关于父亲对自己的影响，这些父亲尽管工作忙碌，尽管身体抱恙，但仍坚持亲自教养孩子，卢梭的影响可见一斑。

前文已提及，维多利亚时期的育儿书提倡母乳喂养，这一理念与卢梭的呼吁也分不开。“要是母亲们都能眷顾她们的孩子，亲自授乳哺乳，则风气马上可以自行转移，自然的情感将在每一个人的心里振奋起来，国家的人口又将为之兴旺。这是首要的一点，单单这一点就可

---

① 梅森. 父母与孩子：父母在孩子教育中的角色 [M]. 赵昌荣，等译. 北京：中国发展出版社，2013：1-2.

② 卢梭. 爱弥儿 [M]. 李平沤，译. 北京：商务印书馆，2016：20.

③ 卢梭. 爱弥儿 [M]. 李平沤，译. 北京：商务印书馆，2016：30.

以使一切都融洽起来。家庭生活的乐趣是抵抗坏风气毒害的最好良剂。”① 卢梭提倡母乳喂养，要求母亲承担起自然赋予她们的职责，并把这一切和家庭的幸福有机联系在一起。

维多利亚时期英国中产阶级崇尚男主外、女主内的家庭观念，这也与卢梭的理念分不开。“当家庭生气勃勃、热热闹闹时，操持家务就成了妇女最可贵的工作，就成了丈夫最甜蜜的乐事。……一旦妇女们又负起做母亲的责任，则男子立刻就可负起做父亲和做丈夫的责任。”② 卢梭所提倡的理念为维多利亚时期英国中产阶级所崇尚的“两分领域”和“家庭天使”等奠定了坚实的理论基础。

二、卢梭的儿童身体养育观对中产阶级父母的影响

从前文的描述中可看出，维多利亚时期英国中产阶级十分重视孩子的身体养育，乡村、阳光、新鲜空气、食物、睡眠、运动等成为当时中产阶级育儿的几大核心关键词。从孩子出生开始，卢梭就提倡人们要自然抚育。从母乳喂养，到婴儿的衣物，卢梭无不提倡要遵循自然。“人们把孩子的手足束缚起来，以致不能活动，感到十分的拘束，这样只有阻碍血液和体液的流通，妨害孩子增强体力和成长，损伤他的体质。……凡是用襁褓包裹孩子的地方，到处都可看到驼背的，瘸腿的，膝盖内弯的，患佝偻病的，患脊骨炎的，以及各种各样畸形的人。由于害怕自由活动会使身体成为畸形，结果却逼着它们长成畸形。”③ 维多利亚时的畅销育儿书《给母亲管理孩子的建议》就提倡婴儿的衣物要宽松，以便于婴儿四肢自由活动，这一切都可以从卢梭的

① 卢梭. 爱弥儿［M］. 李平沤，译. 北京：商务印书馆，2016：23.
② 卢梭. 爱弥儿［M］. 李平沤，译. 北京：商务印书馆，2016：23.
③ 卢梭. 爱弥儿［M］. 李平沤，译. 北京：商务印书馆，2016：18.

著作中找到依据。家庭教育指导书中也指出，当一个小生命来到一个家庭时，其身上蕴含了各种力量的可能性，需要在尊重自然规律的前提下，经过数月甚至数年才能发展起来。父母能够为之做的就是在遵循自然规律的前提下，尽可能好地照顾婴儿。这也是父母的职责，在尊重自然规律的原则下尽职尽责照顾好婴儿。根据自然规律，娇嫩的身体需要食物、空气、温暖、阳光、睡眠和锻炼的滋养。为婴儿提供了这些滋养后，婴儿柔软的骨骼会变得坚硬，虚弱的肌肉会变得结实，视力和听力会得到增强，大脑会变得更加灵活，能够感觉、理解和思考，并指挥行动，直到这个无助的小婴儿变成一个能够自主行动的孩子，并逐渐成为一个理性的人。父母的职责就是照顾好婴儿，为其提供最好的食物、空气、温暖、阳光、睡眠和锻炼。[①]

卢梭在《爱弥儿》中指出："要训练他们经得起他们将来有一天必然要遇到的打击。锻炼他们的体格，使他们能够忍受酷烈的季节、气候和风雨，能够忍受饥渴和疲劳；把他们浸在冥河水里吧。"[②] 在孩子的体格训练方面，维多利亚时期的英国中产阶级也十分重视，在孩子小的时候，育儿书和家庭教育指导书建议家长多带孩子到户外游戏，待孩子大一些之后，则要让孩子学会游泳、骑马、打球等运动技能，养成运动习惯。强健的体魄是幸福生活和健康工作的基础。

三、卢梭的儿童精神陶冶观对中产阶级父母的影响

在孩子的精神陶冶方面，在当时的英国有一则谚语："按照孩子的

① MARTINEAU H. Household education[M]. London: Smith, Elder & Co., 1876: 55-63.

② 卢梭. 爱弥儿 [M]. 李平沤，译. 北京：商务印书馆，2016：26.

本性来训练他，等他长大之后，他就不会丧失天性。”① 我们应遵循天性：我们从出生那天开始，天性就伴随我们，它不是通过教育得到的，也不是通过哲学家指导而获得的，而是被母亲的爱和照料所唤醒的。母亲用最优雅、动听的声音在摇篮边唤醒我们，母亲甜蜜的嗓音在孩子听来显得更加甜蜜。人们的天性就在母亲的怀抱中、在母亲甜蜜的注视中、在温柔的关怀中被唤醒的。② 按照天性培养孩子，是卢梭教育观的重要体现。让孩子是其所是，尊重孩子的身心发展阶段性，这些观点在卢梭的《爱弥儿》中都可以找到。

卢梭曾说过：“大自然希望儿童在成人以前就要像儿童的样子。如果我们打乱这个次序，我们就会造成一些早熟的果实，它们长得既不丰满也不甜美，而且很快就会腐烂：我们将造成一些年纪轻轻的博士和老态龙钟的儿童。”③ 卢梭唤醒了人们的儿童意识，把儿童当作不同于成人的独特群体对待，在教育和引导孩子时，注重孩子的发展阶段性。这些观点在很大程度上影响着维多利亚时期英国中产阶级的家庭教育实践。

维多利亚时期的英国中产阶级父母十分注重培养孩子的道德习惯，从孩子很小时就开始培养孩子服从、尊敬、诚实、礼貌等道德品质。这一教育观念与卢梭的教育观保持一致。卢梭曾说过：“人生当中最危险的一段时间是从出生到十二岁。在这段时间中还不采取摧毁种种错误和恶习的手段的话，它们就会发芽滋长，及至以后采取手段去改的时候，它们已经扎下了深根，以致永远也把它们拔不掉了。”④ 当时的

---

① MARTIN M A, LEE E. The education of mothers of families[M]. . London: Whittaker & Co. , 1842: 5.

② MARTIN M A, LEE E. The education of mothers of families[M]. . London: Whittaker & Co. , 1842: 5.

③ 卢梭. 爱弥儿 [M]. 李平沤，译. 北京：商务印书馆，2016：101.

④ 卢梭. 爱弥儿 [M]. 李平沤，译. 北京：商务印书馆，2016：106.

英国中产阶级父母不但注重纠正孩子的错误和不良习惯，还致力于从正面的角度，引导孩子成为具有优秀道德品质的人。

在儿童的宗教教育方面，卢梭指出："教义应当是讲得十分的明白和畅晓，应当以它们的真实而打动人心。"① 因此当时的一些育儿书建议父母根据孩子的年龄特点来进行宗教教育，父母在给孩子进行宗教教育时，要用孩子听得懂的话来表达。

在儿童的审美教育方面，卢梭指出："一个人可能具有的审美力的大小，是以他的天赋的感受力为转移的；而它的培养和形式则取决于他所生活的社会环境。第一，我们必须在好几种社会环境中生活过，才能做许多的比较。第二，还要有娱乐和消闲的场所，因为在事业的往来中我们不是按兴趣而是按利害关系去做的。第三，还需有这样的社交场合：在这种场合中，不平等的现象既不显著，偏见的压力也不太大，而且，在这种场合中人们所追逐的是声色而不是虚荣；因为，在相反的情况下，一时的时髦将压倒人们的爱好，使他们在选择东西的时候，不问那个东西是不是他们所喜欢，而只问它能不能使他们引人注目。"② 卢梭关于审美能力培养的这段论述，为当时的英国中产阶级父母指明了方向。

首先，"在好几种社会环境中生活过"意味着要让孩子经历和体验不同的社会环境，为此当时的中产阶级家庭注重外出度假、旅行，其目的是变换环境，给孩子新鲜感，这既能增长孩子们的见识，又能培养他们感受美、欣赏美的能力。其次，针对"要有娱乐和消闲的场合"这一要求，维多利亚时期英国中产阶级父母会带孩子去参观美术馆、博物馆，带孩子去歌剧院观剧，圣诞节期间带孩子去看童话剧等，这些休闲活动都涉及相应的场所，这些场所在孩子的美育方面发挥着重

---

① 卢梭. 爱弥儿［M］. 李平沤，译. 北京：商务印书馆，2016：476.

② 卢梭. 爱弥儿［M］. 李平沤，译. 北京：商务印书馆，2016：550-551.

要作用，在当时英国人的回忆录中就得到了印证。最后，儿童审美力的培养还离不开一定的社交场合。当时的英国中产阶级父母热衷于举行晚宴、节日聚会、音乐晚会等社交活动，并赋予这些活动高度的仪式性，在这种仪式性的家庭休闲活动中，孩子的审美力也得到了充分的发展。

卢梭在《爱弥儿》中曾提到过一本好书，即《鲁滨孙漂流记》，这本书让孩子们置身于一种与自身生活完全不同的环境中，让他们设想自己是一个与世隔离的人，要排除偏见，按照事物的真正关系做出自己的判断。从笔者所收集到的一些维多利亚时期英国人的回忆录中可看出，《鲁滨孙漂流记》在当时深受孩子们的欢迎，是许多中产阶级孩子的必读之书。

综上可见，卢梭的儿童精神陶冶观对维多利亚时期英国中产阶级父母产生了深刻的影响，具体体现在家庭道德教育、家庭宗教教育和家庭审美教育等方面。

第三节　中产阶级对子女教育的重视

维多利亚时期英国中产阶级十分重视子女的教育问题，其背后有诸多原因，首先，对家庭圣像的崇拜使得中产阶级男性爱家恋家，他们关注子女的成长，重视子女的教育问题；其次，家庭规模缩小使得中产阶级亲子心理距离缩短，与传统的大家庭相比，在核心家庭中，家庭人数更少，父母和子女之间的接触更多，心理距离更短，亲子关系更加融洽，感情更深厚；再次，对阶层流动的焦虑促使中产阶级重视子女的教育问题，中产阶级流动性非常强，在维多利亚时期这个充满了发展和变化的阶段，中产阶级对自身社会阶层的流动性充满了焦虑，从而寻求通过教育的手段来维持家庭社会阶层的稳定。

一、对家庭圣像的崇拜使得中产阶级男性爱家恋家

有学者为维多利亚时期的中产阶级男人描绘了一幅画像：他们的新偶像是一个穿着双排扣长礼服的男人，手提公事包和一把伞，念兹在兹的都是生意和家人，他是一个体贴的丈夫、慈祥的父亲、忠实的生意伙伴，对政治和葡萄酒都是浅尝辄止，而如果有什么嗜好的话，都是些不昂贵的嗜好。他会在早餐时看报，而不管有没有信仰，大概都会在星期天去教堂，他的太太是这幅画像里不可缺少的部分。① 上面的描述是非常典型的维多利亚时期男性的形象，他们诚实、善良，是可靠的生意伙伴；他们俭朴、踏实，恋家爱家；他们习惯良好，有自己的信仰。这种理想的"好男人"形象既是维多利亚时期英国中产阶级男性的写照，同时反过来又起到引领和形塑下一代男性的作用。

前文已述，"每个英国男人的心房里都有一个秘密的角落：他会憧憬有一个自己的家，一个由自己选择的妻子。那是他的小宇宙，是密闭的，完全是属于他一个人的。如果得不到，他就会不自在"②。对成家立业的追求，是维多利亚时期英国男人终其一生的追求。

我们可以在印象主义的油画里看到这些中产阶级一家人其乐融融的样子，可以在旧报刊的图片上看到他们在 1851 年伦敦世界博览会上凝神观望的样子，也可以在舞台上、在戏剧里看到他们活灵活现的演出。③ 尽管现实中也有一些家庭不完美，但不管怎样，家都是当时中产

---

① 盖伊. 施尼兹勒的世纪：中产阶级文化的形成，1815-1914［M］. 梁永安，译. 北京：北京大学出版社，2006：41.

② 盖伊. 施尼兹勒的世纪：中产阶级文化的形成，1815-1914［M］. 梁永安，译. 北京：北京大学出版社，2006：56.

③ 盖伊. 施尼兹勒的世纪：中产阶级文化的形成，1815-1914［M］. 梁永安，译. 北京：北京大学出版社，2006：41.

阶级崇拜的圣像，而“家庭幸福”则是被挂在床边的座右铭，一个人的家庭生活是其性格的最佳指标。① 有学者断言，不管我们怎样评断19世纪中产阶级的家庭，家的重要性对于维多利亚时代的人来说，都不仅是一种修辞。维多利亚时代的中产阶级家庭，是一个人无法把耳朵捂起来的回音室。②

爱家、恋家，其本质是爱家人。爱家的范式就像小家庭制度一样，并不是一种新近的发明，但它的强度在19世纪却是前所未有的，而且被大大的理念化了。中产阶级鼓励它的男成员把为家人谋福祉视为追求物质成就的主要动力。③ 当时流行的理念是：男人应该有男性气概，中产阶级男人会赚钱、写文章、演讲、竞逐公职、举行音乐演奏，主要是因为他们告诉自己，他们是家庭的经济支柱，有责任在能力许可范围内带给妻儿富裕舒适的生活。④ 在上述观念的引导下，中产阶级男性爱家、恋家成为普遍的社会现象。

二、家庭规模缩小使得中产阶级亲子心理距离缩短

有研究指出，现代家庭的平均大小从17世纪到19世纪基本上保持不变，也就是一家4.75口人。⑤ 19世纪的中产阶级家庭（基本上只包

---

① 盖伊. 施尼兹勒的世纪：中产阶级文化的形成，1815-1914［M］. 梁永安，译. 北京：北京大学出版社，2006：41.

② 盖伊. 施尼兹勒的世纪：中产阶级文化的形成，1815-1914［M］. 梁永安，译. 北京：北京大学出版社，2006：46.

③ 盖伊. 施尼兹勒的世纪：中产阶级文化的形成，1815-1914［M］. 梁永安，译. 北京：北京大学出版社，2006：55.

④ 盖伊. 施尼兹勒的世纪：中产阶级文化的形成，1815-1914［M］. 梁永安，译. 北京：北京大学出版社，2006：55-56.

⑤ 盖伊. 施尼兹勒的世纪：中产阶级文化的形成，1815-1914［M］. 梁永安，译. 北京：北京大学出版社，2006：48.

括父母与子女两代）并不是一种全新的发明，只不过到维多利亚时代人们才把小家庭制从一个事实转化为一种意识形态。① 法国工程师弗雷德里克·勒普莱（Frederic Le Play）和德国文化史学家威廉·海因里希·里尔（Wilhelm Heinrich Riehl）是家庭社会学的两位开先河者，他们分别在自己的著作《欧洲工人》（*European Workers*）的第一册和《家庭》（*The Family*）的最后一册中宣称，现代家庭是社会不稳定与道德衰颓的催化者，是过去拥挤、活泼、感情亲密的大家庭的有害取代者。这两位社会学家对现代家庭的弊端的诊断大体相似：父母权威衰落、疏离宗教、社区式微、家与工作场所相分离。② 不管怎样，小家庭在维多利亚时期的英国中产阶级中比比皆是，在维多利亚时期英国人的回忆录中，他们在回忆起自己的童年经历时，都提到平时是和父母生活在一起，圣诞节等节假日会到祖父家和大家庭一起团聚。家庭规模的缩小，使得父母与子女之间的心理距离大大缩短，也让父母对子女的感情更加深厚。父母对子女的感情加深，也让他们对孩子们的教育问题更加关注。

三、对阶层流动的焦虑促使中产阶级重视子女的教育

前文已述，中产阶级是一个非常庞大的群体，其包容性强，流动性也很强，在中产阶级内部，又可以细分为若干个不同的等级。有研究指出，在歌剧院和戏院这些地方，票价的区分特别细，透露出在中

---

① 盖伊. 施尼兹勒的世纪：中产阶级文化的形成，1815-1914［M］. 梁永安，译. 北京：北京大学出版社，2006：48.

② 盖伊. 施尼兹勒的世纪：中产阶级文化的形成，1815-1914［M］. 梁永安，译. 北京：北京大学出版社，2006：53.

产阶级内部，从富裕到贫穷之间分为一层又一层。[①] 不同层级的中产阶级之间，在观念和实践方面自然差异巨大，但这一群体能凝聚在一起，说明其有某种内在的本质联系。这种内在的本质联系又催生了一种身份认同，即通过某种外在的符号，彰显把自己视作某一群体的归属感和认同感。

长久以来，人们都习惯把维多利亚时代的中产阶级比拟为金字塔：底部非常宽，顶部非常窄，坡度非常陡。[②] 中产阶级是一个有弹性的结构。中层和上层的中产阶级在人数、财富和政治方面的影响力都增加了，而低层的中产阶级，如文员、售货员、簿记、海关人员和邮递员等，只有人数在增加，而在财富和政治方面却未见影响力的提升。随着工业、银行业、贸易、保险业和政府的不断扩大，金字塔底部的人员在不断增加，这个新出现的阶层在德国被称为“中间阶层”（Mittelstand），法国人称之为“新层次”（Nouvelles Couches）。[③] 这个新层次见证了弥漫着维多利亚时代的不稳定性，生活在其中的人们明白，他们必须卖力工作，才有望在缴纳房租和购买食物后，还有一些余钱。这个层次的人向往富有的中产阶级的生活方式：去餐馆就餐、上音乐厅、外出度假、购买新衣服、购买舒适的家具等，他们害怕沦落到下层阶级，无论如何他们都要当体面的人。这种对中产阶级生活方式的向往和认同让中产阶级享有共同的身份认同。[④]

北京大学历史系罗新教授曾说过，我们永远是从断裂中看到历史，

---

① 盖伊．施尼兹勒的世纪：中产阶级文化的形成，1815-1914［M］．梁永安，译．北京：北京大学出版社，2006：276.

② 盖伊．施尼兹勒的世纪：中产阶级文化的形成，1815-1914［M］．梁永安，译．北京：北京大学出版社，2006：32.

③ 盖伊．施尼兹勒的世纪：中产阶级文化的形成，1815-1914［M］．梁永安，译．北京：北京大学出版社，2006：33.

④ 盖伊．施尼兹勒的世纪：中产阶级文化的形成，1815-1914［M］．梁永安，译．北京：北京大学出版社，2006：34.

人生的特质也是断裂，如果过于连续，我们的生命就没多大意义。但同时人又追求连续，对于激烈的变化是让人感到害怕的，我们总是不停地抓取连续的东西获得安定感。对于维多利亚时期的英国中产阶级来说，社会的流动无疑是非常之大的。前文中有许多地方都表明，因生意经营不善而导致家道中落的情形比比皆是。神经紧张以愈来愈快的速度在19世纪的中产阶级里蔓延开来，究其原因，本质上难以有明确的答复，但在当时有一种解释，那就是“变迁”。15世纪以来，社会变迁的速度加快，文艺复兴、宗教改革、印刷术的发明、新大陆的发现、现代国家的崛起、科学革命、启蒙运动、工业化肇始，到了维多利亚时期，变迁臻于白热化。任何变迁，哪怕是往好的方向变，都会有创伤性的一面。[①] 自启蒙运动时起，对进步的追求、对未知的探索、对实验的渴望就越来越成为社会的主导性调子，社会不断进步的理论成为19世纪的意识形态。[②] 可见，“变迁”与“发展”是维多利亚时代的主旋律，在“变迁”与“发展”的背后，则暗藏着许多的风险。

在这样一个充满风险的社会中，中产阶级很可能因主客观原因出现社会阶层流动，这种可能发生的激烈变化使中产阶级感到害怕，于是他们必须去不停地抓取连续的东西来获得安定感。那么对于维多利亚时期的英国中产阶级来说，什么才是让他们能获得安定感的东西呢？孩子的教育。中产阶级不像贵族阶层那样有土地和家业可以继承，能让家庭继续保持社会阶层稳定的唯有孩子的教育，因此从这个角度看，中产阶级是为了保证家庭所处社会阶层不再下滑而不得不重视孩子的教育问题。

反观我们所处的时代，教育竞争、教育焦虑等社会现象的普遍存

① 盖伊．施尼兹勒的世纪：中产阶级文化的形成，1815-1914［M］．梁永安，译．北京：北京大学出版社，2006：168—169.

② 盖伊．施尼兹勒的世纪：中产阶级文化的形成，1815-1914［M］．梁永安，译．北京：北京大学出版社，2006：169.

在，从本质上看也体现为因家长对阶层流动的焦虑所致。20 世纪七八十年代出生的农村孩子，通过自身在学习上的不懈努力，考上理想的大学，跨越了社会阶层，实现了“鱼跃龙门”的人生逆袭，他们一方面担心自己努力奋斗的结果不能继续保持下去，另一方面又很容易把自己的成功经验强加于孩子，因此非常注重孩子的教育问题，希望孩子也能通过教育保持社会阶层，继续过上体面的生活。

第四节　男女有别的中产阶级家庭教育

男女有别在维多利亚时期的英国中产阶级家庭中体现得淋漓尽致。男主外、女主内的性别观念深入人心，不同的性别角色期待导致男性和女性的教育也有很大差异。

一、家既是女性的庇护所也是“监狱”

当提及维多利亚时期女性时，就不得不谈“家庭天使”这一标签。前文已述，“家庭天使”常被认为是维多利亚时期英国中产阶级女性的代名词，她们无私、纯洁、虔诚、温柔、优雅、贤惠，是典型的贤妻良母形象。“家庭天使”的形象在当时的宗教读物中也可以找到依据。“上帝为了荣耀而创造男人，为了不使男人感到孤独，于是上帝为他创造了帮手——女人。女人天生就是男人的帮手，不是玩物、不是阻碍，而是帮手。”① 在“家庭天使”的“光环”之下，中产阶级女性被认为不适合参与公共生活，因而她们只能闲在家中，与同性别的人待在一起，承担家务责任，她们只在私人领域内交往。她们的幸福来源于家庭生活，因而是窄化的，是与外部世界毫无关系的幸福。维多利亚时

① Girls: their work and influence[M]. London: W. Skeffington & Son, 1880: 5.

期的家庭生活在塑造着已婚妇女的态度。在传统的观念中，中产阶级妇女不得考虑家庭之外的事情，否则她们就会被告知忽视了自己的本职。维多利亚时期的女性，从小就处在兴趣被压制的氛围中，当她们成为妻子后，就不会想方设法去拓展自己的视野，她们被越来越深地困在家庭的牢笼里。[①]

赋闲在家的女性首要的职责就是操持家务。以伊莎贝拉·毕顿女士（Isabella Beeton）的《家政之书》（*Book of Household Management*）为例，这部于1861年出版的书包含大量的食谱和家务事小秘诀，最初是以连载的方式出现于《英国妇女家庭杂志》（*The Englishwoman's Domestic Magazine*），此书深受中产阶级主妇的喜爱，十分畅销。[②] 另外，这一时期的中产阶级妇女还有一项重要工作，那就是当丈夫坚强、可靠的助手。这一项维多利亚时代人鲜少公开谈论的义务，却是中产阶级主妇的家务事日程表中的要项。她们被要求抚慰带着疲惫身躯或失意心灵从外部世界（政界、商界、工厂、大学或艺术界）回来的丈夫，在他们意气风发时摇旗呐喊，在他们灰心丧气时加油打气。[③]

然而我们不得不发问的是，维多利亚时期的中产阶级家庭妇女真的幸福吗？"家庭天使"究竟是维多利亚时期英国中产阶级女性的自主选择，还是社会强加于她们的精神枷锁？有学者针对中产阶级女性的现状提出了批判："中产阶级的女性在她们最好的年华里往往无所事事，她们的人生没有目标，没有方向，她们被置于无用武之地的状态，她们的时间毫无价值，能力无处施展，才华逐渐丧失，她们精神匮乏，

---

① HILL G. Women in English life：from mediaval to modern times V2[M]. London：Richard Bentley & Son，1896：98.

② 盖伊. 施尼兹勒的世纪：中产阶级文化的形成，1815-1914 [M]. 梁永安，译. 北京：北京大学出版社，2006：57.

③ 盖伊. 施尼兹勒的世纪：中产阶级文化的形成，1815-1914 [M]. 梁永安，译. 北京：北京大学出版社，2006：240.

这也常常让她们处于不健康和不幸福的状态。这对于男性和社会来说都是有害的。”[①] 从这个角度看，“家庭天使”似乎更多是背负在维多利亚时期英国中产阶级女性身上的沉重枷锁。这一观点在乔伊斯（Joyce）的回忆录中也得到了印证，在回忆起自己的母亲时，乔伊斯这样写：“在家庭、美德、阶级生活、宗教教条的多重束缚下，我的母亲被慢性谋杀。我相信母亲的离世与父亲的苛待、日积月累的麻烦以及我愤世嫉俗的鲁莽行为有关。当我看到躺在灵柩中的母亲时，我看到了一张受害人的脸，我恨这把母亲变成受害人的制度。”[②] 从乔伊斯的描写中可看出，“家庭天使”的标签确实是维多利亚时期英国中产阶级女性的慢性毒药。

还有学者指出，对于女性来说，维多利亚时代的中产阶级家庭既可以是庇护所，也可以是监狱。对这个已经被妇女史研究者彻底探索过的领域，我们只要谈一点就够了：不管是在法律上还是习俗上，不管是在女权主义的敌人还是妇女自己眼中，女性的智力或处理公共事务的能力都被认为是低男性一截的。她们的专属领域是家，那是她们唯一可以实现妻子和母亲天职的地方。即便有些权威也承认女性拥有某些天赋，但这些天赋完全局限在感情的领域：审美的感性、母性智慧和优雅的社交天分。但对那些不愿意生活在“娃娃屋”里的女性而言，这种恭维并不能算是真正的让步，因为这种男女领域的区别恰恰为剥夺女性的投票权、接受高等教育和拥有独立银行账户的机会提供了口实。[③]

---

① MILNE J D. Industrial employment of women in the middle and lower ranks[M]. London:Longmans,Green,and Co. ,1870:5.

② SCHWARZE T T. Joyce and the Victorians[M]. Gainesville:University Press of Florida,2002:117.

③ 盖伊. 施尼兹勒的世纪：中产阶级文化的形成，1815-1914 [M]. 梁永安，译. 北京：北京大学出版社，2006：60.

在《已婚妇女财产法》颁布之前，女性的从属地位受法律的保护，已婚女性不能拥有自己的财产，甚至对孩子都没有监护权，她们没有收入来源，只能依附于男性。她们即便有才华，也很难有用武之地，人们对于她们的刻板印象将她们牢牢地锁在家庭这一方小天地中。为了逃离这种生活，一些进步女性选择不婚不育。还有研究指出，维多利亚时期的女性也有自己的故事，如果她不能完全接受被分派到的伙伴、管家和母亲的角色，那她就会比她的配偶更不安定，更具叛逆性。① 贯穿整个维多利亚时代，中产阶级女性的历史要比男性的历史更曲折复杂，在许多方面也更扣人心弦，她们有更多东西需要争取。前文已述，维多利亚时期的一些杂志为女性作家们提供了发声平台，让她们能够发表小说、诗歌、时政评论、游记、书评等，但有研究指出，这并不意味着她们被允许完全逃离社会对女性的性别定义。②

前文已述，维多利亚时期的英国人把从事性工作的女性、与男性发生关系的未婚女性、未婚母亲、不忠的妻子和情妇以及艺术家的模特和某些类型的女演员统称为“妓女”。这一广义的“妓女”称呼背后，暗含着当时社会对女性严格的性别定义，除了扮演贞洁、虔诚、循规蹈矩的“家庭天使”的角色外，其他任何逾矩行为都可能会使女性被纳入“妓女”的范畴。在严格的社会观念约束下，女性背负了沉重的精神枷锁，难以逃离被定义的命运。

二、女子教育的实用性与装饰性

维多利亚时期英国中产阶级女性究竟要学习些什么，在前文中已

---

① 盖伊．施尼兹勒的世纪：中产阶级文化的形成，1815-1914［M］．梁永安，译．北京：北京大学出版社，2006：41.

② EASLEY A. Victorian women writers and the periodical press: the case of Harriet Martineau[J]. Nineteenth-century prose, 1997(1): 39-50.

有探讨。从教育内容来看，这一时期女子教育兼具实用性与装饰性。

在实用性方面，中产阶级女孩首先要学习阅读、写作、算术、历史、地理等知识，学习这些知识在很大程度上是为今后亲自教育子女做准备。此外，中产阶级女孩还要学习一些家政知识，为的是学会管理家庭事务，适应今后作为贤妻良母的家庭生活。再者，中产阶级女孩还要学习宗教知识，作为家庭的道德灯塔，维多利亚时期的中产阶级女性要带领孩子做礼拜，引领全家人接受宗教的洗礼。

在装饰性方面，中产阶级女孩还要学习一些自己不那么擅长的知识等。前文已述，在布里奇斯的回忆录中就提到，维多利亚时代早期英国有一项不成文的规定，那就是各家的女孩必须学音乐，不管她们是否在音乐方面有天赋，声乐和钢琴是她们必须要学习的内容。男孩在当时被认为和音乐无关，因此不需要学习这些内容。一些家庭在招聘家庭女教师时，也会明确要求家庭女教师必须能够教会女孩钢琴和声乐。

女孩们学习音乐的目的并非提升自我的素质，而是愉悦男性和社交。父亲工作回家之后，女孩们会为父亲演唱或演奏音乐，以消除父亲工作带来的疲劳。此外，维多利亚时期的中产阶级喜欢居住在郊外，平日里难以享受城市歌剧院中的艺术资源，他们会和附近的家庭一起自发组织家庭晚会，女孩们往往是这些晚会的表演者。如此一来，学习音乐的目的主要是社交。

三、令女性遥不可及的男性教育

婴儿期的男孩和女孩通常在一起玩耍，但这时候性别差异就已经开始出现了，人们会以女孩们的柔弱和服从作为参照，培养男孩们的胆识和力量。父母不会保护女儿们，以防止她们受到兄弟们粗鲁的玩笑的伤害。她们会发现自己处于孤立无援的状态，在被宠坏的兄弟们面前，她们只能扮演奴仆的角色。儿童期的男孩和女孩一起上学，他们学习同样的知识，一起嬉笑玩闹，一起玩游戏，一起享受户外生活的乐趣。但到了青春期，男女差别开始显现。青春期女孩所上的学校、所学习的内容与男孩完全不同。青春期的女孩不再和男孩一样享受外部世界的生活，更不能享受男孩所能享受的乐趣。那时候的高等教育则直接把女孩排除在外，女孩只能目送兄弟们走出家门、步步高升，看着他们一步步实现自己的理想和抱负，而自己只能留在家中，望其项背，掩面而泣。[①]

上面的段落生动地描述了维多利亚时期男女有别的教育，当然其罪魁祸首并非家庭本身。从社会性别的角度看，维多利亚时期的英国中产阶级男性被赋予了爱家恋家、养家糊口的顶梁柱角色，而女性被赋予了贤妻良母、相夫教子的贤内助角色，不同的角色期待也让家庭和社会对男性和女性的教育有所区别。

男性可以通过教育步入职场，或进入更高级的学府深造，实现人生理想，而女性只能在学习简单的文化知识后，就止步于家庭。她们被期望的角色是妻子和母亲，因此所学习的知识也十分有限。当然这种情形在后来有了很大改观，但对于绝大多数的维多利亚时期女性来说，男性所享受的受教育机会是她们遥不可及的梦想。

维多利亚时代晚期，人们对于女性智力水平不如男性的观点已有一些改变，詹姆士（James）爵士 1892 年 5 月 2 日在伦敦医药学会（Medical Society of London）发表的演讲中指出，男性和女性在身体条件方面确有差异，在情感方面也各有特点。多年来，女性一直处于屈从地位，但女性的智力水平和男性一样高，甚至比男性还要更高。[②] 这

① MILNE J D. Industrial employment of women in the middle and lower ranks[M]. London:Longmans,Green,and Co. ,1870:58-59.

② CRICHTON-BROWNE J. An oration on sex in education[J]. The parents' review, 1892,3(4):254-266.

一时期也出现了许多为女生设立的高中，女性受教育的条件得到了一定的改善，但离男女教育平等仍有较大距离。

第五节　家校关系是儿童成长的教育合力

尽管维多利亚时期英国学校教育质量令人担忧，但由于各种原因，家长不得不送孩子接受学校教育。学校教育本身可以和家庭教育起到互补作用，与家庭教育相比，学校教育在教学内容的选择和教学方法的运用方面更专业，但父母绝不能把所有的教育职责都交给教师。[①] 如此一来，家校关系的处理就成为家长不能回避的问题。

一、学校教育的独特价值与不足

在学校教育的价值方面，梅森指出："学校的训练是如此有价值，以至于没经历过它长大的男孩和女孩在生活中会处于劣势，而同时学校训练迄今为止又是有缺陷的，就它本身而言，它反映了人类的不完美。我们考虑的要点是，当孩子步入学校生活时，父母教育他们孩子的责任绝不是到了尽头，因为补充学校训练的弱处还要依赖他们。"[②] 从这段论述可以看出，梅森认为尽管学校教育存在不足，但十分重要。学校教育的不足要靠家庭教育来弥补，家长教育孩子的职责不会因孩子进入学校接受教育而停止。学校教育和家庭教育应形成教育合力，助力孩子更好地成长。

尽管当时大部分学校的教育质量不高，但也不排除存在部分质量

---

① MASON C M. Home education：a course of lectures to ladies[M]. London：K. Paul，Trench，1886：126.

② 梅森．性格的培养：让孩子具有良好的个性［M］．刘扬，等译．北京：中国发展出版社，2013：105.

较好的学校。牛津大学的查尔斯·欧曼教授在回忆自己的受教育经历时提到，1867 年 1 月 20 日，他被送往当地一所有名的学校就读，这所学校由两名非常能干的女士经营——伊丽莎白·希尔（Elizabeth Hill）小姐和戴安娜·希尔（Diana Hill）小姐。回顾自己七十年的生活时，欧曼教授还对这所学校表示了高度赞扬，认为这是一所非常好的学校，在那里他打下了英语、拉丁语、希腊语的坚实基础。希尔小姐是维多利亚时期的英国女性中实属少见的非常优秀的古典学者。当时那所学校大约招收了 60 名男孩，这对于作为独生子的欧曼来说是一个非常好的环境。欧曼在家里没有兄弟姐妹，但在学校里，他很快结交了许多朋友。随着升学，欧曼与许多同学的友谊逐渐淡化，但他与第一个朋友也是最好的朋友的友谊持续了一辈子——二十五年之后，这位朋友罗伯特·麦克拉根（Robert McLargan）成为欧曼的大舅哥。①

欧曼在希尔小姐的学校度过了愉快的几年，在那里他读了大量的好书，十一岁时，他已经升到了最高年级。鉴于欧曼在学习上的优异表现，两位老师向欧曼的父母建议送欧曼去公学继续学习。由于欧曼从小到大一直住在家中，从未上过住宿学校，她们建议欧曼父母可以送他去寄宿学校学习一年，以适应学校的饮食等生活常规。1871 年，欧曼被送往格奇先生（Mr. Gedge）在马尔文·威尔斯（Malvern Wells）创办的寄宿学校学习。在那里欧曼并没有遭受霸凌，反而结交了一些非常好的朋友。父母每周日都会去看他，偶尔他也会租一匹马在周六的晚上骑回家。欧曼在马尔文威尔斯的学习生活也非常愉快，在那里他的拉丁语和希腊语都有了很大进步，但在写作方面还稍显不足。②

---

① OMAN C. Memories of Victorian Oxford and some of early years[M]. London: Methuen & Co. Ltd. ,1942:12-13.

② OMAN C. Memories of Victorian Oxford and some of early years[M]. London: Methuen & Co. Ltd. ,1942:22-23.

从上面的内容可看出，在学校教育中，人们可以收获和同伴之间的友谊，有些友谊会持续一生，对儿童的身心健康大有裨益。此外，通过学校教育，儿童能够学习到各种文化知识，为其今后的发展奠定基础。如果上的是寄宿学校，儿童还可以习得许多生活技能与经验。维多利亚时代晚期，日间学校多了起来，孩子们白天在学校学习，晚上和周末住在家中，家校共育的重要性得到凸显。

二、家校合作共同提升儿童体质

在孩子的身体训练方面，当时的实际情况是男孩们在学校中身体训练情况较好，而相比之下女孩们的身体训练就不那么充分。这一方面是因为学校很多的训练设备都是为男孩准备的，对于女孩来说不适用；另外，女孩之间也没有形成较好的运动氛围，对于一些需要同他人协作进行的运动项目，如网球等，参与的人数过少，导致无法实施；再者，操场等运动场所平时大多被男孩们占据，女孩们没有活动的空间。在这种情况下，女孩们只能进行一些不需要合作的体育训练项目，如体操等。总的来说，女孩们在学校中的身体训练不足。为此，梅森认为父母应为女孩们安排一些身体训练项目，以弥补学校教育的不足。梅森推荐家长为孩子们安排跳绳、踢毽子、棒球、板球、网球、箭术、曲棍球等运动项目，如果条件不允许，也可以以采集植物标本的名义，每周带孩子进行一两次的长距离的乡村散步。梅森十分重视体育锻炼，她认为应保障孩子们每天两个到三个小时的户外活动时间。① 自古以来，家庭就是孩子身体养育的第一场所，父母是孩子身体健康的第一责任人。为确保孩子的身体健康，以适应繁重的学业，父母的努力必

① 梅森．性格的培养：让孩子具有良好的个性［M］．刘扬，等译．北京：中国发展出版社，2013：106.

不可少。

三、家校合作共同开发儿童智力

在孩子的智力发展方面，梅森认为，孩子们的智力训练大体上要留给学校这个权威机构来做。但在维多利亚时期的英国，为中产阶级以及下层阶级开设的学校大多教学质量令人担忧。1860 年，有 917 255 名儿童就读于枢密院委员会资助的学校，860 304 人就读于私立学校。其中一些私立学校被形容为“非常糟糕”。当时的私立学校教师中，有杂货商、烟草商、亚麻商、裁缝、律师、画家、面包师、牧师等，还包括来自德国、波兰和意大利的难民。教师队伍的构成可谓鱼龙混杂。① 对此许多家长感到很无奈，甚至是愤怒。尽管如此，梅森认为，家长不应在孩子面前不合时宜地批评学校的工作，也不要和教师发生任何冲突，因为这会对孩子产生很坏的影响，孩子在家长的影响下，会低估和排斥学校教给他们的东西。针对学校教育的不足，梅森建议，父母应尽可能多地与孩子保持接触，掌握孩子的学习进度，了解孩子的学习进展，浏览孩子所看的书，监督孩子完成作业，通过评价、暗示等手段来鼓励孩子，由衷地表示对孩子学习的关心。②

综上所述，尽管当时的英国人十分看重教育在人的社会化过程中的重要作用，但针对当时有的人过于偏重培养某些特定品质的现象，如思维的训练，有学者提出了反对意见，并认为过度地开发某方面的智能，会引发心理疾病。“在训练孩子的大脑时，我们应同时关注孩子的内心。我们应牢记，教育不仅意味着知识的学习，还包括良好思维

---

① 赫弗. 高远之见：维多利亚时代与现代英国的诞生［M］. 徐萍，汪亦男，译. 北京：社会科学文献出版社，2020：465-466.

② 梅森. 性格的培养：让孩子具有良好的个性［M］. 刘扬，等译. 北京：中国发展出版社，2013：107.

习惯的养成、情感的培养和生活行为的塑造。如果教育不包括宗教和道德的成分，如果孩子成长的过程中没有遭受过任何挫折，如果每件事情都能如孩子所愿，那么他们在今后的人生中如何去面对那些必须面对的逆境？我们不应强迫孩子发展自己的感性或智力，也不能让孩子在很小的年纪就承担过重的学业，因为那会损害孩子的大脑。”①

《家长评论》杂志中提到，维多利亚时期的英国中产阶级儿童面临着高中学业压力过大的问题。② 当时的学龄儿童也经历着家庭作业过多的烦恼。“可怜的安妮（Anne）晚上九点半了作业都还没有完成……可怜的汤姆每天都要学习到晚上十点，都没有时间干别的事情了。”③ 针对当时的这一现象，梅森指出，过多的家庭作业对孩子的身心健康无益，孩子每天的家庭作业时间最好不要超过一个半小时。家长应督促孩子养成抓紧时间完成作业的习惯，可以让孩子在客厅里玩一些有趣的游戏，或者为他们准备一些有意思的故事书，慢慢地孩子们就会发现，抓紧时间完成作业后就可以度过一个愉快的夜晚。

在道德教育方面，前文已述，当时人们认为，孩子们的美德要么在家中获得，要么根本无法获得。④ 这一观点在当今看来有失偏颇，但如若回到当时的历史情境，就不会突兀了。当时的学校教育质量很差，教师队伍鱼龙混杂，因此不能对其道德教育功能有过高的期望。关于家庭道德教育有关内容，前文已详细论述，在此不再赘述。

---

① MARTIN M A, LEE E. The education of mothers of families[M].. London: Whittaker & Co., 1842: Ⅵ.

② A. H. The question of over-pressure in high schools[J]. The parents' review, 1892(9): 741-744.

③ MASON C M. Home education: a course of lectures to ladies[M]. London: K. Paul, Trench, 1886: 106.

④ 梅森. 性格的培养：让孩子具有良好的个性［M］. 刘扬，等译. 北京：中国发展出版社，2013：108.

结　语

通过对史料的收集、分析与整理，本研究得到的主要结论如下：维多利亚时期英国中产阶级十分重视家庭，认为家庭是儿童社会化的第一场所，在当时的文学作品中有许多关于“甜蜜的家”这一主题的描述，同时宗教在家庭生活中也占据重要地位；“家庭天使”是维多利亚时期英国中产阶级主流的女性观，他们希望女性具备善良、纯洁、虔诚、自律等优秀品质，扮演好贤妻良母的角色，成为家庭的道德模范；这一时期英国人的童年意识得到彰显，父母重视对儿童的科学养育，国家也从法律层面对父母提出了孩子的抚养和教育要求。在儿童的身体养育方面，维多利亚时期英国中产阶级注重卫生清洁，衣着舒适保暖，强调体育锻炼，注重饮食营养，保证儿童的睡眠质量，科学防控常见的儿童疾病。在儿童的精神陶冶方面，英国中产阶级注重儿童的家庭道德教育、宗教教育和审美教育。

通过家庭休闲、家庭仪式、家庭劳动、家庭成员交往等生活教育，维多利亚时期英国中产阶级家庭的孩子们增长了见识、愉悦了身心，并传承了家庭文化传统。由于历史条件的限制，维多利亚时期英国中产阶级家庭承担了当今学校教育的许多功能。在家庭学校中，母亲和家庭女教师是重要的教育者，孩子在家庭学校中能学习到基础的文化知识，养成良好的习惯，并树立一定的道德观念，为今后所承担的社会角色做准备。作为社会组织，维多利亚时期英国中产阶级家庭对孩子的影响体现在代际传统、角色分配、文化氛围等方面，父母通过家庭教育将文化传统、价值理念、道德品质、生活习惯等传递给后代，使家庭成为社会再生产的重要场所。综观维多利亚时期英国中产阶级的家庭教育，笔者发现，家庭是中产阶级理想人格塑造的重要场所，卢梭的自然教育观对当时英国中产阶级的父母影响深刻。中产阶级非常重视子女的教育，他们希望在不确定性中找到确定的支点，希望通过对孩子的教育确保后代的阶层稳定。另外，受当时男主外、女主内社会性别观念的影响，维多利亚时期英国中产阶级家庭对男性和女性的教育有较大差异，主要体现在学习场所、教学目标和学习内容等方面。

通过对整个研究过程的反思，本研究尚有以下方面的不足。

第一，个案不能代表总体。在维多利亚时期，英国中产阶级注重隐私，认为家庭是私人领域，家庭生活的隐私程度非常高，因此在收集有关家庭教育的史料时，虽然笔者找到了一些当时的人物传记、回忆录、育儿书、杂志、宗教读物等，但这些材料十分零散。尽管有一些十分生动和鲜活的案例能为我们认识当时的家庭及家庭教育提供重要线索，但这些史料中的案例都只是个案。正如吴康宁先生所言，个案只是我们洞悉事物的窗口，它不能承受“代表总体”之重。① 因此书中所运用到的一些案例并不能代表当时英国中产阶级家庭教育的全貌，只能作为“窗口”之用。

第二，积极正面并非全貌。在笔者所收集到的史料中，大多数案例都是积极正面的，在教育理念和教育主张上都体现出一定的科学性，然而幸福的家庭并非维多利亚时期英国家庭的全貌。有幸福的家庭，就有不幸的家庭；家庭生活有幸福的一面，就有不幸的一面。囿于当时的医学条件，人口死亡率仍然较高，女性寡居、孩子夭折、家道中

① 吴康宁. 个案究竟是什么：兼谈个案研究不能承受之重［J］. 教育研究，2020（11）：4-10.

落等仍普遍存在，这些经历都会给家庭教育乃至整个家庭带来巨大打击。笔者所收集的资料几乎都是积极正面的，因此文中描绘的画面大多是健全、温馨的家庭教育情境，因而有以偏概全的地方。

第三，观念与实践之间的矛盾。在笔者收集到的史料中，既有一些从应然角度探讨如何开展家庭教育的育儿书、宗教读物等，也有一些从实然角度描写亲身经历的传记和回忆录等。从应然角度展开的论述大多属于观念层面，属于“应怎么做”的范畴，而实然角度的描述则为实际发生的事情，属于“是什么样”的范畴。应然与实然之间的矛盾实则是观念与实践之间的矛盾，观念源于实践但又可能领先于实践，因此笔者在综合运用两类材料时恐有处理不当之处。

第四，只从狭义角度研究家庭教育。本研究主要是从狭义的角度研究维多利亚时期英国中产阶级的家庭教育，受教育的对象是儿童。在广义的家庭教育中，家庭教育的受教育对象不仅是儿童，还包括家庭中的其他人。每个人都是在和家人共同生活中成长的，因此从广义的角度看，父母在抚养孩子、教育孩子以及家庭生活中也会收获成长和喜悦。但受一手资料的限制，本研究只以儿童作为受教育的对象，今后如能收集到有关史料，可以多角度地进行拓展性研究。

参 考 文 献

一、英文文献

(一) 英文著作

[1] A Clergyman. Letters on the moral and religious duties of parents [M]. London: Boston: Abel Tompkins, 1846.

[2] ABBOTT E A. Hints on home teaching[M]. London: Seeley, Jackson, and Halliday, 1883.

[3] ADAMSON J W. English education 1789-1902[M]. Cambridge: The University Press, 1930.

[4] AUGUSTUS J C. Memories of a quiet life[M]. London: W. Isbister & Co., 1874.

[5] BEALE D. Home-life in relation to day schools[M]. London: The Civil Printing and Publishing Company, Limited, 1879.

[6] BLAIR D H. In Victorian days and other papers[M]. London: Longmans, Green and Co., 1939.

[7] BRIDGES J A. Victorian recollections[M]. London: G. Bell & Sons, Ltd., 1919.

[8] CAMPELL D. Compulsory education[M]. London: J. Myrray, 1870.

[9] CHAVASSE P H. Advice to a mother on the management of her children[M]. London:Chrchill,1878.

[10] COLLOER R D. English home life[M]. Boston: Ticknor and Company,1886.

[11] CONGENGS. A book for the household: home, sweet home and other tales[M]. London:Jarrold and Sons,1866.

[12] CRATWRIGHT J. The journey of Lady Knightley of Fawsley [M]. New York:E. P. Dutton and Company,1917.

[13] DE FOE D. The family instructor[M]. Vol. Ⅰ. Oxford:D. A. Talboys,1841.

[14] DEANS R S. The law of parent and child, guardian and ward and the rights, duties and liabilities of infants[M]. London: Reeves& Turner,1895.

[15] DELAFIELD E M. Ladies and gentlemen in Victorian fiction [M]. London:The Hogarth Press,1937.

[16] EARLE P. The making of the English middle class: business, society and family life in London,1660-1730[M]. Berkeley:University of California Press,1989.

[17] ELLIOT-BINNS L E. Religion in the Victorian era[M]. Greenwich:The Teabury Press,1936.

[18] ELLIS. Daughters of England: their position in society, character & responsibilities[M]. London:Fisher,Son,& Co. ,1842.

[19]ELLIS. The mothers of England:their influence and responsibilities [M]. London:Fisher,Son,& Co. ,1844.

[20] ELLIS. The wives of England:their relative duties, domestic influence, and social obligations[M]. New York: D. Appleton & Co. , 1843.

[21] ESQUIROS A. The English at home[M]. London: Chapman and Hall, 1862.

[22] FAY A M. Victorian days in England: letter of an American girl, 1851-1852[M]. Boston and New York: Houghton Mifflin Company, 1923.

[23] FRANCILLON R E. Mid-Victorian memories[M]. London: Hodder and Stoughton, 1914.

[24] FURNISS H. Some Victorian women, good, bad, and indifferent [M]. London: John Lane the Bodley Head Limited, 1923.

[25] GARRETT E H. Victorian songs: lyrics of the affections and nature[M]. Boston: Little Brwon and Company, 1895.

[26] GOODSELL W. Problems of the family[M]. London: D. Appleton-Century Company, 1936.

[27] GRETTON R H. The English middle class[M]. London: G. Bell and Sons, Ltd., 1917.

[28] HAYNES E S P. Early Victorian and other papers [M]. London: Elkin Mathews, 1908.

[29] HILL G. Women in English life from mediaval to modern times[M]. Vol. 1. London: Richard Bentley & Son, 1896.

[30] HILL G. Women in English life: from mediaval to modern times V2[M]. London: Richard Bentley & Son, 1896.

[31] JELF G E. Mother, home and heaven [M]. London: A. D. INNES & Co., 1891.

[32] JEPSON E. Memories of a Victorian [M]. London: Victor Gollancz Ltd.: 1933.

[33] JOHNSON W. The domestic management of children in health and disease on hydropathic and homeopathic principles [M]. London:

Simpkin, Marshall, and Co., 1856.

[34] MARTIN M A, LEE E. The education of mothers of families [M]. London: Whittaker & Co., 1842.

[35] MARTINEAU H. Household education[M]. London: Smith, Elder & Co., 1876.

[36] MASON C M. Home education: a course of lectures to ladies [M]. London: K. Paul, Trench, 1886.

[37] MASON C M. Parents and Children[M]. London: Kegan Paul, Trench, Trubner & Co., Ltd., 1904.

[38] MERWANJI M B. The Indian eye on English life [M]. Westminster: A. Constable and Company, 1893.

[39] MESS H A. Social groups in modern England[M]. London, Edinburge, Pari, Melbourne, Toronto and New York: Thomas Nelson and Sons Ltd., 1940.

[40] MILNE J D. Industrial employment of women in the middle and lower ranks[M]. London: Longmans, Green, and Co., 1870.

[41] MURRAY D C. Recollections[M]. London: John Long, 1908.

[42] NAIDOO C Y. A visit to Great Britain [M]. Madras: Hingginbotham and Co., 1888.

[43] NEFF W F. Victorian working women: an history and literary study of women in British industries and professions, 1831-1850 [M]. New York: Columbia University Press, 1929.

[44] OMAN C. Memories of Victorian Oxford and some of early years[M]. London: Methuen & Co., Ltd., 1942.

[45] PLOWMAN T F. In the days of Victoria: some memories of men and things[M]. London: John Lane, 1918.

[46] Religious Tract Society. The mother's last lesson[M]. London:

Religious Tract Society,1859.

[47] ROSS J. Three generations of English women: memoirs and correspondence of Susannah Taylor, Sarah Austin, and Lady Duff Gordon [M]. London: T. FIsher Unwin, 1893.

[48] SCHWARZE T T. Joyce and the Victorians[M]. Gainesville: University Press of Florida, 2002.

[49] SEWELL E M. The journal of a home life [M]. London: Longmans, Green, and Co. , 1867.

[50] SHEARME J. Lively recollections[M]. London: John Lane the Boldely Head, 1912.

[51] SKEFFINGTON W. Girls: their work and influence [M]. London: Kessinger Publishing, LLC, 1880.

[52] SOULSBY L H M. Talks to mothers[M]. London: Longmans, Green and Co. , 1916.

[53] SPARROW W S. Memories of life and art though sixty years [M]. London: Joan Lanc the Bodley Head Limited, 1925.

[54] STOCKER R D. What's wrong with the middle classes? [M]. London: Cecil Palmer & Hayward, 1919.

[55]TAYLOR G A. My father: to which is added, my mother[M]. Edinburgh: James Clarke and Co. , between 1824 and 1844.

[56] TAYLOR I. Home education[M]. New York: D. Appleton & Co. , 1838.

[57] Vale V. Blossoms[M]. London: J. C. Dunmill, Machine Printer, 1879.

[58] Walford L B. Memories of VictorianLondon [M]. London: Edward Arnold, 1912.

[59] YONGE C M. Womankind [M]. London: Walter Smith &

Innes,1889.

（二）英文期刊

[1] A H. The question of over-pressure in high schools[J]. The parents' review,1892(9):741-744.

[2] A Mother of England's Children. In memoriam[J]. The parents' review,1892,3(1):10-12.

[3] ARMITAGE. Parental responsibility[J]. The parents' review, 1893,4(1):36-40.

[4] BOOTH A. The influence and teaching of the educated mother [J]. The parents' review,1893,4(2):81-90.

[5] BRINE. Childhood: an appeal[J]. The parents' review,1893,4 (8):612-616.

[6] CRICHTON-BROWNE J. An oration on sex in education[J]. The parents' review,1892,3(4):254-266.

[7]DAVIS H. Early Bible-reading[J]. The parents' review,1893,4 (7):497-501.

[8] DAVIES K G. Review: the mess of the middle class[J]. Past and present,1962,22(7):77-83.

[9] DONALDSON S A. Higher religious education[J]. The parents' review,1892,V3(1):1-9.

[10] DONALDSON S A. Mother culture[J]. The parents' review, 1892,3(1):93-95.

[11] DONALDSON S A. Religious training of children at home[J]. The parents' review,1892,3(1):81-92.

[12] DURNING R. Characteristics of childhood[J]. The parents' review,1893,4(1):52-56.

[13] E V. The "P. R." letter bag[J]. The parents' review,1892(8):

637.

[14] EASLEY A. Victorian women writers and the periodical press: the case of Harriet Martineau[J]. Nineteenth-century prose, 1997(1): 39-50.

[15] EYTON P. The religious education of young people[J]. The parents' review, 1892, 3(8): 561-566.

[16] JONES M. Care of children's senses[J]. The parents' review, 1892, 3(11): 820-825.

[17] LARSON R W, GILLMAN S A. Divergent experiences of family leisure: fathers, mothers and young adolescents[J]. Journal of leisure research, 1997, 29(1): 78-97.

[18] LUTENER M B. The correspondence between moral and intellectual education[J]. The parents' review, 1892, 3(3): 176-181.

[19] MASON A. How to give religious instruction[J]. The parents' review, 1893, 4(1): 41-44.

[20] MASON C. Child nature[J]. The parents' review, 1892, 3(6): 407-422.

[21] MASON J. Some practical points in the physical education of children[J]. The parents' review, 1893, 4(2): 96-102

[22] MILLS J S. Religious education[J]. The parents' review, 1893, 4(9): 662-671.

[23] MILLER. Suggestions on the teaching of self-rule[J]. The parents' review, 1892(8): 594-599.

[24] PERRIN H. Holidays[J]. The parents' review, 1893, 4(7): 522-526.

[25] PRIDHAM C. Children's pets[J]. The parents' review, 1892, 3(9): 762-765.

[26] Radford G. Concentration of purpose in education[J]. The parents' review 1892(8):588-593.

[27] SCHOFIELD A T. Hygiene as an integral part of a normal education[J]. The parents' review,1892,3(5):396-399.

[28] SHAW S M, DAWSON D J. Purposive leisure: examining parental discourses on family activities[J]. Leisure sciences, 2001, 23 (4):217-231.

[29] STEINTHAL E P. Nursery accidents[J]. The parents' review, 1892,3(6):423-426.

[30] STEINTHAL F. Early memories[J]. The parents' review, 1892,3(8):567-575.

[31] WEBB H. Formation of habit[J]. The parents' review,1892,3 (7):481-490.

[32] WILSON H M. The food and clothing of children beyond infancy [J]. The parents' review,1893,4(11):833-838.

（三）其他英文文献

[1] Census Office. Census of England and Wales for the year 1871, General Report[R]. Vol. Ⅳ. London: George Edward Eyre and William Spottiswoode,1873.

[2] General Register Office. Matters of life and death[R]. London: Her Majesty's Stationery Office,1958.

[3] Sarah Kuhl. The angel in the house and fallen women: assigning women their places in Victorian society[EB/OL]. [2022-04-24]. https://open. conted. ox. ac. uk/sites/open. conted. ox. ac. uk/files/resources/Create% 20Document/The% 20Angel% 20in% 20the% 20HousSe% 20and%20Fallen%20Women_Sarah%20Kuhl. pdf.

二、中文文献

（一）中文著作

[1] 阿利埃斯. 儿童之世纪：旧制度下的儿童和家庭生活 [M]. 沈坚，朱晓罕，译. 北京：北京大学出版社，2013.

[2] 阿伦特. 人的境况 [M]. 王寅丽，译. 上海：上海人民出版社，2009.

[3] 弗兰德斯. 维多利亚时代 [M]. 蔡安洁，译. 上海：东方出版中心，2021.

[4] 盖伊. 施尼兹勒的世纪：中产阶级文化的形成，1815-1914 [M]. 梁永安，译. 北京：北京大学出版社，2006.

[5] 赫弗. 高远之见：维多利亚时代与现代英国的诞生 [M]. 徐萍，汪亦男，译. 北京：社会科学文献出版社，2020.

[6] 拉鲁. 不平等的童年：阶级、种族与家庭生活 [M]. 宋爽，张旭，译. 北京：北京大学出版社，2018.

[7] 卢梭. 爱弥儿 [M]. 李平沤，译. 北京：商务印书馆，2016.

[8] 洛文塔尔. 文学、通俗文化和社会 [M]. 甘锋，译. 北京：中国人民大学出版社，2012.

[9] 梅森. 父母与孩子：父母在孩子教育中的角色 [M]. 赵昌荣，等译. 北京：中国发展出版社，2013.

[10] 梅森. 家庭教育：0-9 岁儿童训练与培养方案 [M]. 程红艳，李春玲，译. 北京：中国发展出版社，2013

[11] 梅森. 性格的培养：让孩子具有良好的个性 [M]. 刘扬，等译. 北京：中国发展出版社，2013.

[12] 三浦展. 阶级是会遗传的：不要让你的孩子跌入“下流社会”[M]. 箫云菁，译. 北京：现代出版社，2008.

[13] 斯通. 英国的家庭、性与婚姻1500-1800 [M]. 刁筱华，译. 北京：商务印书馆，2009.

[14] 涂尔干. 乱伦禁忌及其起源 [M]. 汲喆，付德根，渠东，译. 上海：上海人民出版社，2003.

[15] 崔树义. 当代英国阶级状况 [M]. 杭州：浙江大学出版社，2006.

[16] 傅新球. 近代英国人口、婚姻与家庭 [M]. 南京：南京师范大学出版社，2020.

[17] 贺鹭. 维多利亚时期伦敦社会分层研究 [M]. 镇江：江苏大学出版社，2015.

[18] 洪君. 从“维多利亚女性”到“新女性”：美国社会转型过程中的中产阶级女性：1870-1920 [M]. 上海：上海辞书出版社，2021.

[19] 胡玲. 近代英国中产阶级的形成 [M]. 上海：上海三联书店，2017.

[20] 姜德福. 维多利亚时代的道德建设 [M]. 南京：南京师范大学出版社，2020.

[21] 李宝芳. 维多利亚时期英国中产阶级婚姻家庭生活研究 [M]. 北京：社会科学文献出版社，2015.

[22] 陆庆祥，章辉. 民国休闲原理文萃 [M]. 昆明：云南大学出版社，2018.

[23] 钱青. 英国19世纪文学史 [M]. 北京：外语教学与研究出版社，2006.

[24] 袁弋胭. 19世纪英国中产阶级自愿社团研究 [M]. 北京：中国社会科学出版社，2017.

(二) 中文期刊

[1] 陈炜. 教育研究的空间转向：基于社会理论空间转向的视角 [J]. 教育研究，2022 (9)：150-159.

［2］程猛，赵新生．动荡不安的位置："违逆者"自传体小说的教育文学探索［J］．教育学报，2022（2）：24-35.

［3］单志艳．少子化时代家校共育的制度设计［J］．教育研究，2021（1）：22-26.

［4］傅维利．家庭教育资本的本质属性及投资风险管控［J］．教育学报，2021（6）：134-145.

［5］高书国．世界教育强国的形成与发展：以英、法、德、美为例［J］．教育研究，2023（2）：15-29.

［6］高书国．中国家庭教育研究的理论缺失与自信重构［J］．教育发展研究，2020（2）：9-17.

［7］韩东屏，罗会宇．休闲于人生的意义［J］．湖北社会科学，2010（2）：88-90.

［8］侯建新，张晓晗．家庭教育：英国近代初等教育的催生剂［J］．天津师范大学学报（社会科学版），2010（6）：17-24.

［9］黄小莲，包丽丽，许丽芬．儿童经验的课程之维［J］．教育发展研究，2019（24）：48-54.

［10］李宝芳，马世力．19世纪英国中产阶级家庭文化探析［J］．深圳大学学报（人文社会科学版），2008（3）：8-13.

［11］李宝芳．19世纪英国中产阶级家庭生活仪式化研究［J］．历史教学问题，2009（1）：62-64，93.

［12］李立新．"第二起居室"：英国知识女性文化实践的异质空间［J］．妇女研究论丛，2020（6）：118-126.

［13］李琼，林岚，郑颖玲，等．国外主要家庭休闲模型研究述评［J］．旅游学刊，2022，37（10）：131-148.

［14］刘向辉．儿童意义世界的生成及其对现代儿童教育的启示［J］．湖南师范大学教育科学学报，2020（4）：42-48.

［15］刘永林，胡爽，杨小敏．家庭教育国家立法：基于回应型法

的理论解释、实践检视与路向探索［J］．教育发展研究，2022（10）：41-50.

［16］清伯．家庭教育的本质是家庭生活［J］．教育科学研究，2021（6）：1.

［17］孙爱琴，李梦婕．让儿童积极地游戏：基于社会加速批判理论的反思［J］．学前教育研究，2021（11）：62-69.

［18］陶志琼，夏承谦．关系中的儿童与教育［J］．教育发展研究，2015（24）：58-67.

［19］王东．论学校家庭教育指导工作的边界及其启示［J］．中国教育学刊，2023（1）：47-51.

［20］王乐．家庭教育私人性与公共性的错位风险及其调适［J］．湖南师范大学教育科学学报，2022（6）：75-82.

［21］吴康宁．个案究竟是什么：兼谈个案研究不能承受之重［J］．教育研究，2020（11）：4-10.

［22］吴小英．流动性：一个理解家庭的新框架［J］．探索与争鸣，2017（7）：88-96.

［23］吴小英．重返传统：家庭研究的方法论转向［J］．理论月刊，2022（8）：91-104.

［24］吴重涵，张俊，刘莎莎．现代家庭教育：原型与变迁［J］．教育研究，2022（8）：54-66.

［25］吴重涵．是什么阻碍了家长对子女教育的参与：阶层差异、学校选择性抑制与家长参与［J］．教育研究，2017（1）：85-94.

［26］徐勤玲．我们应该怎样教育孩子：读夏洛特·梅森《父母与孩子》［J］．大众心理学，2015（2）：47-48.

［27］徐勤玲．家庭性格教育的经典之作：评夏洛特·梅森《如何培养孩子的性格》［J］．大众心理学，2011（8）：27-28.

［28］杨恩泽．儿童的家庭处境与家庭教育的危机［J］．教育发展

研究，2022（10）：51-57.

［29］张斌贤，钱晓菲，何灿时．欧美家庭教师史论：源流、际遇与意义［J］．外国教育研究，2022（10）：3-30.

［30］张茂杨，彭小凡，胡朝兵，等．宠物与人类的关系：心理学视角的探讨［J］．心理科学进展，2015（1）：142-149.

［31］周晓虹．再论中产阶级：理论、历史与类型学：兼及一种全球化的视野［J］．社会，2015（4）：1-24.

（三）学位论文

［1］许向凯．夏洛特·梅森儿童教育思想研究［D］．宁波：宁波大学，2019.

［2］李龙．夏洛特·梅森家庭教育思想研究［D］．济南：山东师范大学，2015.

后　记

提笔之际，近两年的写作时光已悄然而逝。之所以会写这本书，是想给自己多年求学生涯一个总结。我读硕士研究生时学的是教育史专业（外国教育史），工作多年，研究工作曾一度中断，2018 年我重拾信心、整装出发，本打算报考外国教育史方向的博士研究生，但受各种因素影响，最终攻读的是教育领导与管理方向的教育博士学位。然而，从事外国教育史方向的研究一直是我的心愿，我非常羡慕那些能从事外国教育史研究的同学，每次导师在指导他们研究时我都会在一旁默默地“偷师学艺”。耳濡目染下，我渐渐有了一个大胆的想法。由于读本科期间就非常喜欢维多利亚时期的英国文学作品，我也曾被小说中描写的家庭阅读场景所深深触动，于是就萌生了研究维多利亚时期英国中产阶级家庭教育的想法。

2021 年 11 月 16 日，我一结束博士学位论文答辩就把自己的想法告诉了导师。我的导师易红郡教授当时正在筹划《英国教育史研究丛书》第二辑的出版工作，得知我有这方面的意愿，易老师热情地欢迎我加入团队，并对我的选题给予了充分肯定，这给了我很大的信心。

选题确定后，就进入了资料搜集过程。这时我才真切地意识到自己的想法可能过于轻率了。由于家庭教育属于两分领域的私领域，因此以“家庭教育”作为关键词检索文献，所收集的资料甚少。这也让我意识到，我此前严重低估了资料收集的难度。接下来的两个月里，我常常为资料收集而焦虑。一筹莫展之际，我决定先广泛阅读相关的中文文献。

经过一个寒假的中文文献阅读，我的思路逐渐清晰。女性是维多利亚时期中产阶级家庭教育的重要主体，因此我广泛收集了有关母亲、家庭女教师的资料。家庭教育包含了父母对孩子的养育，因此当时在中产阶级中广泛流传的各类育儿书也进入了我的视野。宗教教育是维多利亚时期英国中产阶级家庭教育的重要方面，于是我又收集了一些家庭宗教教育方面的资料。个人的经历中承载着丰富的故事，我想在当时人们的回忆录、书信、传记、自传中也可能会找到一些有关家庭教育的内容。以上述思路类推，我从许多不同的角度拓展了研究资料。

思路打开后，资料也就变得丰富起来。接下来就是苦下功夫的事情了，海量阅读文献、做阅读笔记，成为我的日常。与之同时，让我压力较大的是沉重的工作负担。2021 年下半年，我从学校教务处转岗到初等教育学院，并担任了教研室主任。恰逢学校迎接本科合格评估，受疫情的影响，原本 2021 年 10 月份的专家进校考察一推再推，这给刚转为专任教师并担任教研室主任的我带来了巨大挑战。此外，由于教务处人手紧张，转岗后我不得不继续兼任部分教学管理工作。进入本书写作后的整整两个学期里，角色冲突、工学矛盾是我的家常便饭，我时常处于被极限"撕扯"的状态。在繁重的事务工作之余，阅读与研究俨然成了我的"诗和远方"。阅读文献虽然辛苦，我却甘之如饴。只有在文献阅读中，我才能真正感受到喜悦与幸福。

资料阅读到一定的程度后，就要开始谋篇布局、着手写作了。在史料的运用方面，我又犯了难。宗教书籍中有关教育的论述、育儿书中的建议，这些都属于思想层面的资料，与当时具体的家庭教育实践之间可能存在较大差异，在写作时如何处理好思想层面和实践层面的资料成了我最发愁的问题。另外，我还不得不面临以偏概全的风险，家庭教育具有分散、个性化、私密等特点，一百个家庭可能有一百种家庭教育，而一百个家庭中可能有九十九个家庭把包括教育在内的家庭生活视作隐私而刻意隐藏。因此，本书中以个案的形式呈现的家庭教育图景，只能为人们了解维多利亚时期英国中产阶级家庭教育打开一扇窗口。

尽管面临着重重困难，经历过无数的思想斗争，我还是在两年内完成了本书的写作，当厚厚一叠书稿摆在眼前时，我的心中充满了自豪感和成就感。能顺利完成本书的写作，我首先要感谢导师易老师，从本书的选题到写作框架的确定，再到文字表述，易老师都进行了严格把关。在本书写作的近两年里，易老师会每月了解我的写作进度，并认真审阅我的过程稿。我的家中摆放了近一尺高的过程稿，每一本都有易老师的精心批注。得知我事务繁重，易老师也时常提醒我注意身体、不要熬夜，行稳且致远。其次，我要感谢河北大学出版社李达老师为本书编校付出的辛勤劳动，每一次沟通交流都让我受益匪浅。再次，我还要感谢我的家人，在我埋头享受写作的“岁月静好”时，是他们在替我负重前行。在繁重的工作之余能坚持写作实属不易，我依然保持着读博时的时间管理习惯，每天进步一小点，每月前进一大步。工作忙的时候少写一些，寒暑假时间充裕就多写一些，确保研究不断线。最后，还要感谢我的学友们，是你们一直以来的关注和鼓励，在激励着我前行。

陈　瑶

2023 年 11 月 26 日